经济法概论

(第二版)

焦 娇 ◎ 主编

JINGJIFA GAILUN

復旦大學 出版社

编委会

主　　编 焦　娇
副 主 编 余琳琳　袁　静
参编人员（以姓氏笔画为序）
　　　　　　任　虎　张玉莲
　　　　　　李炳金　姚　晔

修 订 说 明

随着改革开放的进一步深入,我国社会和经济稳健发展。社会的发展、经济的增长以及新的信息技术和数字技术的广泛应用,社会环境以及经济环境都发生了巨大的变化。经济法领域的很多内容已经不能适应当今社会的发展变化。因此,从2016年开始,我国的经济法经历了一次较大规模的修改。本次教材的改版除了修改和增加新法内容,还将一些过时的内容进行了删除。本次修订过程中,立足最新的立法和司法实践,比如最新的《个人所得税法》《反垄断法》等,同时我们也借鉴了经济法方面的高水平研究成果。另外本教材力图做到形式生动,内容由浅入深,将枯燥的法律规定融入日常生活实践,使之通俗易懂。在编写体例上,教材每一章的开始都由生活中常见的问题引出相关法律思考,在相关思考的引导下进行相关法律知识的学习。在每一章的教学内容后编写了大量与实践联系密切的案例,对相关知识点进行巩固;除此之外,还编写了大量的思考题,希望对有较高学习目标的学习者有启发和提升作用。

本教材是关于经济法学教学的一本公共课教材,有较多专业的学生使用,因而本书在体系结构上采用了大经济法的范畴体系结构,物流管理专业、财务会计、行政管理、工商管理、电子商务等专业均可采用此本教材。同时本书也可作为高等院校法律专业、经济法专业和经济管理等专业的教材使用,也是法律工作者和法律爱好者研习经济法的理想读本。

本次教材的修订是在教材第一版的基础上进行的修改和订正。前四编内容基本保持了原来的结构和内容,只是对法律修改的部分进行了修订。第五编的内容改动较大,除了社会保障概述部分有较大的修改,还增加了社会保险、社会福利两部分新的内容。由于是对教材第一版的修订,为了保护相关的知识产权,每个章节基本上都有编写和修订两个责任者。教材原来的编写者主要包括焦娇、袁静、顾相伟、马一、张斌。本次修订的主要分工如下:焦娇负责修订第一编第一章、第二章;第二编第一章。余琳琳负责修订第二编第二章、第三章;第三编第二章、第四章、第七章。袁静负责修订第一编第三章;第三编第十章;第四编第一章、第二章、第三章。任虎负责编写和修订第三编第六章、第八章、第九章、第十一章;第四编第四章、第五章。张玉莲负责编写和修订第五编。姚晔负责修订第三编第一章、第五章。李炳金负责修订第三编第三章。

本教材从第一版到如今的第二版,除了编者和修订者付出不懈的努力外,本书的责任编辑也付出了巨大的努力,在此一并感谢。教材中仍然存在许多不足,希望同行能够海涵,并提出宝贵意见。

焦 娇

2022年7月

目 录

第一编 导 论

第一章 经济法的概念、本质和地位 …… 3
- 第一节 经济法的产生和发展 …… 3
- 第二节 经济法的概念与特征 …… 4
- 第三节 经济法的调整对象 …… 6
- 第四节 经济法的地位和本质 …… 7
- 第五节 经济法的基本原则 …… 10
- 第六节 经济法与其他部门法的区别 …… 13

第二章 经济法律关系 …… 18
- 第一节 经济法律关系的特征 …… 18
- 第二节 经济法律关系的构成要素 …… 19
- 第三节 经济法律关系的分类 …… 20

第三章 经济诉讼和经济仲裁 …… 23
- 第一节 经济诉讼 …… 23
- 第二节 经济仲裁 …… 38

第二编 经济组织法律制度

第一章 公司法律制度 …… 51
- 第一节 公司概述 …… 51
- 第二节 公司的法定设立条件 …… 53
- 第三节 公司章程 …… 55
- 第四节 公司的名称 …… 56
- 第五节 公司的股东与组织机构 …… 56

第一章（续）

- 第六节 公司的合并与分立 … 59
- 第七节 公司的解散、清算和破产 … 60
- 第八节 公司的社会责任和高管对公司的义务 … 61
- 第九节 外国公司在我国的分支机构 … 62
- 第十节 一人公司制度 … 63

第二章 合伙企业法律制度 … 71
- 第一节 合伙企业与合伙企业法 … 71
- 第二节 普通合伙企业 … 72
- 第三节 特殊的普通合伙企业 … 76
- 第四节 有限合伙企业 … 77
- 第五节 合伙企业的解散和清算 … 79

第三章 个人独资企业法律制度 … 84
- 第一节 个人独资企业与个人独资企业法 … 84
- 第二节 个人独资企业的设立、解散和清算 … 85

第三编 市场运行法律制度

第一章 合同法律制度 … 93
- 第一节 合同的概念 … 93
- 第二节 合同的订立、生效与履行 … 94
- 第三节 合同的变更、转让和终止 … 100
- 第四节 违约责任 … 101
- 第五节 买卖合同与借款合同 … 102

第二章 担保法律制度 … 112
- 第一节 担保法律制度概述 … 112
- 第二节 担保方式 … 113

第三章 金融法律制度 … 123
- 第一节 银行法律制度 … 123
- 第二节 票据法律制度 … 130
- 第三节 证券法律制度 … 134
- 第四节 保险法律制度 … 140

第四章　消费者权益保护法律制度 157
第一节　消费者权益保护法简介 157
第二节　消费者的权利与经营者的义务 158
第三节　消费争议与解决途径、侵权与法律责任 163

第五章　反不正当竞争法律制度 169
第一节　不当竞争与反不正当竞争法 169
第二节　不正当竞争行为的种类 170
第三节　对不正当竞争行为的监督检查 171

第六章　反垄断法律制度 174
第一节　反垄断法概述 174
第二节　我国《反垄断法》中的垄断行为 176
第三节　我国反垄断执法及调查程序 186

第七章　产品质量法律制度 190
第一节　产品质量法概述 190
第二节　产品质量的监督管理 191
第三节　生产者与销售者的产品质量责任和义务 194
第四节　产品质量法律责任 196

第八章　商标法律制度 200
第一节　商标法律制度概述 200
第二节　我国《商标法》的主要内容 204

第九章　专利法律制度 213
第一节　我国专利法律制度的主要内容 213
第二节　专利的申请、审查和批准 222
第三节　专利权的法律保护 225

第十章　广告法律制度 229
第一节　广告法概述 229
第二节　广告准则 230
第三节　广告活动管理 233
第四节　法律责任 234

第十一章　对外贸易法律制度 ··· 239
第一节　对外贸易法律制度概述 ·· 239
第二节　我国对外贸易法律制度的主要内容 ································· 241

第四编　宏观调控法律制度

第一章　税收法律制度 ·· 253
第一节　税法概述 ·· 253
第二节　流转税法律制度 ·· 256
第三节　所得税法律制度 ·· 259
第四节　其他税收法律制度 ··· 266
第五节　税收征收管理法律制度 ·· 270

第二章　会计法律制度 ·· 279
第一节　会计法概述 ·· 279
第二节　会计核算 ·· 281
第三节　会计监督 ·· 282
第四节　会计机构和会计人员 ·· 284
第五节　违反《会计法》的法律责任 ·· 284

第三章　审计法律制度 ·· 289
第一节　审计法概述 ·· 289
第二节　审计机关和审计人员 ·· 290
第三节　违反《审计法》的法律责任 ··· 293

第四章　环境保护法律制度 ·· 297
第一节　环境保护法概述 ·· 297
第二节　我国环境保护法的主要内容 ··· 298

第五章　自然资源保护法律制度 ·· 305
第一节　自然资源保护法律制度概述 ··· 305
第二节　土地管理法律制度 ··· 306
第三节　矿产资源法律制度 ··· 311
第四节　森林资源保护法律制度 ··· 313
第五节　渔业资源法律制度 ··· 316

第六节　水资源保护法律制度 ………………………………………… 319

第五编　社会保障法律制度

第一章　概述 ……………………………………………………………… 329
　　第一节　社会保障法的含义和特征 ……………………………………… 329
　　第二节　社会保障法的调整对象 ………………………………………… 331
　　第三节　社会保障法的理念和基本原则 ………………………………… 332

第二章　社会保险法律制度 ……………………………………………… 338
　　第一节　社会保险法概述 ………………………………………………… 338
　　第二节　养老保险制度 …………………………………………………… 340
　　第三节　医疗保险 ………………………………………………………… 344
　　第四节　工伤保险 ………………………………………………………… 347
　　第五节　失业保险 ………………………………………………………… 350
　　第六节　生育保险 ………………………………………………………… 352

第三章　社会福利制度 …………………………………………………… 358
　　第一节　社会福利概述 …………………………………………………… 358
　　第二节　公共福利制度 …………………………………………………… 359
　　第三节　职业福利制度 …………………………………………………… 362
　　第四节　弱势群体社会福利 ……………………………………………… 363

第四章　劳动和劳动合同法律制度 ……………………………………… 372
　　第一节　劳动法 …………………………………………………………… 372
　　第二节　劳动合同法律制度 ……………………………………………… 376

参考文献 …………………………………………………………………… 387

第一编

导 论

第一章
经济法的概念、本质和地位

本章需要掌握的主要内容：
➢ 经济法的定义
➢ 经济法产生的历史必然性
➢ 经济法的调整对象
➢ 经济法的本质、地位及重要性

经济法跟我们的生活有什么联系？我们应该怎样正确理解经济法？

第一节 经济法的产生和发展

一、经济法产生的前提条件

(一) 小规模商品经济不需要国家调控

在自由竞争的商品经济初期，自由竞争、自由贸易在经济生活中占主导地位。法学家们提倡的是平等、契约自由和私权神圣。当时的商品生产和交换不需要国家干预，因而也就不存在现代意义的经济法概念和经济法律。例如，我国在农业社会的家庭生产方面，很大程度上都是自给自足，商品经济发展不充分，经济发展所带来的问题也不突出。因此，不需要国家干预经济的发展，经济交换在自发的状态下达到最优。

(二) 社会化大生产需要国家调控

当资本主义从自由竞争阶段发展到垄断阶段后，垄断组织的出现及垄断组织对经济的垄断加深了资本主义社会的矛盾。自发的市场调节机制受到很大冲击和影响，国家必须放弃原来的"自由放任"原则，承担起规范市场主体、维护市场秩序、进行宏观调控等职能，才能解决经济本身无法使人民幸福生活最大化的这一矛盾。为达到前述目的，国家需要制定相关的法律，对社会经济生活进行管理和干预。于是在20世纪初，一个相对独立的法律部门——经济法应运而生。

经济法是现代社会经济发展的必然产物，是市场经济的内在要求。

二、经济法的产生

"经济法"这个概念是法国空想共产主义者摩莱里在 1755 年出版的《自然法典》一书中首先提出来的。法国另一名空想共产主义者德萨米在 1842 年出版的《公有法典》一书中也使用了"经济法"这一概念,并且发展了摩莱里关于经济法的思想。1890 年,美国国会通过了《谢尔曼法》,这部法律标志着资本主义国家开始直接运用法律手段干预社会经济。20 世纪以来,德国学者莱特在 1906 年创刊的《世界经济年鉴》中首先使用了"经济法"这一概念,用来说明与世界经济有关的各种法律法规,但其并不具有严格的学术意义。1919 年德国颁布了世界上第一部以经济法命名的法——《煤炭经济法》,并在 1923 年颁布了《防止滥用经济权力法令》等经济法。德国经济法的实践与理论对世界其他资本主义国家产生了很大的影响。首先是日本全面借鉴德国的经验;随后,欧洲其他国家也开始使用经济法这个概念。苏联和东欧一些社会主义国家也十分重视经济立法。捷克斯洛伐克于 1964 年颁布了世界上第一部经济法典《捷克斯洛伐克社会主义共和国经济法典》。但随着东欧形势的变化,曾经的经济法律体系也随之发生变化。

三、我国经济法的发展

早在新民主主义革命时期,革命根据地人民政府进行了大量的经济立法工作,制定了一系列经济法律法规。这些经济法律法规以土地法(地租)和劳动法为核心,辅之以其他经济法规,对革命胜利起到了促进作用。

中华人民共和国成立后,在废除国民党政府法律制度的前提下,开始制定社会主义的中国经济法。党的十一届三中全会以后,由于工作重点转移,实行经济体制改革和对外开放,经济立法得到迅速发展。我国逐步制定实施了《全民所有制工业企业法》《集体所有制企业条例》《劳动法》《中外合资经营企业法》《破产法》《商标法》《合同法》《产品质量法》《广告法》《消费者权益保护法》《反垄断法》等一系列法律法规。这些法律法规对于我国经济体制改革的顺利推进、促进国民经济持续健康发展,起了重大作用。

第二节　经济法的概念与特征

一、经济法的概念及存在的争议

(一) 关于经济法概念的争议

由于各国的经济状况、经济管理机制、经济调控机制和所有制结构有很大的区别,因此,如何定义经济法,国内外理论界争论比较大。

西方国家的学者特别是对经济法理论颇有研究的德、日学者中,大多数认为经济法是经济秩序法、经济干预法,属于公法范围。但也有人认为经济法是公法和私法的交叉,属于社会法性质。苏联、东欧国家的学者中,大多数认为经济法是体现国家意志的、调整国家与社会主义经济组织之间关系的法。而我国著名学者李昌麒教授则认为,经济法是调整经济管理关系以及与经济管理关系有密切联系的经济协作关系的法律规范的总称。

总的来说,我们应当允许不同学者从不同的角度对经济法进行不同的定义。定义的多元化并不影响该部门法成为一个独立的法律部门,反而促进了经济法不同学说的繁荣,从而推动经济法的发展。

(二) 经济法的概念

随着以市场为取向的改革深入,以及社会主义市场经济目标的提出,学界对经济法定义的认识正趋向一致。在我国,法学理论界较一致的认识是:经济法是调整一定经济关系的法律规范的总称。

(1) 经济法是经济法律规范的总称,它由一系列经济法律、法规按一定的特征构成一个整体,成为市场经济法律体系中的一个部门。

(2) 经济法是调整经济关系的法律规范的总称,在纷繁复杂的社会关系中,经济法所调整的是具有经济内容的物质利益关系。

(3) 经济法调整的是一定范围的经济关系,因为市场经济中,经济主体和经济活动众多,经济关系也是复杂多样的,所以需要整个市场经济法律体系的各个部门法共同调整,经济法只调整其中的一部分。

由此,我们可以对经济法作如下定义:经济法是调整国家协调和干预本国经济运行过程中发生的经济关系的法律规范的总称。

二、经济法的特征

经济法与其他法律部门相比较,除具备一般法律的基本特征外,还有自己的个性。主要表现在以下几个方面:

1. 经济性

经济性是经济法的本质特征。它产生的原因和目的都要求解决经济的发展所带来的问题,从而保障经济快速、健康、协调、持续发展。作为上层建筑的经济法是直接反映经济基础、调整经济关系的,因而它不仅要对各种经济问题作出明确的法律规定,而且必须直接体现、反映和符合经济规律的客观要求,为经济基础服务。同其他法律部门相比,它同经济关系有着更为广泛和直接的联系。

2. 综合性

经济法的综合性主要表现在以下几个方面:首先,在规范的构成上,经济法既包括若干部门经济法,又包括若干单行经济法律规范;既包括实体法规范,又包括程序法规范;既包括对内经济法律规范,又包括对外经济法律规范。其次,在调整主体上,经济法律关系的主体既包括法人主体,也包括自然人主体,既包括国家机关,也包括各类经济组织和社会组织。再次,在调整范围上,既包括宏观经济领域的管理和调控关系,也包括微观经济领域的管理和协作关系。

3. 指导性

经济法的指导性是通过经济法所具有的促进和限制两种功能、奖励和惩处两种后果表现出来的。国家根据不同时期的经济形势和任务,制定相适应的经济法。有的侧重于限制,有的侧重于促进,有的则兼而有之,来引导各项经济活动走上正确的轨道。

第三节　经济法的调整对象

目前,我国学界的共识是:经济法的调整对象是一定的经济关系。所谓经济关系,是在物质资料的生产过程中以及与其相适应的交换、分配、消费过程中产生的人与人之间的物质利益关系。我国经济法的调整对象是由国家协调、干预的经济关系,具体包括宏观经济调控关系、市场运行协调关系、市场主体调控关系和社会保障关系。

一、宏观经济调控关系

（一）宏观调控与宏观经济调控关系

宏观调控就是国家以直接方法（计划、组织等）或间接方法（补贴、优惠等）选择经济和社会发展战略目标,调整重大结构和布局,兼顾公平与效率,保护资源与环境,以及建设公共基础设施等,实现经济总量的基本平衡和经济结构的优化,使国民经济持续、快速、健康发展。

宏观经济调控关系是指国家对国民经济总体活动和有关国计民生的重大因素,实行全局性协调、干预所产生的经济关系。任何市场都存在因自发调节不能解决的长远的、全局的、社会公共利益的问题,只能由国家调整。我国是个社会主义大国,人多地广,发展水平也不平衡,国家的宏观调控更为必要。

（二）宏观调控的内容

经济法对宏观经济调控关系的调整,是通过明确国家调控的任务、目标、范围、程度、方式,以及国家通过颁布和执行计划、税收、财政、金融等方面的经济法规,从宏观上调整国民经济当中的经济关系,保持供需总平衡,确立和协调生产与消费等重大比例关系,培育和发展市场经济体系,引导国民经济持续、快速、健康和协调发展。通过颁布和执行产品质量、消费者权益保护、物价等方面的经济法规,从宏观上调节国民经济中的经济关系,规范企业行为,禁止垄断和不正当竞争,保护消费者的合法权益,维护正常的市场秩序。

二、市场运行协调关系

（一）市场运行协调关系的概念

市场运行协调关系是国家在建设和完善市场体系、规范市场行为、维护市场秩序中产生的经济关系。

我国经济体制改革的目标是建立和完善社会主义市场经济体制,而市场经济运行过程中必然产生多种经济关系,影响和制约市场经济的健康发展。为了保证市场经济良性有序发展,国家必须通过法律手段进行监督和管理,协调其中的各种经济关系。

（二）市场运行协调关系的内容

社会主义市场经济需要形成统一、开放、竞争、有序的大市场,使商品和各种生产要素能自由流动。由于我国曾经长期实行高度集中的计划体制,在向市场体制转轨时期,由政府出面协调、干预市场的建设,有利于市场体系的早日完善。市场在发展过程中,不可避免地会出现竞争与不正当竞争或垄断的矛盾、个体利益侵犯社会利益等等消极现象,由于市场本身无力消除这些矛盾和消极现象,市场自发机制也不能维护市场秩序,需要由国家进行协调、干预,以维护市场公平、自由竞争的经济秩序,促进市场经济体系的健康发展,切实保护消费者的合法权益。

三、市场主体调控关系

(一)市场主体调控关系的概念

市场主体调控关系是指国家对各类市场主体,特别是企业的设立、变更、终止及内部管理所进行协调、干预而产生的经济关系。社会主义市场经济需要建立活跃的市场主体体系,其中企业是最为重要的主体。

(二)具体的内容

对市场主体的协调、干预,就是国家根据社会整体利益需要,通过全面规定市场主体资格条件、法律地位、责任形式、权利义务、经济责任制、内部治理、经济核算、工资制度、劳动用工制度及奖惩措施等,对市场主体体系进行统筹、规划、调节,对各个主体则区别情况指导、组织、服务、监督,既保证其成为自主经营、自负盈亏的合格主体,又保障其交易安全、不受摊派等合法权益,包括对企业设立的审批和登记、税收的优惠、财务会计和分配的限制等。这种协调、干预不是要将市场主体变成政府机构的附属物,而是创造市场主体生存、发展的合适空间,促使市场主体内部结构优化,经营机制转变,经济效益提升以及竞争能力增强。

四、社会经济保障关系

(一)社会保障关系的概念

社会经济保障关系是指在对作为劳动力资源的劳动者实行社会保障过程中发生的经济关系。建立健全社会保障体系是社会主义市场经济发展的客观必然。

(二)社会保障关系的具体内容

通过制定和颁布实施有关经济法,规范和明确应由以企业为主的各类经济组织所承担的责任和义务,保障劳动者的利益,充分开发和合理利用劳动资源,维护社会稳定。既防止各类经济组织承担过多的社会负担,造成"企业办社会",又应防止其逃避应尽的社会责任,不使劳动者的利益得不到稳定和可靠的保障。经济法对社会保障关系的调整,主要是通过明确劳动者的权利义务,规定并实施劳动就业、社会保险、社会救济、社会互助等制度,保护和合理利用劳动力资源,维护社会安定和劳动者的合法权益。

第四节 经济法的地位和本质

一、经济法的地位

(一)经济法的地位

由于法的体系是由多层次的、门类齐全的法的部门组成的,因此要回答经济法在法的体系中的地位问题,必须说明它是不是一个独立的法的部门。如果经济法是某一层次的一个独立的法的部门,则表明它在法的体系中具有一定的地位;如果经济法在任何层次上都不是一个独立的法的部门,那就是说它不是法的体系的组成部分,或在法的体系中的地位并不重要。经济法的地位,也就是经济法在法的体系中的地位,是指在整个法的体系中,经济法是不是一个独立的法律部门,其重要性如何。

众所周知,调整特定社会关系的全部现行法律规范就组成一个独立的法的部门。一个国家之所以有许多法的部门,决定于法律规范所调整的社会关系的多样性。根据法律规范调整对象的不同,可以把一国现行的法律规范划分为若干类。每一类现行的法律规范,在法学上称为一个独立的法的部门。可见,每一个独立的法的部门,必然有自己特定的调整对象。没有特定的调整对象,就不能成为一个独立的法的部门。不同的调整对象,即调整对象的特殊性,是划分法的部门的标准。

(二) 经济法有自己特定的调整对象

经济法是不是一个独立的法的部门,取决于经济法是否具有自己特定的调整对象。那么,经济法有没有特定的调整对象呢?回答是肯定的。第一,它的调整对象有一定的范围。这个范围就是经济法只调整在国家协调和干预本国经济运行过程中发生的经济关系,不调整其他经济关系,更不调整非经济关系。第二,经济法调整的国家协调和干预本国经济运行过程中发生的经济关系是有自己的特征的,同其他法律部门的调整对象有着很大的区别。所以,有充分的理由指出,经济法是一个独立的法律部门。

任何一个独立的法律部门,都在法的体系中占据一定的地位。但是,由于它们各自发挥着不同的作用,因而它们在法的体系中的重要程度又是有区别的。要回答经济法在法的体系中的地位问题,还必须说明它的重要性。

(三) 经济法的重要作用

经济法在我国社会主义法律体系中占有十分重要的地位。它是一个独立的法律部门,从根本上来说,是因为它在保障和促进以经济建设为中心的社会主义现代化建设中发挥着巨大的作用。它反映着我国现阶段经济基础的状况,并积极调整着经济关系,为社会主义经济基础服务。经济法对我国社会主义经济基础的作用和生产力发展的影响,比其他法律更为直接和明显。这不仅表现在国家通过经济立法来促进社会主义生产关系的建立、完善和巩固,而且表现在国家通过经济执法、司法来实现组织、领导和管理国民经济,合理配置各种市场资源。具体说来,经济法的重要作用主要表现在以下几个方面。

第一,促进以公有制为主体的多种所有制经济的发展。

国有经济在整个国民经济中居于主导地位。促进国有经济的发展,是保证社会主义方向和整个经济稳定发展的决定性条件。加强宏观经济调控,扩大国有企业经营自主权,转换企业经营机制,实行经济责任制,充分发挥中央、地方、企业、职工的积极性,提高经济效益,对促进国有经济的发展,起到了重要作用。劳动群众集体所有制经济,是社会主义经济的重要组成部分。国家鼓励、指导和帮助集体经济的发展,赋予集体经济组织比国有企业更大的自主权,并且作出一系列相应的规定,有力地保障和促进集体经济的迅速发展。城乡劳动者个体经济,是社会主义经济必要的、有益的补充,对于发展社会生产、方便人民生活、扩大劳动就业具有不可代替的作用。私营经济的发展,有利于促进生产,活跃市场,扩大就业,更好地满足人民多方面的生活需求,是社会主义经济的补充。外商投资企业也是我国以公有制为主体的多种所有制经济发展的组成部分。全国人大和国务院还制定了一系列关于外商投资企业的法律、法规,改善了外商来华投资的法律环境,推动了外商投资企业的迅速发展。

第二,保障经济体制改革的顺利进行。

为了保证经济体制改革朝着正确的方向发展,在经济法律法规中对经济体制改革的措施作出规定,使这些措施规范化、法律化,有助于国家机关、企业和其他社会组织以及公民个人严格地遵守和执行这些措施。同时,规定了经济体制改革措施的经济法律法规具有强制性,可以依靠国家强制力来排除经济体制改革中的阻力,切实贯彻需要采取的措施,推动社会主义市场经济体制的建立和完善。

此外还可以从法律层面保护经济体制改革的成果,有助于经济体制改革的不断深化和稳步发展。通过经济立法可以把经济体制改革中建立起来的、适应生产力发展要求的、新的现代企业制度、市场管理制度、宏观调控制度、社会保障制度在经济法律法规中确定下来,同时,对破坏这种新制度的任何单位和个人,要按照情节轻重,追究相应的责任。经济法赋予了适应社会发展的新制度以高度的权威和必要的稳定性,使其成为人人必须遵守的法律。否则,经济体制改革的成果就不可能得到巩固,社会主义市场经济体制就不可能顺利建立和不断完善。

第三,保证国民经济持续、快速、健康的发展。

改革开放以来,我国在加强市场管理,反对垄断和不正当竞争方面,以及在计划、投资、财政、税收、金融、价格等方面,都作出了不断的努力,制定了不少法律法规。目前,正在进一步加强和完善这些方面的经济立法工作,以适应建立社会主义市场经济体制的需要。应该肯定的是,贯彻执行经济法律法规,有助于实现市场主体行为规范化,市场经济秩序正常化,保证市场机制作用的发挥;同时,有助于加强和改善宏观调控,弥补市场调节的局限性,有效解决市场调节不能解决或不能解决好的问题。总之,经济法的实施,对于充分发挥市场调节和宏观调控各自的作用,充分发挥计划和市场两种手段的长处,提高资源配置的效益,从而保证国民经济持续、健康、和谐发展具有重要作用。

二、经济法的本质

经济法是"社会本位法""利益和资源分配法"和"经济发展法"。而这三个本质属性从三个方面一起共同构建出了经济法的本质。

(一)经济法是社会本位法

"社会利益"是相对于"个人利益"和"国家利益"而独立提出的概念,是为了调和市民社会和政治国家对立的需要而出现的,与个人利益和国家利益并非处于矛盾状态。与其他法律部门的立法宗旨不同,经济法的宗旨是为了实现社会利益的最大化。在社会利益的最大化过程中,对于环境的保护、垄断行为的规制等是其他法律部门无法完成的。

(二)经济法是利益和资源分配法

任何法律都必须以保障主体利益并对各种利益进行协调为基础,唯有通过利益保障和协调机制才能引导和规范主体行为,达到法律调整的目的。经济法具有突出的经济性和政策性,因而承担着在经济法主体间分配有限经济利益的重要职能。市场经济则要求政府和市场在法治环境下合理分配经济资源,既符合市场经济自发规律之理,又符合国家社会自觉调整之理。经济法所具有的现代法气息的综合性和协调性,可以保障市场之手和国家之手协同并用,对稀缺经济资源进行合理分配。

随着我国经济体制改革的不断深入,我国经济建设取得了举世瞩目的成就。一部分人通过经济发展,先行富裕起来。为了保证全国人民都可以分享改革开放的伟大成果,通过经济法的分配制度,可以促进和实现全社会的共同富裕。

(三) 经济法是经济发展法

将经济法的本质确定为"经济发展法"是十分确切的用词。一方面,这种发展是社会整体财富和总体可利用资源的增长,但又不是单纯的、摒弃代际利益、生态利益的经济发展法,是在稳定中求发展,在发展中求稳定的辩证的逻辑统一;另一方面,可持续发展是对经济法经济发展本质的拓展和深化,而科学发展观要实现全面、协调、健康和可持续发展,无疑又是对可持续发展理念内涵的进一步深化。随着人类对经济法经济发展本质认识的逐步深入,经济法的经济本质也将呈现出愈加丰富多彩的内容。

第五节 经济法的基本原则

我国经济法的基本原则主要有二,一是适当干预原则,二是合理竞争原则。

一、适当干预原则

(一) 适当干预的必然性

现代意义上的经济法是伴随"市场失灵"问题的出现,国家对社会经济生活进行干预而得以产生的。19世纪完全放任的自由主义经济在给社会带来空前财富的同时,也引发了一系列的社会经济弊害,比如可持续发展问题、垄断问题、产品质量问题、消费者利益保护问题以及劳动者保护问题,等等。仅仅依靠市场的自发调节是无法有效并根本上解决这些问题的。于是,部分国家便伸出其"有形之手",借助财政政策、货币政策等经济手段对社会经济进行有效干预,并取得了令人瞩目的绩效,譬如20世纪30年代罗斯福新政,战后德国经济的复兴等。也正是基于这样的干预效应,国家有必要进一步强化其对经济之干预,用"有形之手"无微不至地关怀社会经济的各个层面和角落。这种情形在社会主义国家,如苏联表现得尤为突出。然而,在一段时间内,这些过于强化的国家干预导致的结果却适得其反,相关国家的社会经济并未因此而欣欣向荣。与之相反,西方国家于20世纪60年代出现了经济的"滞胀",而苏联的经济却处于"短缺经济"(科尔内语)状态。这些情形的出现,引发了各国政府对国家干预的深度思考。替代全面过度干预,"适当干预"理论和政策的应运而生,并逐渐成为各国政府干预经济的主导性思想和方略。

适当干预原则是体现经济法本质特征的原则。一方面,经济法调整对象决定了适当干预原则应当成为经济法的一项基本原则。虽然学术界对经济法调整对象尚未形成共识,但大都认为经济法主要是调整国家对社会经济生活进行干预而产生的社会关系的法律。由此,我们可以认为,适当干预原则反映了经济法的本质特征,其成为经济法之基本原则顺理成章。另一方面,经济法所体现的国家干预,并不意味着国家对经济生活之介入要回归到以往计划经济"大而全"的时代,也并不是强调国家干预至上性。相反,在现代市场经济条件下的国家干预,只能是一种在充分尊重私权基础之上的国家干预,其在资源配置中的地位和作用,只能从属于市场的自由调节。现代经济法亦正是在这样的认知前提下建构了自身的规则体系和理论框架,因而将适当干预作为经济法的基本原则,凸显了现代化经济法的发展趋势和本质要求。

(二) 适当干预的基本内容

所谓适当干预，是指国家或经济自治团体应当在充分尊重经济自主的前提下对社会经济生活进行一种有效但又合理谨慎的干预。其作为经济法的一项基本原则，确切内涵涵盖了正当干预和谨慎干预两个方面的内容。

1. 正当干预

正当干预是指国家或经济自治团体对社会经济主体及经济活动之干预必须仰赖于法律之规定，不得与之相抵触，亦不得在法律并无授权的情形下擅自干预。为此，必须做到以下几点。

(1) 干预权力拥有者权力之取得必须来源于法律之规定。譬如，税收作为国家干预经济的一项重要经济手段，可以有效地促进资源的优化配置，实现社会公平。但税收作为国家干预权的重要内容，却不得任意行使。按照税收法律主义的要求，税收之行使必须依据法律规定，非经法律明文规定，国家不得开征新税种。因而，国家在对社会经济进行干预时，必须做到干预有据。

(2) 正当干预要求国家的干预必须符合法律规定之程序。我国长期以来就是一个重实体、轻程序的国度。人云，"中国的反程序化倾向仍然十分有力。立法上意欲简化程序，实务中试图松弛程序的现象屡见不鲜"。现代化经济法十分关注程序的法治化建设，强调国家干预之程序化运作。因为只有通过严格的程序，才能在充分对话的基础上实现决策的科学化、民主化，也便于决策之贯彻执行。亦正因如此，国家在进行干预时，必须严格程序的构造及其实践运作。

2. 谨慎干预

谨慎干预是指国家或经济自治团体在进行干预时应当谨慎从事，符合市场机制自身的运作规律，不可因干预而压制了市场经济主体之经济自主性与创造性。具体讲，这主要是指：

(1) 国家干预不可取代市场的自发调节成为资源配置的主导性力量。由于市场经济是一种以市场为导向以及作为资源配置主要手段的经济体制，因而它十分强调经济主体之自主性。而国家干预作为一种强制性的外部力量，是基于市场失灵、维护社会公平等因素而介入市场。这种介入是一种目的性极强并具有明显的人为因素的干预，其"有形之手"的运作必然会在一定程度上损伤"无形之手"的运作绩效。因而，国家干预尽管必要，但也应当小心从事，谨慎动作，切不可擅自扩大干预之界域并取代市场成为资源配置之基础性手段。

(2) 国家干预之自由裁量权行使应当合乎权力运作之内在要求。面对日趋复杂的现代经济社会，赋予执法者一定的自由裁量权业已成为现实的客观需要和不争事实。"那种认为自由裁量权与法不相容的观点在今天是不能被接受的。"但是，自由裁量权的行使并不意味着权力拥有者的为所欲为，"自由裁量权，如果没有行使这种权力的标准，便是对专制的认可"。因而在本质上，"自由裁量权是一种明辨真与假、对与错的艺术和判断力，而不以他们的个人意愿和私人感情为转移"。为此，国家在进行干预时，经济法应当为国家干预建构一种限制性的规则框架，使自由裁量权的行使合乎正当目的，与授权法之精神及内容相一致，并严格遵循既定程序。

(3) 谨慎干预要求国家干预不可压制经济主体之自主性与创造性。市场之所以是资源配置的基础性力量，根本原因在于其借助利益机制，可以充分调动和激发市场经济主体的积极性和创造性。因而,国家在进行干预时,切不可压制市场经济主体积极性和创造性的发挥。值得指出的是,市场失灵固然存在,政府失效也屡见不鲜,切不可秉持一种干预万能的思想,将政府干预作为市场失灵的必然推论和结果,从而将国家干预回归到计划经济的父爱时代,进而高度压制和抹杀市场经济主体的经济自主性与创造性。

适当干预作为经济法的一项基本原则,贯穿于经济法的立法、执法和司法全过程。在立法上强调适当干预,就是要在规则的制定上尽量平衡国家和市场二者的位阶,充分发挥它们各自的功效,实现"有形之手"与"无形之手"的有机结合。而在执法、司法中体现适当干预原则,则是要求国家在进行干预时,应当谨慎从事,准确地行使自由裁量权,并保障权力行使的合规性与合目的性,进而充分调动和激发市场经济主体之积极性与创造性,促进社会资源的优化配置。

二、合理竞争原则

竞争是人类文明社会赖以发展的动力源泉,也是市场机制发挥其"看不见的手"的功能的基本要件。产业革命以来的历史表明,竞争有利于最大限度地调动市场经济主体的积极性和创造性,为消费者和全社会创造空前的财富和极大的福利。但是,竞争并不意味着一种纯粹的自由放任,正如经济学家穆勒所指出的那样:"就租金、利息、工资和价格而言,它们由竞争决定,由此要制定法律,假如竞争是它们的唯一调节者和订立概括性的法制,就要根据它们所受到的调节而设计科学性的条款。"因而,以维护市场机制有效运转为重点的经济法应当将竞争的合理运行纳入自己的调控范围,借以充分发挥竞争之积极功效,抑制甚而消灭其消极作用,即垄断和不正当竞争。

经济法所维护的竞争是建立在合理竞争原则基础之上的,旨在实现竞争的有序、有效,这亦是合理竞争原则的基本内涵和体现。

1. 有序竞争

竞争并非自由放任之同义语,其必须遵循一定的规则,即要实现竞争之秩序化。秩序是人类一切活动的前提,没有秩序,人类便将进入一种混沌无序状态,每个人都无法对明天的生活作出一种确定性安排,人身财产安全也无从维系,即步入霍布斯所言的"丛林时代"。因而,"秩序作为一种与法律永恒伴随的基本价值",应当成为人类重要的社会活动之一的竞争活动的必要前提和基础。

在经济法中欲促成竞争之有序化,就必须建立合理的竞争规则,防范各种各样的不正当竞争行为,如假冒伪劣行为、低价倾销行为等,并抑制或阻却各种非市场因素对市场经济主体的竞争活动的介入和渗透。譬如,市场竞争的实质应当是各种商品内在要素的比试,如价格的竞争、质量的竞争、服务的竞争等,但是行政垄断却将权力因素切入至市场竞争中,并使竞争结果不是取决于商品内在要素的优劣,而是商品以外的其他因素。我们可以看到,这种垄断行为显然背离了竞争之内在法则和要求,并严重侵损了竞争的有序化运作。

2. 有效竞争

有效竞争是经济法的合理竞争原则以及建构其上的具体规则和运作结果及表现。伴随资本主义经济的发展以及经济学理论的不断深化,竞争规则所希冀达致的目标模式也历经曲折,学者们众说纷纭,但其中影响最大的莫过于自由竞争模式、完全竞争模式、垄断竞争模式以及有效竞争模式。而有效竞争模式是当前影响最大的竞争规则模式。

第六节　经济法与其他部门法的区别

一、经济法与民商法的区别

经济法与民商法的区别体现在以下六个方面。

(1) 民商法强调意思自治;经济法在尊重意思自治的同时,强调限制意思自治。

民商法作为私法,要求任何市场主体在经济活动中仅依自己的个人意志决定行为的内容,排除任何形式的意志强制。它具体表现为:一方面,在许多情形下,当事人可以通过自己的意思排除法律的适用;另一方面,法律责任的追究要以当事人主动行使诉权才能实现。经济法则从社会公共利益出发,从财政、金融、社会保障、区域平衡等方面入手,利用国家权力对一切不利于社会公共利益的市场行为给予限制,总是表现为以限制个人自由去争取社会整体的自由,拓宽社会整体发展空间。实质上,经济法产生和发展的过程,也就是法律从个人权利本位到社会权利本位的过程,而社会权利本位实现的法律手段就是对个人权利的限制。

(2) 民商法强调对所有的市场主体都平等保护;经济法强调对部分市场主体偏重保护。

民商法一般不考虑不同市场主体的强弱关系,给各种市场主体以同等力度的保护,对每个人都赋予相同的权利,设置同样的义务,法律几乎不对具体人格进行任何程度的识别,仅以行为能力制度和监护制度对未成年人和精神病人给予最低限度的保护;经济法常常根据不同市场主体的实力等因素不同,给不同市场主体以不同力度的保护,作出不同的权利义务设定,如基于经营者与消费者具体人格识别而制定的消费者保护规范、基于企业集团或大公司与中小企业的具体人格识别而制定的中小企业促进法、基于朝阳产业与夕阳产业的具体产业识别而制定的产业政策法等,注重偏重保护社会经济生活中的"弱者"和"希望者",促进社会持续健康快速发展。

(3) 民商法侧重微观;而经济法则侧重宏观。

民商法侧重从微观、从经济发展所需动力方面,通过保障自由交易、自由竞争以提高效率来促进人们的利益;而经济法则侧重(并非全部)从宏观、从利益协调方面减少社会经济震荡造成的破坏和优化经济结构,从而提高效率来促进人们的利益。① 也就是说,在微观经济活动中,大量的经济关系是企业等活动个体相互之间的平等经济关系,这些应归民商法调整;同时,经济法应侧重规范宏观领域,弱化政府对企业等经济活动个体的直接干预。作为经济法核心组成部分的宏观调控法就比较突出地、直观地表达了国家对社会经济生活的干预,体现国家的经济意志。当然,将市场经济划分为宏观领域与微观领域只是便于对经济法与民商法进行简单化区别。实质上,宏观领域与微观领域,是市场经济不可分割的两个层次表现。

(4) 民商法主要重视经济目标;经济法则不仅重视经济目标,还重视社会目标和生态目标。

以可持续发展理论的提出和可持续发展战略的确立为例,由于市场机制和与之对应的

---

① 参见刘水林:《经济法与民法的市场经济学观念基础研究》,《法商研究》1997 年第 1 期。

民商法,一般只能作用于当代人与人之间的关系,强调个体的交易安全和利益追求,对于可持续发展来说,有着不可克服的内在缺陷。而经济法将环境、生态、人力资源等与可持续发展密切相关的问题纳入经济立法之中,改善管理体制与制度,有效地使用经济手段与其他措施,避免社会、生态等问题的产生,将国家经济发展导入可持续发展的轨道。传统法学其他学科也有过于注重经济目标的现象,如在我国,过去的盗伐森林罪以被盗伐木材的经济价值为定罪量刑标准,而倘若盗伐珍稀濒危树种则有可能因经济价值不高不够定罪量刑标准,但该行为的后果在环境保护上却是不可挽回的物种灭绝。

(5) 民商法国际通用,强调全球化;经济法有国别特色,突出本土化。

民商法与市场机制相对应,与日常交易规则密切相关,而市场机制、日常交易规则在各国都基本相同,所以,不同国家民商法往往反映了市场交易的共同基本准则,易于借鉴和移植,从而同大于异,甚至在民商法某些领域已经出现统一实体法的趋势;经济法与国家干预对应,是国家干预与市场调节相结合的规范,而国家干预主要是针对市场供求状况实施的,市场供求状况具有多样性和多变性,这决定了在不同国家或同一国家不同时期其国家干预的体制、目标、方式等往往不同。政府必须考虑市场的不同时空因素和不同供需状况,分别对不同领域、不同环节、不同企业给予不同力度、不同方式的干预。

(6) 民商法的稳定性较强;经济法的稳定性较弱。

民商法将市场经济最一般的要求通过确立市场经济生活中最基本主体——民事主体的资格和身份,进而又确立民事主体的基本权利范畴,在建立权利范畴的同时确立基本的民事活动规则——自愿、等价、诚信、有偿,以法律的形式固定下来,极为稳定。而经济法的许多内容,如鼓励外商投资的法,向重点产业倾斜和体现产业政策的法,对经济发展进行预测、引导的计划法,国家以法律手段强行改变原属私法范畴的财产权利关系的土地改革法、国有化法等,大都不具备比较长期的稳定性。

二、经济法与行政法区别

经济法与行政法的关系,主要表现在以下四个方面:(1) 它们都体现了国家对社会生活的干预或管理;(2) 它们所调整的社会关系都具有隶属性质;(3) 它们都要采取命令与服从的办法调整社会关系;(4) 行政法所调整的社会关系(组织行政关系)和经济法所调整的社会关系(经济行政关系)相互作用。

经济法与行政法的不同点,主要表现在以下五个方面:(1) 主体不同。行政法主体的一方是政府及其非经济主管部门,另一方则是下属的行政机关、企事业单位、社会团体和公民。经济法主体包括国家权力机关、行政机关和司法机关,行政法主体则只限于国家行政机关。同时经济法的主体一方是国家经济管理部门,另一方则是社会经济组织。除此之外,企业内部的管理机构和生产组织不能作为行政法的主体,但它们可以作为经济法的主体。(2) 调整对象不同。行政法调整的社会关系,它所体现的是一种权力从属关系,同时这种关系在大多数情况下是不直接具有经济内容的行政关系。(3) 调整方法不同。行政法是采取单纯的强制性的办法调整社会关系;而经济法则是采取强制性、指导性和监督性相结合的方法调整社会关系,甚至在条件成熟的时候,要把指导性的方法作为主要的调整方法。(4) 作用不同。行政法着重巩固和发展政治体制改革的成果,为政治体制改革服务;经济法则主要是巩固和发展经济体制改革的成果,为经济体制改革服务。(5) 法律适用的程序不同。属于行政法调整范围内的行政纠纷,完全由行政诉讼程序解决;而经济法调整范围内的经济和行政纠纷,则视问题的不同,分别由民事诉讼程序和行政诉讼程序解决,将来也可能由单独的经济诉讼程序解决。

本章小结

本章内容对经济法的产生、发展、概念、特征进行了介绍。通过介绍经济法对我国经济发展的巨大作用,告诉读者经济法这个法律部门的重要性。本章还对经济法的调整对象、基本原则以及经济法与其他部门法的区别进行了介绍,从而方便读者加深对经济法的理解。

案例与点评

案例一

江苏金藤影视艺术有限公司与宁波浙汇文化传播中心在南京签订了一份合同书,约定宁波浙汇中心将电视剧《热血情恋》在北京、天津、重庆、山东等七个省市的电视播映权独家转让给江苏金藤公司,金藤公司支付了款项。

国家广播电影电视总局发出《关于立即停止发行和播出电视剧〈热血情恋〉的通知》,通知上载明:"经查,以浙江电影制片厂名义制作,由宁波浙汇文化传播中心发行的二十五集电视剧《热血情恋》,实为新加坡电视机构出品的电视剧《真心男儿》。为严肃纪律,整顿电视剧制作、发行和播出秩序,特作如下通知:自即日起,所有广播电视节目制作经营机构和电视播出机构一律不得发行、播出电视剧《热血情恋》,正在发行和播出的要立即停止。"

得悉以上通知,金藤公司认为浙汇中心、浙江电影制片厂和浙江省广播电视局(原名浙江省广播电视厅,以下简称广电厅)三方恶意串通,共同欺诈原告,给原告造成了巨大的经济损失,遂诉至南京市中级人民法院,请求法院判令三被告返还电视剧《热血情恋》发行转让费82万元,赔偿经济损失57.16万元并承担本案的全部诉讼费用及原告的律师费用。

案例评析:本案中被告浙汇中心、浙江电影制片厂主观上共同恶意串通,欺诈原告,以向原告转让电视播映权的形式收取原告的转让费,客观上给原告造成了经济损失。

《民法典》第154条规定:行为人与相对人恶意串通,损害他人合法权益的民事法律行为无效。根据《民法典》第157条:合同无效或者被撤销后,因该合同行为取得的财产,应当予以返还。有过错的一方应当赔偿对方因此所受到的损失,双方都有过错的,应当各自承担相应的责任。

因此本案中,被告具有明显过错,故应依法承担相应责任,除了要退还向原告收取的转让费以外,还要赔偿原告由此造成的额外损失;法院也据此作出了以上判决。

但是法院认为,以浙江省广播电视局实施的是行政行为为由,没有判决浙江省广播电视局承担连带责任。我们认为这不妥,因为广播电视局的行政许可是经济法律行为,广播电视局也可以独立承担民事责任。广播电视局在该问题上存在严重过失,审核严重不实才没有发现该电视剧是"假货",它们的许可是电视剧得以成为流转的客观条件。因此也应当按照共同侵权理论承担连带责任。

案例二　以未考证的"专家意见"影射对方产品构成不正当竞争吗？

原告润田公司的主要产品"润田太空水"属饮用纯净水,产品销售量在赣州地区同类产品中比较好,是赣州地区生产纯净水的主要厂家之一。华康食品厂生产的"华康活性水"投入市场。为宣传该产品,华康厂在《××电视报》第8版刊登整版广告,称:"活性水是继矿泉水、太空水之后的新一代水饮料,是二十一世纪的普及型饮品。"该广告在对活性水的优点进行全面宣传的同时,还对"纯净水"进行了评议,提出"纯净水并不等于健康水"。该广告词称:"专家们指出:纯净水往往偏酸性,水分子集团大、无氧,不具备生命活力,难以被人体吸收,长期饮用易患骨质疏松和神经麻痹等症。专家们明示:真正的好水,不仅仅纯净,还应赋予健康特性富氧、活性大、分子集团小,水的生理功能接近人体细胞水,这便是活性水。"该广告刊出后,在客观上对原告生产经销"润田太空水"造成了不利影响。于是润田起诉了华康。

法院判决概况如下:

该广告词中关于纯净水缺陷的论述,仅仅是某个学者的学术观点。这种学术观点尚未得到国家权威机构的评定和认同。广告词中关于经常饮用纯净水会导致某些疾病的见解,也未得到国家医疗机构的科学论证和临床证明。华康厂仅凭某个学者的学术观点,便用商业广告的形式向社会公开宣传纯净水的缺陷,是极不严肃的,也是违反广告法规定的。

一、被告华康厂应当立即停止刊登损害纯净水商品信誉的广告;

二、被告华康厂应当在《赣南广播电视报》上公开向"纯净水"生产经营者赔礼道歉,赔礼道歉公告须经本院审查认可;

三、被告华康厂赔偿原告润田公司经济损失 35 000 元。

案例评析:《中华人民共和国广告法》第11条规定:"广告使用数据、统计资料、调查结果、文摘、引用语,应当真实、准确、并表明出处。"第13条规定:"广告不得贬低其他生产经营者的商品或者服务。"

被告在报纸上刊登"活性水"广告所引用的专家意见,既未表明出处,且引用也不准确,该广告刊登客观上贬低了"纯净水"商品,因此,被告的行为违反了我国《广告法》。不过如果该案件中,华康能够证明专家的说法有依据,且该依据有一定的道理,它只是客观地公允地进行评论,则不一定会败诉。

 本章思考

1. 经济法的社会本位思想与个人利益矛盾吗？
2. 经济法、民商法对经济的促进作用有什么不同？

思考解答

1. 答:首先,社会利益不是经常以社会公共利益面目出现的国家利益之代名词,国家(政府)并不是社会利益的唯一和终极代表。事实上,众多的经济法主体都可以成为该种利益的代表者和实现者。

其次,社会利益也并非社会所有个体利益的简单集合,其实现需要政府主体和经济个体的经济行为在法治秩序下的"合力"推动。不过仅强调经济法是"社会(公共或整体)利益本位"法尚未完整揭示经济法的本质,它解决了经济法的存在基础和价值取向问题,但还不能完全界定经济法与社会法的区别、"社会公共利益"与"国家利益"的区别,以及社会(公共或整体)利益的实现途径和标准。

"社会本位"的内涵应主要包含以下方面:以社会整体利益为基础并偏重"社会公利性",主体权利义务的设定以其应承担的社会责任为准则。经济法主体在市场经济环境下通过经济行为实现自己利益的同时,其合力能够首先实现社会整体利益;而主体在承担自己那份责任的同时,也有权利和义务激励和敦促其他主体承担自己的责任,以共同完成社会责任的合理分担。

2. 答:实质上,宏观领域与微观领域,是市场经济不可分割的两个层次表现。将市场经济划分为宏观领域与微观领域只是便于对经济法与民商法进行简单化区别。

民商法侧重从微观、从经济发展所需动力方面,通过保障自由交易、自由竞争以提高效率来促进人们的利益;而经济法则侧重(并非全部)从宏观、从利益协调方面减少社会经济震荡造成的破坏和优化经济结构,从而提高效率来促进人们的利益。也就是说,在微观经济活动中,大量的经济关系是企业等活动个体相互之间的平等经济关系,这些应归民商法调整;同时,经济法应侧重规范宏观领域,弱化政府对企业等经济活动个体的直接干预。作为经济法核心组成部分的宏观调控法就比较突出地、直观地表达了国家对社会经济生活的干预,体现国家的经济意志。

第二章
经济法律关系

本章需要掌握的主要内容：
➢ 经济法律关系的概念
➢ 经济法律关系的构成

经济法律关系是怎么构成的？它是怎样产生、运行和变更的呢？

第一节 经济法律关系的特征

经济法律关系是指由经济法律来规范的特殊的社会关系。一般而言，经济法律关系具有以下特征。

一、经济法律关系具有强烈的国家思想性

1. 经济法是主动干预法

我们知道，经济法是国家运用其职能而主动对社会经济活动进行干预的手段，其处处体现着国家的意图。比如反垄断法，它与国家产业政策的制定和执行关系密切，其要旨是从宏观上防止市场竞争不足，以保持经济具有相当的活力，提升本国企业和整个经济的竞争力。所以，它具有鲜明的政策性、灵活性和行政主导性特征。其他经济法律、法规（如反不正当竞争法）、财政金融法、外贸法等，它们均体现着国家的某种意图。所以，经济法加以确认和调整而形成的经济法律关系具有强烈的思想性，这种思想性是民事法律关系所达不到的。当然，民事法律关系也是具有思想性的社会关系，它最直接地表现了生产关系，如财产所有权关系、契约就是生产关系在法律上的表现。形象地说，民事法律关系是把经济关系的要求直接翻译成法律上的语言。也许正是如此，我国有学者曾指出民法属于经济基础，民事法律关系是物质的社会关系。这种观点虽然有些过激，但它在一定意义上揭示了民事法律关系思想性的特点。

2. 经济法好似国家"有形的手"

经济法律关系强烈的思想性不仅反映了政府"有形之手"与市场"无形之手"的互补性，更反映了政府对社会经济生活的积极参与、促进、监管，以及对在错综复杂的社会中被扭曲

的民事生活的纠正。经济法律关系是法律关系之一,它是由经济法律规范调整社会经济活动过程中形成的具有公共管理内容的权利义务关系。这种关系是一种具体的权利义务关系。经济法正是通过经济法律关系实现其对社会关系调整的职能的,它是经济法调整社会经济关系的具体法律形式。

但是,我们应同时注意到,经济法律关系强烈的思想性仍是以相应物质的社会关系为基础的。这就意味着,经济法律关系主体,尤其是政府不管其主观性有多大,都必须尊重和遵循相应的经济客观规律的要求。如由反垄断法产生的反垄断法律关系,反垄断执法部门不能简单地、机械地照搬和理解反垄断法的规定,更不能意气用事,而应服从相应的经济形势要求。

二、经济法律关系具有社会公共的经济管理性

经济法律关系区别于民事法律关系、行政法律关系就在于它是具有社会公共的经济管理性。

1. 经济法律关系是具有经济管理性的社会关系

经济法律关系是由经济法加以确认和调整而形成的权利义务关系,而经济法是政府干预经济之法,由此决定了经济法律关系必然是具有经济管理性的社会关系。这种管理性弥补了民法等传统法律部门的不足,并为恢复和维护其正常、有效地作用而营造良好的宏观环境和秩序空间。无论是宏观调控法所产生的经济法律关系,还是市场管理法产生的经济法律关系,它们都是具有经济管理性的社会关系。

2. 经济法律关系同时具有社会公共性

经济法律关系的经济管理是社会公共性的,换言之,并非所有的具有经济性的社会关系都可成为经济法律关系,它们必须同时具有社会公共性。所谓经济法律关系的社会公共性是指经济法律关系的运作和实现都是为了社会公共利益,表现为政府及其经济管理机关以社会管理者的名义实施经济管理,这种管理是一种普遍性的措施,着眼于社会整体,而不是着眼于某个个体。因此,在某个具体的经济法律关系中,如市场监督管理机关依法查处假冒伪劣产品,虽然其表面上是针对某个个体,但其实质是为了整个社会经济秩序和广大消费者利益的保护。

第二节 经济法律关系的构成要素

谈及经济法律关系,必涉及其构成要素。普遍认为,任何法律关系都由主体、客体和内容三要素组成,该三要素缺一不可,经济法律关系亦然。

一、主体

主体即法律关系的参与者。对于经济法律关系而言,则是指依法参与经济法律关系,并因此享有经济权利和承担经济义务的法人组织、非法人组织和自然人。

经济法律关系主体具有以下特征:(1) 政府及其经济管理机关具有主导性。经济法是体现国家干预经济之法,因此代表国家进行干预的政府及其经济管理机关在经济法律关系主体中具有主导性。所谓主导性是指在任何一种经济法律关系中,都必然有一方为政府或政府经济管理机关,另一方可能是某个经济组织,也可能为某个自然人,而且,政府及其经济

管理机关对经济组织或公民具有优先权,即政府及其经济管理机关在行使经济管理权时依法享有的职务上的优惠条件,如先行处置权、获得社会协助权、推定有效权等。(2)经济组织和个人具有独立性。经济法尽管是体现国家干预经济之法,但国家之干预是在维护社会公共利益和充分尊重市场主体合法的前提下而构成的利益,政府及其经济管理机关行使经济管理权时应首先认识到相对方的独立性,企事业单位和个人不是它们的附属,而是具有相对独立利益的个体。所以,经济组织和个人在经济法律关系中不是被动者,有时甚至是主动者,他们有权依法对抗任何人、任何机关对他们合法权益的侵犯。(3)主体的法定性。经济法是体现国家干预经济生活的法律,因此,谁有权参与经济法律关系,什么时候参与经济法律关系,如何参与经济法律关系等均应由相关法律明定。这是保证合理干预的需要,反映了经济法是规范、确认国家干预之法的本质。这一点,对于政府及其经济管理机关尤为重要,它们必须严格依法干预。

二、内容

法律关系的内容即法律关系主体应享有的权利和承担的义务,它是任何法律关系要素中的核心。这是因为,法律关系主体能够做什么,怎么去做,会产生什么后果等均围绕权利义务而发生,离开了权利义务,就不会有什么法律关系。对于经济法律关系而言,其内容是经济法律关系主体的经济权利和经济义务,其中,经济权利包含经济权力,即政府和经济管理机关以及社会经济团体在管理中的权力。

经济权力是基于经济管理机关或社会经济团体的地位和职能由经济法赋予并保证其行使经济管理职权的资格,其实质是经济管理职权。它具有如下特征:(1)主体的特定性,即行使经济权力的只能是依法成立的经济管理机关或社会经济团体,其他任何机关或团体无权为之。(2)权力的法定性或章程规定性。对于经济管理机关而言,其经济权力只能是明确法定的;对于社会经济团体而言,其权力则来自成员的约定而表现为他们制定的章程。权力的法定性或章程规定性强调的是经济权力的行使必须严格依法或依章程规定,不能超越,否则构成权力滥用而要产生相应法律后果。(3)权力行使的积极性。任何权力的行使都具有天生的冲动性,因而权力的行使具有积极性。对于经济权力而言,它就是体现国家对经济生活的积极干预,所以经济管理机关应积极主动行使其权力,它不采取不告不理原则,而是要经常发现问题,主动解决问题。对于社会经济团体也是如此,它应经常协调会员之间的行动与利益冲突。

三、客体

法律关系客体是法律关系主体权利义务所指向的对象。如果没有客体,主体行使权利、履行义务也就失去了依托。对于经济法律关系而言,其客体是经济法律关系主体的经济权利、经济义务所指向的对象。关于经济法律关系客体,有不少学者认为包括物、行为、知识产权等。

第三节 经济法律关系的分类

经济法律关系可按不同标准予以分类。通过分类,可以明晰不同法律关系表现形式的不同,其适用法律规则有异,运作要求不一。

一、宏观经济管理法律关系和市场管理法律关系

宏观经济管理法律关系是依宏观经济管理法而产生的具有国家宏观调节和控制内容的权利义务关系。它又可以分为计划法律关系、财政法律关系、金融调控法律关系、产业政策法律关系、物价法律关系等。宏观经济管理法律关系的确立和运行具有宏观性、指导性和政策性。市场管理法律关系是依市场管理法而产生的直接对市场进行监督管理为内容的权利义务关系。它又可以分为反不正当竞争法律关系、反垄断法律关系、其他市场管理法律关系。市场管理法律关系的建立和运行具有微观性、直接监管性和严格法定性。

二、绝对法律关系和相对法律关系

绝对法律关系是指权利主体是特定的,而义务主体则是不特定的法律关系,所以,它是"一个人对其他一切人"的形式表现出来的。"一个人对其他一切人"意味着一个人的行为将影响其他一切人。尤其是绝对经济法律关系,它往往涉及政府对其他一切社会组织、公民个人所采取的行为。该政府行为必将极大影响国民经济生活,因此,法律对这种经济法律关系的建立和运行是十分严格的,要求其深思熟虑。政府在作出有关行为时,没有十分的把握,尽量不要为之,否则其对国民经济生活带来的负面影响将是难以弥补的。

相对经济法律关系是指权利主体和义务主体都是特定的经济法律关系,它以"某个人对某个人"的形式表现出来。"某个人对某个人"意味着一个人的行为只能对另一方产生影响,一般不会对他人产生直接的影响。对于相对经济法律关系而言,它一般是某个经济管理机关的管理行为,如劳动管理部门对工厂进行劳动安全检查,主体和义务人都是特定的。

本章小结

本章对经济法律关系的特征、经济法律关系的构成及其分类进行了介绍。本章是经济法律制度的基础知识,对于经济法律主体、客体和内容的掌握,有助于了解教材的编写逻辑,以及相关法律规范的立法宗旨,并对经济法有更深入的理解和把握。

案例与点评

案例一

江城明月投资有限公司(国有企业)将某生产任务承包给其内部的 A 加工车间来完成。双方为此签订了承包责任书。约定 A 加工车间只可以使用明月公司的机器设备及原材料,但必须在规定期限内完成该项生产任务。

请问:本案中,明月公司与 A 车间之间是否形成了经济法律关系?如果形成了经济法律关系,请指出该法律关系的主体、内容和客体是什么?

案例评析:明月公司与车间之间已经形成了关于该项生产任务的承包加工的经济法律关系。明月公司与 A 车间是该经济法律关系的主体;使用公司的机器设备和原材料是 A 车

间的经济权利,相应地,获得该项生产任务的成果是明月公司的经济权利。这些经济权利和经济义务共同构成该承包加工生产任务的经济法律关系之内容。而经济权利和经济义务指向的对象——生产任务完成的成果,则是该经济法律关系的客体。

案例二

山城财政局为举办会议需要向龙舟有限责任公司租借礼堂。双方就此签订了礼堂租借合同。但是,在会议举行之日,财政局发现龙舟公司因故不能腾空礼堂,致使会议不能如期举行。财政局因此只好解除其与龙舟公司的礼堂租借合同,转而租借其他公司的礼堂。

请问:引起财政局与龙舟公司经济法律关系终止的法律事实是什么?

案例评析:在财政局与龙舟公司之间形成的礼堂租借法律关系中,由于龙舟公司未能按时提供礼堂的违约行为导致双方签订的合同无法正常履行,这一违约行为是导致双方租借法律关系消灭的法律事实。

 本章思考

1. 经济法律关系的特征是什么?
2. 经济法律关系的构成要素是什么?

思考解答

1. 答:(1)经济法律关系具有强烈的国家思想性。经济法是主动干预法,经济法好似国家"有形的手"。

(2)经济法律关系具有社会公共的经济管理性。首先,经济法律关系是具有经济管理性的社会关系;其次,经济法律关系同时具有社会公共性。

2. 答:经济法律关系由下列要素构成:

(1)主体,即法律关系的参与者。对于经济法律关系而言,则是指依法参与经济法律关系,并因此享有经济权利和承担经济义务的法人组织、非法人组织和自然人。

(2)内容,即法律关系主体应享有的权利和承担的义务,它是任何法律关系要素中的核心。对于经济法律关系而言,其内容是经济法律关系主体的经济权利和经济义务,其中,经济权利包含经济权力,即政府和经济管理机关以及社会经济团体在管理中的权力。

(3)客体,即法律关系主体权利义务所指向的对象。如果没有客体,主体行使权利、履行义务也就失去了依托。对于经济法律关系而言,其客体是经济法律关系主体的经济权利、经济义务所指向的对象。

第三章
经济诉讼和经济仲裁

本章需要掌握的主要内容:
- 诉讼的概念
- 诉讼法的基本原则
- 民事诉讼的基本制度
- 民事诉讼参加人
- 民事诉讼程序
- 仲裁的概念
- 仲裁法的基本原则和基本制度
- 仲裁协议的类型
- 仲裁协议的效力及其无效情形
- 仲裁条款的独立性
- 申请撤销仲裁裁决的条件和理由

> 人民法院在当事人和其他诉讼参与人的参加下,如何审理和解决经济案件?当经济纠纷发生时,经济仲裁与经济诉讼应该如何选择?

第一节 经 济 诉 讼

一、诉讼法概述

(一) 诉讼和诉讼法的概念

诉讼一词,来源于拉丁语 Precessus,其含义是指法庭处理案件与纠纷的活动。在我国,"诉讼"一词最早见于元朝《大元通制》,意思是将案件与纠纷告之于官府,由官府来决定争辩双方之间争端的活动。

现代意义上的诉讼,是指国家司法机关在当事人和其他诉讼参与人参加下,依照法定的诉讼程序,解决具体争讼的全部活动。

诉讼法是关于诉讼程序的法律规范的总称,属于程序法范畴。我国现行诉讼法包括刑事诉讼法、民事诉讼法和行政诉讼法。其中,经济诉讼适用民事诉讼程序。

(二) 我国诉讼法的基本原则

诉讼法的基本原则,是指在整个诉讼过程中起指导作用,司法机关和当事人、诉讼参与人都必须遵守的活动准则。以下一些原则是刑事诉讼法、民事诉讼法和行政诉讼法共同的原则。

1. 司法机关依法独立行使职权原则

这是我国诉讼法的首要原则,也是我国实施依法治国战略的关键。法治当然是先要有一套获得公众普遍遵从的完善的法律,但仅有良法是远远不够的,如果负责执行这套法律的司法机关不能独立司法,而是依附于政府或某种势力,那么法治的理想便遥遥无期。所以法治与司法独立的关系可以说是唇齿相依,司法独立是法治的必要条件。

在我国,根据宪法和法律的规定确立了司法独立原则。这一原则有三层含义:

(1) 国家司法权由司法机关统一行使。人民法院统一行使审判权,人民检察院统一行使检察权,公安机关行使侦查权。其他任何机关、团体和个人都无权行使这些权力。

(2) 司法机关独立行使职权,不受行政机关、社会团体和个人的干涉。

(3) 司法机关行使职权必须依法进行。

2. 以事实为根据、以法律为准绳原则

这一原则要求司法机关在诉讼过程中,必须忠于事实、忠于法律,这也是我国法律适用的基本原则。

以事实为根据,要求司法机关办案从实际出发,实事求是;注重调查取证,以客观事实为基础而非主观推测或盲目臆断。以法律为准绳,要求以法律规定作为判断罪与非罪、违法与否的唯一尺度。

以事实为根据、以法律为准绳是一个原则不可分割的两个方面,只有在查明事实的基础上,才能正确适用法律。

3. 当事人法律地位平等原则

这是宪法"公民在法律面前一律平等"原则在诉讼法中的具体体现。诉讼中的任一方当事人都平等地享有法律规定的权利和承担法律规定的义务,不因其社会地位、身份、职务等的不同而区别对待。司法机关在适用法律上对当事人双方应一视同仁、不偏不倚,切实保障当事人能够平等地行使权利。没有法律适用上的平等,也就没有司法公正可言。

4. 使用本民族语言文字原则

我国是统一的多民族国家,诉讼法规定各民族公民有权使用本民族语言文字进行诉讼。这既是民族平等原则的体现,也是实现民族平等的重要法律保障。

诉讼法规定,在少数民族聚居或者多民族共同居住的地区,人民法院应当用当地民族通用的语言、文字进行审理和发布法律文书。人民法院应当对不通晓当地民族通用的语言、文字的诉讼参与人提供翻译。

5. 人民检察院法律监督原则

人民检察院是我国的法律监督机关,监督内容主要包括:

(1) 对人民法院等专门机关的诉讼活动是否合法进行监督。人民检察院对法院审判组织的组成、审判程序和审判结果的公正性、裁判执行情况等实施法律监督;在刑事诉讼中,还有权对公安机关、监狱等专门机关的活动进行监督。

(2) 对诉讼参与人的行为是否合法进行监督。如有无证人作伪证、鉴定人提供虚假鉴定结论,或当事人、辩护人隐匿、毁灭证据等情形。

人民检察院的法律监督,是建立诉讼法制不可缺少的一环。

二、民事诉讼法

(一) 民事诉讼和民事诉讼法

民事诉讼是指人民法院在当事人和其他诉讼参与人的参加下,审理和解决民事案件的活动。

民事诉讼法是调整人民法院、当事人及其他诉讼参与人在民事诉讼中的权利义务关系的法律规范的总称。广义的民事诉讼法包括诉讼程序和执行程序两大部分;狭义的民事诉讼法只包括诉讼程序部分。

(二) 民事诉讼法的特有原则

1. 当事人诉讼权利平等的原则

《民事诉讼法》第8条规定:"民事诉讼当事人有平等的诉讼权利。人民法院审理民事案件,应当保障和便利当事人行使诉讼权利,对当事人在适用法律上一律平等。"这一规定是当事人诉讼权利平等原则的基本内容。

2. 法院调解原则

《民事诉讼法》第9条规定:"人民法院审理民事案件,应当根据自愿和合法的原则进行调解;调解不成的,应当及时判决。"

这一规定确立的法院调解原则,是指在人民法院审判人员主持下,当事人双方自愿协商达成协议,从而解决民事争议的活动和结案方式。

3. 辩论原则

《民事诉讼法》第12条规定:"人民法院审理民事案件时,当事人有权进行辩论。"

这一规定确立的辩论原则,是指双方当事人在审理中,有权就争议的问题陈述各自主张,相互诘问或反驳,以澄清事实、维护自己的权益。

4. 处分原则

《民事诉讼法》第13条规定:"当事人有权在法律规定的范围内处分自己的民事权利和诉讼权利。"

这一规定确立的处分原则,是指权利主体对自己享有的民事权利和诉讼权利,有权决定是否行使以及如何行使。

(三) 民事诉讼基本制度

诉讼的基本制度是实现程序公正的基本途径和手段。

1. 管辖制度

管辖是上下级人民法院及同级人民法院之间受理第一审案件的权限划分。

管辖的确立,便于公民、法人或其他组织明确向哪一个法院提起诉讼;对司法机关而言,明确各自受案范围便于各司其职,防止相互推诿,提高诉讼效率。人民法院系统内受理第一审案件的权限划分,称为审判管辖。它解决的是某一具体案件应由哪一级、哪一个人民法院受理和审判的问题。我国诉讼法的规定,审判管辖包括级别管辖、地域管辖、指定管辖、移送管辖和专门管辖。

(1) 级别管辖

级别管辖,是指各级人民法院在受理第一审案件上的权限划分。我国法院分四级,它们各自管辖第一审案件的范围是不同的,级别管辖所解决的就是某一具体案件应由哪一级人民法院进行一审,它属于人民法院系统内部的纵向分工。

① 基层人民法院管辖第一审民事案件,法律另有规定的除外。

② 中级人民法院管辖下列第一审民事案件:重大涉外案件,在本辖区有重大影响的案件,最高人民法院确定由中级人民法院管辖的案件。

③ 高级人民法院管辖在本辖区有重大影响的第一审民事案件。

④ 最高人民法院管辖下列第一审民事案件:在全国有重大影响的案件;认为应当由本院审理的案件。

最高人民法院的巡回法庭是最高法院派出的常设审判机构,巡回法庭作出的判决、裁定和决定,就是最高人民法院的判决、裁定和决定。①

(2) 地域管辖

地域管辖是同级人民法院在受理第一审案件上的权限划分。它属于人民法院系统内的横向分工。地域管辖与级别管辖相结合,才能最终确定某一具体案件应由哪一个法院进行一审审判。

① 一般地域管辖

对公民提起的民事诉讼,由被告住所地人民法院管辖;被告住所地与经常居住地不一致的,由经常居住地人民法院管辖。对法人或者其他组织提起的民事诉讼,由被告住所地人民法院管辖。下列民事诉讼,由原告住所地人民法院管辖;原告住所地与经常居住地不一致的,由原告经常居住地人民法院管辖:对不在中华人民共和国领域内居住的人提起的有关身份关系的诉讼;对下落不明或者宣告失踪的人提起的有关身份关系的诉讼;对被采取强制性教育措施的人提起的诉讼;对被监禁的人提起的诉讼。

② 特殊地域管辖

《民事诉讼法》规定:合同纠纷提起的诉讼,由被告住所地或者合同履行地人民法院管辖;因保险合同纠纷提起的诉讼,由被告住所地或者保险标的物所在地人民法院管辖;因票据纠纷提起的诉讼,由票据支付地或者被告住所地人民法院管辖;因公司设立、确认股东资格、分配利润、解散等纠纷提起的诉讼,由公司住所地人民法院管辖;因铁路、公路、水上、航空运输和联合运输合同纠纷提起的诉讼,由运输始发地、目的地或者被告住所地人民法院管辖;因侵权行为提起的诉讼,由侵权行为地或者被告住所地人民法院管辖;因铁路、公路、水上和航空事故请求损害赔偿提起的诉讼,由事故发生地或者车辆、船舶最先到达地、航空器最先降落地或者被告住所地人民法院管辖;因船舶碰撞或者其他海事损害事故请求损害赔偿提起的诉讼,由碰撞发生地、碰撞船舶最先到达地、加害船舶被扣留地或者被告住所地人民法院管辖;因海难救助费用提起的诉讼,由救助地或者被救助船舶最先到达地人民法院管辖;因共同海损提起的诉讼,由船舶最先到达地、共同海损理算地或者航程终止地的人民法院管辖。

---

① 最高人民法院于2015年1月28日发布《最高人民法院关于巡回法庭审理案件若干问题的规定》,于2015年2月1日起实施。最高院巡回法庭的设置,是为依法及时公正审理跨行政区域重大行政和民商事案件,推动审判工作重心下移,就地解决纠纷和方便当事人诉讼,是我国司法改革的重大举措。根据2016年12月19日通过的《最高人民法院关于修改〈最高人民法院关于巡回法庭审理案件若干问题的规定〉修正》》的规定,第一巡回法庭设在广东省深圳市,巡回区为广东、广西、海南、湖南四省。第二巡回法庭设在辽宁省沈阳市,巡回区为辽宁、吉林、黑龙江三省。第三巡回庭设在江苏省南京市,巡回区为江苏、上海、浙江、福建、江西五省市。第四巡回法庭设在河南省郑州市,巡回区为河南、山西、湖北、安徽四省。第五巡回法庭设在重庆市,巡回区为重庆、四川、贵州、云南、西藏五省区。第六巡回法庭设在陕西省西安市,巡回区为陕西、甘肃、青海、宁夏、新疆五省区。最高人民法院本部直接受理北京、天津、河北、山东、内蒙古五省区市有关案件。

③ 专属管辖

下列案件由规定的人民法院专属管辖：因不动产纠纷提起的诉讼，由不动产所在地人民法院管辖；因港口作业中发生纠纷提起的诉讼，由港口所在地人民法院管辖；因继承遗产纠纷提起的诉讼，由被继承人死亡时住所地或者主要遗产所在地人民法院管辖。

④ 协议管辖

合同或者其他财产权益纠纷的当事人可以书面协议选择被告住所地、合同履行地、合同签订地、原告住所地、标的物所在地等与争议有实际联系的地点的人民法院管辖，但不得违反《民事诉讼法》对级别管辖和专属管辖的规定。

（3）指定管辖和移送管辖

指定管辖，是指上级人民法院以裁定的形式，指定某一下级人民法院对案件进行管辖。发生指定管辖一般是因为：第一，有管辖权的人民法院由于特殊原因不能行使管辖权。如因自然灾害、战争等不可抗拒的客观事实，或受诉法院全体审判人员应回避而致其无法实际行使管辖权。第二，有管辖权的几个同级法院对管辖权起争议，或互相推诿或互相争夺管辖权。此时，争议法院首先应彼此协商，协商解决不成，则报请共同的上级法院。例如，跨省的两个法院发生管辖权争议且协商不成，则各自上报所在省高级法院，由省高院上报最高人民法院予以指定。

移送管辖，是指受理案件后发现对该案无管辖权的人民法院，将之移送给有管辖权的法院的一种管辖形式。受理是移送的前提，如果尚未受理，在审查起诉时即发现不属本院管辖的，人民法院应不予受理，并告知原告向有管辖权的法院起诉。所以，未受理则不发生移送的问题。移送在程序法上的效力是，受移送的法院不得拒收、退回或再行移送。假使受移送法院认为本院也没有管辖权的，这就属于前述管辖权争议的一种情形，应报请与移送法院共同的上一级法院决定管辖权归属。

2. 公开审判制度

公开审判制度，是指人民法院的审判活动依法向社会公开的制度。

公开审判的内容主要有：

（1）人民法院在开庭前公告当事人姓名、案由、开庭时间、地点；

（2）除法律规定不公开审理的案件外，审判过程必须公开，允许公民到庭旁听，允许新闻记者采访和报导；

（3）宣判一律公开进行。

公开审判是相对秘密审判而言的，公开审判取代秘密审判是诉讼制度文明进步的表现，是保障审判民主性和公正性的重要措施。

当然，公开是有限度的，根据法律规定，涉及个人隐私、国家秘密、或法律另有规定的案件以及未成年人犯罪的案件，审理是不公开的。离婚案件、涉及商业秘密的案件，当事人申请不公开审理的，可以不公开审理。

3. 合议制度

合议制度，是指由三名以上审判人员或审判员、人民陪审员组成合议庭，对案件进行审理并作出裁判的制度。合议庭的组成人数为单数，评议案件实行少数服从多数的原则。

合议制有利于集思广益，避免审判人员的个人局限性和片面性，从而保证办案质量。

（1）合议庭的人数

人民法院审理第一审民事案件，由审判员、陪审员共同组成合议庭或者由审判员组成合议庭。合议庭的成员人数,必须是单数。

(2) 独任制的适用

适用简易程序审理的民事案件,由审判员一人独任审理。基层人民法院审理的基本事实清楚、权利义务关系明确的第一审民事案件,可以由审判员一人适用普通程序独任审理。中级人民法院对第一审适用简易程序审结或者不服裁定提起上诉的第二审民事案件,事实清楚、权利义务关系明确的,经双方当事人同意,可以由审判员一人独任审理。

根据《民事诉讼法》的规定,人民法院审理下列民事案件,不得由审判员一人独任审理:涉及国家利益、社会公共利益的案件;涉及群体性纠纷,可能影响社会稳定的案件;人民群众广泛关注或者其他社会影响较大的案件;属于新类型或者疑难复杂的案件;法律规定应当组成合议庭审理的案件;其他不宜由审判员一人独任审理的案件。

4. 回避制度

回避制度,是指承办案件的有关人员因与案件、案件的当事人有利害关系或者其他可能影响案件公正处理的关系,不得参与办理该案的诉讼活动的制度。

(1) 回避的事由

审判人员、书记员、翻译人员、鉴定人、勘验人有下列情形之一的,应当回避:① 是本案当事人或者当事人、诉讼代理人近亲属的;② 与本案有利害关系的;③ 与本案当事人、诉讼代理人有其他关系,可能影响对案件公正审理的。

审判人员接受当事人、诉讼代理人请客送礼,或者违反规定会见当事人、诉讼代理人的,当事人有权要求他们回避。

(2) 回避的程序

回避可以由应当回避的人员主动提出回避,也可以由当事人在诉讼的各阶段用口头或者书面方式申请他们回避。

民事诉讼中,院长担任审判长或者独任审判员时的回避,由审判委员会决定;审判人员的回避,由院长决定;其他人员的回避,由审判长或者独任审判员决定。

5. 两审终审制

两审终审制,是指一个案件经两级人民法院审判即告终结的一种审级制度。

具体地说,就是当事人对一审判决、裁定不服的,有权在法定期限内向上一级人民法院提起上诉,人民检察院认为刑事案件一审裁判确有错误时,也可以在法定期限内提出抗诉。上一级人民法院按照二审程序审理后作出的判决、裁定,为终审判决、裁定。

我国民事诉讼实行两审终审制,但须注意:最高人民法院是全国最高审判机关,其特殊地位决定了它的一审判决、裁定就是终局性的,不存在上诉或抗诉的问题;

6. 证据制度

(1) 证据的概念和种类

证据是指法律确认的、证明案件事实的材料。

证据包括:① 当事人的陈述;② 书证;③ 物证;④ 视听资料;⑤ 电子数据;⑥ 证人证言;⑦ 鉴定意见;⑧ 勘验笔录。

证据必须查证属实,才能作为认定事实的根据。

(2) 举证责任

举证责任是法律假定的一种后果,即当事人对自己的诉讼主张,有提供证据加以证明的责任,否则将承担败诉的法律后果。

举证责任包含两层意思:一是,当事人对主张的事实,负有提出证据予以证明的义务,对方当事人不负举证责任;二是,如果双方当事人都提不出足够证据,则负举证责任的一方败诉。所以,举证责任是一种风险义务,与诉讼后果密切相关。

《民事诉讼法》第 67 条规定:当事人对自己提出的主张,有责任提供证据。

该条规定设定了民事诉讼举证责任分担的一般原则,即:第一,当事人双方都应负担举证责任;第二,谁主张事实,谁举证。在民事诉讼中,举证责任是可以转换的,既可能从原告转移到被告,也可能从被告转移到原告。

最高人民法院在相关的司法解释中对民事诉讼中的举证责任作了如下规定:在合同纠纷案件中,主张合同关系成立并生效的一方当事人对合同订立和生效的事实承担举证责任;主张合同关系变更、解除、终止、撤销的一方当事人对引起合同关系变动的事实承担举证责任;对合同是否履行发生争议的,由负有履行义务的当事人承担举证责任;对代理权发生争议的,由主张有代理权一方当事人承担举证责任;在劳动争议纠纷案件中,因用人单位作出开除、除名、辞退、解除劳动合同、减少劳动报酬、计算劳动者工作年限等决定而发生劳动争议的,由用人单位负举证责任。

最高人民法院同时还规定下列侵权诉讼,按照以下规定承担举证责任:因新产品制造方法发明专利引起的专利侵权诉讼,由制造同样产品的单位或者个人对其产品制造方法不同于专利方法承担举证责任;高度危险作业致人损害的侵权诉讼,由加害人就受害人故意造成损害的事实承担举证责任;因环境污染引起的损害赔偿诉讼,由加害人就法律规定的免责事由及其行为与损害结果之间不存在因果关系承担举证责任;建筑物或者其他设施以及建筑物上的搁置物、悬挂物发生倒塌、脱落、坠落致人损害的侵权诉讼,由所有人或者管理人对其无过错承担举证责任;饲养动物致人损害的侵权诉讼,由动物饲养人或者管理人就受害人有过错或者第三人有过错承担举证责任;因缺陷产品致人损害的侵权诉讼,由产品的生产者就法律规定的免责事由承担举证责任;因共同危险行为致人损害的侵权诉讼,由实施危险行为的人就其行为与损害结果之间不存在因果关系承担举证责任;因医疗行为引起的侵权诉讼,由医疗机构就医疗行为与损害结果之间不存在因果关系及不存在医疗过错承担举证责任。

三、民事诉讼参加人

1. 当事人

民事诉讼当事人,是指以自己的名义进行诉讼,并受人民法院裁判拘束的利害关系人。当事人是民事诉讼的重要主体,没有当事人就没有民事诉讼。公民、法人和其他组织可以作为民事诉讼的当事人。

法人由其法定代表人进行诉讼。其他组织由其主要负责人进行诉讼。

狭义的当事人,指原告和被告。广义的当事人还包括共同诉讼人、诉讼代表人和第三人。当事人的称谓因诉讼阶段不同而有所变化,如一审程序中,称为原告和被告;二审称为上诉人和被上诉人;执行程序中称为申请执行人和被申请执行人。

(1) 共同诉讼人

当事人一方或者双方为二人以上,其诉讼标的是共同的,或者诉讼标的是同一种类、人民法院认为可以合并审理并经当事人同意的,为共同诉讼。

其中原告为两人以上的,称为共同原告;被告为两人以上的,称为共同被告。共同原告和共同被告统称为共同诉讼人。

共同诉讼实质上是诉的主体的合并,通过这种合并,人民法院可对数个当事人之间的纠纷一并审理,既便利当事人进行诉讼,又节省了当事人及法院的人力、物力和时间,符合诉讼经济原则。

(2) 诉讼代表人

当事人一方人数众多的共同诉讼,可以由当事人推选代表人进行诉讼。代表人的诉讼行为对其所代表的当事人发生效力,但代表人变更、放弃诉讼请求或者承认对方当事人的诉讼请求,进行和解,必须经被代表的当事人同意。诉讼标的是同一种类、当事人一方人数众多在起诉时人数尚未确定的,人民法院可以发出公告,说明案件情况和诉讼请求,通知权利人在一定期间向人民法院登记。

向人民法院登记的权利人可以推选代表人进行诉讼;推选不出代表人的,人民法院可以与参加登记的权利人商定代表人。

代表人诉讼,又称群体诉讼,是指当事人一方人数众多,由其中一人或者数人作为代表人进行的诉讼。这一人或数人就是诉讼代表人。诉讼代表人应由全体共同诉讼人推选产生,并以书面形式向受诉人民法院说明。

(3) 第三人

民事诉讼的第三人,是指对原告和被告所争议的诉讼标的有独立请求权,或者虽无独立请求权、但案件处理结果与其有法律上的利害关系,从而参加到诉讼中来的人。第三人可以是自然人,也可以是法人或其他组织;可以是一人,也可以是多人。对当事人双方的诉讼标的,第三人认为有独立请求权的,有权提起诉讼。

对当事人双方的诉讼标的,第三人虽然没有独立请求权,但案件处理结果同他有法律上的利害关系的,可以申请参加诉讼,或者由人民法院通知他参加诉讼。人民法院判决承担民事责任的第三人,有当事人的诉讼权利义务。

2. 诉讼代理人

无诉讼行为能力人由他的监护人作为法定代理人代为诉讼。当事人、法定代理人可以委托一至二人作为诉讼代理人。

委托他人代为诉讼,必须向人民法院提交由委托人签名或者盖章的授权委托书。授权委托书必须记明委托事项和权限。诉讼代理人代为承认、放弃、变更诉讼请求,进行和解,提起反诉或者上诉,必须有委托人的特别授权。

侨居在国外的中华人民共和国公民从国外寄交或者托交的授权委托书,必须经中华人民共和国驻该国的使领馆证明;没有使领馆的,由与中华人民共和国有外交关系的第三国驻该国的使领馆证明,再转由中华人民共和国驻该第三国使领馆证明,或者由当地的爱国华侨团体证明。

四、财产保全和先予执行

1. 财产保全

财产保全,是指人民法院根据利害关系人或当事人的申请或者依职权,对争议标的物或者当事人的其他财产采取保护性措施,以使利害关系人或当事人的合法权益免受损害,或者使将来的生效判决能顺利执行的制度。财产保全往往因一方当事人欲将有关的财产转移、隐匿、毁灭而发生,财产保全的意义在于保护利害关系人或当事人的合法权益,维护法院判决的权威性。

《民事诉讼法》规定,人民法院对于可能因当事人一方的行为或者其他原因,使判决难以执行或者造成当事人其他损害的案件,根据对方当事人的申请,可以裁定对其财产进行保全、责令其作出一定行为或者禁止其作出一定行为;当事人没有提出申请的,人民法院在必要时也可以裁定采取保全措施。人民法院采取保全措施,可以责令申请人提供担保,申请人不提供担保的,裁定驳回申请。

(1) 财产保全的种类

财产保全分为诉前财产保全和诉讼中的财产保全两种。

诉前财产保全,是指利害关系人因情况紧急,不立即申请财产保全将令其合法权益遭受难以弥补的损害,法院根据其在起诉前提出的申请对有关财产采取保护措施。

诉讼中的财产保全,是指人民法院受理案件后,对于可能因当事人一方的行为或者其他原因造成判决不能执行或难以执行的情况,根据对方当事人申请或者依职权,对有关财产采取保护措施。

(2) 财产保全的范围和措施

根据《民事诉讼法》的规定,保全限于请求的范围,或者与本案有关的财物。也就是说,人民法院依当事人申请或者依职权主动采取保全措施,被保全财物的价额应当限定在诉讼请求的范围之内,不应超出请求标的物的价额;被保全的应是争议法律关系所及的财产。对案外人的财产、案外人善意取得的与案件有关的财产,不得采取保全措施。

2. 先予执行

先予执行,是指人民法院在诉讼过程中,为解决原告在生活和生产经营上的紧迫需要,裁定被告预先给付原告一定数额的金钱或其他财物的制度。

(1) 先予执行的条件

人民法院裁定先予执行的,应当符合下列条件:① 当事人之间权利义务关系明确,不先予执行将严重影响申请人的生活或者生产经营的;② 被申请人有履行能力。

人民法院可以责令申请人提供担保,申请人不提供担保的,驳回申请。申请人败诉的,应当赔偿被申请人因先予执行遭受的财产损失。

(2) 适用先予执行的案件

根据《民事诉讼法》第 109 条的规定,人民法院对下列案件,根据当事人的申请,可以裁定先予执行:① 追索赡养费、扶养费、抚养费、抚恤金、医疗费用的;② 追索劳动报酬的;③ 因情况紧急需要先予执行的。

五、第一审程序

我国民事诉讼实行两审终审制,审理第一审民事案件的程序称为第一审程序,它包括普通程序和简易程序。普通程序是审理一审民事案件通常所适用的程序,而简易程序则是普通程序的简化。除法律另有规定外,第一审民事案件都应当按照普通程序进行。

1. 起诉与受理

起诉,是指当事人依法向人民法院提出请求的诉讼行为。主动提出请求的一方称为原告,被其控告的相对方称为被告。原告起诉,人民法院受理,民事诉讼程序即开始。

起诉必须具备一定的实质要件和形式要件。其实质要件为:(1)原告是与本案有直接利害关系的公民、法人和其他组织;(2)有明确的被告;(3)有具体的诉讼请求和事实、理由;(4)属于人民法院受理民事诉讼的范围和受诉人民法院管辖。

其形式要件,原则上要求书面形式。当事人向法院递交起诉状,并按照被告的人数提交副本。书写起诉状确有困难的,可以口头起诉,由人民法院记入笔录,并告知对方当事人。

人民法院在收到起诉状或口头起诉后进行审查,符合法定受理条件的,应当在7日内立案并通知当事人;不符合的,裁定不予受理。当事人对该裁定不服的,有权提起上诉。

2. 审理前的准备

(1)人民法院应当在立案之日起5日内将起诉状副本发送被告,被告应当在收到之日起15日内提出答辩状。人民法院应当在收到答辩状之日起5日内将答辩状副本发送原告。

(2)人民法院对决定受理的案件,应当在受理案件通知书和应诉通知书中向当事人告知有关的诉讼权利义务,或者口头告知。

(3)审判人员确定后,应当在3日内告知当事人。

(4)审判人员必须认真审核诉讼材料,调查收集必要的证据。

3. 开庭审理

开庭审理是整个民事诉讼程序的核心阶段,也是人民法院审理案件的中心环节。除法律另有规定外,庭审一律公开进行。一般按照以下几个阶段依次进行:

(1)庭审准备

人民法院审理民事案件,应当在开庭3日前通知当事人和其他诉讼参与人,公开审理的,应当公告当事人姓名、案由和开庭时间、地点。公告一般张贴于法院门前公告栏内。

开庭前,书记员应当查明当事人和其他诉讼参与人是否到庭,宣布法庭纪律。然后由审判长或者独任审判员核对当事人,宣布案由,宣布审判人员、书记员名单,告知当事人有关的诉讼权利义务,询问当事人是否提出回避申请。

(2)法庭调查

法庭调查是开庭审理的中心环节,它的目的和任务是听取当事人陈述,查验、核实各种与案件有关的证据。法庭调查按照下列顺序进行:当事人陈述;告知证人的权利义务,证人作证,宣读未到庭的证人证言;出示书证、物证、视听资料和电子数据;宣读鉴定意见;宣读勘验笔录。

(3)法庭辩论

法庭辩论是各方当事人在审判长主持下,就案件事实和适用法律阐明本方见解,针对对方观点展开辩论。法庭辩论按照下列顺序进行:原告及其诉讼代理人发言;被告及其诉讼代理人答辩;第三人及其诉讼代理人发言或者答辩;互相辩论。

法庭辩论终结,由审判长或者独任审判员按照原告、被告、第三人的先后顺序征询各方最后意见。法庭辩论终结,应当依法作出判决。判决前能够调解的,还可以进行调解,调解不成的,应当及时判决。

(4)评议和宣判

法庭辩论终结后,合议庭全体成员退庭,对案件的处理按照少数服从多数的原则进行评议,制作为笔录并签名。

人民法院对公开审理或者不公开审理的案件,一律公开宣告判决。当庭宣判的,应当在10日内发送判决书;定期宣判的,宣判后立即发给判决书。宣告判决时,必须告知当事人上诉权利、上诉期限和上诉的法院。宣告离婚判决,必须告知当事人在判决发生法律效力前不得另行结婚。

4. 庭审中的几种特殊情况

(1) 撤诉

撤诉,是原告以作为或不作为的方式,在诉讼程序开始后、判决前,向法院提出撤回诉讼请求。

原告可以申请撤诉。原告经传票传唤,无正当理由拒不到庭的,或者未经法庭许可中途退庭的,可以按撤诉处理。

(2) 缺席判决

缺席判决,是指人民法院在一方或部分当事人不在场情况下依法作出的判决。

原告经传票传唤,无正当理由拒不到庭的,或者未经法庭许可中途退庭的,可以按撤诉处理;被告反诉的,可以缺席判决。被告经传票传唤,无正当理由拒不到庭的,或者未经法庭许可中途退庭的,可以缺席判决。人民法院裁定不准许撤诉的,原告经传票传唤,无正当理由拒不到庭的,可以缺席判决。

(3) 延期审理

延期审理,是指因某种特殊情况致使无法如期开庭审理,而推迟审理的制度。

有下列情形之一的,可以延期开庭审理:必须到庭的当事人和其他诉讼参与人有正当理由没有到庭的;当事人临时提出回避申请的;需要通知新的证人到庭,调取新的证据,重新鉴定、勘验,或者需要补充调查的;其他应当延期的情形。

(4) 诉讼中止

诉讼中止,是指在民事诉讼进行过程当中,因法定原因,人民法院暂时停止诉讼程序的制度。

有下列情形之一的,中止诉讼:一方当事人死亡,需要等待继承人表明是否参加诉讼的;一方当事人丧失诉讼行为能力,尚未确定法定代理人的;作为一方当事人的法人或者其他组织终止,尚未确定权利义务承受人的;一方当事人因不可抗拒的事由,不能参加诉讼的;本案必须以另一案的审理结果为依据,而另一案尚未审结的;其他应当中止诉讼的情形。

中止诉讼的原因消除后,恢复诉讼。

(5) 诉讼终结

诉讼终结,是指因在诉讼过程中发生特殊情况,致使诉讼不可能继续进行或者继续进行没有意义,由人民法院裁定结束诉讼的制度。

有下列情形之一的,终结诉讼:原告死亡,没有继承人,或者继承人放弃诉讼权利的;被告死亡,没有遗产,也没有应当承担义务的人的;离婚案件一方当事人死亡的;追索赡养费、扶养费、抚养费以及解除收养关系案件的一方当事人死亡的。

5. 简易程序

简易程序,是基层人民法院及其派出法庭审理简单民事案件所适用的诉讼程序。对一些难度不大、争议不大的案件,适用简易程序能够迅速解决当事人之间的纷争,提高人民法院办案效率。

适用简易程序审理民事案件的,仅限于基层人民法院和它的派出法庭。能够适用简易程序的民事案件,限于事实清楚、权利义务关系明确、争议不大的简单民事案件或者当事人双方约定适用简易程序的案件。

"简易"主要表现为以下几个方面:

① 原告可以口头起诉,或者双方当事人直接到基层法院或其派出法庭,请求解决纠纷;基层人民法院或者它派出的法庭可以当即审理,也可以另定日期审理;

② 由审判员一人独任审理;

③ 可以用简便方式传唤当事人和证人、送达诉讼文书、审理案件;

④ 庭审阶段不明确划分,由审判员灵活掌握;

⑤ 审理期限短,应当在立案之日起3个月内审结。

六、第二审程序

第二审程序,是上一级人民法院对当事人不服一审裁判提出的上诉案件进行重新审理的程序。又称为上诉审程序和终审程序。

1. 上诉的提起

上诉是当事人的一项重要诉讼权利。提起上诉,必须符合法定条件,否则不能引起第二审程序的发生。这些法定条件是:

(1) 有法定的上诉人和被上诉人

可以提起上诉的人,为第一审程序的原告、被告、有独立请求权的第三人。被上诉人,是第一审程序中的对方当事人。

普通共同诉讼人各自有独立的上诉权,其上诉行为仅对自己有效,效力不及于其他共同诉讼人。必要共同诉讼人可以全体上诉,其中一人提出上诉的,经全体同意对全体发生效力。

(2) 有法定上诉对象

法定的上诉对象,是指依法可以上诉的判决和裁定。

可以上诉的判决为:第一审判决和二审人民法院发回重审后所作判决。

可以上诉的裁定为:不予受理的裁定、管辖异议裁定、驳回起诉的裁定。

(3) 法定上诉期限

上诉必须在法定期限内提出。对一审判决不服的,在判决书送达之日起15日内上诉;对裁定不服的,在裁定书送达之日起10日内上诉。

(4) 必须提交上诉状

当事人提起上诉,应当提交上诉状,不允许口头形式的上诉。上诉状应当通过原审人民法院提出,并按照对方当事人或者代表人的人数提出副本。当事人直接向第二审人民法院上诉的,第二审人民法院应当在5日内将上诉状移交原审人民法院。

2. 上诉案件的审理

(1) 上诉案件的审理范围

第二审人民法院对上诉请求的有关事实和适用法律进行审查。这就是说,我国民事诉讼的第二审既是事实审,又是法律审;二审审理的事实和法律,限定在上诉人的上诉请求范围之内。

(2) 上诉案件的审理程序

第二审法院审理上诉案件,应当由审判员组成合议庭审理。合议庭审理有两种方式:一种是开庭审理,即传唤双方当事人和其他诉讼参与人到庭,进行法庭调查、辩论,在此基础上评议并宣判;一种是不开庭审理,经过阅卷、调查和询问当事人,对没有提出新的事实、证据或者理由,人民法院认为不需要开庭审理的,可以不开庭审理

根据民事诉讼法规定,第二审人民法院审理上诉案件,可以进行调解。调解达成协议,应当制作调解书,由审判人员、书记员署名,加盖人民法院印章。调解书送达后,原审人民法院的判决即视为撤销。

(3) 上诉案件的处理

第二审人民法院对上诉案件,经过审理,按照下列情形,分别处理:① 原判决、裁定认定事实清楚,适用法律正确的,以判决、裁定方式驳回上诉,维持原判决、裁定;② 原判决、裁定认定事实错误或者适用法律错误的,以判决、裁定方式依法改判、撤销或者变更;③ 原判决认定基本事实不清的,裁定撤销原判决,发回原审人民法院重审,或者查清事实后改判;④ 原判决遗漏当事人或者违法缺席判决等严重违反法定程序的,裁定撤销原判决,发回原审人民法院重审。

七、特别程序

1. 选民资格案件

公民不服选举委员会对选民资格的申诉所作的处理决定,可以在选举日的5日以前向选区所在地基层人民法院起诉。人民法院受理选民资格案件后,必须在选举日前审结。

审理时,起诉人、选举委员会的代表和有关公民必须参加。

人民法院的判决书,应当在选举日前送达选举委员会和起诉人,并通知有关公民。

2. 宣告失踪、宣告死亡案件

公民下落不明满2年,利害关系人申请宣告其失踪的,向下落不明人住所地基层人民法院提出。公民下落不明满四年,或者因意外事件下落不明满2年,或者因意外事件下落不明,经有关机关证明该公民不可能生存,利害关系人申请宣告其死亡的,向下落不明人住所地基层人民法院提出。人民法院受理宣告失踪、宣告死亡案件后,应当发出寻找下落不明人的公告。宣告失踪的公告期间为3个月,宣告死亡的公告期间为1年。因意外事件下落不明,经有关机关证明该公民不可能生存的,宣告死亡的公告期间为3个月。

公告期间届满,人民法院应当根据被宣告失踪、宣告死亡的事实是否得到确认,作出宣告失踪、宣告死亡的判决或者驳回申请的判决。被宣告失踪、宣告死亡的公民重新出现,经本人或者利害关系人申请,人民法院应当作出新判决,撤销原判决。

3. 认定公民无民事行为能力、限制民事行为能力案件

申请认定公民无民事行为能力或者限制民事行为能力,由利害关系人或者有关组织向该公民住所地基层人民法院提出。人民法院受理申请后,必要时应当对被请求认定为无民事行为能力或者限制民事行为能力的公民进行鉴定。申请人已提供鉴定意见的,应当对鉴定意见进行审查。人民法院经审理认定申请有事实根据的,判决该公民为无民事行为能力或者限制民事行为能力人;认定申请没有事实根据的,应当判决予以驳回。人民法院根据被认定为无民事行为能力人、限制民事行为能力人本人、利害关系人或者有关组织的申请,证

实该公民无民事行为能力或者限制民事行为能力的原因已经消除的,应当作出新判决,撤销原判决。

4. 认定财产无主案件

申请认定财产无主,由公民、法人或者其他组织向财产所在地基层人民法院提出。人民法院受理申请后,经审查核实,应当发出财产认领公告。公告满1年无人认领的,判决认定财产无主,收归国家或者集体所有。

判决认定财产无主后,原财产所有人或者继承人出现,在民法典规定的诉讼时效期间可以对财产提出请求,人民法院审查属实后,应当作出新判决,撤销原判决。

5. 确认调解协议案件

经依法设立的调解组织调解达成调解协议,申请司法确认的,由双方当事人自调解协议生效之日起30日内,共同向人民法院提出。人民法院受理申请后,经审查,符合法律规定的,裁定调解协议有效,一方当事人拒绝履行或者未全部履行的,对方当事人可以向人民法院申请执行;不符合法律规定的,裁定驳回申请,当事人可以通过调解方式变更原调解协议或者达成新的调解协议,也可以向人民法院提起诉讼。

6. 实现担保物权案件

申请实现担保物权,由担保物权人以及其他有权请求实现担保物权的人依照《民法典》等法律,向担保财产所在地或者担保物权登记地基层人民法院提出。

人民法院受理申请后,经审查,符合法律规定的,裁定拍卖、变卖担保财产,当事人依据该裁定可以向人民法院申请执行;不符合法律规定的,裁定驳回申请,当事人可以向人民法院提起诉讼。

八、审判监督程序

1. 概念

审判监督程序,又称为再审程序,是指发现已经生效的判决、裁定或调解协议确有错误,依法提起再审适用的程序。审判监督程序不是民事诉讼的第三审程序,而是纠正人民法院所作生效裁判错误的一种补救性的独立审判程序。

2. 提起

各级人民法院院长对本院已经发生法律效力的判决、裁定、调解书,发现确有错误,认为需要再审的,应当提交审判委员会讨论决定。最高人民法院对地方各级人民法院已经发生法律效力的判决、裁定、调解书,上级人民法院对下级人民法院已经发生法律效力的判决、裁定、调解书,发现确有错误的,有权提审或者指令下级人民法院再审。

当事人对已经发生法律效力的判决、裁定,认为有错误的,可以向上一级人民法院申请再审;当事人一方人数众多或者当事人双方为公民的案件,也可以向原审人民法院申请再审。当事人申请再审的,不停止判决、裁定的执行。当事人对已经发生法律效力的调解书,提出证据证明调解违反自愿原则或者调解协议的内容违反法律的,可以申请再审。经人民法院审查属实的,应当再审。最高人民检察院对各级人民法院已经发生法律效力的判决、裁定,上级人民检察院对下级人民法院已经发生法律效力的判决、裁定,发现有法定情形之一的,或者发现调解书损害国家利益、社会公共利益的,应当提出抗诉。地方各级人民检察院对同级人民法院已经发生法律效力的判决、裁定,发现法定情形之一的,或者发现调解书损害国家利益、社会公共利益的,可以向同级人民法院提出检察建议,并报上级人民检察院备案;也可以提请上级人民检察院向同级人民法院提出抗诉。

3. 审理

人民法院按照审判监督程序再审的案件,发生法律效力的判决、裁定是由第一审法院作出的,按照第一审程序审理,所作的判决、裁定,当事人可以上诉;发生法律效力的判决、裁定是由第二审法院作出的,按照第二审程序审理,所作的判决、裁定,是发生法律效力的判决、裁定;上级人民法院按照审判监督程序提审的,按照第二审程序审理,所作的判决、裁定是发生法律效力的判决、裁定。

人民法院审理再审案件,应当另行组成合议庭。

九、执行程序

执行程序,是指人民法院的执行组织对不履行已发生法律效力的法律文书的当事人,依法强制其履行义务的程序。

1. 执行组织

人民法院根据需要,设立执行机构,专门负责执行工作。可见执行组织是法院的重要组成部分,代表国家行使执行权。

2. 执行根据

执行根据,即人民法院执行机构据以执行的各种生效法律文书,发生法律效力的民事判决、裁定,以及刑事判决、裁定中的财产部分,由第一审人民法院或者与第一审人民法院同级的被执行的财产所在地人民法院执行。

3. 执行措施

执行措施是人民法院行使国家执行权时所必须采取的各种手段和方法,具有强制力。《民事诉讼法》规定的执行措施包括以下几种:查询、冻结、划拨被执行人的储蓄存款;扣留、提取被执行人的收入,包括工资、奖金、稿费等;查封、扣押、冻结、拍卖、变卖被执行人的财产;对被执行人的财产进行搜查;强制被执行人交付执行文书中所指定的财物或者票证;强制被执行人迁出房屋或者退出土地;通知有关单位办理有关财产权证照转移手续;强制被执行人完成法律文书中指定的行为;对迟延履行义务的被执行人,强制其支付迟延履行金或加倍支付迟延履行利益。

4. 执行中止和终结

有下列情形之一的,人民法院应当裁定中止执行:(1)申请人表示可以延期执行的;(2)案外人对执行标的提出确有理由的异议的;(3)作为一方当事人的公民死亡,需要等待继承人继承权利或者承担义务的;(4)作为一方当事人的法人或者其他组织终止,尚未确定权利义务承受人的;(5)人民法院认为应当中止执行的其他情形。

中止的情形消失后,恢复执行。

有下列情形之一的,人民法院裁定终结执行:(1)申请人撤销申请的;(2)据以执行的法律文书被撤销的;(3)作为被执行人的公民死亡,无遗产可供执行,又无义务承担人的;(4)追索赡养费、扶养费、抚养费案件的权利人死亡的;(5)作为被执行人的公民因生活困难无力偿还借款,无收入来源,又丧失劳动能力的;(6)人民法院认为应当终结执行的其他情形。

中止和终结执行的裁定,送达当事人后立即生效。

第二节 经济仲裁

一、仲裁的概念

仲裁是指发生争议的双方当事人,根据其在争议发生前或争议发生后所达成的协议,自愿将该争议提交中立的第三者进行裁判的争议解决制度和方式。

众所周知,解决争议的方式主要有三种,即调解、仲裁和诉讼。虽然目前在我国,调解协议书也具有法律效力,但毫无疑问仲裁是司法途径之外却具有法律约束力的一种最有效率的争议解决方式。这一方式不仅被广泛应用于民商事领域,在劳动纠纷以及农业承包合同的纠纷中,仲裁也日益发挥出它巨大的作用。

二、仲裁的特征

仲裁之所以在调解和诉讼之外,能作为一种独立的制度而发挥特殊的作用,是由它的特点决定的,具体而言,相比于调解和诉讼,仲裁具有以下特点:

(1) 自愿性。自愿性贯穿在仲裁的整个过程中,从当事人是否选择仲裁作为解决争议的解决方式,到由谁仲裁,仲裁庭如何组成,以及仲裁的审理方式、开庭形式等,处处都由当事人在自愿的基础上,协商确定。

(2) 专业性。仲裁所要解决的争议往往涉及复杂的技术问题和法律问题,只有这些领域的专才才可能作出正确的裁判,正是由于这个原因,各国对仲裁员的资格都作出严格的限制,一般都由专家担任仲裁员,以确保仲裁裁决的专业权威。

(3) 保密性。不公开审理是仲裁的基本原则,同时一些相关法律和仲裁规则也规定仲裁员及秘书的保密义务,正是从这个意义上讲,仲裁确保当事人的商业秘密不被泄露。

(4) 迅速性。仲裁实行一裁终局,相对于诉讼的两审终审,解决争议更为迅速。

(5) 经济性。仲裁和诉讼相比,在时间和费用等方面对当事人的耗费更小,并且由于保密的关系,对当事人今后商业机会的影响也较小,所以仲裁更为经济和有效率。

(6) 独立性。仲裁机构独立于行政机构,并且仲裁机构之间也没有隶属关系。在仲裁过程中,坚持独立仲裁的原则,不受任何机关、社会团体和个人的干涉。

三、仲裁法概述

(一) 仲裁法的概念

仲裁法是国家制定或认可的,规范仲裁法律关系主体的行为和调整仲裁法律关系的法律规范的总称。《中华人民共和国仲裁法》(以下简称《仲裁法》)于 1994 年 8 月 31 日第八届全国人民代表大会常务委员会第九次会议通过,根据 2009 年 8 月 27 日第十一届全国人民代表大会常务委员会第十次会议《关于修改部分法律的决定》第一次修正,根据 2017 年 9 月 1 日第十二届全国人民代表大会常务委员会第二十九次会议《关于修改〈中华人民共和国法官法〉等八部法律的决定》第二次修正,这是我国最主要的一部仲裁法律。

(二) 仲裁法的基本原则

1. 自愿原则

仲裁作为一种非司法途径的解决争议的方式,自始至终贯穿着自愿原则。仲裁的自愿原则主要体现在以下方面:(1) 当事人是否将他们之间发生的争议提交仲裁,由当事人自主协商决定;(2) 当事人将哪些争议提交仲裁,由双方自行约定;(3) 当事人将他们之间的争议提交哪一个仲裁机构仲裁,亦由当事人协商约定;(4) 仲裁庭的组成方式,仲裁员由何人担当,由当事人自主选定;(5) 对于仲裁的审理方式、开庭发生等有关的仲裁程序事项,当事人仍然享有自主约定权。

2. 根据事实、符合法律规定、公平合理解决纠纷原则

这一原则是对"以事实为依据、以法律为准绳"原则的肯定和发展,即仲裁要坚持以事实为依据、以法律为准绳的裁决原则,同时,在法律没有明确规定或者规定不完备的情况下,仲裁庭可以按照公平合理的原则来解决纠纷。

3. 独立仲裁原则

《仲裁法》明确规定:仲裁依法独立进行,不受行政机关、社会团体和个人的干涉。独立仲裁原则首先体现在机构独立上,仲裁委员会独立于行政机关,与行政机关没有任何隶属关系,仲裁委员会之间也没有隶属关系。仲裁庭独立处理裁决案件,仲裁委员会以及其他机关、社会团体和个人不得干预。

(三) 仲裁法的基本制度

1. 协议仲裁制度

仲裁程序启动的前提是当事人之间定有有效的仲裁协议,否则仲裁无从谈起。当事人申请仲裁、仲裁委员会受理仲裁,甚至仲裁委员会审理案件,都要始终依据当事人之间的有效的仲裁协议。因为仲裁协议体现了当事人自主自愿的原则,是仲裁机构受理案件的依据,也是仲裁裁决能够被自觉履行的一个保障。

2. 或裁或审制度

诉讼和仲裁都是重要的争议解决方式,但分别作为司法途径和非司法途径,二者在同一案件中却是不能并存的。一旦发生争议,当事人只能选择其中一个作为争议的解决方式,或者是仲裁,或者是诉讼。也就是说,有效的仲裁协议即可排除法院的管辖,只有在没有仲裁协议或者仲裁协议违法的情况下,法院才享有管辖权。或裁或审制度充分体现了效率原则,避免司法机关和仲裁机关的重复劳动,降低了争议的解决成本。

3. 一裁终局制度

我国《仲裁法》明确规定:仲裁实行一裁终局制度。裁决作出后,当事人就同一纠纷再申请仲裁或者向人民法院起诉的,仲裁委员会或人民法院不予受理。这一制度表明,仲裁裁决是终局裁决,裁决作出后,当事人必须立即自动履行。一裁终局制度相比于诉讼中的两审终审制度,程序简洁,时间较短,更为快捷,更能满足当事人迅速解决争议的愿望。

四、仲裁协议

(一) 仲裁协议的概念

仲裁协议是指双方当事人自愿将他们之间已经发生或者可能发生的争议提交仲裁解决的协议。仲裁协议的存在,是进行仲裁的先决条件。

仲裁协议具有以下特征：(1) 仲裁协议体现了双方当事人的合意，即双方当事人在自愿协商的基础上，作出共同的意思表示，将他们之间的争议提交仲裁。(2) 仲裁协议在时间上的灵活性。仲裁协议既可以事先达成，也可以在争议发生后，由双方共同商讨拟订。(3) 仲裁协议的要式性。即仲裁协议应当以书面的方式订立，原则上不允许采取口头的形式。

(二) 仲裁协议的类型

我国《仲裁法》规定：仲裁协议包括合同中订立的仲裁条款和以其他书面方式在纠纷发生前或者纠纷发生后达成的请求仲裁的协议。具体而言，根据仲裁协议存在的方式不同可以将其分为以下三种类型。

1. 仲裁条款

所谓仲裁条款，是指双方当事人在签订的合同中，在自愿是基础上所订立的将有关合同的争议提交仲裁的条款。仲裁条款是仲裁实践中最常见的仲裁协议的形式。仲裁条款订立于纠纷发生前，它虽然只是合同中的一个条款，却具有与合同其他条款不同的性质和效力，其他条款无效，并不必然引起仲裁条款的无效。除了订立于合同中的仲裁条款，双方当事人在补充合同、协议或备忘录等中对仲裁意思表示的修改或补充，也构成合同中仲裁条款的一部分。

2. 仲裁协议书

所谓仲裁协议书，是指在争议发生之前或者之后，双方当事人在自愿的基础上订立的、同意将争议提交仲裁的一种独立协议。仲裁协议书是独立于合同而存在的契约，是将订立于该仲裁协议书中特定争议事项提交仲裁的意思表示。相比于仲裁条款而言，仲裁协议书的内容可能更为详尽，也可能是仲裁条款的补充或修订。

3. 其他文件中包括的仲裁协议

随着经济活动的日益频繁，当事人之间的民商事行为，除了采取传统的合同的形式之外，越来越采取多种多样的形式，比如信函、电报、电传、传真或其他书面材料（如经确认的电话记录）。这些文件中如果包含有双方当事人同意将他们之间已经或将来可能发生的争议提交仲裁的内容，那么，这些文件即可构成仲裁协议。当然，这类仲裁协议与前两类不同，仲裁的意思表示一般不集中表现于某一份文件中，而往往分散在当事人之间彼此多次往来的不同文件中。

(三) 仲裁协议的内容

依照《仲裁法》的规定，一份完整、有效的仲裁协议至少包括以下内容。

1. 请求仲裁的意思表示

仲裁法的一条基本原则就是自愿原则，而当事人主动选择仲裁作为解决纠纷的方式，正是通过仲裁协议中请求仲裁的意思表示体现出来的。而且由于有效的仲裁协议具有排除法院管辖的效力，所以仲裁协议对于当事人权利义务的影响是相当大的，正是从这个意义上讲，仲裁协议中请求仲裁的意思表示必须明确、肯定，不能含糊闪烁，以利迅速解决纠纷。

2. 仲裁事项

仲裁事项是指双方当事人提交仲裁的争议范围，即双方当事人将何种性质的争议提交仲裁机构仲裁。按照国际上通行的做法，当事人只有把订在仲裁协议中的事项提交仲裁时，仲裁机构才予受理，否则仲裁机构不能受理。如果一方当事人擅自将不属于仲裁协议中约定的事项提交仲裁，另一方当事人有权提出异议；即使仲裁庭未能及时发现，而作出了仲裁裁决，另一方当事人也有权拒绝履行，并可向法院申请撤销仲裁裁决。

3. 选定的仲裁委员会

仲裁委员会是受理仲裁案件的机构,是对双方争议进行裁决的机构,在整个仲裁程序中居于核心的地位,所以在仲裁协议中必须明确指定仲裁事项由哪一个仲裁机构仲裁,否则仲裁无从谈起。

(四) 仲裁协议的效力

所谓仲裁协议的效力,是指一项有效的仲裁协议在仲裁中对有关当事人和机构的作用或约束力。关于仲裁协议的效力,有关的国际条约和各国的仲裁立法都作了比较一致的规定,我国《仲裁法》及相关法律也有类似内容,一般而言,有以下三个方面。

1. 对双方当事人的法律效力——约束双方当事人对纠纷解决方式的选择权

仲裁协议一经合法成立,首先对双方当事人产生直接的法律效力,当事人因此丧失了就特定争议向法院起诉的权利,而相应地承担着将争议提交仲裁并服从仲裁裁决的义务,如果一方当事人违反仲裁协议,就仲裁协议规定范围内的争议事项向法院起诉,另一方当事人有权依据仲裁协议要求法院停止诉讼程序,法院也应当驳回当事人的起诉。

2. 对仲裁机构的效力——授予仲裁机构仲裁管辖权并限定仲裁的范围

我国《仲裁法》第 4 条规定:没有仲裁协议,当事人一方申请仲裁的,仲裁委员会不予受理。由此可见仲裁协议的存在是仲裁委员会受理案件的前提,是仲裁庭审理和裁决仲裁案件的依据。同时仲裁机构管辖权受到仲裁协议的严格控制,它只能对当事人在仲裁协议中约定的事项进行仲裁,而对仲裁协议约定范围以外的任何争议都无权仲裁,否则,即使作出裁决对当事人也无约束力。

3. 对法院的法律效力——排除法院的司法管辖权

在存在有效的仲裁协议的情况下,仲裁管辖应当优先于司法管辖。我国《仲裁法》第 5 条明确规定:当事人达成仲裁协议,一方向人民法院起诉的,人民法院不予受理,但仲裁协议无效的除外。当事人达成仲裁协议,一方向人民法院起诉未声明有仲裁协议的,人民法院受理后,另一方在首次开庭前提交仲裁协议的,人民法院应当驳回起诉,但仲裁协议无效的除外。

在谈到仲裁协议的法律效力的问题时,我们必须明确,依据我国《仲裁法》第 20 条的规定,当事人对仲裁协议的效力有异议的,可以请求仲裁委员会作出决定或者请求人民法院作出裁定。一方请求仲裁委员会作出决定,另一方请求人民法院作出裁定的,由人民法院裁定。

(五) 仲裁协议的无效

1. 约定的仲裁事项超出法律规定的仲裁范围的

我国《仲裁法》规定,平等主体的公民、法人和其他组织之间发生的合同纠纷和其他财产权益纠纷,可以仲裁。下列纠纷不能仲裁:(1)婚姻、收养、监护、扶养、继承纠纷;(2)依法应当由行政机关处理的行政争议。

2. 无民事行为能力人或者限制民事行为能力人订立的仲裁协议

订立仲裁协议,将会产生一系列的法律后果,因此,即使对成年人而言,也是一项应当慎重的法律行为,为了维护民商事关系的稳定性,以及保护无民事行为能力人、限制民事行为能力人的合法权益,各国通常都有类似规定,我国也不例外。

3. 一方采取胁迫手段迫使对方订立的仲裁协议

仲裁法的一条基本原则就是自愿原则,仲裁协议的订立,必须是双方当事人在平等协商基础上的真实意思表示,绝对不允许一方当事人用胁迫手段,迫使对方当事人订立仲裁协议。所谓胁迫,就是一方当事人以威胁加害另一方当事人或其亲友的生命健康、名誉、荣誉或财产等为手段,迫使另一方当事人不得不接受苛刻条件而作出违背真实意思的行为。

(六)仲裁协议的失效

仲裁协议的失效是指一项有效的仲裁协议因特定事由的发生而丧失其原有的法律效力。仲裁协议的失效不同于仲裁协议的无效,它们的根本区别在于,仲裁协议的失效是原本有效的仲裁协议在特定条件下失去了其效力,而仲裁协议的无效是该仲裁协议自始就没有法律效力。

仲裁协议在以下情形下失效:

(1)仲裁裁决得以履行或执行而致仲裁协议失效;

(2)因当事人放弃而致仲裁协议失效;

(3)仲裁裁决被法院裁定撤销或者不予执行而致仲裁协议失效。

(七)仲裁条款的独立性

仲裁条款的独立性,也称仲裁条款的可分割性或可分离性。它是指作为主合同的一个条款,尽管仲裁条款依附于主合同,但仍然是与主合同的其他条款可以分离而独立存在的,即仲裁条款不因主合同的无效而无效,也不因主合同的被撤销而失效,仲裁机构仍然可以依照该仲裁条款取得和行使仲裁管辖权,在该仲裁所确定的提交仲裁的争议事项范围内,解决当事人之间的纠纷。我国《仲裁法》第19条规定:仲裁协议独立存在,合同的变更、解除、终止或者无效,不影响仲裁协议的效力。

五、仲裁程序

(一)仲裁当事人

仲裁当事人是指在协商一致的基础上依法以自己的名义独立地提出或参加仲裁,并接受仲裁裁决约束的地位平等的公民、法人或其他组织。仲裁当事人至少具备以下特征:(1)当事人的法律地位是平等的。(2)当事人之间必须订有有效的仲裁协议。(3)当事人之间的纠纷必须具有可仲裁性。

(二)申请和受理

1. 申请仲裁

我国《仲裁法》规定,当事人申请仲裁应当符合下列条件:(1)有仲裁协议;(2)有具体的仲裁请求和事实、理由;(3)属于仲裁委员会的受理范围。

当事人申请仲裁,应当采取书面的方式,依据《仲裁法》的规定,当事人申请仲裁,应当向仲裁委员会递交仲裁协议、仲裁申请书及副本。

2. 审查和受理

仲裁委员会收到仲裁申请书之日起5日内,认为符合受理条件的,应当受理,并通知当事人;认为不符合条件的,应当书面通知当事人不予受理,并说明理由。

仲裁委员会受理仲裁申请后,应当在仲裁规则规定的期限内将仲裁规则和仲裁员名册送达申请人,并将仲裁申请书副本和仲裁规则、仲裁员名册送达被申请人。被申请人收到仲裁申请书副本后,应当在仲裁规则规定的期限内向仲裁委员会提交答辩书。仲裁委员会收到答辩书后,应当在仲裁规则规定的期限内将答辩书副本送达申请人。被申请人未提交答辩书的,不影响仲裁程序的进行。

(三) 仲裁庭的组成

仲裁庭是依仲裁规则的规定或双方当事人的约定而由仲裁员组成的审理案件的临时性组织。

1. 仲裁庭的组成

我国《仲裁法》规定:仲裁庭可以由三名仲裁员或一名仲裁员组成。由三名仲裁员组成的,设首席仲裁员。在理论上,我们通常将三名仲裁员组成的仲裁庭称为合议仲裁庭,将一名仲裁员组成的仲裁庭成为独任仲裁庭。

当事人约定由三名仲裁员组成仲裁庭的,应当各自选定或者各自委托仲裁委员会主任指定一名仲裁员,第三名仲裁员由当事人共同选定或者共同委托仲裁委员会主任指定。第三名仲裁员是首席仲裁员。当事人约定由一名仲裁员成立仲裁庭的,应当由当事人共同选定或者共同委托仲裁委员会主任指定仲裁员。

当事人没有在仲裁规则规定的期限内约定仲裁庭的组成方式或者选定仲裁员的,由仲裁委员会主任指定。

仲裁庭组成后,仲裁委员会应当将仲裁庭的组成情况书面通知当事人。

2. 仲裁员的回避

依照《仲裁法》的规定,仲裁员有下列情形之一的,必须回避,当事人也有权提出回避申请:(1) 是本案当事人或者当事人、代理人的近亲属;(2) 与本案有利害关系;(3) 与本案当事人、代理人有其他关系,可能影响公正仲裁的;(4) 私自会见当事人、代理人,或者接受当事人、代理人的请客送礼的。

仲裁员是否回避,由仲裁委员会主任决定;仲裁委员会主任担任仲裁员时,由仲裁委员会集体决定。

(四) 仲裁审理

依照《仲裁法》的规定,仲裁应当开庭进行。当事人协议不开庭的,仲裁庭可以根据仲裁申请书、答辩书以及其他材料作出裁决。因此,仲裁审理的方式可以分为开庭审理和书面审理,以开庭审理为仲裁审理的主要方式。仲裁审理不公开进行。当事人协议公开的,可以公开进行,但涉及国家秘密的除外。

(五) 仲裁中的和解、调解和裁决

1. 仲裁和解

仲裁和解是指仲裁当事人通过协商,自行解决已提交仲裁的争议事项的行为。仲裁和解是仲裁当事人行使处分权的表现。《仲裁法》规定:当事人申请仲裁后,可以自行和解。达成和解协议的,可以请求仲裁庭根据和解协议作出裁决书,也可以撤回仲裁申请。

2. 仲裁调解

仲裁调解是指在仲裁庭主持下,仲裁当事人在自愿协商、互谅互让的基础上达成协议,从而解决纠纷的一种制度。《仲裁法》规定:仲裁庭在作出裁决前,可以先行调解。当事人自愿调解的,仲裁庭应当调解。调解不成的,应当及时作出裁决。调解达成协议的,仲裁庭应当制作调解书或者根据协议的结果制作裁决书。调解书与裁决书具有同等法律效力。

3. 仲裁裁决

仲裁裁决是指仲裁庭对当事人之间所争议的事项进行审理后所作出的终局权威性判定。

裁决应当按照多数仲裁员的意见作出,少数仲裁员的不同意见可以记入笔录。仲裁庭不能形成多数意见时,裁决应当按照首席仲裁员的意见作出。裁决书自作出之日起发生法律效力。

六、申请撤销仲裁裁决

所谓撤销仲裁裁决,是指对于有符合法律规定情况的仲裁裁决,经由当事人提出申请,人民法院组成合议庭审查核实,裁定撤销仲裁裁决的行为。我国《仲裁法》实行一裁终局的制度,仲裁裁决一经作出,即发生法律效力,当事人不能就同一纠纷向人民法院起诉或上诉。这种规定固然有利于提高效率,但一旦仲裁裁决出现错误,造成的不良后果就无法挽回。正是为了确保仲裁的公正性与合法性,《仲裁法》中设置了申请撤销仲裁裁决的监督程序。

(一)申请撤销仲裁裁决的条件

(1)提出申请的主体必须是当事人。由于仲裁裁决的结果直接关系到当事人的切身利益,并且当事人最为清楚自己的合法权益是否受到侵害,所以申请的主体必然是当事人,包括仲裁申请人和被申请人。

(2)必须向有管辖权的法院提出申请。当事人提出撤销仲裁裁决申请的,必须向仲裁委员会所在地的中级人民法院提出。

(3)必须在规定的期限内提出申请。当事人申请撤销仲裁裁决的,应当自收到裁决书之日起6个月内提出。

(4)必须有证据证明仲裁裁决有法律规定的应予撤销的情形。没有证据,人民法院不予受理。

(二)申请撤销仲裁裁决的理由

《仲裁法》规定,当事人提出证据证明裁决有下列情形之一的,可以向仲裁委员会所在地的中级人民法院申请撤销裁决:(1)没有仲裁协议的;(2)裁决的事项不属于仲裁协议的范围或者仲裁委员会无权仲裁的;(3)仲裁庭的组成或者仲裁的程序违反法定程序的;(4)裁决所根据的证据是伪造的;(5)对方当事人隐瞒了足以影响公正裁决的证据的;(6)仲裁员在仲裁该案时有索贿受贿,徇私舞弊,枉法裁决行为的。

人民法院经组成合议庭审查核实裁决有前款规定情形之一的,应当裁定撤销。人民法院认定该裁决违背社会公共利益的,应当裁定撤销。

人民法院受理撤销裁决的申请后,认为可以由仲裁庭重新仲裁的,通知仲裁庭在一定期限内重新仲裁,并裁定中止撤销程序。仲裁庭拒绝重新仲裁的,人民法院应当裁定恢复撤销程序。

七、仲裁裁决的执行

仲裁裁决的执行,是指人民法院经当事人申请,采取强制措施将仲裁裁决的内容付诸实现的行为和程序。

《仲裁法》规定,当事人应当履行裁决。一方当事人不履行的,另一方当事人可以依照民事诉讼法的有关规定向人民法院申请执行。受申请的人民法院应当执行。

本章小结

现代意义上的诉讼,是指国家司法机关在当事人和其他诉讼参与人参加下,依照法定的诉讼程序,解决具体争讼的全部活动。诉讼法是关于诉讼程序的法律规范的总称,属于程序法范畴。我国现行经济诉讼适用民事诉讼程序。仲裁是指发生争议的双方当事人,根据其在争议发生前或争议发生后所达成的协议,自愿将该争议提交中立的第三者进行裁判的争议解决制度和方式。本章着重对民事诉讼和仲裁的程序作了介绍。

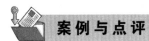

案例与点评

案例一

居住在甲市A区的王某驾车以60公里时速在甲市B区行驶,突遇居住在甲市C区的刘某骑自行车横穿马路,王某紧急刹车,刘某在车前倒地受伤。刘某被送往甲市B区医院治疗,疗效一般,留有一定后遗症。之后,双方就王某开车是否撞倒刘某,以及相关赔偿事宜发生争执,无法达成协议。

刘某诉至法院,主张自己被王某开车撞伤,要求赔偿。刘某提交的证据包括:甲市B区交警大队的交通事故处理认定书(该认定书没有对刘某倒地受伤是否为王某开车所致作出认定)、医院的诊断书(复印件)、处方(复印件)、药费和住院费的发票等。王某提交了自己在事故现场用数码摄像机拍摄的车与刘某倒地后状态的视频资料。图像显示,刘某倒地位置与王某车距离1米左右。王某以该证据证明其车没有撞倒刘某。一审中,双方争执焦点为:刘某倒地受伤是否为王某驾车撞倒所致;刘某所留后遗症是否因医疗措施不当所致。

法院审理后,无法确定王某的车是否撞倒刘某。一审法院认为,王某的车是否撞倒刘某无法确定,但即使王某的车没有撞倒刘某,由于王某车型较大、车速较快、刹车突然、刹车声音刺耳等原因,足以使刘某受到惊吓而从自行车上摔倒受伤。因此,王某应当对刘某受伤承担相应责任。同时,刘某因违反交通规则,对其受伤也应当承担相应责任。据此,法院判决:王某对刘某的经济损失承担50%的赔偿责任。关于刘某受伤后留下后遗症问题,一审法院没有作出说明。

王某不服一审判决,提起上诉。二审法院审理后认为,综合各种证据,认定王某的车撞倒刘某,致其受伤。同时,二审法院认为,一审法院关于双方当事人就事故的经济责任分担符合法律原则和规定。故此,二审法院驳回王某上诉,维持原判。

请问:

1. 对刘某提起的损害赔偿诉讼,哪个(些)法院有管辖权?为什么?
2. 一审法院判决是否存在问题?为什么?
3. 二审法院判决是否存在问题?为什么?

案例评析:1. 对本案享有管辖权的有甲市A区法院和甲市B区法院。本案属于侵权纠纷,侵权行为地与被告住所地法院享有管辖权;本案的侵权行为发生在甲市B区,被告王某居住在甲市A区。《民事诉讼法》规定,因侵权行为提起的诉讼,由侵权行为地或者被告住所地人民法院管辖。因此甲市A区、甲市B区法院有管辖权。

2. 一审法院判决存在如下问题:第一,判决没有针对案件的争议焦点作出事实认定,违反了辩论原则;第二,在案件争执的法律要件事实真伪不明的情况下,法院没有根据证明责任原理来作出判决;第三,法院未对第二个争执焦点作出事实认定。

理由说明:

(1) 本案当事人的争执焦点是刘某倒地受伤是否为王某驾车撞倒了刘某;刘某受伤之后所留下的后遗症是否是因为对刘某采取的医疗措施不当所致。但法院判决中没有对这两个争议事实进行认定,而是把法院自己认为成立的事实——刘某因受到王某开车的惊吓而摔倒,作为判决的根据,而这一事实当事人并未主张,也没有经过双方当事人的辩论。因此,在这问题上,法院的做法实际上是严重地限制了当事人辩论权的行使。

(2) 法院通过调取相关证据,以及经过开庭审理,最后仍然无法确定王某的车是否撞到了刘某。此时,当事人所争议的案件事实处于真伪不明的状态,在此情况下,法院应当根据证明责任分配来作出判决。

3. 二审法院维持原判,驳回上诉是不符合《民事诉讼法》规定的。因为,依据法律规定,只有在一审法院认定事实清楚,适用法律正确的情况下,二审法院才可以维持原判,驳回上诉。而本案中,二审法院的判决认定了王某开车撞倒了刘某,该事实认定与一审法院对案件事实的认定有根本性的差别,这说明一审法院认定案件事实不清或存在错误,在此种情况下,二审法院应当裁定撤销原判决、发回重审或依法改判,而不应当维持原判。《民事诉讼法》规定:"第二审人民法院对上诉案件,经过审理,按照下列情形,分别处理:……(三)原判决认定基本事实不清的,裁定撤销原判决,发回原审人民法院重审,或者查清事实后改判;……"因此二审法院维持原判、驳回上诉错误。

案例二

宁远机械厂(以下简称甲方)与振华农机公司(以下简称乙方)在上海签定了一份购销合同,合同规定在南京交货。后双方因履行合同发生争议,双方当事人均同意由上海市仲裁委员会仲裁。经审理,仲裁委员会裁决由乙方给付甲方货款100万元,在裁决生效后3个月内分3次付清。在收到裁决书第20日,甲方要求强制执行。

请问:

1. 甲方的做法是否正确?为什么?
2. 乙方提出,仲裁员王某在仲裁过程中有受贿行为,因而对仲裁裁决不服。

那么:(1) 乙方能否就仲裁裁决向人民法院起诉?

(2) 乙方采取何种措施、提起何种程序能保护自己的利益不受侵犯?

案例评析:1. 甲方的做法不正确。根据《仲裁法》的规定,当事人对于已经生效的调解书和裁决书,应当按照规定期限自动履行,一方不履行的,另一方可以申请执行。在本案中,裁决书一经作出,即发生法律效力。但一方当事人申请强制执行,必须是另一方当事人未在裁决书规定的期限内自动履行义务。而本案裁决书规定乙方在裁决书生效后3个月内分3次履行,甲方在收到裁决书之日起第20日即申请强制执行是不符合法律规定的,其请求无法律根据。

2. 乙方有关问题:

(1) 乙方不能就仲裁裁决向人民法院起诉。因为我国《仲裁法》规定,仲裁实行一裁终局的制度。裁决作出后,当事人就同一纠纷再向人民法院起诉的,人民法院不予受理。

（2）乙方可以向上海市中级人民法院申请撤销仲裁裁决，并提出证据证明王某在审理该案中有受贿、枉法裁判行为。如果甲方向人民法院申请执行，乙方可以向该法院申请裁定不予执行，并且提出证据证明该仲裁员的违法行为。这样，乙方才能维护自己的合法权益。

本章思考

1. 《民事诉讼法》关于特殊地域管辖的规定是什么？
2. 仲裁协议的效力如何？

思考解答

1. 答：关于特殊地域管辖，《民事诉讼法》规定：合同纠纷提起的诉讼，由被告住所地或者合同履行地人民法院管辖；因保险合同纠纷提起的诉讼，由被告住所地或者保险标的物所在地人民法院管辖；因票据纠纷提起的诉讼，由票据支付地或者被告住所地人民法院管辖；因公司设立、确认股东资格、分配利润、解散等纠纷提起的诉讼，由公司住所地人民法院管辖；因铁路、公路、水上、航空运输和联合运输合同纠纷提起的诉讼，由运输始发地、目的地或者被告住所地人民法院管辖；因侵权行为提起的诉讼，由侵权行为地或者被告住所地人民法院管辖；因铁路、公路、水上和航空事故请求损害赔偿提起的诉讼，由事故发生地或者车辆、船舶最先到达地、航空器最先降落地或者被告住所地人民法院管辖；因船舶碰撞或者其他海事损害事故请求损害赔偿提起的诉讼，由碰撞发生地、碰撞船舶最先到达地、加害船舶被扣留地或者被告住所地人民法院管辖；因海难救助费用提起的诉讼，由救助地或者被救助船舶最先到达地人民法院管辖；因共同海损提起的诉讼，由船舶最先到达地、共同海损理算地或者航程终止地的人民法院管辖。

2. 答：仲裁协议具有以下效力：

（1）对双方当事人的法律效力——约束双方当事人对纠纷解决方式的选择权。仲裁协议一经合法成立，首先对双方当事人产生直接的法律效力，当事人因此丧失了就特定争议向法院起诉的权利，而相应地承担着将争议提交仲裁并服从仲裁裁决的义务，如果一方当事人违反仲裁协议，就仲裁协议规定范围内的争议事项向法院起诉，另一方当事人有权依据仲裁协议要求法院停止诉讼程序，法院也应当驳回当事人的起诉。

（2）对仲裁机构的效力——授予仲裁机构仲裁管辖权并限定仲裁的范围。我国《仲裁法》第4条规定：没有仲裁协议，当事人一方申请仲裁的，仲裁委员会不予受理。由此可见，仲裁协议的存在是仲裁委员会受理案件的前提，是仲裁庭审理和裁决仲裁案件的依据。同时仲裁机构管辖权受到仲裁协议的严格控制，它只能对当事人在仲裁协议中约定的事项进行仲裁，而对仲裁协议约定范围以外的任何争议都无权仲裁，否则，即使作出裁决对当事人也无约束力。

（3）对法院的法律效力——排除法院的司法管辖权。在存在有效的仲裁协议的情况下，仲裁管辖应当优先于司法管辖。我国《仲裁法》第5条明确规定：当事人达成仲裁协议，一方向人民法院起诉的，人民法院不予受理，但仲裁协议无效的除外。当事人达成仲裁协议，一方向人民法院起诉未声明有仲裁协议的，人民法院受理后，另一方在首次开庭前提交仲裁协议的，人民法院应当驳回起诉，但仲裁协议无效的除外。

第二编

经济组织法律制度

第一章

学校体育史的制度

第一章
公司法律制度

本章需要掌握的主要内容：
- 公司的定义
- 公司产生的历史
- 我国公司的种类
- 公司设立的条件
- 公司的出资
- 公司的组织机构
- 公司股份的转让与股票的发行
- 公司高管的职责和义务

> 公司是怎样形成的？怎样理解公司经营权与所有权的分离？公司中的小股东怎样保护自己的权利？

第一节 公司概述

（一）公司的定义

在我国，公司是企业法人，有独立的法人财产，享有法人财产权。公司以其全部财产对公司承担责任。我国《公司法》第2条规定："本法所称公司是指依照本法在中国境内设立的有限责任公司和股份有限公司。"有限责任公司的股东以其认缴的出资额为限对公司承担责任；股份有限公司的股东以其认购的股份为限对公司承担责任。

（二）公司的产生与发展

1492年，哥伦布"发现新大陆"和1497年葡萄牙航海家达·伽马（Vascoda Gama）绕过好望角航行到印度，开辟了远洋贸易的大发展时期。贸易能力的发展迫切需要组建大型贸易企业从事远洋贸易。由于当时西欧政府不承认贸易自由，建立贸易公司需要取得皇家的特许，即"特许贸易公司"。这些特许贸易公司拥有贸易的垄断特权：它们或垄断经营某一行业，或垄断海外特定地区的殖民地贸易。

英国在詹姆士一世（1566—1625年）在位时期确认了特许贸易公司的法人地位（the status of legal-person）。并且，公司的设立随着公司数量的逐渐增多而被正规程序化。后来，随着资本主义商品经济的形成,公司的组建和活动不再需要经过皇帝和教皇的命令和敕令,改为只需要由政府控制和征税。从这时起,现代意义的公司已经产生,如1554年成立的俄罗斯公司、1600年成立的东印度公司,1609年成立的弗吉利亚公司,1629年成立的萨诸塞公司等,它们是现代公司的发端。

到了1806年,法国制定《法国商法典》,承认了股份有限公司即社团法人形式的存在。与此同时,在一些普通法国家也开始采用判例和法律规定建立了法人制度。1844年,英国颁布了《股份有限公司法》,其中规定了公司非依法登记不得成立的原则,成为以后英国公司立法的基础。此后,英国通过了《有限责任法》,正式从法律上确立了公司法人的有限责任原则。现代意义上的有限公司诞生了。

(三) 公司的种类

根据不同的标准可以对公司进行不同的分类。以股东对公司债务所承担的责任为依据,可以将公司分为有限责任公司、无限责任公司、两合公司、股份有限公司和股份两合公司;以公司对外信用基础为依据,可以将公司分为人合公司和资合公司;以公司的国籍为划分依据可分为本国公司、外国公司、跨国公司;以公司间的控制与依附关系为依据可分为母公司、子公司等。本书主要介绍以股东对公司债务所承担的责任为依据而对公司进行的分类。

1. 有限责任公司

有限责任公司是指由两个以上的股东共同出资,股东以其出资额为限对公司承担责任,公司以其全部资产为限对公司承担有限责任的公司。

2. 无限责任公司

无限责任公司是指由两人以上的股东所组织,不论股东出资额多寡,股东对公司均承担连带无限责任的公司。连带无限责任则是指当公司的财产不足以清偿其对外债务时,股东除了以自己对公司的出资进行清偿外,还必须以自己所有个人财产对公司债务进行清偿;公司的债务人有权请求公司股东中的任何一人或数人承担全部债务清偿责任。

3. 两合公司

两合公司是指由一个以上对公司债务承担无限责任的股东与一个以上有限责任的股东所共同组织的公司。

4. 股份有限公司

股份有限公司是指公司的全部资本分为等额股份,股东以其所持股份为限对公司担责任,公司以其全部资产为限对公司承担责任的公司。

5. 股份两合公司

股份两合公司是指由对公司债务承担无限责任的股东和部分承担有限责任的股东所共同组织的公司。

根据我国公司法的规定,我国的公司分为有限责任公司和股份有限公司两类。

第二节 公司的法定设立条件

一、公司设立的概念

公司的设立即公司的组建和创设,是指公司的创办人为使公司成立而依照法律规定的条件和程序所进行的一系列行为的总称,是发起人通过提交相关材料、满足一定的法定条件而创立法律认可的公司,从而使公司具有法人资格的行为。公司在社会经济生活中作用的发挥以公司有效存在为前提。设立公司行为是一种创设公司法人人格的法律行为,就是使公司取得法人资格,能够从法律上使之成立。

二、公司设立的法定条件

关于公司设立的法定条件,我国《公司法》对有限责任公司和股份有限公司分别作了规定。

(一) 有限责任公司的设立

设立有限责任公司,应当具备下列条件:

(1) 股东符合法定人数。我国《公司法》规定,有限责任公司的股东由 50 个以下股东出资设立。

(2) 有符合公司章程规定的全体股东认缴的出资额。股东可以用货币出资,也可以用实物、知识产权、土地使用权等可以用货币估价并可以依法转让的非货币财产作价出资;但是,法律、行政法规规定不得作为出资的财产除外,对作为出资的非货币财产应当评估作价,核实财产,不得高估或者低估作价。法律、行政法规对评估作价有规定的,从其规定。此外,股东应当按期足额缴纳公司章程中规定的各自所认缴的出资额。股东以货币出资的,应当将货币出资足额存入有限责任公司在银行开设的账户;以非货币财产出资的,应当依法办理其财产权的转移手续。如果股东不按照前款规定缴纳出资的,除应当向公司足额缴纳外,还应当向已按期足额缴纳出资的股东承担违约责任。股东认足公司章程规定的出资后,由全体股东指定的代表或者共同委托的代理人向公司登记机关报送公司登记申请书、公司章程等文件,申请设立登记。有限责任公司成立后,发现作为设立公司出资的非货币财产的实际价额显著低于公司章程所定价额的,应当由交付该出资的股东补足其差额;公司设立时的其他股东承担连带责任。

(3) 股东共同制定公司章程,股东应当在公司章程上签名、盖章。

(4) 有公司名称,建立符合有限责任公司要求的组织机构。我国《公司法》第 8 条规定,依照本法设立的有限责任公司,必须在公司名称中标明有限责任公司或有限公司字样。

(5) 有公司住所,公司以其主要办事机构所在地为住所。

(二) 股份有限公司的设立

设立股份有限公司,应当具备下列条件:

(1) 发起人符合法定人数。设立股份有限公司,应当有 2 人以上 200 人以下的发起人,其中须有半数以上的发起人在中国境内有住所。

(2) 有符合公司章程规定的全体发起人认购的股本总额或者募集的实收股本总额。股份有限公司采取发起设立方式设立的,注册资本为在公司登记机关登记的全体发起人认购的股本总额。在发起人认购的股份缴足前,不得向他人募集股份。股份有限公司采取募集方式设立的,注册资本为在公司登记机关登记的实收股本总额。法律、行政法规以及国务院决定对股份有限公司注册资本实缴、注册资本最低限额另有规定的,从其规定。

以发起设立方式设立股份有限公司的,发起人应当书面认足公司章程规定其认购的股份,并按照公司章程规定缴纳出资。以非货币财产出资的,应当依法办理其财产权的转移手续。发起人不依照前款规定缴纳出资的,应当按照发起人协议承担违约责任。发起人认足公司章程规定的出资后,应当选举董事会和监事会,由董事会向公司登记机关报送公司章程以及法律、行政法规规定的其他文件,申请设立登记。以募集设立方式设立股份有限公司的,发起人认购的股份不得少于公司股份总数的35%。

(3) 股份发行、筹办事项符合法律规定。发起人向社会公开募集股份,应当由依法设立的证券公司承销,签订承销协议。发起人向社会公开募集股份,应当同银行签订代收股款协议。代收股款的银行应当按照协议代收和保存股款,向缴纳股款的认股人出具收款单据,并负有向有关部门出具收款证明的义务。

发行股份的股款缴足后,必须经依法设立的验资机构验资并出具证明。发起人应当自股款缴足之日起30日内主持召开公司创立大会。创立大会由发起人、认股人组成。发行的股份超过招股说明书规定的截止期限尚未募足的,或者发行股份的股款缴足后,发起人在30日内未召开创立大会的,认股人可以按照所缴股款并加算银行同期存款利息,要求发起人返还。发起人应当在创立大会召开15日前将会议日期通知各认股人或者予以公告。创立大会应有代表股份总数过半数的发起人、认股人出席,方可举行。

(4) 发起人制订公司章程,采用募集方式设立的经创立大会通过。

(5) 有公司名称,建立符合股份有限公司要求的组织机构。设立股份有限公司,必须在公司名称中标明服从有限公司或股份公司字样。

(6) 有公司住所。

三、公司的发起人和公司的设立方式

(一) 公司的发起人

公司的发起人也称作公司的创立人。创立人是指通过自身的积极行为,依照法定程序创办公司的人。一定数额的创立人是设立公司的先决条件。关于创立人的国籍,大多数国家的公司法均不作限制。根据《最高人民法院关于适用〈中华人民共和国公司法〉若干问题的规定(三)》(法释〔2011〕3号)的规定,为设立公司而签署公司章程、向公司认购出资或者股份并履行公司设立职责的人,应当认定为公司的发起人,包括有限责任公司设立时的股东。由此,公司的发起人分为两种:一种是股份有限公司的发起人,一种是有限责任公司设立时的股东。

(二) 公司发起人的责任

我国《公司法》对有限责任公司和股份有限公司作了不同规定。其中有限责任公司股东的责任比较简单,各股东应当足额缴纳约定的出资额,否则应当向已足额缴纳出资额的股东承担违约责任。

股份有限公司的发起人则包括以下三个方面的责任:(1) 公司不能成立时,对设立行为

所产生的债务和费用负连带责任。(2) 公司不能成立时,对认股人已缴纳的股款,负返还股款并加算银行同期存款利息的连带责任。(3) 在公司设立过程中,由于发起人的过失致使公司利益受到损害的,应当对公司承担赔偿责任。

(三) 公司的设立方式

公司的设立方式主要针对股份有限公司而言。各国《公司法》对股份有限公司一般都规定了两种设立方式,即发起设立和募集设立。

1. 发起设立

根据我国《公司法》的规定,发起设立是指由发起人认购公司应发行的全部股份而设立公司。

2. 募集设立

募集设立是指由发起人认购公司应发行股份的一部分,其余股份向社会公开募集或者向特定对象募集而设立公司。

第三节 公 司 章 程

一、公司章程的定义

公司章程是规定公司的性质、宗旨、任务等内容的法律文件,是公司组织及其行动的基本规则。有了公司章程,公司的组织、行为才有依据。同时,公司的章程还可以作为公司外部人员了解公司的重要途径。

二、公司章程的主要内容

(一) 有限责任公司章程的主要内容

根据我国《公司法》的规定,有限责任公司章程一般应当载明下列事项:(1) 公司名称和住所;(2) 公司经营范围;(3) 公司注册资本;(4) 股东的姓名或者名称;(5) 股东的出资方式、出资额和出资时间;(6) 公司的机构及其产生办法、职权、议事规则;(7) 公司法定代表人;(8) 股东会会议认为需要规定的其他事项。股东应当在公司章程上签名、盖章。

(二) 股份有限公司章程的主要内容

股份有限公司章程应当载明的事项包括:(1) 公司名称和住所;(2) 公司经营范围;(3) 公司设立方式;(4) 公司股份总数、每股金额和注册资本;(5) 发起人的姓名或者名称、认购的股份数、出资方式和出资时间;(6) 董事会的组成、职权、任期和议事规则;(7) 公司法定代表人;(8) 监事会的组成、职权、任期和议事规则;(9) 公司利润分配办法;(10) 公司的解散事由与清算办法;(11) 公司的通知和公告办法;(12) 股东大会会议认为需要规定的其他事项。

公司的法定代表人依照公司章程的规定,由董事长、执行董事或者由经理担任,并依法登记。如果公司法定代表人发生变更,应当办理变更登记。

三、公司章程的变更

公司章程的变更是指变更公司成立时的章程内容。按照我国《公司法》的规定,公司可以修改章程，但是必须符合法定程序。有限责任公司修改公司章程必须由股东会决议，经代表 2/3 以上表决权的股东通过；股份有限公司修改公司章程，必须由股东大会决议，经出席股东大会的股东所持表决权的 2/3 以上通过。另外，公司章程的变更，还必须履行变更登记手续。

第四节　公司的名称

一、公司名称的概念

公司名称是公司作为法人所享有的一种人身性质的财产权。名称的选用必须符合法律的规定，才能依法获得保护，并享有排他使用的权利。

二、公司名称的要求

（一）必须标明公司身份

在我国，依照《公司法》设立的有限责任公司，必须在公司名称中标明有限责任公司或者有限公司字样。依照《公司法》设立的股份有限公司，必须在公司名称中标明股份有限公司或者股份公司字样。

（二）公司名称的其他要求

根据原国家工商行政管理局发布的《企业名称登记管理条例》的规定，一个企业只准使用一个名称。在登记主管机关辖区内不得与已经登记的同行业企业名称相同或近似。

公司名称一般依次由以下四个部分组成：行政区划、商号（字号）、行业、组织形式，如"广东生辉电子设备股份有限公司"。除国务院特别决定设立的企业外，企业名称中不得使用"中国""中华""全国""国家""国际"等字样，并不得使用外国文字、汉语拼音字母、阿拉伯数字。

第五节　公司的股东与组织机构

一、股东

（一）股东的概念

股东是指因出资而取得公司股份的公司成员。也就是说，股东既是股份的所有人，又是公司的组成人员。

（二）股东的权利

股东有权查阅、复制公司章程、股东会会议记录、董事会会议决议、监事会会议决议和财务会计报告。股东可以要求查阅公司会计账簿。股东要求查阅公司会计账簿的，应当向公司提出书面请求，说明目的。

公司有合理根据认为股东查阅会计账簿有不正当目的，可能损害公司合法利益的，可以拒绝提供查阅,并应当自股东提出书面请求之日起 15 日内书面答复股东并说明理由。公司拒绝提供查阅的,股东可以请求人民法院要求公司提供查阅。

二、股东会

(一) 股东会的概念

股东会是公司的权力机构。股东会的特点在于,它是公司的最高权力机构,但是并不具体执行公司业务,也不能对董事会的业务决策任意干预,而只是对公司的重大问题进行决策。同时,股东会还是一种非常设的公司机关,是定期或临时举行的由全体股东出席的会议。

(二) 股东会的职权

我国《公司法》分别对有限责任公司和股份有限公司作了规定。

1. 有限责任公司股东会的职权

股东会行使下列职权:(1) 决定公司的经营方针和投资计划;(2) 选举和更换非由职工代表担任的董事、监事,决定有关董事、监事的报酬事项;(3) 审议批准董事会的报告;(4) 审议批准监事会或者监事的报告;(5) 审议批准公司的年度财务预算方案、决算方案;(6) 审议批准公司的利润分配方案和弥补亏损方案;(7) 对公司增加或者减少注册资本作出决议;(8) 对发行公司债券作出决议;(9) 对公司合并、分立、变更公司形式、解散和清算等事项作出决议;(10) 修改公司章程;(11) 公司章程规定的其他职权。对前款所列事项股东以书面形式一致表示同意的,可以不召开股东会会议,直接作出决定,并由全体股东在决定文件上签名、盖章。

2. 股份有限公司股东大会的种类和职权

(1) 公司转让、受让重大资产或者对外提供担保等事项必须经股东大会作出决议的,董事会应当及时召集股东大会会议,由股东大会就上述事项进行表决。(2) 股东大会选举董事、监事。(3) 修改公司章程、增加或者减少注册资本的决议,以及公司合并、分立、解散或者变更公司形式的决议。

(三) 股东会的议事规则

我国《公司法》规定,股东会采用表决权的多数决原则,公司章程另有规定的除外。股东会会议分为定期会议和临时会议。定期会议应当依照公司章程的规定按时召开。代表 1/10 以上表决权的股东,1/3 以上的董事,监事会或者不设监事会的公司的监事提议召开临时会议的,应当召开临时会议。召开股东会会议,应当于会议召开 15 日前通知全体股东;但是公司章程另有规定或者全体股东另有约定的除外。

三、董事

(一) 董事与董事职权

一般而言,董事是指由股东会议或职工民主选举产生的管理公司事务的人员,对内治理公司,对外执行公司事务,代表公司进行活动的公司组成成员,由公司股东(大)会选举产生。董事会董由董事组成,是一个对内掌管公司事务、对外代表公司的经营决策和业务执行机构;亦由股东(大)会选举产生。我国《公司法》规定:有限责任公司设董事会,其成员为 3 人至 13 人。董事会设董事长一人,可以设副董事长。董事长、副董事长的产生办法由公司章程规定;股份有限公司设董事会,其成员为 5 人至 19 人。董事会设董事长一人,可以设副董事长。董事长和副董事长由董事会以全体董事的过半数选举产生。

董事会对股东会负责,行使下列职权:(1)召集股东会会议,并向股东会报告工作;(2)执行股东会的决议;(3)决定公司的经营计划和投资方案;(4)制订公司的年度财务预算方案、决算方案;(5)制订公司的利润分配方案和弥补亏损方案;(6)制订公司增加或者减少注册资本以及发行公司债券的方案;(7)制订公司合并、分立、变更公司形式、解散的方案;(8)决定公司内部管理机构的设置;(9)决定聘任或者解聘公司经理及其报酬事项,并根据经理的提名决定聘任或者解聘公司副经理、财务负责人及其报酬事项;(10)制定公司的基本管理制度;(11)公司章程规定的其他职权。

(二) 董事会的议事规则

按照我国《公司法》的规定,董事会采用人数的多数决原则,即董事会会议决议应有过半数的董事出席方可举行。董事会作出的决议必须经全体董事的过半数通过才有效。董事会决议的表决,实行一人一票。

(三) 董事会的召开

董事会每年度至少召开两次会议,每次会议应当于会议召开10日前通知全体董事和监事。代表1/10以上表决权的股东、1/3以上董事或者监事会,可以提议召开董事会临时会议。董事长应当自接到提议后10日内,召集和主持董事会会议。

(四) 董事的任职期限

董事任期由公司章程规定,但每届任期不得超过3年。董事任期届满,连选可以连任。董事任期届满未及时改选,或者董事在任期内辞职导致董事会成员低于法定人数的,在改选出的董事就任前,原董事仍应当依照法律、行政法规和公司章程的规定,履行董事职务。

四、监事会

(一) 监事会的概念

监事会是指依照公司法、公司章程所设立的,对公司事务实行监督的机构。监事会由监事组成,由公司股东(大)会选举产生。

(二) 监事会的组成

我国《公司法》对有限责任公司和股份有限公司的监事会分别进行了规定。

有限责任公司设立监事会,其成员不得少于3人。股东人数较少或者规模较小的有限责任公司,可以设一至二名监事,不设立监事会。监事会应当包括股东代表和适当比例的公司职工代表,其中职工代表的比例不得低于1/3,具体比例由公司章程规定。

股份有限公司设立监事会,其成员不得少于3人。监事会应当包括股东代表和适当比例的公司职工代表,其中职工代表的比例不得低于1/3,具体比例由公司章程规定。监事会中的职工代表由公司职工通过职工代表大会、职工大会或者其他形式民主选举产生。监事会设主席一人,可以设副主席。监事会主席和副主席由全体监事过半数选举产生。

(三) 监事的职权和任期

监事行使下列职权:(1)检查公司财务;(2)对董事、高级管理人员执行公司职务的行为进行监督,对违反法律、行政法规、公司章程或者股东会决议的董事、高级管理人员提出罢免的建议;(3)当董事、高级管理人员的行为损害公司的利益时,要求董事、高级管理人员予以纠正;(4)提议召开临时股东会会议,在董事会不履行本法规定的召集和主持股东会会议职责时召集和主持股东会会议;(5)向股东会会议提出提案;(6)依照《公司法》第152条的规定,对董事、高级管理人员提起诉讼;(7)公司章程规定的其他职权。

监事的任期每届为3年。监事任期届满,连选可以连任。

(四)监事会的议事规则

监事会每年度至少召开一次会议,监事可以提议召开临时监事会会议。监事会的议事方式和表决程序,除《公司法》有规定的外,由公司章程规定。监事会决议应当经半数以上监事通过。监事会应当对所议事项的决定作成会议记录,出席会议的监事应当在会议记录上签名。

五、不得担任公司高级管理人员的人

有下列情形之一的,不得担任公司的董事、监事、高级管理人员:(1)无民事行为能力或者限制民事行为能力;(2)因贪污、贿赂、侵占财产、挪用财产或者破坏社会主义市场经济秩序,被判处刑罚,执行期满未逾5年,或者因犯罪被剥夺政治权利,执行期满未逾5年;(3)担任破产清算的公司、企业的董事或者厂长、经理,对该公司、企业的破产负有个人责任的,自该公司、企业破产清算完结之日起未逾3年;(4)担任因违法被吊销营业执照、责令关闭的公司、企业的法定代表人,并负有个人责任的,自该公司、企业被吊销营业执照之日起未逾3年;(5)个人所负数额较大的债务到期未清偿。

公司违反前款规定选举、委派董事、监事或者聘任高级管理人员的,该选举、委派或者聘任无效。董事、监事、高级管理人员在任职期间出现上述所列情形的,公司应当解除其职务。

第六节 公司的合并与分立

一、公司的合并

公司合并是指依照法律规定和合同约定,将两个以上的公司合并为一个公司的法律行为。公司合并可以采取吸收合并或者新设合并。一个公司吸收其他公司为吸收合并,被吸收的公司解散。两个以上公司合并设立一个新的公司为新设合并,合并各方解散。

二、公司的分立

公司的分立,是指一个公司变为两个或者两个以上公司的法律行为。公司分立也有两种方式,即存续分立和新设分立。

三、公司合并、分立的法律程序和后果

首先,由股东会决定,并且必须经代表2/3以上表决权的股东通过。其次,公司合并之前,应当由合并各方签订合并协议,并编制资产负债表及财产清单。公司应当自作出合并决议之日起10日内通知债权人,并于30日内在报纸上公告。债权人自接到通知书之日起30日内,未接到通知书的自公告之日起45日内,可以要求公司清偿债务或者提供相应的担保。

公司合并时,合并各方的债权、债务,应当由合并后存续的公司或者新设的公司承继。

公司分立,其财产作相应的分割。公司分立,应当编制资产负债表及财产清单。公司应当自作出分立决议之日起10日内通知债权人,并于30日内在报纸上公告。公司分立前的

债务由分立后的公司承担连带责任。

公司合并或者分立,登记事项发生变更的,应当依法向公司登记机关办理变更登记。

第七节 公司的解散、清算和破产

一、公司的解散

公司解散是指已经成立的公司因公司章程或者法定事由出现而停止公司的经营活动,并开始公司的清算,使公司法人资格消灭的行为。

公司解散具有以下几个特点:

(1) 公司解散是针对已经依法成立的公司而言的。没有依法成立的公司或者设立失败、设立无效的公司不存在解散之说。

(2) 公司解散系公司法人资格终止的前奏和原因,但公司解散并不意味着法人资格当然消灭。对于清算中的公司而言,其法人资格依然存续,但其权利能力和行为能力大大缩减,其业务范围被严格局限于对解散的公司的债权债务的清理、处理与清算有关的公司未了结的业务及剩余财产的处置等以清算为目的的民事行为,不得再开展新的商业活动。公司在清算阶段进行的经营活动一律无效。

(3) 公司解散必须依法进行清算。在有限责任公司和股份有限责任公司中,公司的财产就是对公司债权人唯一的担保,所以除因合并、分立的事由解散时不需清算外,公司出现其他类型的解散事由后,为保护债权人利益,应当立即组成清算组织进行清算。清算必须严格依照法律规定的程序进行。

(一) 解散事由

公司因下列原因解散:(1) 公司章程规定的营业期限届满或者公司章程规定的其他解散事由出现;(2) 股东会或者股东大会决议解散;(3) 因公司合并或者分立需要解散;(4) 依法被吊销营业执照、责令关闭或者被撤销;(5) 公司经营管理发生严重困难,继续存续会使股东利益受到重大损失,通过其他途径不能解决的,持有公司全部股东表决权 10% 以上的股东,可以请求人民法院解散公司。

(二) 解散的后果

应当在解散事由出现之日起 15 日内成立清算组,开始清算。有限责任公司的清算组由股东组成,股份有限公司的清算组由董事或者股东大会确定的人员组成。逾期不成立清算组进行清算的,债权人可以申请人民法院指定有关人员组成清算组进行清算。人民法院应当受理该申请,并及时组织清算组进行清算。

二、解散后公司的清算

(一) 清算的概念与清算组织

公司清算是指公司解散后,按照法定程序处分公司财产,了结债权债务关系,并最终使公司主体资格消灭的行为。公司解散后,其法人人格在终结前依然存在。

我国《公司法》规定,有限责任公司的清算组由股东组成;股份有限公司的清算组由董事或股东大会确定的人员组成。逾期不成立清算组的,经债权人申请,人民法院应当指定有关人员组成清算组,进行清算。

(三) 清算组的职权

清算组在清算期间行使下列职权:(1) 清理公司财产,分别编制资产负债表和财产清单;(2) 通知、公告债权人;(3) 处理与清算有关的公司未了结的业务;(4) 清缴所欠税款以及清算过程中产生的税款;(5) 清理债权、债务;(6) 处理公司清偿债务后的剩余财产;(7) 代表公司参与民事诉讼活动。

(四) 清算的程序

公司因法定原因解散的,应在解散事由出现之日起15日内成立清算组,开始清算。清算组应当自成立之日起10日内通知债权人,并于60日内在报纸上公告。债权人应当自接到通知书之日起30日内,未接到通知书的自公告之日起45日内,向清算组申报其债权。清算组在清理公司财产、编制资产负债表和财产清单后,应当制定清算方案,并报股东会、股东大会或者人民法院确认。

清算组在清理公司财产、编制资产负债表和财产清单后,发现公司财产不足清偿债务的,应当依法向人民法院申请宣告破产。

三、清算后公司的破产

公司经人民法院裁定宣告破产后,清算组应当将清算事务移交给人民法院。公司被依法宣告破产的,依照有关企业破产的法律实施破产清算。

(一) 破产财产的范围

破产财产由下列财产构成:(1) 宣告破产时企业经营管理的全部财产;(2) 破产企业在破产宣告后至破产程序终结前所取得的财产;(3) 应当由破产企业行使的其他财产权利。已作为担保物的财产不属于破产财产;担保物的价款超过所担保的债务数额的,超过部分属于破产财产。

(二) 破产财产怎么分?

破产财产优先拨付破产费用后,按照下列顺序清偿:(1) 破产企业所欠职工工资和劳动保险费用;(2) 破产企业所欠税款;(3) 破产债权。

(三) 破产的后果

破产财产分配完毕,由清算组提请人民法院终结破产程序。破产程序终结后,未得到清偿的债权不再清偿。破产程序终结后,由清算组向破产企业原登记机关办理注销登记。

第八节 公司的社会责任和高管对公司的义务

一、公司的社会责任

公司是社会中存在的团体,因此也对社会负有责任。

(1) 公司必须保护职工的合法权益,依法与职工签订劳动合同,参加社会保险,加强劳动保护,实现安全生产。

(2) 公司应当采用多种形式,加强公司职工的职业教育和岗位培训,提高职工素质。

(3) 公司应当为本公司工会提供必要的活动条件。

(4) 公司中,根据中国共产党章程的规定,设立中国共产党的组织,开展党的活动。公司应当为党组织的活动提供必要条件。

二、公司高管对公司的忠实义务

董事、监事、高级管理人员不得利用职权收受贿赂或者其他非法收入,不得侵占公司的财产。

董事、高级管理人员不得有下列行为:(1) 挪用公司资金;(2) 将公司资金以其个人名义或者以其他个人名义开立账户存储;(3) 违反公司章程的规定,未经股东会、股东大会或者董事会同意,将公司资金借贷给他人或者以公司财产为他人提供担保;(4) 违反公司章程的规定或者未经股东会、股东大会同意,与本公司订立合同或者进行交易;(5) 未经股东会或者股东大会同意,利用职务便利为自己或者他人谋取属于公司的商业机会,自营或者为他人经营与所任职公司同类的业务;(6) 接受他人与公司交易的佣金归为己有;(7) 擅自披露公司秘密;(8) 违反对公司忠实义务的其他行为。董事、高级管理人员违反前款规定所得的收入应当归公司所有。董事、监事、高级管理人员执行公司职务时违反法律、行政法规或者公司章程的规定,给公司造成损失的,应当承担赔偿责任。

第九节　外国公司在我国的分支机构

一、外国公司的分支机构

外国公司是指依照外国法律在中国境外设立的公司。外国公司在中国境内设立分支机构,必须向中国主管机关提出申请,并提交其公司章程、所属国的公司登记证书等有关文件,经批准后,向公司登记机关依法办理登记,领取营业执照。

二、外国公司在我国设立分支机构的法律要求

我国《公司法》规定:外国公司在中国境内设立分支机构,必须在中国境内指定负责该分支机构的代表人或者代理人,并向该分支机构拨付与其所从事的经营活动相适应的资金。也就是说,外国公司在中国设立分支机构需要有:(1) 代表人;(2) 相应的资金;(3) 在名称中标明该外国公司的国籍及责任形式;(4) 外国公司的分支机构应当在本机构中置备该外国公司章程。

三、外国公司在中国活动承担的法律责任

外国公司在中国境内设立的分支机构不具有中国法人资格,它在中国范围内的活动应当遵守中国的法律,且在结束任务的时候,不可以随便"逃跑"。

(1) 外国公司对其分支机构在中国境内进行经营活动承担民事责任。

(2) 在中国境内从事业务活动,必须遵守中国的法律,不得损害中国的社会公共利益,

其合法权益受中国法律保护。

(3) 外国公司撤销其在中国境内的分支机构时,必须依法清偿债务,依照《公司法》有关公司清算程序的规定进行清算。未清偿债务之前,不得将其分支机构的财产移至中国境外。

第十节 一人公司制度

一、一人有限公司的概念

我国《公司法》所称一人有限责任公司是指只有一个自然人股东或者一个法人股东的有限责任公司。一人有限责任公司也简称一人公司、独资公司或独股公司。按照我国《公司法》的规定,可将一人有限公司分为由自然人投资的一人公司、由法人投资的一人公司以及由国家投资的一人公司。

二、一人公司的特殊规定

由于公司的股东只有一人,公司财产与个人财产在疏于监管的情况下极易混同。《公司法》对一人公司进行了一些特别的规定。包括:(1) 设立限制。一个自然人只能设立一个一人公司,且该一人公司不能继续提交设立新的一人公司。而对于一个法人设立的一人公司却没有此类限制。(2) 名称披露要求。一人公司应在公司登记中注明自然人独资或法人独资。(3) 特别股东决策要求。一人股东行使股东会决策范围内的决策权应以书面形式作出,并由股东签字后置备于公司。(4) 法定强制审计。自然人投资设立的一人公司在每一会计年度终了时应编制财务会计报告,并经会计师事务所审计。(5) 法人人格滥用推定制度的适用。《公司法》规定,倘若一人公司的股东不能证明公司财产独立于股东自己的财产的,应当对公司债务承担连带责任。

本章小结

本章主要阐述了公司及公司法的概念,公司的种类和我国《公司法》对公司的一般规定。介绍了公司的设立、公司章程、公司的名称;阐述了公司的股东和公司董事会、监事会等公司的组织机构,职权和议事规则,董事会、监事会的组成、职权、任期和议事规则。介绍了我国《公司法》对公司高级管理人员的资格限制,阐明了什么样的人不可以担任公司高管。介绍了公司的分立合并的形式和程序。介绍了我国公司解散、清算和破产的程序和后果。介绍了我国公司的社会责任和外国公司在我国设立分支机构的条件、要求。介绍了一人公司制度。

案例与点评

案例一

A、B、C、D 共同组建一个有限责任公司,以电子设备为生产经营范围,他们共同来给公司取名,A 说叫"上海大地 Earth 电贸公司",B 说叫"上海 888666 电子设备责任有限公司",

C说叫"中国上海大地国际贸易发展有限责任公司",D说叫"上海大地电子设备责任有限公司"。

请问,哪个名字符合我国法律规定?

案例评析:"上海大地Earth电贸公司"违反了公司名称中不能使用英文的规定;"上海888666电子设备责任有限公司"违反了公司名称中不能使用数字的规定;"中国上海大地国际贸易发展有限责任公司"的名字违反了除国务院特别决定设立的企业外,企业名称中不得使用"中国""中华""全国""国家""国际"等字样的规定。因此,其中可能被工商部门批准的名称为D提出的名称。

案例二 真假"登喜路"公司

江苏无锡某服饰公司以国际知名商标"登喜路"注册公司字号,并销售标有"登喜路"商标的商品,被英国"登喜路"商标合法持有人告上法庭。"登喜路"商标合法持有人艾尔弗雷德·邓希尔有限公司(下称邓希尔公司)成立于1893年,是当今世界上最有影响力的知名企业之一,主要从事皮具、服装、眼镜等领域的生产和销售商业活动。

2003年10月,原无锡市某制衣有限公司将企业名称改为无锡登喜路有限公司,经营范围包括针织内衣、羊毛衫、纺织服装等的加工销售。该公司法定代表人周某又以董事身份在香港注册了英国登喜路公司。据查,无锡登喜路公司在其专卖店的营业招牌、厂房显要位置及其公司网站上突出标示"登喜路服饰"字样,同时以对外宣称英国登喜路公司授权的方式生产、销售其商品,并在其商品上标注"英国登喜路公司授权、无锡登喜路公司制造"的字样。

2005年1月,邓希尔公司代理人在无锡登喜路公司的专卖店、河北某购物广场等购买了标有"英国登喜路公司授权、无锡登喜路公司"字样的衬衫,在其开具的收据上也有"登喜路"等相关字样。同时,北京某公证处对无锡登喜路公司网站内容进行了公证并记载,页面上均显示有"登喜路公司"字样,且在显要位置注明无锡登喜路公司是英国登喜路公司在亚太地区总代理等内容。

无锡登喜路公司则认为其没有使用登喜路公司的企业名称,香港注册的英国登喜路公司授权的只是"bebalcan"牌产品的销售、开发,并且产品的英文注册商标是"bebalcan",没有使用登喜路注册商标。

案例评析:无锡登喜路公司将与"登喜路"注册商标相同的文字作为企业字号在相同商品上突出使用,使公众产生误认,这种行为侵犯了邓希尔公司的注册商标专用权。同时,无锡登喜路公司以对外宣称英国登喜路公司授权的方式生产、销售其商品,并在其商品上标注"英国登喜路公司授权、无锡登喜路公司制造"的字样,该行为主观意图上具有较明显的利用知名企业的公司名称和商业声誉的故意,违反了诚实信用的商业道德,破坏了公平有序的竞争秩序,构成了不正当竞争。因此,无锡登喜路公司应立即停止使用"登喜路"字样进行生产、销售、宣传等经营活动,并赔偿原告经济损失。

本章思考

1. 历史上股票为什么产生?股票的产生对世界经济生活带来了什么经济意义?
2. 如果你的朋友聘请你做法律顾问要你帮他起草一个有限责任公司的章程,你可以怎样写?

3. 有限责任公司与股份有限公司的异同点是什么?

思考解答

1. 答:股票最早出现于资本主义国家。在 17 世纪初,随着资本主义大工业的发展,企业生产经营规模不断扩大,由此而产生资本短缺,资本不足便成为制约资本主义企业经营和发展的重要因素之一。为了筹集更多的资本,于是出现了以股份公司形态,由股东共同出资经营的企业组织,进而又将筹集资本的范围扩展至社会,产生了以股票这种表示投资者投资入股,并按出资额的大小享受一定的权益和承担一定的责任的有价凭证,并向社会公开发行,以吸收和集中分散在社会上的资金。世界上最早的股份有限公司制度诞生于 1602 年,即在荷兰成立的东印度公司。股份有限公司这种企业组织形态出现以后,很快为资本主义国家广泛利用,成为资本主义国家企业组织的重要形式之一。伴随着股份公司的诞生和发展,以股票形式集资入股的方式也得到发展,并且产生了买卖交易转让股票的需求。这样,就带动了股票市场的出现和形成,并促使股票市场完善和发展。据文献记载,早在 1611 年就曾有一些商人在荷兰的阿姆斯特丹进行荷兰东印度公司的股票买卖交易,形成了世界上第一个股票市场,即股票交易所。目前,股份有限公司已经成为现代国家最基本的企业组织形式;股票已经成为企业筹资的重要渠道和方式,亦是投资者投资的基本选择方式;而股票的发行和市场交易亦已成为证券市场的基本内容,成为证券市场不可缺少的重要组成部分。

2. 答:可以参考以下标准格式。

有限责任公司章程

第一章　总则

第一条　依据《中华人民共和国公司法》(以下简称《公司法》)及有关法律、法规的规定,由_____等_____方共同出资,设立_____有限责任公司,(以下简称公司)特制定本章程。

第二条　本企业依法开展经营活动,法律、行政法规、国务院决定禁止的,不经营;需要前置许可的项目,报审批机关批准,并经工商行政管理机关核准注册后,方开展经营活动;不属于前置许可项目,法律、法规规定需要专项审批的,经工商行政管理机关登记注册,并经审批机关批准后,方开展经营活动;其他经营项目,本公司领取《营业执照》后自主选择经营,开展经营活动。

第三条　本章程中的各项条款与法律、法规、规章不符的,以法律、法规、规章的规定为准。

第二章　公司名称和住所

第四条　公司名称:_____

第五条　住所:_____

邮政编码:_____

第三章　公司经营范围

第六条　公司经营范围

法律、法规禁止的,不经营;应经审批的,未获批准前不经营;法律、法规未规定审批的,自主选择经营项目,开展经营活动。

（注：企业经营国家法律、法规规定应经许可和北京市人民政府规定应在《营业执照》明示的经营项目，则除将上述内容表述在经营范围中，还应将有关项目在经营范围中明确标明，例如餐饮、零售药品。）

第四章 公司注册资本

第七条 公司注册资本：_____万元人民币。

第八条 公司增加或减少注册资本，必须召开股东会并作出决议。公司减少注册资本，还应当自作出决议之日起10日内通知债权人，并于30日内在报纸上至少公告3次。公司变更注册资本应依法向登记机关办理变更登记手续。

第五章 股东的姓名(名称)、出资方式、出资额、分期缴付数额及期限

第九条 股东的姓名(名称)、出资方式、出资额、分期缴资情况如下：

股东姓名或名称	出资数额	出资方式	设立时缴付数额	一 期		二 期	
				数额	期限	数额	期限

第十条 股东承诺：各股东以其全部出资额为限对公司债务承担责任。

第十一条 公司成立后向股东签发出资证明书。

第六章 股东的权利和义务

第十二条 股东享有如下权利：

(一) 参加或推选代表参加股东会并按照其出资比例行使表决权；

(二) 了解公司经营状况和财务状况；

(三) 选举和被选举为董事会成员(执行董事)或监事会成员(监事)；

(四) 依据法律、法规和公司章程的规定获取股利并转让出资额；

(五) 优先购买其他股东转让的出资；

(六) 优先认缴公司新增资本；

(七) 公司终止后，依法分得公司的剩余财产；

(八) 有权查阅股东会会议记录和公司财务会计报告。

第十三条 股东履行以下义务：

(一) 遵守公司章程；

(二) 按期缴纳所认缴的出资；

(三) 以其所认缴的全部出资额为限对公司的债务承担责任；

(四) 在公司办理登记注册手续后，不得抽回投资。

第七章 股东转让出资的条件

第十四条 股东之间可以相互转让其部分或全部出资。（注：由两个股东共同出资设立的有限责任公司，股东之间只能转让其部分出资。）

第十五条 股东向股东以外的人转让其出资时，必须经全体股东过半数同意；不同意转让的股东应当购买该转让的出资，如果不购买该转让的出资，视为同意转让。

第十六条 股东依法转让其出资后，由公司将受让人的姓名、住所以及受让的出资额记载于股东名册。

第八章 公司的机构及其产生办法、职权、议事规则

第十七条 股东会由全体股东组成，是公司的权力机构，行使下列职权：

（一）决定公司的经营方针和投资计划；

（二）选举和更换董事，决定有关董事的报酬事项；

（三）选举和更换由股东代表出任的监事，决定有关监事的报酬事项；

（四）审议批准董事会(或执行董事)的报告；

（五）审议批准监事会或监事的报告；

（六）审议批准公司的年度财务预算方案、决算方案；

（七）审议批准公司的利润分配方案和弥补亏损的方案；

（八）对公司增加或者减少注册资本作出决议；

（九）对发行公司债券作出决议；

（十）对股东向股东以外的人转让出资作出决议；

（十一）对公司合并、分立、变更公司形式、解散和清算等事项作出决议；

（十二）修改公司章程。

第十八条 股东会的首次会议由出资最多的股东召集和主持。

第十九条 股东会会议由股东按照出资比例行使表决权。

第二十条 股东会会议分为定期会议和临时会议，并应当于会议召开15日以前通知全体股东。定期会议每＿＿＿＿＿＿＿＿（年或月）召开一次。临时会议由代表1/4以上表决权的股东，1/3以上董事，或者监事提议方可召开。股东出席股东会议也可书面委托他人参加股东会议，行使委托书中载明的权力。

第二十一条 股东会会议由董事会召集，董事长主持。董事长因特殊原因不能履行其职责时，由董事长指定的副董事长或其他董事主持。（注：不设立董事会的，股东会会议由执行董事召集主持）

第二十二条 股东会会议应对所议事项作出决议，决议应由代表＿＿＿＿＿＿＿＿以上表决权的股东表决通过。但股东会对公司增加或者减少注册资本、分立、合并、解散或者变更公司形式、修改公司章程所作出的决议，应由代表2/3以上表决权的股东表决通过。股东会应当对所议事项的决定作出会议记录，出席会议的股东应当在会议记录上签名。

（注：空格中所填的数应少于后面的"2/3"，一般为1/2比较合适，这样才能与第六章第10条中的"过半数"相一致。这里应注意，股东的表决权是按其出资比例来行使。）

第二十三条 公司设董事会，成员为＿＿＿＿＿＿＿＿人，由股东会选举。董事任期＿＿＿＿＿＿＿年，任期届满，可连选连任。董事在任期届满前，股东会不得无故解除其职务。董事会设董事长一人，副董事长＿＿＿＿＿＿＿＿人，由董事会选举产生。（注：两个以上国有企业或其他两个

以上国有投资主体投资设立的有限责任公司,其董事会成员中应有公司职工代表;董事会中的职工代表由公司职工民主选举产生。)

董事会行使下列职权:
(一)负责召集股东会,并向股东会议报告工作;
(二)执行股东会的决议;
(三)审定公司的经营计划和投资方案;
(四)制订公司的年度财务预算方案、决算方案;
(五)制订公司的利润分配方案和弥补亏损方案;
(六)制订公司增加或者减少注册资本方案;
(七)拟订公司合并、分立、变更公司形式、解散的方案;
(八)决定公司内部管理机构的设置;
(九)聘任或者解聘公司经理(总经理,以下简称经理),根据经理的提名,聘任或者解聘公司财务负责人,决定其报酬事项;
(十)制定公司的基本管理制度。

第二十四条 董事会会议由董事长召集并主持;董事长因特殊原因不能履行职务时,由董事长指定副董事长或者其他董事召集和主持。三分之一以上的董事可以提议召开董事会会议。并应于会议召开十日以前通知全体董事。

第二十五条 董事会对所议事项作出的决定应由_____以上的董事表决通过方为有效,并应作成会议记录,出席会议的董事应当在会议记录上签名。

第二十六条 公司设经理一名,由董事会聘任或者解聘。经理对董事会负责,行使下列职权:
(一)主持公司的生产经营管理工作,组织实施董事会决议;
(二)组织实施公司年度经营计划和投资方案;
(三)拟订公司内部管理机构设置方案;
(四)拟订公司的基本管理制度;
(五)制定公司的具体规章;
(六)提请聘任或者解聘公司副经理、财务负责人;
(七)聘任或者解聘除应由董事会聘任或者解聘以外的负责管理人员;经理列席董事会会议。

第二十七条 公司设监事会,成员_____人,并在其组成人员中推选一名召集人。监事会中股东代表监事与职工代表监事的比例为_____。监事会中股东代表监事由股东会选举产生,职工代表监事由公司职工民主选举产生。监事的任期每届为3年,任期届满,可连选连任。
(注:股东人数较少规格较小的公司可以设一至二名监事)

第二十八条 监事会或者监事行使下列职权:
(一)检查公司财务;
(二)对董事、经理履行职责时违反法律、法规或者公司章程的行为进行监督;
(三)当董事和经理的行为损害公司的利益时,要求董事和经理予以纠正;
(四)提议召开临时股东会。

监事列席董事会会议。

第二十九条　公司董事、经理及财务负责人不得兼任监事。

第九章　公司的法定代表人

第三十条　董事长为公司的法定代表人，任期_____年，由董事会选举产生，任期届满，可连选连任。

第三十一条　董事长行使下列职权：

（一）主持股东会和召集主持董事会议；

（二）检查股东会议和董事会议的落实情况，并向董事会报告；

（三）代表公司签署有关文件；

（四）在发生战争、特大自然灾害等紧急情况下，对公司事务行使特别裁决权和处置权，但这类裁决权和处置权须符合公司利益，并在事后向董事会和股东会报告。

第十章　财务、会计制度、利润分配及劳动制度

第三十二条　公司应当依照法律、行政法规和国务院财政主管部门的规定建立本公司的财务会计制度，并应在每一会计年度终了时制作财务会计报告，经审查验证后于第二年____月____日前送交各股东。

第三十三条　公司利润分配按照《公司法》及法律、法规、国务院财政主管部门的规定执行。

第三十四条　劳动用工制度按国家法律、法规及国务院劳动部门的有关规定执行。

第十一章　公司的解散事由与清算办法

第三十五条　公司的营业期限____年，从《企业法人营业执照》签发____之日起计算。

第三十六条　公司有下列情况之一的，可以解散：

（一）公司章程规定的营业期限届满；

（二）股东会决议解散；

（三）因公司合并或者分立需要解散的；

（四）公司违反法律、行政法规被依法责令关闭的；

（五）因不可抗力事件致使公司无法继续经营时；

（六）宣告破产。

第三十七条　公司解散时，应依据《公司法》的规定成立清算小组，对公司资产进行清算。清算结束后，清算小组应当制作清算报告，报股东会或者有关主管机关确认，并报送公司登记机关，申请公司注销登记，公告公司终止。

第十二章　股东认为需要规定的其他事项

第三十八条　公司根据需要或涉及公司登记事项变更的可修改公司章程，修改后的公司章程不得与法律、法规相抵触，并送交原公司登记机关备案，涉及变更登记事项的，应同时向公司登记机关申请变更登记。

第三十九条　公司章程的解释权属于董事会。

（注：公司设执行董事的情况下，"公司章程的解释权"应属于股东会。）

第四十条　公司登记事项以公司登记机关核定的为准。

第四十一条　本章程由全体股东共同订立，自公司设立之日起生效。

第四十二条　本章程一式_____份，并报公司登记机关备案一份。

全体股东亲笔签字、盖章：

年　　月　　日

3. 答:有限责任公司与股份有限公司的共同点是:

(1) 股东都对公司承担有限责任。无论在有限责任公司中,还是在股份有限公司中,股东都对公司承担有限责任,"有限责任"的范围,都是以股东在公司的投资额为限。

(2) 股东的财产与公司的财产是分离的,股东将财产投资公司后,该财产即构成公司的财产,股东不再直接控制和支配这部分财产。

(3) 有限责任公司和股份有限公司对外都是以公司的全部资产承担责任。也就是说,公司对外也是只承担有限的责任,"有限责任"的范围,就是公司的全部资产,除此之外,公司不再承担其他的财产责任。

有限责任公司与股份有限公司的不同点:

(1) 两种公司在成立条件和募集资金方面有所不同。有限责任公司的成立条件比较宽松一点,股份有限公司的成立条件比较严格;有限责任公司只能由发起人集资,不能向社会公开募集资金,股份有限公司可以向社会公开募集资金;有限责任公司的股东人数有最高和最低的要求,股份有限公司的股东人数只有最低要求,没有最高要求。

(2) 两种公司的股份转让难易程度不同。有限责任公司具有一定人合性,股东转让自己的出资有严格的要求,受到的限制较多,比较困难;在股份有限公司中,股东转让自己的股份比较自由,不像有限责任公司那样困难。

(3) 两种公司的股权证明形式不同。在有限责任公司中,股东的股权证明是出资证明书,出资证明书不能转让、流通;在股份有限公司中,股东的股权证明是股票,即股东所持有的股份是以股票的形式来体现,股票是公司签发的证明股东所持股份的凭证,股票可以转让、流通,并且分为了等额。

(4) 两种公司公开程度不同。在有限责任公司中,由于公司的人数有限,财务会计报表可以不经过注册会计师的审计(一人公司除外),也可以不公告,只要按照规定期限送交各股东就行了;在股份有限公司中,法定必须向有关部门提交一定的真实材料,并对这些材料进行公布。

第二章
合伙企业法律制度

本章需要掌握的主要内容：
➢ 合伙企业的概念及类型
➢ 普通合伙人的无限连带责任
➢ 法律对合伙人资格的限制
➢ 特殊的普通合伙企业合伙人法律责任的承担
➢ 有限合伙企业合伙人的数量限制
➢ 合伙人的入伙、退伙
➢ 合伙企业依法应当解散的情形

合伙企业与公司有什么区别？合伙人对合伙企业的债务承担与公司股东对公司债务的承担不什么不同？经济社会中的创业应该选择哪一种企业类型更适合自己呢？

第一节 合伙企业与合伙企业法

一、合伙与合伙企业

合伙是一种古老的制度，早在公元前18世纪，古巴比伦王国的《汉穆拉比法典》就有规定，我国在春秋时期也已经有了合伙制度的雏形。

传统民法一直认为民事主体仅有自然人和法人两种形式，不存在第三种民事主体，因此，合伙的主体资格一直都不为传统民法所承认。随着经济的不断发展，现代各国立法逐渐将合伙企业视为一个独立的法律实体，使其能够以自己的名义从事经营活动，以自己的名义起诉和应诉。我国法律沿引传统民法的观点，至今仍不承认合伙企业的法人资格，但为了让合伙企业能够以自己的名义进行生产经营活动，享有起诉应诉资格，将合伙企业视为一类特殊的法律关系主体。

（一）合伙企业的概念

简单地说，合伙企业是合伙人在合伙协议的基础上建立的以营利为目的的非法人经济组织。根据《中华人民共和国合伙企业法》（以下简称《合伙企业法》）第2条的规定，所谓合伙企业是指自然人、法人和其他组织依照《合伙企业法》在中国境内设立的普通合伙企业和有限合伙企业。在合伙企业中,合伙人共同出资,合伙经营,共享利润,并由至少一名以上的合伙人对企业债务承担无限责任。

(二) 合伙企业的类型

我国《合伙企业法》规定了两种类型的合伙企业,即普通合伙企业和有限合伙企业,其中普通合伙企业又包含特殊的普通合伙企业。

普通合伙企业由普通合伙人组成,全体合伙人对合伙企业债务承担无限连带责任。每个普通合伙人对于合伙债务都负有全部的清偿义务;合伙的债权人有权请求任何一个普通合伙人或数个普通合伙人清偿自己对合伙企业的部分或全部债务,而该被请求的一个或数个普通合伙人不得拒绝。

在特殊的普通合伙企业中,一个合伙人或者数个合伙人在执业活动中因故意或者重大过失造成合伙企业债务的,应当承担无限责任或者无限连带责任,其他合伙人以其在合伙企业中的财产份额为限承担责任。

有限合伙企业由普通合伙人和有限合伙人组成,普通合伙人对合伙企业债务承担无限连带责任,有限合伙人以其认缴的出资额为限对合伙企业债务承担责任。

(三) 合伙企业法

合伙企业法有广义和狭义之分。广义的合伙企业法是指确认合伙企业的法律地位,调整合伙企业经济关系的法律规范的总称。法律、行政法规及部门规章中关于合伙企业的法律规范都属于广义上的合伙企业法。

狭义的合伙企业法指的则是我国最高立法机关全国人民代表大会及其常委会依法制定、颁布的专门法律,即《中华人民共和国合伙企业法》。1997年2月23日,第八届全国人民代表大会常务委员会第二十四次会议通过了《中华人民共和国合伙企业法》,2006年8月27日,第十届全国人民代表大会常务委员会第二十三次会议对该法进行了修订,修订案自2007年6月1日起施行。修订后的《合伙企业法》共109条,增加了关于特殊的普通合伙企业和有限合伙企业的规定,丰富了合伙制度,更好地适应了我国市场经济的发展需求。

不管是广义还是狭义的合伙企业法,目的都是为了规范我国合伙企业的行为,保护合伙企业及其合伙人、债权人的合法权益,维护社会经济秩序,促进社会主义市场经济的健康发展。

第二节 普通合伙企业

一、普通合伙企业的设立

普通合伙企业是由普通合伙人组成,全体合伙人对合伙企业债务承担无限连带责任的合伙企业类型。《合伙企业法》第14条规定,设立普通合伙企业应当具备下列条件。

1. 有两个以上合伙人,若合伙人为自然人的,应当具有完全民事行为能力

两个以上的合伙人是我国法律规定的合伙人的最低人数限额。合伙人可以是自然人,也可以为法人或其他组织。当合伙人为自然人时,必须具有完全民事行为能力。法律、行

政法规禁止从事营利性活动的人,如国家公务员、法官、检察官等,都不得成为合伙企业的合伙人。另外,为了防止国有企业和上市公司等因参加合伙可能使企业全部财产面临承担无限连带责任的风险,保护国家利益和公共利益,维护股东权益,《合伙企业法》第3条规定,国有独资公司、国有企业、上市公司以及公益性的事业单位、社会团体不得成为普通合伙人。

2. 有书面合伙协议

合伙协议是合伙人经协商一致订立的确定合伙人权利义务的书面协议,是合伙企业设立的基础。合伙协议应载明以下事项:

(1) 合伙企业的名称和主要经营场所的地点;
(2) 合伙目的和合伙经营范围;
(3) 合伙人的姓名或者名称、住所;
(4) 合伙人的出资方式、数额和缴付期限;
(5) 利润分配、亏损分担方式;
(6) 合伙事务的执行;
(7) 入伙与退伙;
(8) 争议解决办法;
(9) 合伙企业的解散与清算;
(10) 违约责任。

合伙协议经全体合伙人签名、盖章后生效。合伙人应按照合伙协议享有权利,履行义务。修改或者补充合伙协议,应当经全体合伙人一致同意,但合伙协议另有约定的除外。合伙协议未约定或者约定不明确的事项,由合伙人协商决定;协商不成的,依照《合伙企业法》和其他相关法律、行政法规的规定处理。

3. 有合伙人认缴或者实际缴付的出资

合伙人的出资是合伙企业成立的必要条件,也是企业运营的物质基础和前提。合伙协议生效后,合伙人应当按照合伙协议的规定缴纳出资。根据我国《合伙企业法》的规定,合伙人可以用货币、实物、知识产权、土地使用权或者其他财产权利出资,也可以用劳务出资。以实物、知识产权、土地使用权或者其他财产权利等非货币财产形式出资,需要评估作价的,可以由全体合伙人协商确定,也可以由全体合伙人委托法定评估机构评估。以劳务出资的,其评估办法由全体合伙人协商确定,并需要在合伙协议中载明。

合伙人应当按照合伙协议约定的出资方式、数额和缴付期限,履行出资义务。若以非货币财产出资的,应当依照法律、行政法规的规定办理财产权转移手续。

4. 有合伙企业的名称和生产经营场所

合伙企业的名称是设立合伙企业的必备条件,合伙人在成立合伙企业时必须确定合伙名称,并载入合伙协议。普通合伙企业应当在名称中标明"普通合伙"字样。

合伙企业的经营场所是合伙企业经常性、持续性地从事生产经营活动的必要场所,没有经营场所就无法进行生产经营活动。

5. 法律、行政法规规定的其他条件

在具备上述条件的前提下,合伙人可向企业登记机关提交登记申请书、合伙协议书、合伙人身份证明等文件,申请设立登记。对于符合条件的申请人,登记机关予以登记,发给营业执照。合伙企业的营业执照签发日期为合伙企业的成立日期。

二、普通合伙企业的财产

合伙企业的财产是企业经营的物质基础。合伙人的出资、以合伙企业名义取得的收益和依法取得的其他财产,如接受的赠与等均为合伙企业的财产。合伙企业的财产由全体合伙人依法共同管理和使用。在合伙企业清算前,合伙人一般不得请求分割合伙企业的财产。

合伙人之间可以转让在合伙企业中的全部或者部分财产份额,但应当通知其他合伙人。若向合伙人以外的人转让在合伙企业中的部分或全部财产份额,须经其他合伙人一致同意,且在同等条件下,其他合伙人有优先购买权。合伙人以外的受让人在受让合伙企业的财产份额后,经修改合伙协议即成为合伙企业的合伙人,需按照修改后的合伙协议享有权利,履行义务。

三、普通合伙企业合伙事务的执行

合伙事务的执行是指合伙人为了运营合伙企业而管理、使用合伙财产,决定和执行合伙事务的行为。

(一) 合伙事务的执行方式

合伙人对执行合伙事务享有同等的权利。各合伙人可以分别执行合伙事务,也可以按照合伙协议的约定或者经全体合伙人决定,委托一个或者数个合伙人对外代表合伙企业,执行合伙事务。委托一个或者数个合伙人执行合伙事务的,其他合伙人就不再执行合伙事务。受委托执行事务的合伙人执行合伙事务所产生的收益归合伙企业,产生的费用和亏损由合伙企业承担。

《合伙企业法》第 31 条规定,除合伙协议另有约定外,合伙企业的下列事项应当经全体合伙人一致同意:(1) 改变合伙企业的名称;(2) 改变合伙企业的经营范围、主要经营场所的地点;(3) 处分合伙企业的不动产;(4) 转让或者处分合伙企业的知识产权和其他财产权利;(5) 以合伙企业名义为他人提供担保;(6) 聘任合伙人以外的人担任合伙企业的经营管理人员。

另外,合伙人不得自营或者同他人合作经营与本合伙企业相竞争的业务。除合伙协议另有约定或者经全体合伙人一致同意外,合伙人不得同本合伙企业进行交易;不得从事损害本合伙企业利益的活动。

(二) 对合伙事务执行的监督

合伙人分别执行合伙事务的,执行事务合伙人可以对其他合伙人执行的事务提出异议。提出异议时,应当暂停该项事务的执行。如果发生争议,按照合伙协议约定的表决办法处理。合伙协议未约定或者约定不明确的,实行合伙人一人一票并经全体合伙人过半数通过的表决办法。

委托一个或者数个合伙人执行合伙事务的,其他合伙人有权监督执行事务合伙人执行合伙事务的情况;为了解合伙企业的经营状况和财务状况,有权查阅合伙企业会计账簿等财务资料。受委托执行事务的合伙人应当定期向其他合伙人报告事务执行情况以及合伙企业的经营和财务状况;若不按照合伙协议或者全体合伙人的决定执行事务的,其他合伙人可以决定撤销该委托。

四、合伙企业的损益分配

根据《合伙企业法》第 33 条的规定,合伙企业的利润分配、亏损分担,按照合伙协议的约定办理;合伙协议未约定或者约定不明确的,由合伙人协商决定;协商不成的,由合伙人按照实缴出资比例分配、分担;无法确定出资比例的,由合伙人平均分配、分担。合伙协议中不得约定将全部利润分配给部分合伙人或者由部分合伙人承担全部亏损。

另外,合伙人按照合伙协议的约定或者经全体合伙人决定,可以增加或者减少对合伙企业的出资。

五、合伙人的变更

合伙企业的变更是指合伙企业的登记事项发生变更以及新合伙人入伙、合伙人退伙和合伙人出资份额转让等情况。

(一) 入伙

入伙是指第三人加入合伙企业成为合伙人的行为。我国《合伙企业法》规定,新合伙人入伙,除合伙协议另有约定外,应当经全体合伙人一致同意,并依法订立书面入伙协议。订立入伙协议时,原合伙人应当向新合伙人如实告知原合伙企业的经营状况和财务状况。入伙的新合伙人与原合伙人享有同等权利,承担同等责任。入伙协议另有约定的,从其约定。入伙的新合伙人对入伙前合伙企业的债务承担无限连带责任。

(二) 退伙

退伙是指合伙人退出合伙组织、丧失合伙人身份的行为。退伙包括自愿退伙、当然退伙和除名退伙三种形式。

自愿退伙,又称声明退伙,是指合伙人依照合伙协议的约定或者按照自己的意愿单方面向其他合伙人声明退伙。我国《合伙企业法》规定了自愿退伙的两种情况:一是根据《合伙企业法》第 45 条的规定,合伙协议约定合伙期限的,在合伙企业存续期间,合伙人有下列情形之一的,可以退伙:(1) 合伙协议约定的退伙事由出现;(2) 经全体合伙人一致同意;(3) 发生合伙人难以继续参加合伙的事由;(4) 其他合伙人严重违反合伙协议约定的义务。二是根据《合伙企业法》第 46 条的规定,当合伙协议未约定合伙期限的,合伙人在不给合伙企业事务执行造成不利影响的情况下可以退伙,但应当提前 30 日通知其他合伙人。

当然退伙是指基于法律的直接规定而退伙,也叫法定退伙。《合伙企业法》第 48 条规定,合伙人有下列情形之一的,当然退伙:(1) 作为合伙人的自然人死亡或者被依法宣告死亡;(2) 个人丧失偿债能力;(3) 作为合伙人的法人或者其他组织依法被吊销营业执照、责令关闭撤销,或者被宣告破产;(4) 法律规定或者合伙协议约定合伙人必须具有相关资格而丧失该资格;(5) 合伙人在合伙企业中的全部财产份额被人民法院强制执行。

除名退伙是指合伙人因某种事由,经其他合伙人一致同意被除名因而丧失合伙人资格。《合伙企业法》第 49 条规定,合伙人有下列情形之一的,经其他合伙人一致同意,可以决议将其除名:(1) 未履行出资义务;(2) 因故意或者重大过失给合伙企业造成损失;(3) 执行合伙事务时有不正当行为;(4) 发生合伙协议约定的事由。

对合伙人的除名决议应当书面通知被除名人。被除名人接到除名通知之日,除名生效,被除名人退伙。被除名人对除名决议有异议的,可以自接到除名通知之日起 30 日内,向人民法院起诉。

合伙人退伙后即丧失合伙人资格,其他合伙人应当与该退伙人按照退伙时的合伙企业财产状况进行结算,退还退伙人的财产份额。退伙人对给合伙企业造成的损失负有赔偿责任的,相应扣减其应当赔偿的数额。退伙时有未了结的合伙企业事务的,待该事务了结后进行结算。退伙人在合伙企业中财产份额的退还办法,由合伙协议约定或者由全体合伙人决定,可以退还货币,也可以退还实物。退伙人对基于其退伙前的原因发生的合伙企业债务,承担无限连带责任。

第三节 特殊的普通合伙企业

一、特殊的普通合伙企业的概念

特殊的普通合伙企业是指在特定的情况下,不由全体合伙人对合伙债务承担无限连带责任的普通合伙企业。特殊的普通合伙企业应当在其企业名称中标明"特殊普通合伙"字样,以区别于普通合伙企业。

我国《合伙企业法》规定,以专业知识和专门技能为客户提供有偿服务的专业服务机构,可以设立为特殊的普通合伙企业,如律师事务所、会计师事务所、审计师事务所、设计师事务所等。特殊的普通合伙企业合伙人的个人独立性较强,他们以专门知识和技能为客户提供服务,其个人的知识、技能、职业道德、经验等方面因素对服务质量起着决定性的作用,与合伙企业本身的财产状况、经营管理方式、声誉等没有直接和必然的联系。

二、特殊的普通合伙企业的债务承担

与普通合伙企业不同的是,在特殊的普通合伙企业中,一个或数个合伙人在执业活动中因故意或者重大过失造成合伙企业债务的,应当承担无限责任或者无限连带责任,没有过错的其他合伙人则以其在合伙企业中的财产份额为限承担责任。而在普通合伙企业中,合伙人即使是因故意或者重大过失给合伙企业造成债务,在对外责任的承担上依然是由全体合伙人承担无限连带责任。当然,特殊普通合伙企业合伙人在执业活动中如非因故意或者重大过失造成的合伙企业债务以及合伙企业的其他债务,则由全体合伙人承担无限连带责任,这一点与普通合伙企业相同。

由此可见,《合伙企业法》对合伙人连带责任的限制范围较为狭窄,仅限于其他合伙人在执业活动中因故意或者重大过失造成的合伙企业债务。

此外,合伙人在执业活动中因故意或者重大过失造成的合伙企业债务,以合伙企业财产对外承担责任后,该合伙人应当按照合伙协议的约定对给合伙企业造成的损失承担赔偿责任。

三、特殊的普通合伙企业的执业风险基金与职业保险

为了防范特殊的普通合伙企业合伙人的执业风险,保护债权人利益,实现执业安全,我国《合伙企业法》规定特殊的普通合伙企业应建立执业风险基金和职业保险制度。执业风险

基金是特殊的普通合伙企业为偿付合伙人在执业活动中因故意或者重大过失所造成的合伙企业债务而依法设立的替代性赔偿储备金。

《合伙企业法》第 59 条规定,特殊的普通合伙企业应当建立执业风险基金、办理职业保险。执业风险基金用于偿付合伙人执业活动造成的债务。执业风险基金应当单独立户管理,具体管理办法由国务院规定。

第四节 有限合伙企业

一、有限合伙企业的概念

有限合伙企业是指由普通合伙人和有限合伙人组成,普通合伙人对合伙企业债务承担无限连带责任,有限合伙人以其认缴的出资额为限对合伙企业债务承担责任的合伙企业形式。有限合伙制度源自英美法系,我国于 2007 年修订的《合伙企业法》确认了其法律地位。相比于普通合伙制度,有限合伙制度灵活地顺应了经济发展需求,在高新科技企业和风险投资领域适用较广。

二、有限合伙企业的设立

(一) 设立条件

有限合伙企业由 2 个以上 50 个以下合伙人设立,其中至少应当有一个普通合伙人。有限合伙企业应当在名称中标明"有限合伙"字样,以区别于普通合伙企业。

有限合伙企业的合伙协议除了应当具备普通合伙企业协议的内容以外,还应当载明下列事项:(1) 普通合伙人和有限合伙人的姓名或者名称、住所;(2) 执行事务合伙人应具备的条件和选择程序;(3) 执行事务合伙人权限与违约处理办法;(4) 执行事务合伙人的除名条件和更换程序;(5) 有限合伙人入伙、退伙的条件、程序以及相关责任;(6) 有限合伙人和普通合伙人相互转变程序。

(二) 出资方式

与普通合伙人出资方式略有不同的是,有限合伙人可以用货币、实物、知识产权、土地使用权或者其他财产权利作价出资,但不得以劳务出资。有限合伙人应当按照合伙协议的约定按期足额缴纳出资,未按期足额缴纳的,应当承担补缴义务,并对其他合伙人承担违约责任。

三、有限合伙企业事务的执行

有限合伙企业由对企业债务承担无限连带责任的普通合伙人执行合伙事务。执行事务合伙人可以要求在合伙协议中确定执行事务的报酬及报酬提取方式。

有限合伙人对合伙企业债务承担有限责任,不执行合伙事务,不得对外代表有限合伙企业。有限合伙人的下列行为,不视为执行合伙事务:(1) 参与决定普通合伙人入伙、退伙;(2) 对企业的经营管理提出建议;(3) 参与选择承办有限合伙企业审计业务的会计师事务所;(4) 获取经审计的有限合伙企业财务会计报告;(5) 对涉及自身利益的情况,查阅有限合伙企业财务会计账簿等财务资料；(6)在有限合伙企业中的利益受到侵害时，向有责任的合伙人主张权利或者提起诉讼；(7)执行事务合伙人怠于行使权利时，督促其行使权利或者为了本企业的利益以自己的名义提起诉讼；(8)依法为本企业提供担保。

与普通合伙人不同的是，有限合伙人可以同本有限合伙企业进行交易；可以自营或者同他人合作经营与本有限合伙企业相竞争的业务；但是合伙协议另有约定的除外。

四、有限合伙企业的利润分配与有限合伙人的财产份额处分

(一) 有限合伙企业的利润分配

在普通合伙企业中，法律禁止通过合伙协议约定将全部利润分配给部分合伙人或者由部分合伙人承担全部亏损，但有限合伙企业略有不同。根据《合伙企业法》的规定，有限合伙企业原则上不得将全部利润分配给部分合伙人，但是合伙协议另有约定的除外。法律如此规定的主要原因在于，普通合伙企业人合性较强，企业建立在合伙人相互人身信任的基础上；有限合伙企业则是人合与资合的有机结合。在实践中常常存在由普通合伙人负责合伙企业的经营管理，直接收取经营管理费，而将利润分配给有限合伙人的模式。

(二) 有限合伙人的财产份额处分

(1) 转让。有限合伙人可以按照合伙协议的约定向合伙人以外的人转让其在有限合伙企业中的财产份额，但应当提前30日通知其他合伙人。

(2) 出质。有限合伙人可以将其在有限合伙企业中的财产份额出质，除非合伙协议另有约定。

(3) 债务清偿。有限合伙人的自有财产不足清偿其与合伙企业无关的债务的，该合伙人可以以其从有限合伙企业中分取的收益用于清偿；债权人也可以依法请求人民法院强制执行该合伙人在有限合伙企业中的财产份额用于清偿。人民法院强制执行有限合伙人的财产份额时，应当通知全体合伙人，其他合伙人在同等条件下有优先购买权。

五、有限合伙人的入伙和退伙

1. 入伙

与普通合伙人入伙后对入伙前合伙企业的债务承担无限连带责任不同的是，新入伙的有限合伙人对入伙前有限合伙企业的债务，以其认缴的出资额为限承担责任。

2. 退伙

当有限合伙人出现下列情形时，当然退伙：(1)作为合伙人的自然人死亡或者被依法宣告死亡；(2)作为合伙人的法人或者其他组织依法被吊销营业执照、责令关闭撤销，或者被宣告破产；(3)合伙人在合伙企业中的全部财产份额被人民法院强制执行。

作为有限合伙人的自然人在有限合伙企业存续期间丧失民事行为能力的，其他合伙人不得因此要求其退伙。这是因为有限合伙人不执行合伙事务，在有限合伙企业存续期间丧失民事行为能力，并不影响有限合伙企业的正常生产经营活动。因此，其他合伙人不能要求该丧失民事行为能力的有限合伙人退伙。

作为有限合伙人的自然人死亡、被依法宣告死亡或者作为有限合伙人的法人及其他组织终止时，其继承人或者权利承受人可以依法取得该有限合伙人在有限合伙企业中的资格。

有限合伙人退伙后,对基于其退伙前的原因发生的有限合伙企业债务,以其退伙时从有限合伙企业中取回的财产承担责任。这一点也与普通合伙人有所不同。普通合伙人退伙时,对基于其退伙前的原因发生的合伙企业债务,承担无限连带责任。

第五节 合伙企业的解散和清算

一、合伙企业的解散

合伙企业的解散是指因某些法律事实的发生而使合伙企业归于消灭的行为。根据《合伙企业法》第 85 条的规定,合伙企业有下列情形之一的,应当解散:

(1) 合伙期限届满,合伙人决定不再经营;
(2) 合伙协议约定的解散事由出现;
(3) 全体合伙人决定解散;
(4) 合伙人已不具备法定人数满 30 天;
(5) 合伙协议约定的合伙目的已经实现或者无法实现;
(6) 依法被吊销营业执照、责令关闭或者被撤销;
(7) 法律、行政法规规定的其他原因。

二、合伙企业的清算

合伙企业解散的,应当由清算人进行清算,并通知债权人和进行公告。清算人由全体合伙人担任;经全体合伙人过半数同意,可以自合伙企业解散事由出现后 15 日内指定一个或者数个合伙人,或者委托第三人,担任清算人。自合伙企业解散事由出现之日起 15 日内未确定清算人的,合伙人或者其他利害关系人可以申请人民法院指定清算人。

清算期间,合伙企业存续,但不得开展与清算无关的经营活动。根据《合伙企业法》第 87 条的规定,清算人在清算期间执行下列事务:

(1) 清理合伙企业财产,分别编制资产负债表和财产清单;
(2) 处理与清算有关的合伙企业未了结事务;
(3) 清缴所欠税款;
(4) 清理债权、债务;
(5) 处理合伙企业清偿债务后的剩余财产;
(6) 代表合伙企业参加诉讼或者仲裁活动。

合伙企业财产在支付清算费用和职工工资、社会保险费用、法定补偿金以及缴纳所欠税款、清偿债务后的剩余财产,首先按照合伙协议的约定办理;合伙协议未约定或者约定不明确的,由合伙人协商决定;协商不成的,由合伙人按照实缴出资比例分配、分担;无法确定出资比例的,由合伙人平均分配、分担。

清算结束后,清算人应当编制清算报告,经全体合伙人签名、盖章后,在 15 日内向企业登记机关报送清算报告,申请办理合伙企业注销登记。一经注销,合伙企业的主体资格即告消灭,但原普通合伙人对合伙企业存续期间的债务仍应承担无限连带责任。

本章小结

虽然传统民法认为合伙在本质上是一种合同关系,不承认合伙的主体资格。但总的来说,当今各国的法律普遍强调合伙企业的团体人格,这就使得合伙企业不但可以以自己的名义进行生产经营活动,也可以以自己的名义承担责任,还可以以自己的名义起诉和应诉。与其他企业形式相比,合伙企业具有以下一些优点:(1) 合伙企业组织形式简单,集资迅速灵活,创办手续简便且费用低廉;(2) 合伙人的出资形式诸多,且法律未对设立合伙企业的资金作出最低限额的规定,只要具备必要的生产经营条件即可设立;(3) 合伙企业内部关系较为紧密,成员相对稳定,凝聚力较强;(4) 合伙企业经营管理方式灵活多样,有利于适应多变的市场竞争环境;(5) 普通合伙人对合伙企业债务承担无限连带责任,有利于增强合伙人的责任心和增加企业的对外信用。

上述优点使得合伙企业在现代公司制度高度发展的今天,仍然是一种被投资者们所喜爱的企业形式。

案例与点评

案例一

王汉、张阳和李春于2018年9月1日分别出资5万元、10万元和15万元成立了一家普通合伙企业——旺财商社。三人在合伙协议中约定按出资比例分享利润和分担亏损。2020年8月,三人共分配利润20万元。2020年12月,三人发生矛盾,张阳扬言要退出合伙企业,并抽走了自己的10万元投资。此时,王汉与李春经查账发现,旺财商社的亏损为30万元。到2021年4月,合伙企业共亏损50万元。至此,王汉与李春宣告旺财商社解散,二人分别分得商社8万元和20万元的商品,但对债务未做处理。

旺财商社的债权人四海公司得知旺财商社解散的消息后,首先找到张阳索讨30万元债款。但张阳声称其早已退出旺财商社,对商社的债务没有责任。于是,四海公司又找到王汉索要债款。可王汉说,他们当初在合伙协议中约定了按出资比例分摊债务,因为他只占有出资的1/6,所以只负责偿还5万元。四海公司最后只好找到李春要求其还债,李春却说:商社欠四海公司的债,三个合伙人都有份,既然王、张二人不还,自己也不承担责任,即便要还,也是用其分到的商社商品进行抵债。在这种情况下,四海公司只好向法院提起诉讼。

请问:

(1) 张阳关于其早已退伙因而不对合伙债务承担责任的想法正确吗?为什么?

(2) 王汉、李春的想法正确吗?理由是什么?

(3) 旺财商社的债务应如何处理?

(4) 四海公司的债务应如何进行清偿?

案例点评: 1. 张阳的想法不正确。首先,我国《合伙企业法》规定了合伙人退伙的条件,张阳要退伙必须满足一定的条件,不能擅自退伙。即使张阳的退伙行为有效,根据我国的《合伙企业法》规定:退伙人对其退伙前已发生的债务应承担连带责任。本案中,张阳在退伙时,旺财商社已经负有30万元的债务,这30万元的债务是在张阳退伙之前发生的,因此,按照法律规定,张阳应该对此30万元债务承担连带清偿责任。四海公司可以就这30万元债务要求张阳进行清偿。

2. 本案中王汉与李春关于四海公司债务偿还问题的想法也是错误的。我国《合伙企业法》规定,普通合伙企业的合伙人对合伙企业债务承担无限连带责任。按此规定,四海公司可以要求王汉或李春中的任何一人清偿全部的50万元债务,王汉与李春都不能拒绝。两人中的任何一人在清偿合伙债务后,可依照合伙协议中按比例承担债务的规定,就超出约定而清偿的部分向另外两个合伙人进行追偿。但必须注意的是,若张阳的退伙行为有效,则只需在30万元的债务范围内按比例承担清偿责任。

3. 旺财商社的债务应分为两个部分:张阳退伙前的30万元债务和其退伙后的20万元债务。对于张阳退伙前的30万元债务,张、王、李三人共同对四海公司承担无限连带责任,在合伙内部则按投资比例分别承担;对于张阳退伙后的20万元债务,应该由王汉与李春两人承担。两人对四海公司承担无限连带责任,在合伙内部,两人按张阳抽回投资后的投资比例进行分担。综上,张、王、李三人对合伙债务应承担的偿还责任如下:

(1) 第一部分债务:张阳退伙前的30万元债务

张阳的投资为10万元,其投资比例为三人总投资的1/3,则张阳对于其退伙前的30万元债务应予以清偿10万元;

王汉的投资为5万元,其投资比例为三人总投资的1/6,则王汉对于张阳退伙前的30万债务负有5万元的清偿责任;

李春的投资为15万元,其投资比例为三人总投资的1/2,则李春对于该30万元负有15万元的清偿义务。

(2) 第二部分债务:张阳退伙后的20万元债务

王汉的投资为5万元,其投资为二人总投资的1/4,则王汉对于该20万元负有5万元的清偿义务;

李春的投资为15万元,其投资为二人总投资的3/4,则李春对于该20万元债务负有15万元的清偿责任。

综上所述,对于四海公司的50万元债务,三位合伙人的清偿义务分别是:

张阳:10万元;

王汉:5万元+5万元=10万元;

李春:15万元+15万元=30万元。

对于上述50万元债务,王汉与李春应该将自己在合伙企业解散时所分得的28万元商品进行折价后对四海公司进行清偿。如果合伙企业的财产作价后仍不足清偿这50万元债务,合伙人各自再根据合伙协议按比例承担自己的清偿责任(即按照上述两部分债务分别计算的步骤确定各自的清偿责任),但每个合伙人对于四海公司的债务都必须承担连带清偿责任。

4. 四海公司的债务清偿可以有以下两种清偿方式:

第一,四海公司可以向王汉或李春中的任何一人要求50万元的债务清偿;

第二,四海公司可以要求张阳清偿30万元债务,剩下的20万元债务可以向王汉,也可以向李春请求清偿。

三位合伙人在对四海公司承担了连带清偿责任以后，可以就超出自己应承担的那部分数额向其他两位合伙人追偿。

案例二

李明，男，30岁，在某市市场监督管理局担任办公室主任。李明与哥哥李军及好友刘朋（现为某公司员工）三人经协商拟共同成立一家普通合伙企业，经营商品买卖。三方由于关系友好，仅口头约定了有关合伙事项。刘朋在合伙企业成立前因个人原因曾欠周浩5万元未还。合伙企业成立以后，周浩因与合伙企业义务往来而欠下该合伙企业3万元债务。在此情况下，周浩提出以其对刘朋的债权抵销其对合伙企业的债务，抵销后剩下的2万元债权由其代行刘朋在合伙企业中的权利。

某日，李军在为合伙企业进货途中因违章驾驶发生车祸，造成路人张扬受伤，张扬花去治疗费4 500元。对于这4 500元由谁承担的问题，李明与刘朋认为：车祸是因李军的个人过错造成的，与合伙企业无关，应由李军个人承担。一周后，刘朋提出退伙，并私自拿走了其作为出资的货架及其他物品。张扬伤愈后找到刘朋，要求其支付治疗费用，刘朋拒绝。

请问：

1. 本案存在哪些违法之处？
2. 本案中的债务如何清偿？

案例点评：1. 本案且不追究该合伙企业的成立是否合法，我们只在该合伙企业有效成立的前提下对本案进行讨论。在合伙企业有效成立的前提下，本案存在以下违法之处：

（1）李明作为国家公务员，其按照法律规定，不能成为合伙企业的合伙人。

（2）合伙企业的合伙协议按规定应当采取书面形式，并由全体合伙人签名、盖章后才生效。本案中三名合伙人只是口头订立了合伙协议，此行为不符合我国《合伙企业法》的规定。

（3）我国《合伙企业法》明确规定：合伙人发生与合伙企业无关的债务，相关债权人不得以其债权抵销其对合伙企业的债务；也不得代位行使合伙人在合伙企业中的权利。因此，周浩提议以其对刘朋5万元的债务抵销其对合伙企业的3万元债务是不合法的，他以剩下的2万元债权用来代行刘朋在合伙企业中的权利的提议也不合法。

（4）李军因为合伙企业进货发生车祸而给张扬造成的损害，虽说是由于李军违章造成，但损害是李军在为合伙企业工作的过程中产生的，应当属于合伙企业的债务，合伙企业应对张扬的损害负责，不能推诿。

（5）刘朋擅自退伙的行为不合法，他拿走自己出资的行为也不合法。按照《合伙企业法》的规定，如果合伙协议约定了合伙期限，在合伙企业存续期间，合伙人退伙，应当经过全体合伙人同意或必须符合其他条件；若合伙协议没有约定经营期限，合伙人退伙应当提前30天通知其他合伙人，并且该合伙人的退伙不能给其他合伙人造成不利影响。

2.（1）本案中，刘朋在合伙企业成立前欠周浩的5万元属于其个人债务，与合伙企业无关，应由刘朋以其个人财产进行清偿；（2）由于刘朋的擅自退伙无效，他作为合伙企业的合伙人应该对合伙企业的债务承担连带清偿责任。而李军对张扬造成的车祸损害为合伙企业的债务，应由全体合伙人承担连带清偿责任。刘朋作为合伙人之一，对张扬的损害负有清偿义务。即使刘朋的退伙行为有效，由于张扬的车祸损害是在其退伙以前产生的，因此刘朋对张扬的损害仍应承担连带清偿责任。

本章思考

根据我国《合伙企业法》的规定,合伙人在什么情况下可以退伙?

思考解答

答:退伙是指合伙人退出合伙组织,丧失合伙人身份的行为。退伙包括自愿退伙、当然退伙和除名退伙三种形式。

(1) 自愿退伙

自愿退伙又称声明退伙,是指合伙人依照合伙协议的约定或者按照自己的意愿单方面向其他合伙人声明退伙。我国《合伙企业法》规定了自愿退伙的两种情况:一是根据《合伙企业法》第45条的规定,合伙协议约定合伙期限的,在合伙企业存续期间,合伙人有下列情形之一的,可以退伙:① 合伙协议约定的退伙事由出现;② 经全体合伙人一致同意;③ 发生合伙人难以继续参加合伙的事由;④ 其他合伙人严重违反合伙协议约定的义务。二是根据《合伙企业法》第46条的规定,当合伙协议未约定合伙期限的,合伙人在不给合伙企业事务执行造成不利影响的情况下可以退伙,但应当提前30日通知其他合伙人。

(2) 当然退伙

当然退伙是指基于法律的直接规定而退伙,也叫法定退伙。《合伙企业法》第48条规定,合伙人有下列情形之一的,当然退伙:① 作为合伙人的自然人死亡或者被依法宣告死亡;② 个人丧失偿债能力;③ 作为合伙人的法人或者其他组织依法被吊销营业执照、责令关闭撤销,或者被宣告破产;④ 法律规定或者合伙协议约定合伙人必须具有相关资格而丧失该资格;⑤ 合伙人在合伙企业中的全部财产份额被人民法院强制执行。

(3) 除名退伙

除名退伙是指合伙人因某种事由,经其他合伙人一致同意被除名因而丧失合伙人资格。《合伙企业法》第49条规定,合伙人有下列情形之一的,经其他合伙人一致同意,可以决议将其除名:① 未履行出资义务;② 因故意或者重大过失给合伙企业造成损失;③ 执行合伙事务时有不正当行为;④ 发生合伙协议约定的事由。

对合伙人的除名决议应当书面通知被除名人。被除名人接到除名通知之日,除名生效,被除名人退伙。被除名人对除名决议有异议的,可以自接到除名通知之日起30日内,向人民法院起诉。

第三章
个人独资企业法律制度

本章需要掌握的主要内容：
➢ 个人独资企业的概念
➢ 个人独资企业的设立条件
➢ 个人独资企业应当解散的情况

> 只投资1元钱就可以成立一个个人独资企业是真的吗？设立个人独资企业是否是投资越少，投资者个人所负责任就越少？

第一节 个人独资企业与个人独资企业法

个人独资企业是指依照我国《个人独资企业法》在中国境内设立，由一个自然人投资，财产为投资人个人所有，投资人以其个人财产对企业债务承担无限责任的经营实体。由于个人独资企业的投资人对企业债务承担的是无限责任，因此，个人独资企业不具有法人资格。

个人独资企业的投资主体必须是一个自然人，并由该投资人独立经营、独立享受收益，独立承担风险，投资人以自己所有个人财产对企业债务承担无限责任。我国《个人独资企业法》第19条规定：个人独资企业投资人可以自行管理企业事务，也可以委托或者聘用其他具有民事行为能力的人负责企业的事务管理。

个人独资企业的投资人对本企业的财产依法享有所有权，其有关权利可以依法进行转让或继承。

个人独资企业法就是指以确认个人独资企业的法律地位，调整个人独资企业经济关系的法律规范的总称。

第二节 个人独资企业的设立、解散和清算

一、个人独资企业的设立

我国《个人独资企业法》第 8 条规定,设立个人独资企业应当具备下列条件。

(1) 投资人为一个自然人。根据我国法律的规定,这里的一个自然人必须是具有中国国籍的人,如果是外国人,其个人投资的外商独资企业不适用本法。另外,法律、行政法规禁止从事营利性活动的人,不得作为投资人申请设立个人独资企业:国家公务员、国有企业和事业单位在职人员等都不能申办个人独资企业,但国有企业、集体企业职工和事业单位在职职工可以申办科技创业型个人独资企业。

(2) 有合法的企业名称。个人独资企业的设立与所有其他企业或公司的设立一样,企业的名称必须首先由企业登记机关预先核准。个人独资企业的名称应当与其责任形式及从事的营业相符合。由于该个人投资者对企业债务承担的是无限责任,所以,个人独资企业的名称不是有"有限""有限责任"或"公司"等字样。

(3) 有投资人申报的出资。投资人不论以何种方式进行出资,其申报的出资必须与实际情况相符合,投资人必须如实进行申报。个人独资企业投资人在申请企业设立登记时明确以其家庭其有财产作为个人出资的,应当依法以家庭共有财产对企业债务承担无限责任。

(4) 有固定的生产经营场所和必要的生产经营条件。个人独资企业固定的生产经营场所是指个人投资企业的主要办事机构所在地。个人独资企业应当具备与其从事的营业相符合的必要生产经营条件,这是个人独资企业进行生产经营的必需的物质条件,否则该个人独资企业将不能成立。

(5) 有必要的从业人员。

二、个人独资企业设立登记

申请设立个人独资企业,应当由投资人或者其委托的代理人向个人独资企业所在地的企业登记机关提交设立登记申请书。

企业登记机关应当在收到申请登记之日起 15 日内,对符合设立条件的,予以登记,发给营业执照;对不符合登记条件的,不予登记,并应当给予书面答复,说明理由。

个人独资企业的营业执照的签发日期,为个人独资企业成立日期。在领取个人独资企业营业执照前,投资人不得以个人独资企业的名义从事经营活动。

个人独资企业存续期间登记事项发生变更的,应当在作出变更决定之日起的 15 日内依法向登记机关申请变更登记。

三、个人独资企业的解散和清算

(一) 个人独资企业的解散

我国《个人独资企业法》第 26 条规定,个人独资企业有下列情形之一时应当解散。

(1) 投资人决定解散。无论出于何种原因,只要投资人不愿继续经营个人独资企业而

决定解散的,该个人独资企业都应当予以解散。

(2) 投资人死亡或者被宣告死亡,无继承人或者继承人决定放弃继承。个人独资企业的投资人本人虽然不愿意对企业予以解散,但是由于本人的死亡,并且又没有继承人或者虽然投资人死亡后有继承人,但该继承人无论出于何种原因,不愿继承该独资企业,在这种情况下个人独资企业也应当解散。

(3) 被依法吊销营业执照。个人独资企业的营业执照被依法吊销的,由于无法继续经营,该独资企业应当解散。

(4) 法律、行政法规规定的其他情形。

(二) 个人独资企业的清算

个人独资企业解散,由投资人自行清算或者由债权人申请人民法院指定清算人进行清算。投资人自行清算的,应当在清算前15日内书面通知债权人,无法通知的,应当予以公告。

清算期间,个人独资企业不得开展与清算目的无关的经营活动。在按清偿顺序规定清偿债务前,投资人不得转移、隐藏财产。

个人独资企业解散时,个人独资企业的财产应当按照下列顺序进行清偿:

(1) 个人独资企业所欠职工工资和社会保险费用;

(2) 个人独资企业所欠税款;

(3) 个人独资企业的其他债务。

个人独资企业财产不足以清偿债务的,投资人应当以其个人的其他财产予以清偿。个人独资企业清算结束后,投资人或者人民法院指定的清算人应当编制清算报告,并于15日内到登记机关办理注销登记。

个人独资企业解散后,原投资人对个人独资企业存续期间的债务仍应承担偿还责任,但债权人在5年内未向债务人(个人独资企业的投资人)提出偿债请求的,该责任消灭。

本章小结

按照法律规定,个人独资企业由一个自然人投资设立而成。虽然法律没有直接规定这个自然人必须具有完全行为能力,但是从民法角度看,如果该自然人不具有民事行为能力,那么,其所进行的个人独资企业的设立行为就无效。

个人独资企业在设立条件上非常宽松灵活。较之个人独资企业的设立,合伙企业的设立条件虽然也较宽松,但至少还有一个相当于公司章程的书面合伙协议。个人独资企业的设立条件宽松到只有"企业的名称"和"固定的生产经营场所和必要的生产经营条件"。对个人独资企业的注册资本既没有规定最低出资额,也没有规定投资人用作非货币的投资必须经法定验资机构评估,而且法律对"必要的生产经营条件"也没有明确界定。再加上个人独资企业的设立手续简便易行,投资者不需要太多的投入就可以很轻易地设立一个独资企业。

实践证明,个人独资企业这种企业形式特别适合我国现在的国情:可以广泛吸收社会劳动力,可以增加社会就业,可以用较少的投入创造出较大的社会财富。由于个人独资企业的规模常常较小,法律为保护其正常的生产经营和发展,还特别规定:任何单位和个人不得违反法律、行政法规的规定,以任何方式强制个人独资企业提供财力、物力、人力;对于违法强制提供财力、物力、人力的行为,个人独资企业有权拒绝。

总之,就我国现阶段而言,个人独资企业有着其他企业形式所不可比拟的优越性,我国有许多民营企业家,其创业的初期就是举办个人独资企业,在利用独资企业灵活经营积累资本的基础上,再进一步扩大生产经营规模。

案例与点评

案例一

孙斌是一家国有企业职工。由于其所在的国有企业效益连连滑坡,现已濒临破产。2000年1月1日,《中华人民共和国个人独资企业法》正式施行。孙斌想借此机会成立一家属于自己的独资企业,"振兴"自己的经济。他根据自己对《个人独资企业法》的理解,制定了如下计划。

拟将设立的企业名称为"洁面"面点制作有限公司,自己担任企业董事长。听说个人独资企业的注册资本只需1元钱,所以其象征性地作出一点投资就可以了,决定企业的注册资本为500元,而且认为注册资本越少,自己所承担的责任也就越少。另外,企业固定的经营场所和必要的经营设备分别是离自己家不远处的一处即将拆迁的临街小屋和一些碗筷、几张桌椅。

另外,孙斌还计划聘请2至3名雇员。由于是个人独资企业,所以企业无需解决雇员的社会养老金、失业保险金、医疗保险金等内容,这些问题由雇员自己想办法解决。面点公司的业务不多,所以,企业亦没有设置账簿及配备专门财会人员的必要。

由于法律规定,个人独资企业不具有法人资格,所以孙认为设立个人独资企业不需要进行登记。自己做一块企业的招牌挂在营业场所即可开业。

试问,孙斌的计划根据我国《个人独资企业法》的规定,可否顺利实现?孙的计划存在哪些不合法的地方?

案例评析:本案涉及的内容主要是关于个人独资企业的设立问题。解决问题的关键就要依据我国《个人独资企业法》有关企业的设立条件方面的规定来对案例中问题一一进行分析。

尽管法律对个人独资企业的设立要求要比对公司设立的要求要低得多,其申办条件比较宽松、手续简便,但个人独资企业的设立及经营活动必须遵守法律的规定。法律并非对个人独资企业放任不管。

根据我国的《个人独资企业法》的规定,孙的计划不能顺利实现,其计划存在以下不合法的地方。

第一,本案中孙的主体资格不合法。法律对个人独资企业的投资人有限制:国家公务员、国有企业和事业单位的在职人员等不能申办个人独资企业。虽然法律规定国有企业、集体企业及事业单位在职职工可以申办科技创业型个人独资企业,但孙作为国有企业职工,欲成立的个人独资企业为非科技创业型企业,所以其不符合法律规定的投资人的条件。如果孙一定要创办自己的面点企业,应该首先辞职。

第二,法律对个人独资企业的注册资本虽然没有规定最低限额,对于投资人的投资也没有规定必须经法定验资机构验资,但是,个人独资企业的投资人对企业债务承担的是无限责任,并不以其投资为限。孙的"投资越少,自己所承担的责任越少"的想法是错误的,即使个人独资企业的注册资本只有1元,投资人仍然必须以自己的全部财产对企业债务承担责任,如果投资人以自己的全部财产仍不能偿还企业债务,在独资企业解散后,投资人还必须承担企业债务。

第三,计划中的独资企业的名称不合法。法律规定,个人独资企业的投资人对企业债务承担的是无限责任,所以独资企业的名称中不能有"有限""有限责任"或"公司"(因为在我国公司的投资人承担的都是有限责任)等字样。个人独资企业的名称一般根据其经营范围或其所从事的行业来进行确定,可以称作商店、商行等。

第四,孙的计划在企业所必需的固定经营场所方面存在着不合法之处。个人独资企业要求的是固定的经营场所。我国法律对该种场所的面积虽未作规定,但个人独资企业的生产经营是一个长期和持续的行为,其生产经营的场所必须长时间地加以固定。如果企业由于生产经营的需要而对企业的生产经营场所予以变更的,必须进行变更登记。孙拟用作经营场所的房屋属于即将拆迁的房屋,该场所不适宜用来作为企业的生产经营的固定场所。

第五,法律规定,个人独资企业的设立必须经企业登记机关的登记,并由企业登记机关签发营业执照。登记机关签发营业执照之日,即为个人独资企业的成立之日。所以,孙的"个人独资企业不具有法人资格就不需进行登记"的想法也是错误的。法律规定:个人独资企业在领取营业执照之前,不得以个人独资企业的名义从事经营活动。

第六,根据我国《个人独资企业法》的第三章"个人独资企业的投资人及事务管理"中的规定(详细规定见《个人独资企业法》,本教材略):个人独资企业应当依法设置会计账簿,进行会计核算;个人独资企业应当按照国家规定参加社会保险、为职工缴纳社会保险费。所以,本案中,孙的有关想法是错误的。他如果要聘用雇员,就应当为雇员缴纳社会保险费;他也不应因为企业业务不多就不设置会计账簿及配备专门会计人员等。

案例二

赵刚,男,22岁。高中毕业后一直待业在家。现欲成立一家有关电脑软件开发方面的个人独资企业。由于个人财产有限,东拼西凑,好不容易才凑齐1万元。其家人为了支持其创业,给了他5万元作为出资。

由于赵刚对电脑软件方面的知识不熟悉,因此想聘请邻家的张强来管理自己的企业。张强今年只有15岁,醉心于电脑,初中一年级时就辍学在家专搞电脑软件开发方面的事情,张在当地是众所周知的电脑高手。但赵在申请企业设立登记时,当地工商行政局的主管工作人员李林指出张强的年龄不满18岁,赵不能聘请其管理企业。但他又暗示,如果赵刚在其企业中为自己的女友安排一个职位,且月薪不低于800元,则企业可以顺利拿到营业执照。赵刚对李的作法十分反感,但又怕其不同意李的提议,李会对企业登记进行刁难,只好答应。

请问:

1. 赵刚聘请张强的行为是否真如李林所说的不合法?
2. 李林的要求是否合法?赵刚可以拒绝吗?
3. 如果赵刚的企业顺利成立,按照法律规定,对个人独资企业的债务承担无限责任,用来承担该无限责任的财产应该是赵刚自己的个人财产,还是赵刚家人的财产?

案例评析：本案应该从以下几个方面来进行分析：

1. 赵刚聘请张强来企业的行为不合法。根据我国《民法典》的规定，张强不满18岁，为限制民事行为能力人，按照法律规定，其还不具有管理企业事务的资格。

2. 李林的要求不合法。我国《个人独资企业法》第25条规定：任何单位和个人不得违反法律、行政法规的规定，以任何方式强制个人独资企业提供财力、物力、人力；对于违法强制提供财力、物力、人力的行为，个人独资企业有权拒绝。李的行为属于向个人独资企业进行变相强制其提供财力，因此，赵刚对李的行为可以拒绝。如果李以此刁难赵的独资企业的登记，赵可以向有关部门进行举报。

3. 如果赵刚的企业顺利成立，对企业债务的承担问题应视具体情况而定：如果赵刚在进行企业设立登记时，只向工商行政管理局表明：企业为自己个人投资，企业所有财产都属于自己，则对企业债务的承担上仅以赵刚的个人财产承担无限责任；如果赵刚在进行企业设立登记时，明确申明：其是以其家庭的共有财产作为个人出资，则应该以其家庭的共有财产对企业债务承担无限责任。

本章思考

1. 为什么说个人独资企业不具有法人资格？
2. 个人独资企业的投资人对企业债务的无限责任与合伙企业中合伙人的无限连带责任有什么区别？

思考解答

1. 答：在回答问题之前，首先看一下什么是法人？法人是民法中的概念，指的是与公民相对应的另一类民事主体，是基于法律的规定享有权利能力和行为能力，具有独立的财产和经费，依法独立承担民事义务和民事责任的社会组织。根据以上定义可以看出：法人必须是一种社会组织；必须拥有自己独立的财产；必须有自己独立的法律人格——以自己的名义参与民事活动；必须能以自己的名义独立地参与诉讼。

我国《个人独资企业法》所规定的个人独资企业是指依照该法在中国境内设立，由一个自然人投资，财产为投资人个人所有，投资人以其个人财产对企业债务承担无限责任的经营实体。根据以上定义可以得出，我国的个人独资企业具有如下特征：个人独资企业属于非法人组织；企业财产为投资人个人所有；投资人对企业债务承担无限责任。个人独资企业的财产在归属于投资人个人所有的情况下，独资企业的财产与投资人的个人的其他财产便难以区分，法人所必需的拥有自己的独立的财产便无法达到。另外，法律规定，个人独资企业的投资人以其个人财产对企业债务承担无限责任，这一点也证明了个人独资企业是不能以自己的独立财产为企业债务承担责任，不能以自己的名义独立承担民事责任，所以，个人独资企业依照我国法律的规定，不具有法人资格。

2. 答：二者的区别应主要从以下方面进行理解：

因为个人独资企业的投资人只有一个，所以该唯一的投资人对企业债务的无限责任即是以其个人全部财产对企业债务予以承担，如果企业解散时，以投资人全部财产仍不足清偿债务的，企业解散后，该投资人仍应为该未清偿的债务继续承担责任。也就是说，企业的所有债务均只由该投资人承担。

而合伙企业的合伙人为二人以上的数个投资人。按照法律的规定,是对企业债务承担的是无限连带责任。合伙人的无限连带责任又分为对外方面与对内方面两个层次。

第一,在对外关系上,合伙企业对外是一个整体,任何一个合伙人都可以代表合伙企业与第三人为法律行为。因此,合伙企业的债权人可以请求企业的任何一个合伙人承担自己的部分或全部债务的清偿责任,该被要求偿还债务的合伙人不能对债权人的请求予以拒绝。

第二,在对内关系上,合伙企业的合伙人一般情况下都是按照合伙协议中有关债务承担的比例对企业的债务承担责任(常常是按照投资比例进行承担)。在其中的一个合伙人对企业的债务进行了偿还的情况下,该合伙人依法对超过自己应承担的数额部分有权向其他合伙人进行追偿。如果在合伙企业解散时,所有合伙人的全部财产仍不足以清偿企业债务,则合伙人在企业解散后,仍然对未清偿的企业债务承担责任。

第三编

市场运行法律制度

第一章 合同法律制度

本章需要掌握的主要内容：
- 合同的概念
- 我国《民法典》合同编的调整对象
- 合同的订立过程和方式
- 合同的效力
- 可撤销合同及无效合同的法律后果
- 合同履行中的抗辩权
- 违约的概念及种类
- 违约责任的承担方式
- 买卖合同及其法律规定
- 借款合同及其法律规定

你知道吗？合同存在于我们生活中的方方面面，即使是在小店里购买商品，该购买行为也是一种合同行为……

第一节 合同的概念

在我们的生活中，合同行为无处不在，对于一个正常营业的商业组织来说更是如此。举个例子来说，对于一个个人独资的小商店，顾客对于商店中标价待售的商品进行购买的行为是一种顾客与商店经营者之间的合同行为，小商店的经营者进货也需要与供货方签订货物买卖合同，为了货物的方便运送，商店的经营者还可能与运输方订立货物运输合同……合同行为贯穿整个商业经营行为的始终。

合同也可以称为契约、协议或合意。我国《民法典》第464条规定：合同是民事主体之间设立、变更、终止民事法律关系的协议。

从我国《民法典》给合同所下的定义可以看出，合同除了民法典所规定的平等主体间的有关设立、变更、终止民事权利义务的合同外，还有其他类型的合同，如不平等主体之间的行政合同、劳动合同等。本书所要讲述的合同仅指狭义的合同，即《民法典》规定的、平等主体间的以财产关系为内容的合同。

除法律有特别规定的以外,合同既可以是书面形式的合同,也可以是口头形式和其他形式的合同。

《民法典》第470条规定合同的内容由当事人约定,一般包括下列条款:

(1) 当事人的名称或者姓名和住所;

(2) 标的;

(3) 数量;

(4) 质量;

(5) 价款或者报酬;

(6) 履行期限、地点和方式;

(7) 违约责任;

(8) 解决争议的方法。

合同的当事人之间以订立合同为目的的行为,就是本书前述提及的合同行为。由于合同是民事主体之间的一系列行为,所以合同行为的当事人必须有两个或两个以上,而不可能只有一个当事人——自己没有必要与自己订立有关商业合同,也就是说,合同行为只有是双方或多方法律行为,而不可能是单方法律行为。

《民法典》关于合同制度的基本规定体现在《民法典》合同编中。该编分为通则、典型合同、准合同三个分编,共29章、526条。《民法典》合同编的内容主要继承了1999年3月15日通过的《合同法》的规定,并在此基础上进行了增删。《民法典》规定合同制度较《合同法》规定的而言更为详尽、严密和具有可操作性。

第二节 合同的订立、生效与履行

一、合同的订立

合同的订立是合同当事人进行协商,达成一致意思表示的过程。一般说来,合同的订立有两种订立形式,即合同的一般订立形式和特殊订立形式。

合同的一般订立形式主要由要约和承诺两个阶段构成;合同的特殊订立形式因合同的不同而存在不同的差异。

当事人订立合同应当具有相应的民事权利能力和民事行为能力,当事人依法可以委托代理人订立合同。

(一) 合同订立的一般形式

我国《民法典》第471条规定,当事人订立合同,可以采取要约、承诺方式或者其他方式。也就是说,在合同订立的一般形式中,合同通常要经过要约和承诺两个程序过程才能订立。

1. 要约与要约邀请

(1) 要约

要约是要约人向特定相对人发出的以缔结合同为目的的具有拘束力的意思表示。根据法律规定,要约自到达相对人时生效。要约可以以口头形式、书面形式及数据电子形式发出,因此,不同的要约发出形式也决定了要约在生效的时间上也存在不同:

第一,以口头形式发出的要约,自受要约人了解该要约的意思时生效;

第二,以书面形式发出的要约,在到达受要约人时生效;

第三,以数据电子形式发出的要约,其生效时间视情况不同而定:

① 收件人指定了特定系统接收数据电文的,该数据电文进入该特定系统的时间,视为到达时间,即要约生效时间;

② 收件人未指定特定接收系统的,该数据电文进入收件人的任何系统的首次时间,视为到达时间,即要约生效时间。

要约可以撤回也可以撤销。为了维持交易的稳定和交易公平,法律对要约的撤回和撤销都规定了一定的条件限制。

我国《民法典》第475条规定:要约可以撤回。但撤回要约的通知应当在要约到达受要约人或者与要约同时到达受要约人。

我国《民法典》第476条规定:要约可以撤销。但撤销要约的通知应当在受要约人发出承诺通知之前到达受要约人。

要约人向特定相对人发出的要约生效以后,其效力并不是一直都存在,按照法律的规定,要约的效力只在一定的时间内存在。法律如此规定是为了保护商业交易的稳定和安全,提高商业交易的效率:只在一定的时间内对要约的效力进行保护,促使相对方尽快地对生效的要约进行承诺,加速交易的流转。

《民法典》第478条规定有下列情形之一的,要约失效:

① 要约被拒绝;

② 要约被依法撤销;

③ 承诺期限届满,受要约人未作出承诺;

④ 受要约人对要约的内容作出实质性变更。

(2) 要约邀请

所谓要约邀请,又称要约引诱,是指希望他人向自己发出要约的意思表示,是当事人订立合同的预备行为。如寄送的价目表、拍卖公告、招标公告、招股说明书、商业广告等行为都是要约邀请。

(3) 要约与要约邀请的区别

要约与要约邀请的主要区别在于:

第一,要约是当事人(要约人)主动向受要约人提出的以订立合同为目的的意思表示;要约邀请是当事人(要约邀请人)向他人发出的,以他人向自己发出要约为目的意思表示。

第二,要约是向特定的当事人发出的意思表示;要约邀请往往是向不特定的当事人发出的意思表示。

第三,要约人向受要约人发出的要约中,其内容必须包括未来可能成立的合同的主要内容,如标的、质量、价格、数量、履行时间及地点等内容;而要约邀请则不一定包含以合同成立的主要内容,在实践中,包含了合同成立的主要内容的要约邀请,往往被视为要约。

第四,要约中必须包含当事人愿意接受要约生效后接受要约拘束的意思表示;要约邀请则没有此类规定。

2. 承诺

我国《民法典》第479条规定:承诺是受要约人同意要约的意思表示。由此可见,承诺必须是受要约人（承诺人）向要约人作出。同时，民法典又规定，承诺的内容应当与要约的内容一致，受要约人对要约的内容作出实质性变更的，为新要约；有关合同标的、数量、质量、价款或者报酬、履行期限、履行地点和方式、违约责任和解决争议方法等内容的变更，是对要约内容的实质性变更。

根据要约对受要约人的承诺的作出是否规定了承诺的期限为依据，可以将承诺区分为规定了承诺期限的承诺和未规定承诺期限的承诺。有期限限制的承诺必须在要约规定的承诺期限内到达要约人；而没有规定承诺期限的承诺应当在何时到达要约人则视具体情况而定：

第一，以口头形式发出的要约，受要约人的承诺应当在了解要约内容后的当时就向要约人作出承诺，除非当事人另有约定。

第二，以非口头形式发出的要约（包括书面形式和数据电子形式发出的要约），法律规定，承诺应在合理期限内到达要约人。所谓合理期限，主要根据要约发出的客观情况和交易习惯进行确定，这个合理期限包括受要约人对要约内容进行充分考虑的时间，以及要约和承诺到达对方当事人必需的时间，并且在这段时间内，法律还要保护要约人的利益不受损害。

承诺通知到达要约人时生效；承诺不需要通知的，根据交易习惯或要约的要求作出承诺的行为时生效。当事人采用信件、数据电文形式订立合同的，一方当事人也可以要求签订确认书。当事人采用确认书确认承诺的效力的，承诺自确认书签订时成立。

依照《民法典》的规定，承诺可以撤回，但撤回承诺的通知应先于承诺或与承诺同时到达要约人。

《民法典》第483条规定承诺生效时合同成立，但是法律另有规定或者当事人另有约定的除外。

（二）合同订立的特殊形式

合同订立的特殊形式包括前面所述拍卖、招标、悬赏广告等。当事人在参与前述行为到一定的阶段，合同即告成立。虽然这几类合同的订立并不像一般的合同订立一样可以十分清楚地将要约阶段与承诺阶段区分开来，但其中的某个阶段可以视为要约或承诺，这也是世界各国学者的共识。例如，顾客在商店与售货员进行货物购买的行为也是一个订立合同的行为，购买过程即为双方货物买卖合同的订立过程。具体分析如下：

首先，货物在商店里按一定的标准标价陈列行为可以视为要约邀请，即货物的所有者在向不特定的人发出要约邀请，希望受邀请者按照自己开出的条件向自己发出购买要约。

其次，受到要约邀请的人中的对出卖货物感兴趣者向商店售货员请求看货，并表示购买的行为可以视为顾客向货物所有者发出的以订立双方货物买卖合同为目的的要约。

最后，售货员接受顾客的价金，并将货物交与顾客的行为可以视为承诺。此时，双方一手交钱一手交货，该行为的完成时间则是货物买卖合同成立的时间。买卖行为完成，合同成立。合同成立后，出卖方有义务按照商店陈列的样品和标出的内容保证货物的质量，若是不相符合，则其应承担违约责任。

由此例子可以看出，即使是合同订立的特殊形式也可以用要约和承诺对行为的过程进行阶段划分，承诺一经作出生效，合同成立。

二、合同的成立与合同的生效

（一）合同的成立

合同的成立是指合同当事人意思表示一致而达成协议的过程。合同当事人意思表示一致而达成的协议多种多样，只有依法成立的合同才能受到法律的保护；而非依法成立的合同却不能受到法律的保护。由此可见，当事人协商一致而达成的合同包括了合法合同与不合法合同。

（1）合法合同。合法合同的依法成立包括合同的订立依据合法、合同订立程序合法、合同内容合法、合同形式合法，并且合同的内容和形式与社会公德及社会公共利益相符，不得扰乱社会经济秩序。

（2）不合法合同。不合法合同包括无效合同、可撤销合同、效力未定合同等合同形式。

我国《民法典》第502条规定，依法成立的合同，自成立时生效。可见，合同的成立与合同的生效并非同一概念，合同成立与合同的生效并不是同时发生的。

（二）合同的生效

合同的生效是指已经成立的合同具备了法定的生效要件，其受到法律的保护，并能够产生合同当事人所预期的法律后果。合同的生效要件按照法律的规定如下：

① 当事人在订立合同时必须具有相应的民事行为能力；
② 合同当事人的意思表示真实；
③ 合同内容不违反法律或行政法规的规定，不违背公序良俗。

多数情况下，合同都是依法成立的，合同在成立时具备了生效的要件，因此，这类合同的成立和生效时间是一致的。但是合同当事人在订立合同时，由于欠缺合同生效要件，导致无效合同、可撤销合同与效力未定合同的产生。

1. 无效合同

《民法典》合同编并未就无效合同作专门规定，但是由于合同是民事法律行为中最重要的行为，因而《民法典》规定的民事法律行为无效的情形与合同无效的情形完全相同，民事法律行为在四种情形下无效，即合同无效的情形：

① 无民事行为能力人独立实施的民事法律行为；
② 以虚假的意思表示实施的民事法律行为；
③ 恶意串通损害他人利益的民事法律行为；
④ 违反强制性规定或者公序良俗的民事法律。

另外，《民法典》第506条规定，合同中的下列免责条款无效：

① 造成对方人身伤害的；
② 因故意或者重大过失造成对方财产损失的。

《民法典》第157条规定，民事法律行为无效、被撤销或者确定不发生效力后，行为人因该行为取得的财产，应当予以返还；不能返还或者没有必要返还的，应当折价补偿。有过错的一方应当赔偿对方由此所受到的损失；各方都有过错，应当各自承担相应的责任。法律另有规定的，依照其规定。

2. 可撤销合同

可撤销合同是指因合同欠缺生效要件或内容有瑕疵，合同的一方当事人依法可以自己的意思变更合同的内容或使合同已经发生的效力归于消灭的合同。根据上述定义,我们可以将可撤销合同分为可撤销的合同与可变更的合同两类。

我国《民法典》规定,以下合同,当事人一方有权请求人民法院或者仲裁机构变更或者撤销:

第一,因重大误解订立的合同;

第二,显失公平的合同;

第三,受欺诈、胁迫订立的合同。

对于可撤销合同,当事人请求变更的,人民法院不得撤销。可撤销合同被撤销后,其法律后果与无效合同被确认无效后的法律后果是一样的:合同当事人因该合同而取得的财产,应当予以返还;不能返还的或者没有必要返还的,应当折价补偿。有过错的一方应当赔偿对方因此所受到的损失,双方都有过错的,应当各自承担相应的责任。若当事人订立合同时恶意串通,损害国家、集体或第三人利益的,因此取得的财产收归国家所有或者返还集体或第三人。

3. 效力未定合同

所谓效力未定合同指的是合同的有效或者无效处于不确定状态,合同是否有效尚待有关有权利的第三人的同意的合同。

效力未定合同主要表现为以下几类:

第一,当事人行为能力欠缺而订立的合同。法律规定,限制民事行为能力人除可订立纯获利益的合同和与其年龄、智力、精神健康状况相适应的合同外,其订立的其他合同,经法定代理人追认后,该合同有效;法定代理人的追认期限为30日。

第二,无权代理人以被代理人名义订立的合同。无权代理人以被代理人名义订立合同的情形主要有以下三种:

(1) 行为人没有代理权而以被代理人名义与他人订立合同;

(2) 无权代理人有代理权但其超越代理权权限而以被代理人名义与他人订立合同——即是越权代理合同;对于一般的越权代理合同,合同要取得效力,必须经过被代理人的追认。但根据法律的规定,越权代理合同中存在着一个例外,《民法典》第172条规定:行为人没有代理权、超越代理权或者代理权终止后,仍然实施代理行为,相对人有理由相信行为人有代理权的,代理行为有效。

(3) 行为人的代理权已经终止而仍以被代理人名义与他人订立合同。

无代理权人以被代理人名义订立的合同只要在法定期限内为被代理人所追认,则合同自始有效,如果被代理人不予追认,则合同自始无效。

第三,无权处分人处分权利人财产而订立的合同。此类合同若在法定期限内被财产的有权处分人追认,则合同自始有效;若不被权利人随追认,则合同自始无效。另外,无权处分人若在合同订立后取得该财产的处分权的,则合同自始有效,否则,自始无效。

三、合同的履行

(一) 关于合同履行的一般规定

依法成立的合同生效以后,合同的当事人应该本着诚实信用的原则,全面正确地履行合同规定的权利义务。生效的合同是符合合同生效要件的合同,其必定包含了合同成立的主要条款,包括当事人的名称或者姓名和住所、合同标的、数量、质量、价款或者报酬、履行地点和方式等,合同当事人应当完全按照以上内容的规定履行合同。如果对以上内容的履行不相符合,则称作违约,违约方当事人应当承担违约责任,若因此给对方当事人造成了损失,则还应当承担相应的赔偿责任。

(二) 关于合同履行的特殊规定

但是,在合同履行的过程中,常常会出现各种各样的情况,甚至有的情况是不以人的意志为转移的,在这样的情况下,按照订立合同时规定的权利义务要求当事人全面正确地进行履行对其中的一方当事人来讲,往往会有失公平。出于以上原因的考虑,《民法典》第525—527条规定了关于合同履行的抗辩权:同时履行抗辩权、不安抗辩权和后履行抗辩权。在出现法律规定的情形时,合同的当事人可以中止合同的履行或者行使解除权解除合同。

1. 关于同时履行抗辩权

《民法典》第525条对同时履行抗辩权的规定如下:当事人互负债务,没有先后履行顺序的,应当同时履行。一方在对方履行之前有权拒绝其履行要求。一方在对方履行债务不符合约定的,有权拒绝其相应的履行要求。

2. 关于不安抗辩权

《民法典》第527条对当事人的不安抗辩权作出如下规定:应当先履行债务的当事人,有确切证据证明对方有下列情形之一的,可以中止履行(合同):

(1) 经营状况严重恶化;

(2) 转移财产、抽逃资金,以逃避债务;

(3) 丧失商业信誉;

(4) 有丧失或者可能丧失履行债务能力的其他情形。

合同当事人在行使其不安抗辩权、中止履行合同时,应当及时通知对方当事人。

3. 关于后履行抗辩权

《民法典》第526条关于后履行抗辩权的规定如下:当事人互负债务,有先后履行顺序,先履行一方未履行的,后履行一方有权拒绝其履行要求;先履行一方履行不符合约定的,后履行一方有权拒绝其相应的履行要求。

(三) 关于合同履行的补充规定

法律除了对合同履行规定了有关的抗辩权以保证交易公平,维护诚信当事人的权利以外,为了有利于正常交易的进行与公平,还规定了在当事人对合同的有关内容约定不明的情况下,如何对合同内容进行确定的方法,确保合同顺利正确履行。

《民法典》第510条规定,合同生效后,当事人就质量、价款或者报酬、履行地点等内容没有约定或者约定不明确的,可以协议补充;不能达成补充协议的,按照合同相关条款或者交易习惯确定。如果在以上方法都不能对合同的有关内容进行确定,则根据《民法典》第511条的规定进行确定:

(1) 质量要求不明确的,按照强制性国家标准履行;没有强制性国家标准的,按照推荐性国家标准履行;没有推荐性国家标准的,按照行业标准履行;没有国家标准、行业标准的,按照通常标准或者符合合同目的的特定标准履行。

(2) 价款或者报酬不明确的,按照订立合同时履行地的市场价格履行;依法应当执行政府定价或者政府指导价的,依照规定履行。

（3）履行地点不明确，给付货币的，在接受货币一方所在地履行；交付不动产的，在不动产所在地履行；其他标的，在履行义务一方所在地履行。

（4）履行期限不明确的，债务人可以随时履行，债权人也可以随时请求履行，但是应当给对方必要的准备时间。

（5）履行方式不明确的，按照有利于实现合同目的的方式履行。

（6）履行费用的负担不明确的，由履行义务一方负担；因债权人原因增加的履行费用，由债权人负担。

第三节 合同的变更、转让和终止

一、合同的变更和转让

我国《民法典》规定的合同变更主要指的是狭义的合同变更，这种合同的变更专指合同内容的变更，是指合同有效成立以后而尚未履行完毕之前，由双方当事人依法对原合同的内容进行修改的行为，这种合同的变更是合同中的权利义务内容的变更，而合同的当事人即合同的权利义务承受主体并没有发生改变。合同变更后，变更后的合同取代了原来的合同，当事人必须按照变更了的合同进行履行。

我国《民法典》所指的合同的转让则是指合同当事人依法将合同的全部或者部分权利义务转让给他人的合法行为，合同的转让是已经有效成立的合同的权利义务在不同主体之间的转让，合同的权利义务内容并没有发生变化，发生变化的只是合同中承受权利义务的主体。根据法律对合同转让的界定，合同的转让可以分为合同权利的转让、合同义务的转让与合同权利义务的概括转让三种形式。

二、合同的终止

合同的终止又称合同的消灭，是指因一定的法律事实的发生或出现而使合同权利义务归于消灭的情形。《民法典》第557条规定，有下列情形之一的，债权债务终止：

（1）债务已经履行；

（2）债务相互抵销；

（3）债务人依法将标的物提存；

（4）债权人免除债务；

（5）债权债务同归于一人；

（6）法律规定或者当事人约定终止的其他情形。

合同解除的，该合同的权利义务关系终止。

综上所述，合同权利义务的终止可以分为合同权利义务的正常终止和非正常终止。

前述的第一种情形中，合同债务按照约定进行履行而使合同的权利义务终止，就是合同权利义务的正常终止。合同债权债务的正常履行，是当事人订立合同的宗旨所在。当合同被全面正确履行完毕后，合同所规定的权利义务理所应当地发生终止。

合同的非正常终止指的是在合同的履行过程中，由于发生了当事人事先没有预料到的情况,在合同规定的权利义务没有正常履行完毕前而根据当事人的协议或者根据法律规定而终止合同的权利义务的情况。前述法律规定的第二至第六种情况都可以是合同的权利义务发生非正常终止的事由。

第四节 违 约 责 任

一、违约责任的定义与分类

(一)违约责任的定义

违约责任是指合同当事人因违反合同所规定的权利义务所应承担的民事责任。合同当事人对合同义务的履行应当是全面正确适当的履行,如果当事人不履行合同义务或者对合同义务的履行不符合合同约定,则该方合同当事人的行为就是违约,其按照合同约定或者法律规定应该承担违约责任。

(二)违约责任的分类

合同当事人不履行合同义务或者对合同义务的履行不符合合同约定的违约行为按照该行为是否已经实际发生可以分为当事人<u>实际违约</u>,即当事人的违约行为已经实际发生,和<u>预期违约</u>,即根据一方当事人掌握的证据推定,另一方当事人将来有违约的可能。

二、违约责任的承担方式

(一)法定的违约责任

对于合同一方当事人的违约行为,《民法典》第577条规定了三种救济方式:继续履行、采取补救措施和赔偿损失,如果法律另有规定或当事人另外约定了其他违约责任形式的,从该规定或约定。

关于当事人对违约责任形式的约定问题,因为法律强调并保护当事人的意思自治,所以,当事人在订立合同时在不违反法律规定的情况下可以对合同内容及当事人的违约责任形式自由约定,常见的约定的违约责任形式有定金和违约金。

(二)可以约定的违约责任

1. 定金

定金是指为了担保合同债权的实现,依据法律规定或当事人的约定,由一方当事人在合同订立时或合同订立后到合同履行前的时间内,按照合同标的额的一定比例,预先给付对方当事人的一定数额的货币。我国法律规定,当事人可以约定一方向对方给付定金作为债权的担保。债务人履行债务后,定金应当抵作价款或者收回。给付定金的一方不履行约定的债务的,无权要求返还定金;收受定金的一方不履行约定的债务的,应当双倍返还定金。因此在合同行为中,当一方当事人的违约行为发生后,定金可以作为一种违约责任形式由当事人在合同订立时进行约定,在这里,定金是一种违约责任形式。

2. 违约金

违约金是指在合同的一方当事人违约时,按照合同的约定或法律的规定,作为对非违约方的补偿,而由违约方支付给非违约方的一定数额的货币。如果当事人在合同中既约定了定金,又约定了违约金的,非违约方只能在定金责任形式和违约金责任形式中选择一种,而不能要求违约方既承担定金责任,又承担违约金责任。我国《民法典》第588条规定,当事人既约定违约金,又约定定金的,一方违约时,对方可以选择适用违约金或者定金条款。定金不足以弥补一方违约造成的损失的,对方可以请求赔偿超过定金数额的损失。

第五节　买卖合同与借款合同

一、买卖合同

买卖合同是我们生活中最基本最重要的合同之一。我国《民法典》中所称的买卖合同指的是出卖人转移标的物的所有权于买受人,买受人支付价款的合同。

(一) 出卖人的义务

1. 依约或依法交付标的物

出卖人在交付合同标的物时,负有以下义务:

(1) 按照约定的种类、规格、质量、数量、时间、地点、方式等交付标的物;

(2) 标的物有从物的,若无另外约定,从物应随主物一并交付;

(3) 按照约定或者交易习惯向买受人提交标的物单证以外的有关单证和资料,如产品使用说明书、产品合格证书、保修证书等。

2. 转移标的物的所有权

法律规定,出卖人出卖的标的物,应当属于出卖人所有或者出卖人有权处分;买卖合同当事人订立买卖合同的目的是获得标的物的所有权或处分权。转移标的物的所有权包括标的物的实际交付和交付标的物的有关产权凭证及有关权利证明等。所有权自标的物交付时起转移,法律另有规定或者当事人另有约定的除外。

3. 标的物权利的瑕疵担保责任

出卖人必须担保其出卖的标的物不存在权利瑕疵。所谓权利瑕疵是指出卖人出卖的标的物上负担有除买受人以外的第三人的合法权利,第三人于标的物交付买受人后,向买受人主张自己的合法权利,从而妨碍买受人取得标的物的所有权或处分权,使得买受人从出卖人处所获得的权利存在瑕疵。一般来说,第三人对标的物享有的合法权利主要有:抵押权、留置权、租赁权、地役权、质权等。《民法典》第612条规定,出卖人就交付的标的物,负有保证第三人对该标的物不享有任何权利的义务,但是法律另有规定的除外。

出卖人除了应当保证其出卖的标的物不存在权利瑕疵以外,还应当保证标的物没有侵犯他人的知识产权。如果标的物存在侵权,则应由出卖人承担侵权责任,并赔偿因此给买受人造成的损失。

4. 标的物质量的瑕疵担保责任

出卖人的此种担保责任是指出卖人必须保证其所出卖的标的物在适用、安全、效用等方面符合合同规定的标准或者应符合国家标准、行业标准的义务。如果出卖的标的物质量与约定或法律规定的不符,即为标的物存在瑕疵,出卖人应承担违约责任,若因此给买受人或买受人以外的其他人造成了人身或财产方面的损害,出卖人还应承担侵权责任。

(二) 买受人的义务

1. 支付合同规定的价款

买卖合同中,买受人以支付价款为代价取得出卖人的标的物的所有权或处分权,因此,买受人必须按照合同的规定支付应当支付的价款。在支付价款时,买受人必须按照合同规定的时间、地点和数额进行支付。

2. 接受标的物及通知义务

买受人必须按照合同规定的时间、地点和方式接受出卖人交付的标的物。买受人收到标的物时应当在约定的检验期内对标的物进行检验。没有约定检验期间的,应当及时检验。当事人约定检验期间的,买受人应当在检验期间内将标的物的数量或者质量不符合约定的情形通知出卖人。买受人怠于通知的,视为标的物的数量或者质量符合约定;当事人没有约定检验期间的,买受人应当在发现或者应当发现标的物的数量或者质量不符合约定的合理期间内通知出卖人。买受人在合理期间内未通知或者自标的物收到之日起 2 年内未通知出卖人的,视为标的物的数量或者质量符合约定,但对标的物的质量有保证期的,适用保证期,不适用该 2 年的规定。如果交付的标的物不符合合同的约定,买受人有权拒绝接受;如果出卖人按照合同规定,全面正确地履行了合同义务,买受人必须接受,延迟接受或者拒绝接受都构成违约,应当承担违约责任。

(三) 标的物风险的承担

标的物风险是指买卖合同成立后至合同履行完毕前的时间内,标的物由于意外而发生的毁损或者灭失的风险。由于标的物风险是由于不可归责于合同当事人的意外原因造成,因此不能根据当事人的过错来确定标的物风险的承担问题,而标的物风险的承担对合同的当事人来说又具有十分重要的意义。

我国《民法典》第 604 条规定:标的物毁损、灭失的风险,在标的物交付之前由出卖人承担,交付之后由买受人承担,但法律另有规定或者当事人另有约定的除外。另外,《民法典》还对以下情形进行了规定:

1. 因买受人违约时的风险承担

(1) 因买受人的原因致使标的物不能按照约定的期限交付的,买受人应当自违反约定之日起承担标的物毁损、灭失的风险;

(2) 出卖人按照约定或者依照法律规定,将标的物置于交付地点,买受人违反约定没有收取的,标的物毁损灭失的风险自违反约定之日起由买受人承担。

2. 出卖人违约时的风险承担

(1) 因标的物质量不符合质量要求,致使不能实现合同目的的,买受人可以拒绝接受标的物或者解除合同。买受人拒绝接受标的物或者解除合同的,标的物毁损、灭失的风险由出卖人承担。

(2) 出卖人按照约定未交付有关标的物的单证和资料的,不影响标的物毁损、灭失风险的转移。

3. 需要运输的标的物的风险承担

(1) 出卖人出卖交由承运人运输的在途标的物,除当事人另有约定的以外,毁损、灭失的风险自合同成立时起由买受人承担(这里的合同指的是当事人之间订立货物买卖合同)。

(2) 当事人没有约定交付地点或者约定不明确,且依照法律规定标的物需要运输的,出卖人标的物交付给第一承运人后,标的物毁损、灭失的风险由买受人承担。

(四) 买卖合同的解除

买卖合同的解除可以是法定解除和约定解除。只要合同的当事人依照法定或者约定享有解除权,其即可以行使解除权对买卖合同予以解除。因为买卖合同具有自己的特殊性,所以法律规定合同当事人在以下情况下亦可行使解除权:

(1) 因标的物的主物不符合约定而解除合同的,解除合同的效力及于从物。

(2) 标的物为数物,其中一物不符合约定的,买受人可以就该物解除,但该物与他物分离使数物的价值明显受损害的,当事人可以就数物解除合同。

(3) 出卖人分批交付标的物的,出卖人对其中一批标的物不交付或者交付不符合约定,致使该批标的物不能实现合同目的的,买受人可以就该批标的物解除(合同)。出卖人不交付其中一批标的物或者交付不符合约定,致使今后其他各批标的物的交付不能实现合同目的的,买受人可以就该批以及今后其他各批标的物解除(合同)。买受人如果就其中一批标的物解除,该批标的物与其他各批标的物相互依存的,可以就已经交付和未交付的各批标的物解除(合同)。

(4) 分期付款的买受人未支付到期价款的金额达到全部价款的 1/5 的,出卖人可以要求买受人支付全部价款或者解除合同。出卖人解除合同的,可以向买受人要求支付该标的物的使用费。

二、借款合同

《民法典》规定:借款合同是借款人向贷款人借款,到期返还借款并支付利息的合同。借款合同应当采用书面形式,但是自然人之间借款另有约定的除外。借款合同的内容一般包括借款种类、币种、用途、数额、利率、期限和还款方式等条款。

(一) 借贷双方当事人的权利和义务

订立借款合同,借款人应当按照贷款人的要求提供与借款有关的业务活动和财务状况的真实情况以及相应的担保,并应当按照约定向贷款人定期提供有关财务会计报表等资料。

贷款人按照约定可以检查、监督借款的使用情况。

借款人未按照约定的日期、数额收取借款的,应当按照约定的日期、数额支付利息。借款人未按照约定的借款用途使用借款的,贷款人可以停止发放借款、提前收回借款或者解除合同。贷款人未按照约定的日期、数额提供借款,造成借款人损失的,应当赔偿损失。

借款人应当按照约定的期限支付利息。对支付利息的期限没有约定或者约定不明确,依据《民法典》第 510 条的规定仍不能确定,借款期间不满一年的,应当在返还借款时一并支付;借款期间一年以上的,应当在每届满一年时支付,剩余期间不满一年的,应当在返还借款时一并支付。

借款人应当按照约定的期限返还借款。对借款期限没有约定或者约定不明确,依据《民法典》第 510 条的规定仍不能确定的,借款人可以随时返还;贷款人可以催告借款人在合理期限内返还。

(二) 借款合同的利息

禁止高利放贷,借款的利率不得违反国家有关规定。

借款合同对支付利息没有约定的,视为没有利息。

借款合同对支付利息约定不明确,当事人不能达成补充协议的,按照当地或者当事人的交易方式、交易习惯、市场利率等因素确定利息;自然人之间借款的,视为没有利息。

本章小结

我们在上一章讲述了商业组织的设立问题。商业组织成立以后,首先面临的问题就是以营利为目的进行交易。在为交易行为时,当事人第一要为的是与对方当事人签订合同。如本章所述,即使是商店里的货物买卖也实际上是一个出卖者与顾客之间的合同行为。如果当事人诚实信用,严格按照合同规定办事,全面正确地履行合同义务,则可以顺利达到订立合同的宗旨。若产生合同纠纷,当事人应当怎样运用法律来保护自己的权利呢?法律所保护的合同仅仅限于依法成立且生效的合同。因此,当事人要想通过签订合同达到自己预期的利益,必须依法签订有关合同,否则就不能受到国家强制力的保护。

我国《民法典》首先要求参与签订合同的当事人具有合格的主体资格,即具有相应的民事权利能力和民事行为能力;其次要求符合主体资格的当事人在签订合同时必须本着公平的原则且双方意思表示必须真实,签订的合同在内容和形式上必须符合法律的规定;再次,合同成立并生效后,要求当事人全面正确地履行合同义务,严格按照合同规定办事,对合同履行中产生的纠纷,双方应协商一致进行解决;最后,对于不能协商解决的合同纠纷,国家运用强制力,以法律的手段进行解决,为此法律规定了违约责任,强制违约方对自己的违约行为给予对方当事人以一定的补偿,以保护诚实交易当事人,维持社会经济秩序。

《民法典》根据生活中存在的一些典型合同行为,对一些典型的合同的具体情形进行了规定,如买卖合同、借款合同、租赁合同、运输合同等,本教材只简单介绍了买卖合同与借款合同。

案例与点评

案例一

2021年6月5日,上海某毛纺厂与重庆某服装厂签订了一份羊毛购销合同意向书,意向书包含了如下内容:"服装厂向毛纺厂购买该厂优质羊毛(一等品)50吨,由服装厂携带货款至毛纺厂验货并提货,有关价格问题提货时面议。"意向书签订以后,毛纺厂多次去电催告服装厂提货,但服装厂却一直以货款短缺为由不前往提货。2021年12月底,毛纺厂派车将50吨羊毛送往重庆该服装厂,但服装厂以只与毛纺厂签订的是意向书而非购销合同为由拒绝收货。经过协调,服装厂同意将该批羊毛暂时存放在制衣厂的仓库中。半个月后,毛纺厂前来检查货物时却发现该批羊毛已短缺10吨,此时服装厂承认自己由于急需原料已经用去了10吨羊毛,但其对于剩下的40吨羊毛却拒绝接受。毛纺厂认为服装厂的行为已经构成违约,遂向法院提起诉讼,要求服装厂支付全部50吨羊毛的货款,并承担违约责任。

请问:

本案中,重庆该服装厂的行为是否构成违约?本案应该如何处理?

案例评析:本案涉及合同的定义及合同成立及生效方面的问题。

第一,《民法典》第464条规定:合同是民事主体之间设立、变更、终止民事法律关系的协议。所以,合同是当事人就有关问题在协商一致的基础上的一种合意。本案中,双方当事人签订了一份有关羊毛买卖的意向书,只表明了双方愿意在今后订立有关羊毛购销合同,并没有就有关购销中的事项达成真正的合意,如双方连羊毛的价款问题还没有达成一致,双方之间还没有正式为自己设立有关的权利义务关系,本案中的合同意向书不是合同,由此而产生的一系列问题,不应用《民法典》进行调整,因而无所谓违约。

第二,即使把该意向书视为合同,但该意向书的内容根本就不包含有合同成立的有关内容,没有有关的价款、履行的时间、履行的方式、违约责任等主要内容,因而,即使把该意向书视为一个有关内容约定不明的合同,该合同依法仍不能成立。合同不成立,当事人之间就不存在违约问题。

第三,双方既然不存在合同关系,那么,毛纺厂将羊毛送往服装厂的行为应该如何理解呢?

既然当事人双方不存在合同关系,毛纺厂将货物运送到服装厂所在地的行为只能被认定为一种现货要约的行为,该行为与商店陈列待售货物的行为性质是一样的。也就是说,毛纺厂作为要约人,对服装厂以现货为标的向服装厂发出了以订立购销合同为目的的要约。如果服装厂对该行为进行承诺,则双方的购销合同成立。如同顾客在商店购买商品一样,服装厂也可以就该批羊毛的全部或者一部分进行承诺购买,也可以不进行承诺。从本案的案情中可以得出结论,服装厂明确表示拒绝接受该批货物,因此双方之间并没有成立购销合同关系。

第四,服装厂拒绝接受毛纺厂的货物,其同意将其货物存放于自己仓库的行为应如何定性?服装厂拒绝接受毛纺厂的羊毛,但经与毛纺厂协商,其同意毛纺厂将羊毛暂时存放于自己的仓库,双方的行为构成了借用仓库存放货物的保管合同,在此合同关系中,服装厂负有善良保管人的义务。但该保管行为与羊毛的购销合同之间没有关系。

第五,服装厂在替毛纺厂保管货物期间,由于自己急需原料而擅自使用了毛纺厂的羊毛,因羊毛的所有权归毛纺厂所有,服装厂只是一个保管者,其擅自使用羊毛的行为已构成了无权处分行为。根据《民法典》的规定,无处分权的人处分他人财产,经权利人追认或者无处分权的人订立合同后取得处分权的,该合同有效。在这种情况下,如果毛纺厂对服装厂使用10吨羊毛的行为进行承认,就意味着双方就这10吨羊毛的买卖行为达成了合意,即此10吨的羊毛买卖合同成立;如果毛纺厂对服装厂擅自使用该10吨羊毛的行为不予承认,则服装厂的行为构成了对毛纺厂10吨羊毛所有权的侵害,是一种侵权行为,毛纺厂对此可以追究服装厂的侵权责任。但从本案中毛纺厂的行为来看,毛纺厂以服装厂违约为由,要求服装厂支付全部的50吨羊毛的货款,从这一点上可以看出毛纺厂是同意服装厂使用该10吨羊毛的,本案争议的核心是剩下的40吨羊毛是应该由服装厂接受,还是应该由毛纺厂自己收回的问题,并不是这10吨羊毛的货款问题;服装厂既然承认自己由于急需而使用了该10吨羊毛而拒绝接受剩下的40吨羊毛,表明了服装厂愿意就10吨羊毛的货款进行支付。

从以上分析可以得出结论,服装厂的行为不构成违约,服装厂不应承担违约责任。本案的处理方法可以是:毛纺厂的送货行为是一个现货要约行为,对于此要约,服装厂以明示方式进行了描绘;服装厂使用10吨羊毛的行为是一个无权处分行为,可视为是其对毛纺厂的一个反要约(新的要约),因为毛纺厂并没有事先声明:如果服装厂接受一部分货物就必须将整批货物完全接受,根据毛纺厂的行为可以推断出其对服装厂的行为进行了承认(即进行了承诺),双方就此10吨羊毛的买卖合同成立并已经生效。由此可判令服装厂支付毛纺厂10吨羊毛的货款及其运输和其他必要费用;其余40吨羊毛应当由毛纺厂收回。

案例二

2020年9月,王平与张林二人经过协商达成口头协议:王平将自己位于某市解放路25号的2间房屋以50万元的价格出售给张林。同年10月12日二人为了达到少交税费的目的,在签订由房地产交易管理部门印制的房屋买卖合同时,二人商定将上述价格写为人民币30万元。该合同还进一步规定:张林向王平支付定金15万元,合同经相关主管部门批准后,该定金充抵房款。

此后,王张二人于10月23日又签订了一份房屋买卖合同,该合同确定了解放路的房屋买卖价格为50万元:张林应在2020年10月31日前向王平支付首期房款30万元,王平在收到该30万元款项后的二日内将房屋钥匙交给张林,余下的20万元房款应在2021年3月底之前付清。二人还在此合同中约定2020年10月12日订立的合同只是为了应付房产证过户之用,不是双方买卖解放路房屋的正式合同,双方当事人的权利义务按照10月23日订立的合同进行承担和履行。

同年10月31日,张林依照合同的规定向王平支付了首期房款30万元,王平依约将房屋交付给了张林。2021年1月15日,二人前往房地产交易所办理了房屋过户手续,双方按照30万元的价格缴纳了有关的手续费和税费等费用。2021年4月8日,张林开出一张金额为20万元的转账支票与王平,用以支付剩余的房款,但因为张的存款不足而遭退票。同年4月20日与5月1日,张林分别支付王平房款2万元与4万元,之后,在王的多次催讨下,张向王出具了一张14万元的欠条,并说明还款期为2个月。由于还款期届至后很长一段时间内经王的催讨而张仍不予归还,王平于是向法院提起诉讼。

请问:

本案应该如何处理?

案例评析:解决本案的关键在于区分合同的成立与生效的关系上。合同的成立与生效是两个不同的概念,有些合同因为法律对其有不同的要求,所以其生效的时间与成立的时间并不是同时发生。

根据我国《民法典》的规定,只有具有生效要件的合同才能受到法律的保护,本案当事人就同一宗房屋买卖而订立的两个合同中,究竟哪一个合同具有法律规定的生效要件,哪一个应该受到法律保护?

第一,当事人双方都是具有民事权利能力与行为能力的成年人,按照法律规定,二人具有签订合同的主体资格,因此,只要双方就合同内容协商一致,并且合同的内容具备了合同成立的主要条款,则二人签订的合同就可以成立。本案中,二人签订的两个合同都具备合同成立的主要内容,并且,双方对合同的规定都达成了一致意见,从以上情况可以看出,二人签订的两个合同都可以成立。

第二,虽然两个合同都成立,但是否两个合同都已经生效呢?我们在分析此问题时可以根据《民法典》的有关规定进行确定。合同的生效要件包括:合同已经成立;合同当事人就合同内容双方意思表示真实;合同的内容和形式都符合法律规定及社会公共利益等。

根据我国《民法典》的规定:依法成立的合同,自成立时生效。法律、行政法规规定应当办理批准、登记手续生效的依照其规定;根据我国《城市房地产管理办法》的规定,房地产转让应当依法办理房地产权属登记。因此,本案中虽然当事人前后订立的两个合同都已经成立,但只有10月12日签订的合同于2021年1月15日办理了有关过户手续,因此,在形式上只有10月12日订立的合同才具备了生效要件。

此外,本案中,我们可以从当事人于2020年10月23日所签订的合同中可以看出:当事人双方于2020年10月12日所签订的合同并非为双方当事人的真实意思表示,当事人的真实意思是以50万元的价格对王平所有的两间房屋进行买卖,并非10月12日合同上所规定的30万元。另外,我国《民法典》规定:恶意串通,损害国家、集体或者第三人利益;以合法形式掩盖非法目的的合同无效。当事人二人为了达到少缴税费的目的而恶意串通,损害了国家的利益;并且,二人以合法的形式掩盖自己逃避国家税费的目的,在这种情况下,当事人于10月12日所订立的合同纵使在形式上完全具备了生效要件,但该合同应为无效合同。

第三,在确认30万元合同无效的基础上,本案应该如何进行处理呢?当事人10月23日订立的合同有效成立后,由于在王提起诉讼时仍没有办理过户手续,在形式上仍然不具备生效要件,在这种情况下当事人的第二个合同是否也应该确定为无效呢?根据我国相关法律规定:法律、行政法规规定合同应当办理批准手续,或者办理批准、登记等手续才生效,在一审法庭辩论终结前当事人仍未办理批准手续的,或者仍未办理批准、登记等手续的,人民法院应当认定该合同未生效;法律、行政法规规定合同应当办理登记手续,但未规定登记后生效的,当事人未办理登记手续不影响合同的效力,合同标的物所有权及其他特权不能转移。据此可以认定当事人于2020年10月23日成立的合同是有效合同,只是由于当事人没有履行过户手续而不能将房屋的所有权有效转让给张林。本案的处理方法是:判决30万元的合同无效,确认50万元合同的效力,当事人双方应该按照50万元合同的规定履行各自的义务。张应当按照合同的规定支付剩余的14万元房款;双方当事人应当按照50万元的成交价格办理房屋过户手续,补交有关税费方面的差价,以保护国家利益。

本章思考

1. 要约无论在什么情况下都可以撤销吗?
2. 什么是格式合同?法律对合同的格式条款有何种限制?
3. 是否所有的违约行为都应该承担违约责任?
4. 银行借款合同的订立程序是怎样的?
5. 只有《民法典》规定了的合同种类才能受到法律的保护吗?当事人之间自由订立的法律中所没有规定的合同种类是否就不能受到法律的保护?
6. 公民之间的借贷利率应当怎样约定?
7. 哪些借贷关系法律不予保护?

思考解答

1. 答:根据我国法律规定,要约人向相对人发出要约后,在满足法律规定的情形下可以对已经发出的要约予以撤销,条件是:撤销要约的通知应当在受要约人发出承诺通知之前到达受要约人。然而,并不是所有的要约撤销通知只要是在受要约人发出承诺通知前到达受要约人,该要约都可以撤销。我国《民法典》第476条作出了有关要约撤销的例外的规定,有下列情形之一的,要约不得撤销:

第一,要约人确定了承诺期限或者以其他形式明示要约不可撤销;

第二,受要约人有理由认为要约是不可撤销的,并已经为履行合同作了准备工作。

法律之所以对上述情况作出例外规定,是因为受要约人因为信任要约的不可撤销而对要约进行承诺,在承诺的同时就为合同成立后的履行进行准备,如果法律准允将此类要约撤销,则受要约方将会因此而受到损失,法律为了保护诚实行为人的利益而规定了要约撤销的例外。

2. 答:在追求效率的现代市场经济社会中,格式合同广泛地存在于我们的生活中。劳动者与用人单位的劳动合同、银行里反复使用的存折、商店里的店堂告示等都是格式合同的具体表现形式。所谓格式合同就是指为了供当事人反复使用,提高工作效率而由当事人一方预先拟定,在订立合同时未与对方当事人协商的合同。格式合同有两种形式:一种是合同的所有条款都是格式条款,该类合同又可称为标准合同或定式合同;另一种格式合同是合同中的一部分条款格式条款,合同提供方当事人制订这些条款时不与对方当事人进行协商,而其余部分为非格式条款,由双方当事人共同协商订立。我国《民法典》只对格式条款进行了规定:格式条款是当事人为了重复使用而预先拟定,并在订立合同时未与对方协商的条款。

合同的格式条款具有以下特点:

第一,格式条款的合同文本由合同的一方当事人根据自己的需要预先拟定;

第二,格式条款的内容具有完整性和定型化的特点,可以重复使用;

第三,格式条款合同的对方当事人为不特定的人,且一般情况下处于劣势地位;

第四,格式条款合同的提供方必须在相对方接受格式条款之前,向相对方公示格式条款,并履行有关条款的提示和说明义务。

由于格式条款合同的相对方往往处于劣势地位,为了限制格式合同提供方利用自己的优势地位将一些不公平的条款列入合同,保护相对人的利益,法律对格式条款的适用予以限制,规定了格式条款无效的一些情况:

第一,格式条款因违法而无效;

第二,因故意或重大过失造成相对方财产损失的格式条款无效;

第三,免除提供格式条款一方当事人的主要义务,排除相对方当事人主要权利的格式条款无效;

第四,提供格式条款一方当事人未尽有关提示义务或者说明义务的格式条款无效。提供格式条款一方当事人的提示义务是指提供格式条款当事人所负有的提示相对方注意格式条款中对有关当事人权利的限制和免责条款的义务;提供格式条款当事人的说明义务是指提供格式条款当事人负有的在相对方不理解有关格式条款时就有关条款的内容进行说明的义务。如果提供格式条款当事人未尽有关提示义务或说明义务,该有关格式条款无效。

另外,《上海市合同格式条款监督条例》规定,格式条款中不能有免除格式条款提供方下列责任的内容:

第一,造成消费者人身伤害的责任;

第二，因故意或者重大过失造成消费者财产损失的责任；

第三，对提供的商品或者服务依法应当承担的保证责任；

第四，因违约依法应当承担的违约责任；

第五，违约依法应当承担的其他责任。

3. 答：违约责任的最大特点在于先有违约行为，然后才有违约责任。在合同行为中，只要当事人承担了违约责任，该当事人肯定有违约行为；但并不是当事人一旦违约，其都必须承担违约责任。

合同当事人发生违约，在以下情况下可以不承担违约责任：

第一，违约方当事人存在法定免责事由，即不可抗力。由于不可抗力引起的违约，根据法律规定，当事人可以部分或者全部免除责任（法律另有规定的除外）。

第二，违约方当事人存在合同约定的免责事由。双方当事人在合同中商定，在某些情况下违约当事人可以免除责任。

第三，在违约责任与侵权责任发生竞合的情况下，如果非违约方当事人选择让违约方当事人承担侵权责任而非违约责任，则违约方当事人可免除承担违约责任。

4. 答：商业组织在商业活动中经常要向银行贷款。一般情况下，银行借款合同的订立程序如下。

首先，由借款人向贷款银行提出借款申请。

其次，由贷款银行对借款人的有关材料进行审查，审查的项目包括：(1) 借款人是否具有借贷资格；(2) 借款人的贷款而投入的经营项目是否符合社会需要，是否符合国家经济政策；(3) 贷款项目可行性及经济效益如何；(4) 贷款的额度、用途、自有资金比例等是否符合贷款条件；(5) 借款人的偿还能力。

第三，贷款人与借款人签订借款合同。

5. 答：并不是只有《民法典》规定了的合同种类才能受到法律的保护。合同存在于社会生活的方方面面，当事人为了满足自己的不同需要而需要订立的合同林林总总，多种多样，法律不可能面面俱到，将社会生活中的每一细节都用法律来进行规定和调整，因而法律的规定是有限的，而社会生活中的合同却是无限的。民法典强调和保护当事人的意思自治，当事人可以随心所欲地签订自己想要的合同。但当事人不管订立什么样的合同，法律规定了一个总的原则，即合同无论是在内容和形式上都必须合法，不得违反社会公德、不得损害社会公共利益，不得扰乱社会经济秩序。当事人之间订立的合同只要满足这个原则，则其签订的合同就会受到法律的保护。

6. 答：最高人民法院《关于审理民间借贷案件适用法律若干问题的规定》第 25 条规定出借人请求借款人按照合同约定利率支付利息的，人民法院应予支持，但是双方约定的利率超过合同成立时一年期贷款市场报价利率四倍的除外。前款所称"一年期贷款市场报价利率"，是指中国人民银行授权全国银行间同业拆借中心自 2019 年 8 月 20 日起每月发布的一年期贷款市场报价利率。2020 年 8 月 20 日之后新受理的一审民间借贷案件，借贷合同成立于 2020 年 8 月 20 日之前，当事人请求适用当时的司法解释计算自合同成立到 2020 年 8 月 19 日的利息部分的，人民法院应予支持；对于自 2020 年 8 月 20 日到借款返还之日的利息部分，适用起诉时本规定的利率保护标准计算。

7. 答：最高人民法院《关于审理民间借贷案件适用法律若干问题的规定》第 13 条规定，

具有下列情形之一的,人民法院应当认定民间借贷合同无效:
(1) 套取金融机构贷款转贷的;
(2) 以向其他营利法人借贷、向本单位职工集资,或者以向公众非法吸收存款等方式取得的资金转贷的;
(3) 未依法取得放贷资格的出借人,以营利为目的向社会不特定对象提供借款的;
(4) 出借人事先知道或者应当知道借款人借款用于违法犯罪活动仍然提供借款的;
(5) 违反法律、行政法规强制性规定的;
(6) 违背公序良俗的。

第二章
担保法律制度

本章需要掌握的内容：
➢ 担保的定义
➢ 担保的方式
➢ 一般保证与连带责任保证的区别
➢ 抵押及其法律规定
➢ 质押及其法律规定
➢ 留置及其法律规定
➢ 定金及其法律规定

你可以为朋友的借贷进行担保吗？如果作为担保人，应该承担什么样的担保责任？贷款方可以直接要求你偿还朋友的贷款吗？

第一节　担保法律制度概述

一、担保

所谓债的担保，是指法律为确保特定的债权人实现其债权，以债务人或第三人的信用或者特定财产来督促债务人履行债务的制度。它是一种依照法律规定或当事人的约定，为确保债务履行、债权实现而采取的法律措施。

债的担保可以分为人的担保、金钱担保和物的担保三种方式。所谓人的担保，是指由自然人或法人以其自身的财产和信誉为他人的债务提供担保，债务人不履行债务时，则由担保人负责清偿的担保方式；金钱担保指的是债务人在约定给付以外交付一定数额的金钱，该金钱的返还与丧失与自己债务履行与否联系在一起，使当事人双方产生心理压力，从而促使其积极履行债务，保障债权实现的制度；而物的担保则是指债务人或第三人以特定的财产或权利作为债务人履行债务的保障，在债务人不履行到期债务或者发生当事人约定的实现担保物权的情形时，债权人依法享有就担保财产优先受偿的权利。

二、担保法律制度

1995年，我国颁布了《中华人民共和国担保法》(以下简称《担保法》)，其中规定了保证、抵押、质押、留置和定金五种担保方式。2007年10月1日起实施的《中华人民共和国物权法》(以下简称《物权法》)对抵押、质押和留置三种担保物权方式单独设编予以规范。

2021年1月1日,《中华人民共和国民法典》(以下简称《民法典》)正式施行,在其"物权"和"合同"两编中对担保制度进行了规定。"物权"编对抵押、质押和留置三种担保物权方式予以规范;"合同"编规定了定金制度,同时在"典型合同"中规定了保证合同。保证和定金都是原《担保法》中传统的、典型的担保形式。此外,"合同"编中还规定了其他三种具有担保功能的合同:买卖合同中的所有权保留买卖,融资租赁合同,有追索权的保理合同,即所谓的非典型担保。自《民法典》生效后,《担保法》与《物权法》同时废止。

此外,为正确适用《民法典》中有关担保制度的规定,最高人民法院还发布了《最高人民法院关于适用〈中华人民共和国民法典〉有关担保制度的解释》,自2021年1月1日起施行。该司法解释也属于担保法的法律渊源。

第二节 担 保 方 式

一、保证

所谓保证,是指为保障债权的实现,保证人和债权人约定,当债务人不履行到期债务或者发生当事人约定的情形时,保证人履行债务或者承担责任的担保方式。在保证法律关系中,有三方当事人:债权人、被保证人(债务人)和保证人。其中,保证人与被保证人的关系可以理解为两者的内部关系。保证人为被保证人提供保证的原因,以及保证人在被保证人到期不履行债务时,由保证人承担保证责任后,保证人向被保证人的追偿权等都属于该内部关系;债权人与保证人的关系可以理解为外部关系(或称为保证合同关系,因为保证的具体表现形式是保证合同),当债务人不履行到期债务时,债权人根据法律规定或约定请求保证人承担保证责任,而债务人不履行债务的理由与保证人有否关系则在所不问。

(一)保证成立的条件

(1)根据法律或当事人的约定需要债务人提供保证。

(2)被保证债务合法有效。保证合同在性质上是从属于主债合同的从合同,如果主债合同的债务无效,则保证合同亦归于无效,但是法律另有规定的除外。

(3)保证人的主体资格合格。保证人应当是除债权人以外的具有代为清偿债务能力的法人、其他组织或者自然人。根据《民法典》的相关规定,机关法人不得为保证人,但是经国务院批准为使用外国政府或者国际经济组织贷款进行转贷的除外。以公益为目的的非营利法人、非法人组织,如学校、幼儿园、医疗机构、养老机构等,亦不得充当保证人。但根据《最高人民法院关于适用〈中华人民共和国民法典〉有关担保制度的解释》的规定,登记为营利法人的学校、幼儿园、医疗机构、养老机构等提供担保,当事人以其不具有担保资格为由主张担保合同无效的,人民法院不予支持。

(4)保证人有明确的承担保证责任的意思表示,且保证人意思表示真实。

(5)保证人与债权人应当以书面形式订立保证合同。保证合同可以是单独订立的书面合同,也可以是主债权债务合同中的保证条款。

(二) 保证的方式

《民法典》第 686 条规定,保证的方式包括一般保证和连带责任保证。

1. 一般保证

一般保证是指当事人在保证合同中约定,债务人不能履行债务时,由保证人承担保证责任的保证形式。法律规定,一般保证的保证人在主合同纠纷未经审判或者仲裁,并就债务人财产依法强制执行仍不能履行债务前,可以拒绝债权人要求其承担保证责任的请求。

由此可见,一般保证责任是保证人在债务人自己以其所有财产承担了债务清偿责任以后才承担的一种责任。如果在对债务人财产强制执行后,债务人仍不能或不足以清偿债务,此时保证人才就该不能清偿或不足部分承担保证责任。因此,一般保证责任也可以称为补充保证责任。但在下列情形下,保证人不能以主合同纠纷未经审判或者仲裁,债务人财产未依法强制执行为由拒绝承担保证责任:(1)债务人下落不明,且无财产可供执行;(2)人民法院已经受理债务人破产案件;(3)债权人有证据证明债务人的财产不足以履行全部债务或者丧失履行债务能力;(4)保证人书面表示放弃前款规定的权利。

2. 连带责任保证

连带责任保证是指当事人在保证合同中约定保证人和债务人对债务承担连带责任的保证方式。连带责任保证的债务人不履行到期债务或者发生当事人约定的情形时,债权人可以请求债务人履行债务,也可以请求保证人在其保证范围内承担保证责任。

根据法律对两种保证方式的规定可以看出,保证人在不同的保证方式中所处的地位并不相同,其利益由此而受到法律保护的程度也存在差异:保证人在一般保证中所处的地位比较优越,只承担补充保证责任,待法律对债务人财产进行强制执行后,保证人往往实际并不承担多大的责任;而在连带责任保证方式中,保证人所处的地位就不如一般保证有利,只要债务人不履行到期债务或者发生当事人约定的情形,保证人就与债务人处于同等地位,债权人可以就自己未受清偿的债务任意提请债务人或保证人进行清偿。而实践中,债权人在债务人到期不履行债务时,往往会对保证人提出偿还债务的请求。由此可见,保证方式对于保证人承担的保证责任十分重要。因此,在签订保证合同时必须认真对待,明确保证方式。《民法典》规定,当事人在保证合同中对保证方式没有约定或者约定不明确的,按照一般保证承担保证责任。

(三) 保证期间

保证期间是确定保证人承担保证责任的期间,不发生中止、中断和延长。保证人只在保证的有效期间内承担责任。债权人与保证人可以在保证合同或保证条款中约定保证期间,但是约定的保证期间早于主债务履行期限或者与主债务履行期限同时届满的,视为没有约定。如果没有约定或者约定不明确的,保证期间为主债务履行期限届满之日起 6 个月。债权人与债务人对主债务履行期限没有约定或者约定不明确的,保证期间自债权人请求债务人履行债务的宽限期届满之日起计算。

二、抵押

(一) 抵押的概念

抵押是指为了担保债务的履行,债务人或者第三人不转移财产的占有,将该财产抵押给债权人,债务人不履行到期债务或者发生当事人约定的实现抵押权的情形时,债权人有权就该财产优先受偿的一种担保方式。其中,提供财产的债务人或者第三人为抵押人,债权人为抵押权人,提供担保的财产为抵押财产。

(二) 抵押权的设立

设立抵押权的条件如下。

1. 债务人或第三人有适合抵押的财产

根据我国《民法典》的规定,债务人或者第三人有权处分的下列财产可以抵押:(1) 建筑物和其他土地附着物;(2) 建设用地使用权;(3) 海域使用权;(4) 生产设备、原材料、半成品、产品;(5) 正在建造的建筑物、船舶、航空器;(6) 交通运输工具;(7) 法律、行政法规未禁止抵押的其他财产。抵押人可以将上述所列财产一并抵押。

而下列财产则不得设立抵押:(1) 土地所有权;(2) 宅基地、自留地、自留山等集体所有土地的使用权,但是法律规定可以抵押的除外;(3) 学校、幼儿园、医疗机构等为公益目的成立的非营利法人的教育设施、医疗卫生设施和其他公益设施;(4) 所有权、使用权不明或者有争议的财产;(5) 依法被查封、扣押、监管的财产;(6) 法律、行政法规规定不得抵押的其他财产。

2. 订立抵押合同

设立抵押权必须由债权人与债务人或第三人采用书面形式订立抵押合同。抵押合同一般包括下列条款:(1) 被担保债权的种类和数额;(2) 债务人履行债务的期限;(3) 抵押财产的名称、数量等情况;(4) 担保的范围。

3. 某些抵押物所必需的抵押登记

按照《民法典》的规定,如果以建筑物和其他土地附着物、建设用地使用权、海域使用权或者以正在建造的建筑物抵押的,应当办理抵押登记。抵押权自登记时设立。

以动产抵押的,抵押权自抵押合同生效时设立。当事人可以自愿办理抵押物登记,也可以不办理抵押物登记。未经登记的,抵押权不得对抗善意第三人。也就是说,在抵押人将抵押物出卖给第三人时,由于抵押权未进行登记,抵押权人不能以抵押物上已设定了自己的抵押权为由,向买受人行使追索权。

(三) 抵押合同当事人的主要权利

1. 抵押人的权利

由于抵押权是一种担保物权,而物权具有占有、使用、收益和处分权能。抵押人在对自己的财产没有设定抵押权时,其对自己财产拥有以上完整的四项权能。但抵押人在其财产上设定了抵押权后,其所拥有的物权在行使时便受到了限制。由于抵押权是一种不转移占有的物权,这种物权将抵押物的交换价值与使用价值进行分离:以抵押物的交换价值设定抵押权,抵押人仍占有抵押物,可以就抵押物的使用价值进行利用。所以,抵押人在一定的范围内,还可以享有抵押物的使用、收益和处分权利,这些权利的享有主要体现在以下方面。

(1) 抵押人的占有权和使用权

由于抵押不转移占有,所以抵押人在占有抵押物的基础上可以继续行使自己对抵押物的使用权,如抵押人将自己所有的房屋设定抵押后,还可以继续居住在已经设定抵押权的房屋里。

(2) 抵押人的处分权

我国《民法典》规定,抵押期间,抵押人可以转让抵押财产。当事人另有约定的,按照其约定。抵押财产转让的,抵押权不受影响。抵押人转让抵押财产的,应当及时通知抵押权人。抵押权人能够证明抵押财产转让可能损害抵押权的,可以请求抵押人将转让所得的价款向抵押权人提前清偿债务或者提存。转让的价款超过债权数额的部分归抵押人所有,不足部分由债务人清偿。

抵押人可以就抵押物再行设定抵押权。抵押人的抵押财产进行抵押后,抵押人可以就其财产的价值大于抵押物所承担债权的余额部分再行设立抵押权,再行抵押的价值不得超过该余额部分。

(3) 抵押物的收益权

《民法典》第405条规定,抵押权设立前,抵押财产已经出租并转移占有的,原租赁关系不受该抵押权的影响。这就意味着,设立抵押权前已经生效的租赁合同在抵押权设立后继续有效,抵押人可以继续享有抵押物的收益权。此外,根据《最高人民法院关于适用〈中华人民共和国民法典〉有关担保制度的解释》的规定,抵押人将抵押财产出租给他人并移转占有,抵押权人行使抵押权的,租赁关系不受影响,但是抵押权人能够举证证明承租人知道或者应当知道已经订立抵押合同的除外。从此条规定可以看出,在抵押权设立后,抵押人依然可以出租抵押物,享有抵押物的收益权。

2. 抵押权人的权利

根据法律规定,抵押权人享有以下权利。

(1) 抵押权的处分权

抵押权人可以根据自己的意志转让抵押权,但不得与债权分离而单独转让抵押权。《民法典》第407条规定:"抵押权不得与债权分离而单独转让或者作为其他债权的担保。债权转让的,担保该债权的抵押权一并转让,但是法律另有规定或者当事人另有约定的除外。"

(2) 优先受偿权

当债务人不履行到期债务或者发生当事人约定的实现抵押权的情形,抵押权人可以与抵押人协议以抵押财产折价或者以拍卖、变卖该抵押财产所得的价款优先受偿。抵押权人与抵押人未就抵押权实现方式达成协议的,抵押权人可以请求人民法院拍卖、变卖抵押财产,并以拍卖和变卖该抵押财产所得的价款优先受偿。

抵押物折价或者拍卖、变价后,其价款超过债权数额的部分归抵押人所有,不足部分由债务人继续清偿。

(3) 特定情形下对抵押物孳息的收益权

债务人不履行到期债务或者发生当事人约定的实现抵押权的情形,致使抵押财产被人民法院依法扣押的,自扣押之日起,抵押权人有权收取该抵押财产的天然孳息或者法定孳息,但是抵押权人未通知应当清偿法定孳息义务人的除外。抵押权人对于收取的上述孳息应当首先用于充抵收取孳息的费用。

(4) 抵押权的保全权

由于抵押权人并不直接占有抵押物,抵押人又可以依法对抵押物进行处分,抵押人如果存在恶意或其他原因处分抵押物以致损害抵押权时,法律规定抵押权人享有对抵押权进行保全的权利,有权要求抵押人停止其损害抵押权的行为。《民法典》第408条规定,抵押人的行为足以使抵押财产价值减少的,抵押权人有权请求抵押人停止其行为;抵押财产价值减少的,抵押权人有权请求恢复抵押财产的价值,或者提供与减少的价值相应的担保。抵押人不恢复抵押财产的价值,也不提供担保的,抵押权人有权请求债务人提前清偿债务。

(四)抵押权的实现

抵押权的实现是指抵押权人行使抵押权,以抵押物的价值优先偿还其债权的行为。债务人不履行到期债务或者发生当事人约定的实现抵押权的情形时,抵押权人可以与抵押人协议以抵押财产折价或者以拍卖、变卖该抵押财产所得的价款优先受偿。协议损害其他债权人利益的,其他债权人可以请求人民法院撤销该协议。

抵押权人与抵押人未就抵押权实现方式达成协议的,抵押权人可以请求人民法院拍卖、变卖抵押财产。抵押财产折价或者变卖的,应当参照市场价格。

此外,当同一财产向两个以上债权人抵押的,拍卖、变卖抵押财产所得的价款依照下列规定清偿:(1)抵押权已经登记的,按照登记的时间先后确定清偿顺序;(2)抵押权已经登记的先于未登记的受偿;(3)抵押权未登记的,按照债权比例清偿。

三、质押

(一)质押的概念

质押是指为了担保债权的实现,债务人或第三人将其动产或权利的占有移交给债权人,在债务人不履行到期债务时或者发生当事人约定的实现质权的情形时,债权人有权就其占有的动产或权利的价值优先受偿的一种担保方式。享有质权的债权人是质权人,为提供担保而移交财产或权利的人是出质人,出质人所提供的标的物为质押财产。

(二)质押的方式

我国《民法典》规定了两种质押方式:一种是以转移动产的占有为担保的质押方式,即动产质押;另一种是以转移权利的占有为担保的质押方式,即权利质押。

1. 动产质押

(1)动产质押的概念

动产质押指的是为担保债务的履行,债务人或者第三人将其动产移交给债权人占有,债务人不履行到期债务或者发生当事人约定的实现质权的情形时,债权人有权就该动产折价或者以拍卖、变卖该动产的价款优先受偿的担保方式。

(2)动产质押合同

当事人设立质权,首先应当订立书面形式的质押合同。质押合同一般包括以下条款:① 被担保债权的种类和数额;② 债务人履行债务的期限;③ 质押财产的名称、数量等情况;④ 担保的范围;⑤ 质押财产交付的时间、方式。

其次,必须将质押财产转移给质权人占有。我国《民法典》规定,质权自出质人交付质押财产时设立。质押财产在移交与质权人占有之前,质押合同不能生效。

(3)动产质押当事人的权利与义务

① 动产质权人的权利与义务

动产质权人在质押法律关系中享有以下权利。

第一,占有质押财产和收取质押财产孳息的权利。质权人对质押财产的占有一般为直接占有,质权人基于对质押财产的占有而依法取得质押财产的孳息。如果质押合同另有约定的,按照其规定。另外,质权人收取的孳息应当先充抵收取孳息的费用。

第二,保全质权的权利。保全质权的权利是指在质权的存续期间,当质押财产出现损坏或者价值明显减少的可能性时,质权人为保全质权标的物的价值,可以依法实施的保全质权的行为。《民法典》第433条规定:因不可归责于质权人的事由可能使质押财产毁损或者价值明显减少,足以危害质权人权利的,质权人有权请求出质人提供相应的担保;出质人不提供的,质权人可以拍卖、变卖质押财产,并与出质人协议将拍卖、变卖所得的价款提前清偿债务或者提存。

第三,就质押财产价值优先受偿的权利。债务人不履行到期债务或者发生当事人约定的实现质权的情形时,质权人可以与出质人协议以质押财产折价,也可以依法拍卖、变卖质押财产,并以所得的价款优先受偿。价款超过债权数额部分归出质人所有,不足部分由债务人继续清偿。质押财产折价或者变卖的,应当参照市场价格。

动产质权人在质押法律关系中主要承担以下义务。

第一,妥善保管质押财产的义务。质权人负有妥善保管质押财产的义务;因保管不善致使质押财产毁损、灭失的,应当承担赔偿责任。质权人的行为可能使质押财产毁损、灭失的,出质人可以请求质权人将质押财产提存,或者请求提前清偿债务并返还质押财产。此外,质权人在质权存续期间,未经出质人同意转质,造成质押财产毁损、灭失的,应当承担赔偿责任。

第二,返还质押财产的义务。债务人履行债务或者出质人提前清偿所担保的债权的,质权人应当返还质押财产。债务人履行债务或者出质人提前清偿所担保的债权,被质权所担保的主债权即告消灭。主债权消灭后,作为从债权的质权也因此而消灭。质权的消灭导致质权人对质押财产的占有失去了法律依据,因此质权人应当将质押财产返还给出质人。

② 动产出质人的权利与义务

出质人依法享有如下权利。

第一,保全质押财产所有权的权利。在质押关系中,虽然质押财产的占有权归质权人行使,但质押财产的所有权依然归属于出质人。当质押财产出现毁损或灭失的危险时,出质人为维护质押财产的安全,保全自己对质押财产的所有权,可以依法采取一定的措施。根据《民法典》第432条的规定,质权人的行为可能使质押财产毁损或灭失的,出质人可以请求质权人将质押财产提存,或者请求提前清偿债务并返还质押财产。

第二,清偿债务后取回质押财产的权利。由于质押财产是担保债权的实现而由出质人提供的转移占有的动产,所以当债务人清偿债务消灭质押关系后,出质人可以取回质押财产,质权人不得拒绝。

第三,质押财产的损害赔偿请求权。当质权人由于保管上的过失而造成质押财产的毁损或灭失时,出质人有权请求质权人对造成的损失予以赔偿。

2. 权利质押

权利质押是指当事人为了担保债权的实现,以转移债务人或第三人的财产权利的占有的方式为担保的质押行为。根据我国《民法典》第440条的规定,以下权利可以进行质押。

(1) 有价证券质押,包括汇票、支票、本票、债券、存款单、仓单、提单

以汇票、本票、支票、债券、存款单、仓单、提单出质的,当事人应当订立书面合同。质权自权利凭证交付质权人时设立;没有权利凭证的,质权自办理出质登记时设立。法律另有规定的,依照其规定。

汇票、本票、支票、债券、存款单、仓单、提单的兑现日期或者提货日期先于主债权到期

的,质权人可以兑现或者提货,并与出质人协议将兑现的价款或者提取的货物提前清偿债务或者提存。

(2) 基金份额、股权质押

以基金份额和股权出质的,当事人应当订立书面合同。质权自办理出质登记时设立。基金份额、股权出质后不得转让,但是出质人与质权人协商同意的除外。出质人转让基金份额、股权所得的价款,应当向质权人提前清偿债务或者提存。

(3) 知识产权中的财产权质押,包括注册商标专用权,专利权、著作权中的财产权

以注册商标专用权、专利权、著作权等知识产权中的财产权出质的,当事人应当订立书面合同。质权自办理出质登记时设立。知识产权中的财产权出质后,出质人不得转让或者许可他人使用,但是出质人与质权人协商同意的除外。出质人转让或者许可他人使用出质的知识产权中的财产权所得的价款,应当向质权人提前清偿债务或者提存。

(4) 应收账款质押

以应收账款出质的,当事人同样应当订立书面合同。质权自办理出质登记时设立。应收账款出质后,不得转让,但是出质人与质权人协商同意的除外。出质人转让应收账款所得的价款,应当向质权人提前清偿债务或者提存。

(5) 依法可以质押的其他权利

权利质押关系中当事人的权利义务与动产质押中当事人的权利义务相当。除了有关质押的标的、质押合同生效时间等问题由《民法典》进行专门规定以外,权利质押的其他问题都适用《民法典》中有关动产质押的规定。

四、留置

(一) 留置的概念

留置是指依照法律的规定,债权人按照合同约定占有债务人的动产,债务人不履行到期债务,债权人可以留置已经合法占有的该动产,并有权就该动产折价或者以拍卖、变卖该财产的价款优先受偿的一种担保方式。

留置这种担保方式与《民法典》规定的其他几种担保方式有所不同。其他担保方式由当事人约定而产生,而要以留置方式担保债权的,则不能以当事人的约定为基础,必须依照法律的有关规定进行。

我国《民法典》规定,债务人不履行到期债务,债权人可以留置已经合法占有的债务人的动产,并有权就该动产优先受偿。债权人留置的动产,应当与债权属于同一法律关系,但是企业之间留置的除外。法律规定或者当事人约定不得留置的动产,不得留置。

根据前述规定可以看出,所谓留置权,是指按照合同约定占有债务人动产的债权人,在债务人不按期履行合同债务的条件下,享有留置其动产以保证其债权实现的担保物权。在留置法律关系中,享有留置权的债权人为留置权人,留置权人留置的动产为留置财产。

(二) 留置权人的权利和义务

1. 留置权人的权利

依照我国《民法典》的规定,留置权人享有如下权利。

(1) 留置标的物

债务人不履行到期债务,债权人可以留置已经合法占有的债务人的动产,并有权拒绝债

务人返还留置财产的请求。留置财产为可分物的,留置财产的价值应当相当于债务的金额,剩余部分应当交还债务人。债权人可以在其债权受到全部清偿前继续占有债务人的财产,以迫使债务人履行债务。

(2) 收取留置财产孳息的权利

基于对留置财产的占有权,留置权人有权收取留置财产的孳息。我国《民法典》第452条规定,留置权人有权收取留置财产的孳息。收取的孳息应当先充抵收取孳息的费用。

(3) 就留置财产价值优先受偿的权利

留置权人与债务人约定的或法定的留置财产后的债务履行期限届满后,债务人逾期未履行债务的,留置权人可以与债务人协议以留置财产折价,也可以就拍卖、变卖留置财产所得的价款优先受偿。留置财产折价或者变卖的,应当参照市场价格。

留置财产折价或者拍卖、变卖后,其价款超过债权数额的部分归债务人所有,不足部分由债务人清偿。

2. 留置权人的义务

留置权人负有以下义务。

(1) 妥善保管留置财产的义务

留置权人应当按照诚实信用原则妥善保管留置物。我国《民法典》第451条规定,留置权人负有妥善保管留置财产的义务;因保管不善致使留置财产毁损、灭失的,应当承担赔偿责任。若留置财产的毁损或灭失是由于不可抗力或意外事故所致的风险造成,则留置财产的有关损失则由债务人承担。

(2) 返还留置财产的义务

债务人清偿债务后,留置权人的留置权消灭;或者留置权虽未消灭,但债务人提供了另外的担保时,留置权人应当将留置财产返还给债务人。

五、定金

定金是指为了确保合同履行,依据当事人的约定,由一方当事人在合同订立时或在合同履行前,预先给付对方当事人一定数额的金钱,当事人不履行债务或者履行债务不符合约定,致使不能实现合同目的时,可以适用相应罚则的一种担保方式。

我国《民法典》在"合同"编的"违约责任"中规定了定金制度。作为一种担保措施,定金与其他几种担保方式不同的是,它是一种双方担保措施,对合同的双方当事人都具有担保作用。关于定金的适用,《民法典》做出了如下规定。

(1) 定金合同自实际交付定金时成立。定金的数额由当事人约定,但是不得超过主合同标的额的20%,超过部分不产生定金的效力。实际交付的定金数额多于或者少于约定数额的,视为变更约定的定金数额。

(2) 债务人履行债务的,定金应当抵作价款或者收回。给付定金的一方不履行债务或者履行债务不符合约定,致使不能实现合同目的的,无权请求返还定金;收受定金的一方不履行债务或者履行债务不符合约定,致使不能实现合同目的的,应当双倍返还定金。

(3) 在合同中,当事人既约定违约金,又约定定金的,一方违约时,对方可以选择适用违约金或者定金条款。定金不足以弥补一方违约造成的损失的,对方可以请求赔偿超过定金数额的损失。

本章小结

本章简单介绍了我国担保法律制度中的五种主要担保方式：保证、抵押、质押、留置和定金。其中，保证的担保形式适用最为广泛。只要符合法律规定的保证人愿意为债务人充当保证人，并具备法律所规定的形式，保证合同即可成立。抵押是将抵押物的使用价值与交换价值分开使用的完美结合。抵押人所有或有处分权的不动产和动产可以因为其占有的不转移而不影响抵押人或第三人对抵押物的继续占有及使用。在实践中，抵押有"担保之王"之称。质押由于可以将有关财产权利作为质押标的，这种担保形式较其他担保形式更具有灵活性。留置则是五类担保方式中唯一一种法定担保方式，因而具有适用的有限性和适用条件法定性的特点。定金与其他几种担保方式不同，它具有双方担保功能。

由于各种担保方式各具特点，当事人在选择适合自己情况的担保方式时，对自己承担的担保责任应该有一个充分的认识，以确保发生纠纷时能运用法律最大限度地保护自己的合法权利。

案例与点评

案例一

2019年3月，刘明因经营需要向王洪借款40万元，双方订立了书面借款合同，合同约定还款期为2年。李万应刘明的请求，担任该借款合同的保证人，与债权人王洪签订了保证合同，但在合同中未明确保证方式。2020年4月，刘明提前归还王洪借款20万元。2020年6月，刘明又因急需资金，向王洪借款30万元，双方约定：此次借款与前次剩下的借款到期一并还清，并由李万承担保证责任。但关于此次借款行为，双方均未告知李万。2年还款期届满时，刘明因经营不善，无力偿还所欠的50万元借款。王洪在此情形下请求保证人李万偿还50万元借款。

请问：

（1）李万对刘明与王洪之间的50万元借款承担何种责任？

（2）李万应当承担保证责任的数额为多少？如何承担？

（3）李万在偿还借款后，可否向刘明进行追偿？

案例点评： 本案涉及的主要问题是保证合同中保证人承担保证责任的方式问题及保证人与被保证之间的追偿权问题。根据法律规定，本案的处理方法如下。

（1）李万对刘明所欠王洪的50万元借款只承担部分保证责任。原因在于：刘明与王洪第一次签订借款合同时，李万作为保证人，与王洪签订的保证合同也有效成立，但双方未约定保证方式。根据《民法典》第686条的规定，当事人在保证合同中对保证方式没有约定或者约定不明确的，按照一般保证承担保证责任。因此，就该次签订的借款合同而言，如果刘明到期不偿还王洪的40万元借款，李万作为保证人，应对此40万元借款承担一般保证责任。但在本案中，刘明于2020年4月提前归还了借款20万元，此20万元的归还行为对李万也是有效的，李万的保证责任也由40万元减少到了20万元。

至于刘明与王洪之间的第二次借款30万元的行为,李万无需承担保证责任。因为根据《民法典》第695条的规定,债权人和债务人未经保证人书面同意,协商变更主债权债务合同内容,加重债务的,保证人对加重的部分不承担保证责任。

综上所述,李万仅对刘明所欠王洪的50万元借款中的20万元承担保证责任。

(2) 如前所述,李万只需对刘明与王洪间的20万元借款承担保证责任。而且由于李万承担的是一般保证责任,因此,李万只需在刘明与王洪之间的主合同纠纷经过审判或者仲裁,并就刘明的财产依法强制执行仍不能履行债务后,才向债权人王洪承担保证责任。

(3) 李万在偿还借款后,可以向刘明进行追偿。《民法典》第700条规定,保证人承担保证责任后,除当事人另有约定外,有权在其承担保证责任的范围内向债务人追偿,享有债权人对债务人的权利,但是不得损害债权人的利益。

 本章思考

根据我国《民法典》的规定,在保证、抵押、质押、留置和定金这几种担保方式中,担保人承担的担保责任范围各为什么?

思考解答

答:根据我国《民法典》的规定,在保证、抵押、质押、留置和定金这几种担保方式中,担保人所承担的担保责任范围如下。

(1) 保证担保的范围包括:主债权及其利息、违约金、损害赔偿金和实现债权的费用。当事人另有约定的,按照其约定。

(2) 抵押、质押和留置等担保物权的担保范围包括:主债权及其利息、违约金、损害赔偿金、保管担保财产和实现担保物权的费用。当事人另有约定的,按照其约定。

(3) 定金的数额由当事人约定,但不得超过主合同标的额的20%。给付定金的一方不履行约定债务的,无权要求返还定金;收受定金的一方不履行约定债务的,应当双倍返还定金。

第三章 金融法律制度

本章需要掌握的主要内容：
➢ 我国金融法律体系的构成
➢ 中国人民银行的性质与法律地位
➢ 商业银行的概念与设立条件
➢ 票据的概念和种类
➢ 证券的概念和种类
➢ 保险的概念与分类
➢ 商业保险的经营范围
➢ 保险法的基本原则
➢ 保险合同的相关规定

我们平时经常会和银行发生关系。那你是否知道银行类型？票据、证券以及保险在我国金融法律制度中各自的作用和地位是什么呢？

金融法是调整各类金融关系的法律规范的总和，是经济法的重要组成部分。金融法是国家在宏观上调控和监管整个金融产业，在微观上规范经济主体金融活动，促进金融业朝着正确方向发展的重要法律手段之一。在我国没有以"金融法"来命名的单独的某个法律。涉及金融类的具体法律，通常用它涉及的金融行业的名称来命名，例如，《中国人民银行法》和《商业银行法》等。目前，我国已经颁布的金融法律与法规相当多，这些金融法律、法规等都是具体的规范，但是它们都有一个共同的特点，就是它们都直接调整金融关系。而其他法律，如民法等，可能也调整金融关系，但不是直接调整，而是间接调整。金融法在本质上是属于经济法的范畴。尽管在金融法调整的对象和范围中也包含有民商法、行政法的因素，但其最基本因素是经济法。

第一节 银行法律制度

一、中国人民银行法

（一）中国人民银行的概念和法律地位

中国人民银行是我国制定和实施货币政策，调节货币流通与信用活动，对金融业进行宏观调控的国家金融行政机关。

《中华人民共和国人民银行法》(以下简称《中国人民银行法》)第 2 条规定:"中国人民银行是中华人民共和国的中央银行。中国人民银行在国务院领导下,制定和执行货币政策,防范和化解金融风险,维护金融稳定。"中国人民银行是代表国家进行金融管理和金融调控的特殊的金融机构,是我国金融活动的中心,处于金融组织体系的最高地位。

中国人民银行是中华人民共和国的中央银行,其全部资本由国家出资,属国家所有。在隶属关系上,中国人民银行直属国务院领导,但同时接受国家权力机关的指导和监督。

在国务院领导下,中国人民银行依法独立制定和实施货币政策,履行职责,开展业务,同时不与政府财政、地方政府和政府部门发生信贷关系,以保证中国人民银行的独立性。

我国的《中国人民银行法》于 1995 年 3 月 18 日八届全国人大三次会议通过,2003 年 12 月,十届全国人大常委会六次会议对该法作了修改。2020 年 10 月 23 日,中国人民银行发布《中华人民共和国中国人民银行法(修订草案征求意见稿)》,公开征求意见。

(二)中国人民银行的性质

1. 发行的银行

中国人民银行是全国唯一拥有货币垄断发行权的银行,我国的法定货币是人民币。根据《中国人民银行法》的规定,人民币由中国人民银行统一印制、发行。中国人民银行可以通过货币发行调节货币的供应量和流通量,稳定货币币值。

2. 政府的银行

中国人民银行作为政府的银行,与政府有着密切的联系。一方面,中国人民银行代表政府制定和执行货币政策,对国民经济进行宏观调控;另一方面,中国人民银行对政府提供服务,如代理国库、经营国家外汇储备和黄金储备、代表政府从事国际金融活动、充当政府的金融政策顾问等。

3. 银行的银行

中国人民银行对商业银行和其他金融机构开展业务,包括要求银行业金融机构按规定比例交存存款准备金向商业银行提供贷款,办理再贴现,提供清算服务等。

4. 金融监管的银行

《中国人民银行法》第 31 条规定:"中国人民银行依法监测金融市场的运行情况,对金融市场实施宏观调控,促进其协调发展。"这就规定了中国人民银行对金融监管的职能。但中国人民银行不是对银行业金融机构的日常性监管,而是以强化宏观调控、防范和化解金融风险,维护宏观金融稳定为目的的、以市场为主要对象的功能性监管。①

(三)中国人民银行的组织机构

1. 领导机构

中国人民银行实行行长负责制,设行长一人,副行长若干人协助行长工作。行长由国务院总理提名,由全国人民代表大会或其常务委员会决定,由国家主席任免;副行长由国务院总理任免。

2. 货币政策委员会

货币政策委员会是中国人民银行设立的法定的咨询性机构,其目的是为了有助于国家

---

① 朱崇实主编:《金融法教程(第二版)》,法律出版社 2005 年版,第 32 页。

货币政策的正确制定和执行。由于货币政策委员会组成单位的调整、委员的任免均由国务院决定,所以货币政策委员会虽然是中国人民银行的内设机构,但仍具有一定的独立性。其职责是在综合分析宏观经济形势的基础上,依据国家的宏观经济调控目标,讨论货币政策的制定、调整、一定时期内的货币政策控制目标,货币政策工具的运用,有关货币政策的重要措施、货币政策与其他宏观经济政策的协调事项,并提出建议。

3. 职能部门和分支机构

职能部门是中国人民银行为履行职责而设立的内部机构。

分支机构是中国人民银行的派出机构,接受中国人民银行统一的领导和管理。分支机构根据中国人民银行的授权,维护辖区的金融监督管理,承办有关业务。[①]

(四) 中国人民银行的业务

1. 货币政策工具

货币政策工具是指中国人民银行为实现货币政策目标,在执行货币政策时根据国民经济宏观调控的要求,所采取的措施或手段。中国人民银行通过运用货币政策工具控制货币供应量和信用量,影响消费、投资的方向、结构和规模,实现货币政策目标。

根据《中国人民银行法》第23条的规定,中国人民银行为执行货币政策,可以运用以下货币政策工具:

(1) 存款准备金。这是指金融机构按照中国人民银行规定的比率,在其吸收的存款总额中依法缴存中央银行的存款。

(2) 基准利率。利率是利息占本金的比率。基准利率是中央银行对商业银行等金融机构存款、贷款的利率,在利率体系中居于核心地位。

(3) 再贴现。是指银行业金融机构以未到期的贴现票据向中央银行的贴现。再贴现的对象是在中国人民银行及其分支机构开立存款账户的银行业金融机构。

(4) 再贷款。是指中国人民银行在符合货币政策目标的前提下,向商业银行提供的短期贷款。目前,再贷款是我国中央银行最重要的货币政策工具。

(5) 公开市场业务。是指中国人民银行为实现货币政策目标,公开买卖国债和其他政府债券和金融债券及外汇,以调节货币供应量的行为。

(6) 国务院确定的其他货币政策工具。

2020年《中华人民共和国中国人民银行法(修订草案征求意见稿)》中完善了货币政策工具箱,适度增加货币政策工具的灵活性,保证货币政策调控科学合理有效。

2. 经理国库和清算服务

国库即国家金库,是负责办理国家预算资金的收入和支出的机构。我国实行委托国库制[②],经理国库是中国人民银行的法定职责。国库机构按照国家财政管理体制设立,原则上一级财政设立一级国库。

清算是银行之间对相互代收、代付票据,按照规定的时间通过票据交换所集中进行的交换并清偿资金的制度。提供清算服务既是中国人民银行的业务,也是其职责。中国人民银行的清算业务包括组织清算系统、协调清算事项、提供清算服务三个方面。因此,银行业金

[①] 中国人民银行根据履行职责需要设立分支机构的原则,按经济区域和金融业务量的大小,在沈阳、天津、济南、上海、南京、武汉、广州、西安、成都设立了9个跨省、自治区、直辖市分行。
[②] 刘次邦、郑曙光主编:《金融法》,人民法院出版社2004年版,第58页。

融机构之间的应收、应付款项都可以通过中国人民银行转账结算,这就形成了以中央银行为中心的清算系统。

3. 禁止性业务

《中国人民银行法》对中国人民银行的业务作了以下禁止性规定:

(1) 不得向金融机构账户透支。

(2) 不得向政府财政透支。

(3) 不得向地方政府和各级政府部门提供贷款。

(4) 不得向非银行金融机构提供贷款。

(5) 不得向单位和个人提供贷款。

(6) 不得向任何单位和个人提供担保。

4. 金融监督管理业务

《中国人民银行法》第 32 条规定,中国人民银行对与其制定和执行货币政策、开展业务、从事金融服务等相关的金融机构、其他单位和个人的下列行为进行检查、监督:

(1) 执行有关存款准备金管理规定的行为;

(2) 与中国人民银行特种贷款有关的行为;

(3) 执行有关人民币管理规定的行为;

(4) 执行有关银行间同业拆借市场、银行间债券市场管理规定的行为;

(5) 执行有关外汇管理规定的行为;

(6) 执行有关黄金管理规定的行为;

(7) 代理中国人民银行经理国库的行为;

(8) 执行有关清算管理规定的行为;

(9) 执行有关反洗钱规定的行为。

另外,《中国人民银行法》赋予了国务院增加规定中国人民银行职责的权力。根据国务院相关规定,中国人民银行负责"管理信贷征信业,推动建立社会信用体系"。据此,中国人民银行成立了征信管理局,具体承办信贷征信管理工作。[①]

(五) 人民币

1. 我国的货币制度

货币制度是国家法律规定的货币流通的结构和组织形式。我国现行货币制度是人民币制度。人民币是中国人民银行改选的信用货币,包括纸币和硬币。人民币的单位为元,人民币辅币单位为角、分。人民币无论主币、辅币,都具有无限偿还能力,以人民币支付我国境内的一切公私清偿,任何单位和个人不得拒收。2020 年《中华人民共和国中国人民银行法(修订草案征求意见稿)》中规定人民币包括实物形式和数字形式,为发行数字货币提供法律依据。

2. 人民币的法律地位

《中国人民银行法》第 16 条规定:"中华人民共和国的法定货币是人民币。"这一规定表明了人民币的法律地位,它是我国境内流通、使用的唯一合法货币。我国实行独立、统一、稳定的货币政策,国家禁止金银、外币在国内市场自由流通。

[①] 朱崇实主编:《金融法教程(第二版)》,法律出版社 2005 年版,第 33 页。

但由于我国实行"一国两制",香港特别行政区和澳门特别行政区分别以港元和澳元为法定货币。[①] 此外,由于政治和历史原因,我国台湾地区流通新台币。

3. 人民币的发行

我国货币发行权集中在中国人民银行,根据《中国人民银行法》第 18 条的规定,人民币由中国人民银行统一印制、发行,其他任何单位和个人都无权发行人民币或印制、发售代币票券,以代替人民币在市场流通。

由于人民币的发行是基础货币的投放,它直接关系到我国货币币值的稳定,关系到整个国民经济的稳定,所以,我国人民币发行遵循集中统一发行、经济发行、计划发行三大原则,以保障正常的货币金融秩序。为防范虚拟货币风险,2020 年《中华人民共和国中国人民银行法(修订草案征求意见稿)》中明确规定任何单位和个人禁止制作和发售数字代币。

4. 人民币的管理

根据《中国人民银行法》的规定,对人民币的管理主要包括发行管理、兑换回收管理、流通管理等。[②]

二、商业银行法

(一) 商业银行法概述

1. 商业银行的概念

商业银行是依照《中华人民共和国商业银行法》(以下简称《商业银行法》)和《中华人民共和国公司法》设立的吸收公众存款、发放贷款、办理结算等业务的企业法人。

商业银行是以金融资产和负债为经营对象,以利润最大化或股东收益最大化为主要目标,提供多样化服务的综合信用中介机构,是金融企业的一种,但商业银行有区别于其他金融机构和一般企业法人的特征:

(1) 商业银行是以营利为目的的企业法人。以营利为目的是商业银行区别于中央银行和政策性银行的主要特点。

(2) 商业银行是具备商业银行法规定条件的企业法人。《商业银行法》对商业银行的设立条件作了具体严格的规定。[③] 也正因为商业银行是依照银行法成立的,所以在名称中使用"银行"字样,这使商业银行与非银行金融机构相区别。

(3) 商业银行以经营吸收公众存款、发放贷款、办理结算业务为主体业务。这使商业银行区别于主要从事投资业务的投资银行。

(4) 商业银行是按照公司制度建立的企业法人。《商业银行法》规定,商业银行的组织形式适用《中华人民共和国公司法》的规定。商业银行可以是有限责任公司,也可以是股份有限公司。

2. 商业银行法的概念

商业银行法是调整商业银行的组织及其业务经营的法律规范的总称。我国的商业银行法调整商业银行在设立、变更、终止及其业务活动和监督管理过程中发生的社会关系,为我国商业银行的健康发展提供了法律保证。

---

① 参见《中华人民共和国香港特别行政区基本法》第 111 条、《中华人民共和国澳门特别行政区基本法》第 108 条。
② 国务院于 1999 年 12 月颁布了《中华人民共和国人民币管理条例》。
③ 《中华人民共和国商业银行法》第 12 条。

《中华人民共和国商业银行法》于1995年5月10日第八届全国人民代表大会常务委员会第十三次会议通过,2003年12月27日第十届全国人民代表大会常务委员会第六次会议进行了第一次修正,2015年8月29日第十二届全国人民代表大会常务委员会第十六次会议进行了第二次修正。近些年,我国银行业飞速发展,参与主体数量急剧增加,规模持续壮大,业务范围逐步扩展,创新性、交叉性金融业务不断涌现,立法和监管面临很多新情况,现行《商业银行法》大量条款已不适应实际需求,2020年发布了《中华人民共和国商业银行法(修改建议稿)》,将新设或充实公司治理、资本与风险管理、客户权益保护、风险处置与市场退出等内容。

(二) 商业银行的设立

设立商业银行,应当经国务院银行业监督管理机构审查批准,并符合以下条件。[1]

1. 有符合《商业银行法》和《中华人民共和国公司法》规定的章程

银行章程是关于银行组织和行为的基本准则,银行章程一经有关部门批准,即产生法律效力。商业银行的章程,应当符合《商业银行法》和《中华人民共和国公司法》的规定。

2. 有符合《商业银行法》规定的注册资本最低限额

注册资本是指银行在有关部门登记的资本总额,既是银行经营所需要的资本,又是银行对外承担民事责任的保障。我国《商业银行法》规定,设立全国性商业银行的注册资本最低限额为10亿元人民币;设立城市商业银行的注册资本最低限额为1亿元人民币;设立农村商业银行的注册资本最低限额为5 000万元人民币;注册资本应当是实缴资本。

3. 有具备任职专业知识和业务工作经验的董事、高级管理人员

银行是一种特殊企业,它经营的对象不是一般商品,而是货币这种特殊商品。因此,银行必须具有懂得金融专业知识、熟悉银行业务、拥有丰富工作经验的金融管理人员,否则就不能有效地开展经营活动。2013年中国银监会通过了《金融机构高级管理人员任职资格管理办法》,该办法对金融机构高级管理职务的任职资格条件作了明确规定。担任金融机构高级管理职务的人员,需符合监管机构规定的任职资格条件。监管机构是指国务院银行业监督管理机构(即银监会)及其派出机构。

4. 有健全的组织机构和经营管理制度

商业银行的组织机构是指实施银行决策、经营管理和监督稽核的银行内部组织系统。健全的组织机构和管理制度是商业银行有效经营的组织保证。

5. 有符合要求的营业场所、安全防范措施和与业务有关的其他设施

没有经营场所,银行就无法从事经营活动,所以,设立银行必须具有固定的、符合要求的营业场所。营业场所必经具有防盗、报警、通讯和消防等安全防范设施和安全防范规章、制度等措施以及与业务有关的其他设施,如电子计算机等。

(三) 商业银行的业务

1. 商业银行的业务经营原则[2]

(1) 安全性原则,就是要使商业银行的资产尽可能地免遭或降低风险,使其经营保持长期稳定,保证各方利益不受损失,是商业银行经营的首要原则。由于商业银行自有资本所占

---

[1] 《中华人民共和国商业银行法》第11条、第12条。
[2] 王胜明主编:《中华人民共和国商业银行法释义》,法律出版社2004年版,第12页。

比重很小,主要依赖负债经营,因此,资产的安全性主要是通过对风险的防范和控制来实现的。

(2) 流动性原则,是指银行资金的流动和融通,能够随时应付客户的提取借款、发放贷款的需求。对于银行来讲,保持资金的流动性十分重要,银行的大部分资金是通过存款吸纳的,存款人随时可能取款,而资金不贷出去又很难创造效益,因此,保证资金的周转和流动,才能服务好客户并保证其信用。

(3) 效益性原则,是强调经济效益即银行的盈利性,获取最大化的利润是商业银行经营所追求的目标,银行只有赢利才可以增加银行自身的经营实力,提高银行的信用,更好地服务于社会。同时,商业银行开展业务,还应考虑国民经济和社会发展的需要,接受国家产业政策的指导。

商业银行安全性、流动性、效益性的经营原则有其内在的逻辑关系,既相互对立又相互依存,只有保证安全性和流动性的基础上才能争取更大的效益性,在经营活动中应努力达到三者之间的动态平衡。

2. 商业银行业务的种类

(1) 负债业务,这是商业银行资金来源的重要渠道之一,其主要方式是接受存款在负债业务中,商业银行是债务人融资或投资者是债权人。《商业银行法》规定,办理个人储蓄存款业务,应当遵循存款自愿、取款自由、存款有息、为存款人保密的原则。对于个人储蓄存款和单位存款,商业银行有权拒绝任何单位或个人查询、冻结、计划,但法律另有规定的除外。此外,商业银行应当按照中国人民银行规定的存款利率的上下限,确定存款利率,并予以公告,应当保证存款本金和利息的支付,不得拖延、拒绝支付存款本金和利息。

(2) 资产业务,这代表了银行对资金的运用,其主要方式是银行贷款。在资产业务中,商业银行是债权人,借款人是债务人。商业银行贷款,应当与借款人订立书面信贷合同。信贷合同是贷款人将货币借给借款人,借款人按期归还贷款并支付规定的利息的协议,它是表现信贷业务的法律形式。商业银行应当按照中国人民银行规定的贷款利率的上下限,确定贷款利率。但商业银行不得向关系人发放信用贷款,向关系人发放担保贷款的条件不得优于其他借款人同类贷款的条件;商业银行也有权拒绝任何单位和个人综合要求其发放贷款或者提供担保。

(3) 中间业务,是指不构成商业银行表内资产、表内负债,形成银行非利息收入的业务。经营此类业务时,商业银行并不运用自有资金或借入的资金,也就是说这种业务并不引起资产与负债比例变化。商业银行既不是债权人,也不是债务人,而是代理人或者中介人。

《商业银行法》规定了下列中间业务:办理国内外结算,发行金融债券,代理发行、代理兑付、承销政府债券,买卖、代理买卖外汇,提供信用服务及担保,代理收付款项及代理保险业务,提供保险箱服务等。

(四) 法律责任[①]

1. 商业银行的法律责任

(1) 商业银行无故拖延、拒绝支付存款本金和利息等给存款人或其他客户造成损害的,应当承担迟延履行的利息及其他民事责任;由国务院银行业监督管理机构责令改正,有违法所得的,没收违法所得,违法所得 5 万元以上的,并处违法所得 1 倍以上 5 倍以下罚款;没有

[①] 潘静成、刘文华主编:《经济法(第 2 版)》,中国人民大学出版社 2005 年版,第 462 页。

违法所得或者违法所得不足5万元的,处5万元以上50万元以下罚款。

(2)违反国家规定从事信托投资和证券经营业务、向非自用不动产投资或者向非银行金融机构和企业投资的,或者向关系人发放信用贷款或者发放担保贷款的条件优于其他借款人同类贷款的条件的,由国务院银行业监督管理机构责令其改正,有违法所得的,没收违法所得,违法所得50万元的以上的,并处违法所得1倍以上5倍以下罚款;没有违法所得或者违法所得不足50万元的,处50万元以上200万元以下罚款;情节特别严重或者逾期不改正的,可以责令其停业整顿或者吊销其经营许可证;构成犯罪的,依法追究其刑事责任。

(3)拒绝或者阻碍中国人民银行检查、监督的,或提供虚假的、隐瞒重要事实的财务会计报告、报表和统计报表的,或未按照中国人民银行规定的比例交存存款准备金的,由中国人民银行责令其改正,并处20万元以上50万元以下罚款;情节特别严重或者逾期不改正的,中国人民银行可以建议国务院银行业监督管理机构责令其停业整顿或者吊销其经营许可证;构成犯罪的,依法追究其刑事责任。

2.商业银行工作人员的法律责任

(1)商业银行工作人员利用职务上的便利,索取、收受贿赂或者违反国家规定收受各种名义的回扣、手续费,构成犯罪的,依法追究其刑事责任;尚不构成犯罪的,应当给予其纪律处分。

(2)商业银行工作人员利用职务上的便利,贪污、挪用、侵占本行或者客户资金,构成犯罪的,依法追究其刑事责任;尚不构成犯罪的,应当给予其纪律处分。

(3)商业银行工作人员违反本法规定玩忽职守造成损失的,应当给予其纪律处分;构成犯罪的,依法追究其刑事责任。违反规定徇私向亲属、朋友发放贷款或者提供担保造成损失的,其应当承担全部或者部分赔偿责任。

(4)商业银行工作人员泄露在任职期间知悉的国家秘密、商业秘密的,应当给予其纪律处分;构成犯罪的,依法追究其刑事责任。

(5)商业银行违反《中华人民共和国商业银行法》的规定的,国务院银行业监督管理机构可以区别不同情形,取消其直接负责的董事、高级管理人员一定期限直至终身的任职资格;禁止直接负责的董事、高级管理人员和其他直接责任人员一定期限直至终身从事银行业工作。商业银行的行为尚不构成犯罪的,对直接负责的董事、高级管理人员和其他直接责任人员,给予警告,处5万元以上50万元以下罚款。

第二节 票据法律制度

一、票据的定义

票据是指由出票人依票据法签发的,由自己或委托他人于到期日或见票时无条件支付一定金额给收款人或持票人的一种有价证券。票据的概念有广义和狭义之分。广义的票据包括各种有价证券和凭证,如股票、国库券、企业债券、发票、提单等;狭义的票据,即《中华人民共和国票据法》(以下简称《票据法》)中规定的"票据",包括汇票、本票和支票。

汇票是出票人签发的,委托付款人在见票时或者在指定日期无条件支付确定的金额给收款人或者持票人的票据。汇票分为银行汇票和商业汇票。

本票是出票人签发的,承诺自己在见票时无条件支付确定的金额给收款人或者持票人的票据。

支票是出票人签发的,委托办理支票存款业务的银行或者其他金融机构在见票时无条件支付确定的金额给收款人或者持票人的票据。

二、票据的记载事项

(一) 绝对记载事项

汇票必须记载下列事项:(1) 表明"汇票"的字样;(2) 无条件支付的委托;(3) 确定的金额;(4) 付款人名称;(5) 收款人名称;(6) 出票日期;(7) 出票人签章。

本票必须记载下列事项:(1) 表明"本票"的字样;(2) 无条件支付的承诺;(3) 确定的金额;(4) 收款人名称;(5) 出票日期;(6) 出票人签章。

支票必须记载下列事项:(1) 表明"支票"的字样;(2) 无条件支付的委托;(3) 确定的金额;(4) 付款人名称;(5) 出票日期;(6) 出票人签章。

按照我国法律规定,未记载规定事项之一的,该票据无效。票据金额以中文大写和数字同时记载,二者必须一致,二者不一致的,票据无效。票据金额、日期和收款人名称不得更改,更改的票据无效。对票据上的其他记载事项,原记载人可以更改,更改时应当由原记载人签章证明。

(二) 相对记载事项

《票据法》上记载的相对必要记载事项是指,票据上欠缺该类事项的记载,就按照法律的补充规定,票据不因该类事项的欠缺而无效的事项。这类包括:

(1) 票据的到期日。对于汇票而言,若票据上无到期日的记载,则被视为即期票据,应见票即付。

(2) 票据付款地。票据上未记载付款地的,汇票付款人的营业场所、住所或者经常居住地为付款地,本票、支票付款人的营业场所为付款地。

(3) 票据出票地。票据上未记载出票地的,汇票、支票出票人的营业场所、住所或者经常居住地为出票地,本票出票人的营业场所为出票地。

三、票据权利的补救[①]

票据与票据权利有着紧密的联系,票据丧失,票据权利的实现就会受到影响。《票据法》中对票据丧失的补救措施有三种。

1. 挂失止付

挂失止付是指失票人将票据丧失的情况通知付款人并由接受通知的付款人暂停支付的一种方法。挂失止付是有一定的有效期的,付款人或者代理付款人自收到挂失止付通知之日起12日内没有收到人民法院的支付通知书的,自第13日起,挂失止付通知书失效。如果付款人或者代理付款人在收到挂失止付通知书前,已经依法向持票人付款的,不再接受挂失止付。挂失止付并不是票据丧失后票据权利补救的必经程序,只是一种暂时的预防措施,最

---

① 马兆瑞编著:《经济法》(第3版),中国人民大学出版社2020年版,第94页。

终要通过申请公示催告或提起普通诉讼来补救票据权利。

2. 公示催告

公示催告是指在票据丧失后,由失票人向人民法院提出申请,请求法院以公告方法通知不确定的利害关系人限期申报权利,逾期未申报者,由法院通过除权判决宣告所丧失票据无效的一种制度。按照法律规定可以背书转让的票据持有人,因票据被盗、遗失或者灭失,可以向票据支付地的基层人民法院申请公示催告。人民法院收到公示催告的申请后,经审查认为符合受理条件的,应在受理后的3日内发出公告,催促利害关系人申报权利。公示时间不得少于60日。

3. 普通诉讼

普通诉讼是指丧失票据的失票人向法院提起民事诉讼,要求法院判定付款人向其支付票据金额的活动。在提起诉讼时应注意几点:(1)票据丧失后的诉讼被告一般是付款人,但在找不到付款人或付款人不能付款时,也可将出票人、背书人、保证人作为被告;(2)诉讼请求的内容是要求付款人或其他票据债务人在票据的到期日或判决生效后支付或清偿票据金额;(3)失票人在向法院起诉时,应提供所丧失票据的有关书面证明;(4)失票人向法院起诉时,应当提供担保,以防由于付款人支付已丧失票据票款后可能出现的损失,担保的数额相当于票据记载的金额;(5)在判决前,丧失的票据出现时,付款人应以该票据正处于诉讼阶段为由暂不付款,将情况迅速通知失票人和人民法院,法院应终结诉讼程序。

四、票据抗辩

(一) 概念

票据抗辩是指票据债务人依照《票据法》的规定,对票据债权人拒绝履行义务的行为。票据抗辩是票据债务人的一种权利。

(二) 抗辩的种类

1. 对物抗辩

对物抗辩,是指基于票据本身存在的事由而发生的抗辩。包括:

(1) 票据行为不成立而为的抗辩,如票据应记载的内容有欠缺;背书上有禁止记载的事项;背书不连续;持票人的票据权利有瑕疵等。

(2) 依票据记载不能提出请求而为的抗辩,如票据未到期、付款地不符等。

(3) 票据载明的权利已消灭或已失效而为的抗辩,如时效届满。

(4) 票据权利的保全手续欠缺而为的抗辩,如应作成拒绝证书而未作等。

(5) 票据上有伪造、变造情形而为的抗辩。

2. 对人抗辩

对人抗辩,即对抗特定债权人。债务人只能对基础关系中的直接相对人不履行约定义务的行为进行抗辩,该基础关系必须是该票据赖以产生的民事法律关系而不是其他的民事法律关系;如果该票据已被不履行约定义务的持票人转让给第三人,而该第三人属善意,是已对价取得票据的持票人,则票据债务人不能对其进行抗辩。

五、汇票的背书

背书是指持票人以转让汇票权利或授予他人一定的票据权利为目的,按法定的事项和方式在票据背面或者粘单上记载有关事项并签章的票据行为。《票据法》规定,持票人可以将汇票权利转让给他人或者将一定的汇票权利授予他人行使。

持票人行使此项权利时,应当背书并交付汇票。

背书由背书人签章并记载背书日期。背书未记载日期的,视为在汇票到期日前背书。汇票以背书转让或者以背书将一定的汇票权利授予他人行使时,必须记载被背书人名称。以背书转让的汇票,背书应当连续。持票人以背书的连续,证明其汇票权利;非经背书转让,而以其他合法方式取得汇票的,依法举证,证明其汇票权利。背书连续,是指在票据转让中,转让汇票的背书人与受让汇票的被背书人在汇票上的签章依次前后衔接。

六、汇票的追索权

追索权是指持票人在票据到期后不获付款或到期前不获承兑或有其他法定原因,并在实施行使或保全票据上权利的行为后,可以向其前手请求偿还票据金额、利息及其他法定款项的一种票据权利。追索权是在票据权利人的付款请求权得不到满足之后,法律赋予持票人对票据债务人进行追偿的权利。汇票到期被拒绝付款的,持票人可以行使追索权。

1. 发追索通知

持票人应当自收到被拒绝承兑或者被拒绝付款的有关证明之日起 3 日内,将被拒绝事由书面通知其前手;其前手应当自收到通知之日起 3 日内书面通知其再前手。持票人也可以同时向各汇票债务人发出书面通知。在书面通知中,应当记明汇票的主要记载事项,并说明该汇票已被退票。

2. 向出票人、背书人、承兑人和保证人追索

汇票的出票人、背书人、承兑人和保证人对持票人承担连带责任。持票人可以不按照汇票债务人的先后顺序,对其中任何一人、数人或者全体行使追索权。持票人对汇票债务人中的一人或者数人已经进行追索的,对其他汇票债务人仍可以行使追索权。被追索人清偿债务后,与持票人享有同一权利。

3. 追索的范围

追索的范围包括汇票金额、利息以及费用。

七、空头支票

(一)空头支票的概念及其危害

出票人签发的支票金额超过其付款时在付款人处实有的存款金额的,为空头支票。我国《票据法》关于空头支票的规定是十分严格的,即要求在付款人处必须有支票金额的存款。在国外,多数国家允许支票出票人与付款人签订透支合同,即经付款人同意,出票人可以在一定范围内签发透支支票,由付款人代其垫付,待出票人资金到位时再结算,这实质上是一种贷款行为。在我国,银行贷款必须受到国家贷款规模等多种限制,故不允许签订透支合同。

空头支票一方面损害了持票人的合法权益,使其票据权利得不到实现;另一方面,空头支票扰乱了正常的金融秩序,破坏了社会经济交往的正常进行。

(二)签发空头支票的法律责任

根据我国《票据法》,签发空头支票或者故意签发与其预留的本名签名式样或者印鉴不符的支票骗取财物的,依法追究刑事责任。

八、汇票与支票的付款

付款是指付款人依据票据文义支付票据金额,以消灭票据关系的行为。

(一) 汇票的付款

1. 付款提示

付款提示是指持票人向付款人出示票据,请求付款的行为。见票即付的汇票,自出票日起 1 个月内向付款人提示付款。定日付款、出票后定期付款或者见票后定期付款的汇票,自到期日起 10 日内向承兑人提示付款。

2. 支付票款

支付票款是指持票人向付款人进行付款提示后,付款人无条件地在当日按照票据金额足额支付给持票人。

3. 付款的效力

付款人如果依法足额付款后,全体汇票债务人的责任解除。如果付款人付款未尽审查义务而对不符合法定形式的票据付款,或者存在恶意或重大过失而付款的,付款人的义务不能免除,其他债务人也不能免除责任。

(二) 支票的付款

支票限于见票即付,不得另行记载付款日期。另行记载付款日期的,该记载无效。持票人应当自出票日起 10 日内提示付款;超过提示付款期限提示付款的,付款人可以不予付款。付款人不予付款的,出票人仍应当对持票人承担票据责任。持票人超过提示付款期限的,并不丧失对出票人的追索权,出票人仍应当对持票人承担支付票款的责任。出票人在付款人处的存款足以支付支票金额时,付款人应当在当日足额付款。

九、追究刑事责任的票据欺诈

在我国,票据是受法律保护的、有特定形式的支付方式。有下列票据欺诈行为之一的,依法追究刑事责任:(1)伪造、变造票据的;(2)故意使用伪造、变造的票据的;(3)签发空头支票或者故意签发与其预留的本名签名式样或者印鉴不符的支票,骗取财物的;(4)签发无可靠资金来源的汇票、本票,骗取资金的;(5)汇票、本票的出票人在出票时作虚假记载,骗取财物的;(6)冒用他人的票据的。

第三节 证券法律制度

一、证券的概念与适用范围

证券是股票、公司债券和国务院依法认定的其他证券。《中华人民共和国证券法》(以下简称《证券法》)第 2 条规定:"在中华人民共和国境内,股票、公司债券、存托凭证和国务院依法认定的其他证券的发行和交易,适用本法;本法未规定的,适用《中华人民共和国公司法》和其他法律、行政法规的规定。政府债券、证券投资基金份额的上市交易,适用本法;其他法律、行政法规另有规定的,适用其规定。"

二、证券发行的种类

(一) 私募发行与公募发行

私募发行与公募发行,是按选择的发行对象进行的划分。

私募发行,又称不公开发行,或内部发行,是指发行人将其证券发售给特定少数投资者的方式。特定的少数投资者一般是与发行人有密切关系的投资者,包括发行人内部的雇员、发行人的重要客户、有经常业务往来的机构以及从事证券投资的金融机构。私募发行人多为资本实力雄厚、信誉卓著的银行、保险公司或股份有限公司。私募发行成本较低,适合于证券发行数量较小,一般不需要代理销售,为鼓励购买,往往对特定筹资对象提供优厚条件。我国的私募发行,主要是股份公司向本公司内部职工发行。许多国家的证券法律规定对私募发行豁免注册。

公募发行,又称公开发行,是指发行人以同一条件,向不特定的公众投资者发售其证券的方式。根据《证券法》的相关规定,公开发行证券,必须符合法律、行政法规规定的条件,并依法报经国务院证券监督管理机构或者国务院授权的部门核准;未经依法核准,任何单位和个人不得公开发行证券。有下列情形之一的,为公开发行:(1) 向不特定对象发行证券;(2) 向累计超过 200 人的特定对象发行证券;(3) 法律、行政法规规定的其他发行行为。

公募发行,能提高发行人的社会知名度,但发行过程复杂,发行费用较高,适合于证券发行数量较大的公司。公募发行涉及的投资者的范围广泛,社会影响较大,要求发行人必须具备较高的社会信誉。公募发行是各国证券法规制的主要对象,对公募发行规定应向证券管理机构申请注册,或应经证券管理机构核准,并依法公开公司的有关信息。

(二) 直接发行与间接发行

直接发行与间接发行,是根据证券发行是否借助证券发行中介机构而划分的。

直接发行,又称直接募集或自销发售,是发起人不需证券承销机构的介入,由发行人自己组织发行工作,办理发行事宜,直接与证券购买人签订购买合同予以发行的方式。直接发行成本较低,发行人能够直接控制发行过程,实现发行意图。然而,直接发行对于大多数发行人而言,由于受到专业知识和销售渠道的限制,通常发行时间过长,经济效益会受到影响。发行人须承担未全部发售的余额自行认购的义务,发行风险较大。采用直接发行方式的多是一些信誉卓著并拥有专门人才和机构的大公司或销售网点众多的金融机构。典型的直接发行方式有:(1) 发行人直接向公众发行;(2) 直接向现有股东发行;(3) 债券直接售于特定投资人;(4) 公开招标发行。

间接发行,又称证券承销、委托发行,是发行人并不直接与购买人发生关系,而是委托证券承销机构发行证券的方式。间接发行,由取得承销权的证券承销商根据与发行人签订的合同条款办理发行事务,证券承销商承担相应的责任并取得相应的报酬。间接发行较直接发行成本高。但是,间接发行由于承销商具有专业经验和专门渠道,能够提高证券发行成功的可能性,同时又不致耗费发行人过多的人力和时间,发行人的知名度也会得到提高。鉴于这些优势,间接发行成为当今证券发行的主要方式。

三、证券的发行条件

《证券法》第 3 条规定:"证券的发行、交易活动,必须遵循公开、公平、公正的原则。"证券发行、交易活动的当事人具有平等的法律地位,应当遵守自愿、有偿、诚实信用的原则。证券的发行、交易活动,必须遵守法律、行政法规;禁止欺诈、内幕交易和操纵证券市场的行为。

(一) 公司债券的发行

1. 发行条件

(1) 具备健全且运行良好的组织机构;

(2) 最近3年平均可分配利润足以支付公司债券一年的利息;

(3) 国务院规定的其他条件。

公开发行公司债券筹集的资金,必须按照公司债券募集办法所列资金用途使用;改变资金用途,必须经债券持有人会议作出决议。公开发行公司债券筹集的资金,不得用于弥补亏损和非生产性支出。

2. 报送的文件

申请公开发行公司债券,应当向国务院授权的部门或者国务院证券监督管理机构报送的文件包括:公司营业执照、公司章程、公司债券募集办法以及国务院授权的部门或者国务院证券监督管理机构规定的其他文件。依照《证券法》规定聘请保荐人的,还应当报送保荐人出具的发行保荐书。

3. 禁止再发行的情形

不得再次公开发行公司债券的情形包括:(1) 对已公开发行的公司债券或者其他债务有违约或者延迟支付本息的事实,且仍处于继续状态;(2) 违反《证券法》的规定,改变公开发行债券所募集资金的用途,如将所募集资金用于弥补亏损和非生产性支出。

(二) 股票的发行

1. 首次公开发行股票的条件

(1) 具备健全且运行良好的组织机构;

(2) 具有持续经营能力;

(3) 最近3年财务会计报告被出具无保留意见审计报告;

(4) 发行人及其控股股东、实际控制人最近3年不存在贪污、贿赂、侵占财产、挪用财产或者破坏社会主义市场经济秩序的刑事犯罪;

(5) 经国务院批准的国务院证券监督管理机构规定的其他条件。

上市公司发行新股,应当符合经国务院批准的国务院证券监督管理机构规定的条件,具体管理办法由国务院证券监督管理机构规定。

公开发行存托凭证的,应当符合首次公开发行新股的条件以及国务院证券监督管理机构规定的其他条件。

公司对公开发行股票所募集资金,必须按照招股说明书或者其他公开发行募集文件所列资金用途使用;改变资金用途,必须经股东大会作出决议。擅自改变用途,未作纠正的,或者未经股东大会认可的,不得公开发行新股。

2. 报送的文件

公司公开发行新股,除了应当报送募股申请外,还应当报送公司营业执照、公司章程、股东大会决议、招股说明书或者其他公开发行募集文件、财务会计报告以及代收股款银行的名称及地址。

依照《证券法》规定聘请保荐人的,还应当报送保荐人出具的发行保荐书。依照《证券法》规定实行承销的,还应当报送承销机构名称及有关的协议。

四、证券的交易

依法发行的证券,《中华人民共和国公司法》和其他法律对其转让期限有限制性规定的,在限定的期限内不得转让。

(1) 发起人持有的本公司的股份,自公司成立之日起1年内不得转让;自公司股票在证券交易所上市交易之日起1年内不得转让。

(2) 董事、监事、高级管理人员任职期间每年转让的股份不得超过其持有本公司股份的25%;自公司股票在证券交易所上市交易之日起1年内不得转让;离职后半年内不得转让本公司的股份。

(3) 投资者持有或者通过协议、其他安排人与他人共同持有一个上市公司已发行的有表决权股份达到5%后,其所持该上市公司已发行的有表决权股份比例每增加或者减少1%,应当在该事实发生的次日通知该上市公司,并予公告。

(4) 为证券发行出具审计报告或者法律意见书等文件的证券服务机构和人员,在该证券承销期内和期满后6个月内,不得买卖该证券。

(5) 上市公司持有5%以上股份的股东、实际控制人、董事、监事、高级管理人员,以及其他持有发行人首次公开发行前发行的股份或者上市公司向特定对象发行的股份的股东,转让其持有的本公司股份的,不得违反法律、行政法规和国务院证券监督管理机构关于持有期限、卖出时间、卖出数量、卖出方式、信息披露等规定,并应当遵守证券交易所的业务规则。

(6) 上市公司股票在国务院批准的其他全国性证券交易场所交易的公司的董事、监事、高级管理人员,持有上市公司股份5%以上的股东,将其持有的该公司的股票或者具有其他股权性质的证券在买入后6个月内卖出,或者卖出后6个月内又买入,由此所得的收益归该公司所有,公司董事会应收回其所得的收益。但是,证券公司因包销购入售后剩余股票而持有5%以上股份,以及有国务院证券监督管理机构规定的其他情形除外。

五、禁止的交易行为

(一) 内幕交易行为

内幕信息是指在证券交易活动中,涉及发行人的经营、财务或者对该发行人证券的市场价格有重大影响的尚未公开的信息。内幕交易行为是指内幕信息的知情人和非法获取内幕信息的人利用内幕信息从事证券交易活动。内幕信息的知情人,即内幕人员包括:

(1) 发行人及其董事、监事、高级管理人员;

(2) 持有公司5%以上股份的股东及其董事、监事、高级管理人员,公司的实际控制人及其董事、监事、高级管理人员;

(3) 发行人控股或者实际控制的公司及其董事、监事、高级管理人员;

(4) 由于所任公司职务或者因与公司业务往来可以获取公司有关内幕信息的人员;

(5) 上市公司收购人或者重大资产交易方及其控股股东、实际控制人、董事、监事和高级管理人员;

(6) 因职务、工作可以获取内幕信息的证券交易场所、证券公司、证券登记结算机构、证券服务机构的有关人员;

(7) 因职责、工作可以获取内幕信息的证券监督管理机构工作人员;

(8) 因法定职责对证券的发行、交易或者对上市公司及其收购、重大资产交易进行管理可以获取内幕信息的有关主管部门、监管机构的工作人员;

(9) 国务院证券监督管理机构规定的可以获取内幕信息的其他人员。

(二) 操纵证券市场行为

操纵证券市场行为给投资者造成损失的,应当依法承担赔偿责任。禁止任何人以下列手段操纵证券市场,影响或者意图影响证券交易价格或者证券交易量:

(1) 单独或者通过合谋,集中资金优势、持股优势或者利用信息优势联合或者连续买卖;

(2) 与他人串通,以事先约定的时间、价格和方式相互进行证券交易;

(3) 在自己实际控制的账户之间进行证券交易;

(4) 不以成交为目的,频繁或者大量申报并撤销申报;

(5) 利用虚假或者不确定的重大信息,诱导投资者进行证券交易;

(6) 对证券、发行人公开作出评价、预测或者投资建议,并进行反向证券交易;

(7) 利用在其他相关市场的活动操纵证券市场;

(8) 操纵证券市场的其他手段。

(三) 编造、传播虚假信息行为

禁止任何单位和个人编造、传播虚假信息或者误导性信息,扰乱证券市场,给投资者造成损失的,应当依法承担赔偿责任。禁止证券交易场所、证券公司、证券登记结算机构、证券服务机构及其从业人员,证券业协会、证券监督管理机构及其工作人员,在证券交易活动中作出虚假陈述或者信息误导。各种传播媒介传播证券市场信息必须真实、客观,禁止误导。传播媒介及其从事证券市场信息报道的工作人员不得从事与其工作职责发生利益冲突的证券买卖。

(四) 损害客户利益行为

禁止证券公司及其从业人员从事损害客户利益的行为,给客户造成损失的,应当依法承担赔偿责任。具体损害行为包括:

(1) 违背客户的委托为其买卖证券;

(2) 不在规定时间内向客户提供交易的确认文件;

(3) 未经客户的委托,擅自为客户买卖证券,或者假借客户的名义买卖证券;

(4) 为牟取佣金收入,诱使客户进行不必要的证券买卖;

(5) 其他违背客户真实意思表示,损害客户利益的行为。

(五) 其他行为

(1) 任何单位和个人不得违反规定,出借自己的证券账户或者借用他人的证券账户从事证券交易;

(2) 依法拓宽资金入市渠道,禁止资金违规流入股市;

(3) 禁止投资者违规利用财政资金、银行信贷资金买卖证券;

(4) 国有独资企业、国有独资公司、国有资本控股公司买卖上市交易的股票,必须遵守国家有关规定。

六、上市公司的收购

上市公司的收购是指收购人通过法定方式,取得上市公司一定比例的发行在外的股份,以实现对该上市公司控股或者合并的行为。

上市公司的收购的投资者可以采取要约收购、协议收购及其他合法方式收购上市公司。收购要约约定的收购期限不得少于 30 日,并不得超过 60 日。在收购要约确定的承诺期限内,收购人不得撤销其收购要约。采取协议收购方式的,收购人收购或者通过协议、其他安排与他人共同收购一个上市公司已发行的有表决权股份达到 30% 时,继续进行收购的,应当依法向该上市公司所有股东发出收购上市公司全部或者部分股份的要约。但是,按照国务院证券监督管理机构的规定免除发出要约的除外。

在上市公司收购中,收购人持有的被收购的上市公司的股票,在收购行为完成后的 18 个月内不得转让。收购行为完成后,收购人与被收购公司合并,并将该公司解散的,被解散公司的原有股票由收购人依法更换。

七、信息披露制度

(一) 定期报告

(1) 在每一会计年度结束之日起 4 个月内,报送并公告年度报告,其中的年度财务会计报告应当经符合本法规定的会计师事务所审计;

(2) 在每一会计年度的上半年结束之日起 2 个月内,报送并公告中期报告。

(二) 重大事件披露

(1) 公司的经营方针和经营范围的重大变化;

(2) 公司的重大投资行为,公司在一年内购买、出售重大资产超过公司资产总额 30%,或者公司营业用主要资产的抵押、质押、出售或者报废一次超过该资产的 30%;

(3) 公司订立重要合同、提供重大担保或者从事关联交易,可能对公司的资产、负债、权益和经营成果产生重要影响;

(4) 公司发生重大债务和未能清偿到期重大债务的违约情况;

(5) 公司发生重大亏损或者重大损失;

(6) 公司生产经营的外部条件发生的重大变化;

(7) 公司的董事、1/3 以上监事或者经理发生变动,董事长或者经理无法履行职责;

(8) 持有公司 5% 以上股份的股东或者实际控制人持有股份或者控制公司的情况发生较大变化,公司的实际控制人及其控制的其他企业从事与公司相同或者相似业务的情况发生较大变化;

(9) 公司分配股利、增资的计划,公司股权结构的重要变化,公司减资、合并、分立、解散及申请破产的决定,或者依法进入破产程序、被责令关闭;

(10) 涉及公司的重大诉讼、仲裁,股东大会、董事会决议被依法撤销或者宣告无效;

(11) 公司涉嫌犯罪被依法立案调查,公司的控股股东、实际控制人、董事、监事、高级管理人员涉嫌犯罪被依法采取强制措施;

(12) 国务院证券监督管理机构规定的其他事项。

公司的控股股东或者实际控制人对重大事件的发生、进展产生较大影响的,应当及时将其知悉的有关情况书面告知公司,并配合公司履行信息披露义务。

第四节 保险法律制度

一、保险法概述

(一)保险的概念和特征

保险一词是来自西方国家的舶来品,英文为 Insurance。那么,究竟什么是保险呢?

从经济学角度看,保险是一种补偿或给付的经济制度,面临同类危险的人们通过保险人或国家,或者直接组织起来,共同集聚小额资金,形成保险基金,从而使个人危险转移至基金集中承担。

从法律角度出发,保险则是指投保人与保险人之间建立的一种保险合同关系,由投保人向保险人支付保险费,而保险人对于约定的保障事故发生造成的损失或后果承担保险责任。

《中华人民共和国保险法》(以下简称《保险法》)第 2 条将保险定义为:"投保人根据合同约定,向保险人支付保险费,保险人对于合同约定的可能发生的事故因其发生所造成的财产损失承担赔偿保险金责任,或者当被保险人死亡、伤残、疾病或者达到合同约定的年龄、期限等条件时承担给付保险金责任的商业保险行为。"由此可见,我国《保险法》仅调整商业保险,其具有如下特征。

(1)保险以特定的危险为对象。危险的存在是构成保险的前提要件,在一定意义上可以说,无危险则无保险。当然,保险并非涉及所有的危险,而应当在保险当事人约定的范围内,将来可能发生的纯粹性危险[①]。

(2)保险以多数人的互助共济为基础。保险在本质上是"人人为我,我为人人"的互助行为,其基本原理是集合危险、分散损失。各投保人借助保险人的保险经营行为而形成整体上的互助共济关系。每个投保人将自己面对的危险转移给全体投保人,同时也分担着其他投保人的危险。

(3)保险以科学的数理计算为依据。这是保险的技术要件。保险人正是运用现代数学理论,通过个别危险事故发生的偶然性,进行科学的概括、总结来发现其发生的必然性,从而预测保险责任范围可能造成的损失后果。

(4)保险以损失补偿为目的。保险的基本功能就是对损失予以补偿,以维持社会经济生活的稳定。这种补偿是按被保险人因保险事故发生所造成的损失或后果进行的。

(二)保险法的概念和调整对象

保险法有广义和狭义之分。广义的保险法是指调整保险关系的一切法律规范的总称。狭义的保险法,在我国就是指《中华人民共和国保险法》。我们通常所称保险法一般指广义的保险法。

保险法的调整对象为保险关系。所谓保险关系是指参与保险活动的主体之间形成的权

[①] 按危险的损失性质,分为纯粹性危险和投机性危险。前者是指只有损失发生与否之结果的危险,后者是指损失和获利的两种可能性并存的危险,如股票投资的风险。参见贾林青编著:《保险法》,中国人民大学出版社 2006 年版,第 5 页。

利义务关系,主要包括保险合同关系和保险监督管理关系,前者是平等主体之间的权利义务关系;后者是指保险监督管理部门在对参与保险活动的当事人进行监督管理过程中形成的监管与被监管的关系,具有命令和服从的性质。

二、保险法的基本原则

保险法的基本原则是贯穿整个保险法律规范体系,指导各项保险法律制度适用的根本性行为准则。现代各国保险法均公认的基本原则如下。

1. 保险利益原则

所谓保险利益,是指投保人、被保险人对保险标的具有的法律上承认的利益。其实质上就是特定主体对于保险标的所具有的利害关系。我国《保险法》第12条规定,投保人对保险标的应当具有保险利益,从而确认了我国保险法上的保险利益原则。

一般认为,适用保险利益原则,应当具备以下要件。

(1) 保险利益必须是法律承认的利益。这是保险利益的合法性要件,即要求投保人或被保险人对保险标的享有的利益为法律所承认和保护。而违反法律的利益、通过不正当手段获取的利益,不构成保险利益,即使投保,也因无保险利益而导致合同无效。

(2) 保险利益必须是确定存在的利益。这是保险利益的客观性要件,一般表现为被保险人对保险标的的现有利益或因现有利益而产生的期待利益已经确定或者可以确定[1]。如果对保险标的的利益不能确定,那么在保险事故发生致使被保险人遭受损失后,保险人就无法补偿。

(3) 保险利益必须是可以金钱计算的利益。这是保险利益的可计算性要件,即保险利益是能够运用货币予以计量的利益。这在财产保险中无任何疑问。但在人身保险中,存在着不同的观点。大多数学者认为,人身保险利益并非投保人和被保险人之间的法定关系,而是隐藏于这些关系之后的经济利益关系。也有学者主张,人身保险利益应限定为投保人和被保险人之间的人身依附关系或者信赖关系[2]。

2. 最大诚信原则

诚实信用原则是市场经济活动正常进行的基本条件之一,也是民商法的基本原则。诚实信用原则要求民商事主体在从事民商事活动时,应诚实守信,以善意的方式行使权利履行义务,不得滥用权利及规避法律或合同规定的义务;同时,诚实信用原则要求维持当事人之间的利益及当事人利益和社会利益之间的平衡。因而,诚实信用原则在民商法领域被尊称为"帝王条款""君临全法域之基本原则"[3]。

但是,保险市场的特殊性,决定着更为强调诚实信用的必要性。通常认为,在保险法中,法律对于当事人诚信程度的要求远高于其他民商事活动,因此很多国家的保险法将这一原则加以强化,提升为最大诚信原则,又称其为"绝对诚信原则"[4]。

最大诚信原则的基本内容如下。

(1) 保险人的说明义务

这是指保险人在订立保险合同时,应当向投保人说明保险合同条款内容,特别是免责条

---

[1] 李永军主编:《商法学》,中国政法大学出版社2004年版,第725页。
[2] 许崇苗、李利著:《中国保险法原理与适用》,法律出版社2006年版,第111页。
[3] 史尚宽:《民法总论》,台北正大印书馆1980年版,第300页。
[4] 贾林青著:《保险法》,中国人民大学出版社2006年版,第88页。

款的义务。我国《保险法》第17条第1款规定:"订立保险合同,采用保险人提供的格式条款的,保险人向投保人提供的投保单应当附格式条款,保险人应当向投保人说明合同的内容。"这是法定义务,不论在何种情况下,保险人均应详细说明保险合同的各项条款,并对投保人有关保险合同的询问作出直接、真实的回答。对于责任免除条款,保险人未明确说明的,该条款不产生效力。

(2) 投保人的如实告知义务

与保险人的说明义务相对应,投保人在订立保险合同时负有如实告知义务。如实告知的内容是有关保险标的的重要事实,即对保险人承保有重要影响的关于保险标的的事实,或者说,凡能够影响一个谨慎的保险人决定其是否接受承保或据以确定保险费率或是否在保险合同中增加特别条款的事实。

我国和大多数国家一样,在告知方式上采用询问回答式,即将保险人询问的问题认定为"重要事实"。如果投保人不履行如实告知义务的,保险人有权解除合同。

(3) 保证

保证是投保人或被保险人对保险人作出的一种关于作为或不作为某种行为,或某种状态存在或不存在的担保,也称履行保证。从表现形式看,保证可分为明示保证和默示保证。明示保证通常以保险单上的保证条款表现出来,如人身保险中常有"不参加高度危险活动"的明示保证条款。默示保证是指依法律的强制性规定或保险惯例,投保人、被保险人应该保证某一事项,而无须事前明确作出承诺。如海上保险中,投保人应默示保证船舶具有适航能力。

违反保证的,按保险合同的约定、法律规定或保险惯例处理,通常保险人可以解除合同,不承担已发生事故的赔偿责任,并且不退保险费。

(4) 弃权与禁止反言

弃权是指保险人以明示或默示的方式放弃其在保险合同中可以主张的权利。构成弃权须具备两个条件:一是保险人必须知悉权利的存在;二是保险人须有明示或默示弃权的意思表示。弃权是一种单方法律行为。

禁止反言也称禁止抗辩,是指保险人既然已经放弃可以主张的权利,将来不得反悔,再向对方主张该权利。

3. 近因原则

近因原则是为了明确事故与损失之间的因果关系,认定保险责任而专门设立的一项基本原则。它是指保险人对于承保范围内的保险事故作为直接的、最接近的原因所引起的损失承担保险责任,而对于承保范围以外的原因造成的损失,不负赔偿责任。

在国际保险市场中,近因原则是必不可少的法律原则,它维系了保险合同当事人之间利益的平衡,确立了对于保险人的公平归责机制。通过近因原则的适用,可以使保险合同的各方当事人从复杂多变的保险案件事实中,寻求一项公平合理、确定无误的法律原因(近因)作为认定依据,从而既可以防止无限制地扩大保险人的保险责任,又可以避免保险人任意推卸应当承担的保险责任。

根据近因原则的要求,认定近因的关键,在于确定致损的因果关系。

(1) 损失由单一原因引起的情况

保险标的的损失如果是由单一原因引起的,该原因就是近因。该原因属于保险责任范围内的,保险人负保险责任;否则不承担保险责任。

(2) 损失由同时发生的数个原因引起的情况

保险标的的损失由数个原因同时引起的,可以区分出起决定作用原因的,该决定性原因是近因,依据该近因是否在保险责任范围内确定保险责任。不能区分的,都是近因。在这种情况下,如果该数个原因都在保险责任范围内的,保险人负赔偿责任;反之,不赔。如果同时发生的数个原因有的属于保险责任范围内的,有的是责任免除,那么,损失可以分别估算的,保险人仅对保险责任范围造成的损失进行赔偿;损失不能分别估算的,由保险人和被保险人协商进行部分赔偿,或者由法律或仲裁机构裁决进行部分赔偿。

(3) 损失由连续发生的数个原因引起的情况

保险标的的损失由连续发生的数个原因引起的情况,又有两种不同情形。第一种情形是,连续发生的几个原因有前后的因果关系,并且各原因之间的因果关系链条没有中断,这时,最先发生的原因是近因,应当以其来判断保险责任是否承担。例如,船舶先遭炮火轰击,影响了航行能力,以致被大浪掀翻沉没,近因应当是战争行为,如果该船未投保战争险,则保险人不负赔偿责任。第二种情形是,几个原因连续发生,但其因果链条由于一个独立的新原因的介入而中断,此时,新介入的原因为近因,应当以其来判断保险责任是否承担。例如,投保意外伤害保险的被保险人,在车祸中受轻伤住院治疗,住院期间突发心脏病死亡,则其死亡近因是疾病,保险人不负给付死亡保险金的责任。

当然,社会生活的复杂性和多样性,使得导致保险标的损失所涉及的因果关系错综复杂。因此,在保险实务中,运用近因原因应结合保险个案的具体情况进行分析。

4. 损失补偿原则

损失补偿原则是指保险人对保险标的因保险事故造成的损失在保险金额范围内进行保险赔偿,用以补偿被保险人遭受的实际损失。显而易见,损失补偿原则是保险制度的保险保障职能的法律表现。

损失补偿原则的含义体现在以下几个方面:

(1) 保险人进行保险赔偿是以被保险人遭受实际损失为前提的。在保险期限内,即使发生了保险事故,但如果被保险人没有受到损失,就无权要求保险人赔偿。

(2) 保险人进行保险赔偿是以保险责任为根据的。对被保险人遭受的损失,如果在保险责任范围内的,保险人予以保险赔偿;无保险责任的损失部分,不予赔偿。

(3) 保险人进行保险赔偿是以保险金额为限度的。即补偿的数额必须等于损失,被保险人不能获得多于损失的补偿。因此各国保险法对保险金额超过财产实际价值的超额保险均作了限制性规定。我国保险法规定,保险金额不得超过保险价值,超过保险价值的,超过的部分无效。

三、保险合同

(一) 保险合同的概念和特点

保险合同是指投保人与保险人约定保险权利义务关系的协议。按照保险合同约定,投保人向保险人支付约定的保险费,保险人则在保险事故发生并造成保险标的损失或保险期限届满时,承担保险赔偿或给付保险金的责任。

保险合同具有以下特点:

(1) 保险合同是射幸合同。射幸合同是以将来可能发生的事件或者机会作为标的的合同。保险合同作为射幸合同，就是由投保人以支付保险费为代价，买到一个将来可能获得补偿的机会。如果在保险期限内发生了保险事故，投保人即可获得数倍于保险费的保险金；如果在保险期内没有发生保险事故，投保人支付的保险费就一无所获。保险合同的这种射幸性质，是由保险事故发生的偶然性决定的。

(2) 保险合同是最大诚信合同。诚实信用是保险法规定的一项基本原则。保险合同在订立和履行过程中，投保人负有如实告知的义务，保险人在决定是否承保以及如何确定保险费率时，全依据投保人的诚实告知。因此，对保险合同诚信度的要求较一般合同更为严格，所以称之为"最大诚信合同"。

(3) 保险合同是双务、有偿、诺成合同。保险合同的当事人因合同而互负一定的义务，其中投保人的主要义务是向保险人支付保险费；保险人的主要义务则是在保险事故发生或合同约定的其他条件具备时，赔偿或给付保险金。因此，保险合同为双务合同。保险合同中，保险人获得保险费的同时，必须承担保险责任；投保人在其保险标的(财产、人身等)获得保障的同时，必须支付保险费。所以，保险合同为有偿合同。保险合同因投保人与保险人双方意思表示一致即告成立，为诺成合同。

(4) 保险合同是格式合同。格式合同是指当事人一方对另一方事先拟定的合同条款只能表示同意或不同意的合同。保险合同作为格式合同，是由保险业务的专业性、垄断性特点决定的。保险业务经过多年的发展，条款已基本定型化。而且，保险人面对的是千千万万的投保人，不可能与每一投保人进行协商，因而保险条款多由保险人事先拟定，投保人只能决定是否接受而不能协商修改。即使在某些情况下，需要修改或补充保险条款的内容，也是采取保险人事先拟定的附加条款或附属保单。为避免保险人制定不公平的保险条款损害投保人利益，法律要求保险合同条款的确立，须遵循公平的原则，在合同条款不明确时，应作出有利于被保险人和受益人的解释。

(二) 保险合同的订立

我国《保险法》第13条明确规定了保险合同的订立过程："投保人提出保险要求，经保险人同意承保，保险合同成立。保险人应当及时向投保人签发保险单或者其他保险凭证。保险单或者其他保险凭证应当载明当事人双方约定的合同内容。当事人也可以约定采用其他书面形式载明合同内容。"

1. 投保

投保是指投保人向保险人提出的确定的、明确的订立保险合同的意思表示，即提出保险要求。投保是保险合同成立的先决条件，应具备以下几个条件：(1) 投保人要有缔约能力。一般来说，法人具有完全的缔结保险合同的能力。对于自然人来说，无民事行为能力人或者限制行为能力人，不具有投保能力，其提出的保险要求，不产生要约的效力。(2) 投保人对保险标的应当具有保险利益。(3) 要履行如实告知义务。

从合同订立程序来说，投保是一种要约。投保可以由投保人本人向保险人提出，也可以由投保人的代理人向保险人提出。

2. 承保

承保是保险人完全同意投保人提出的保险要约的行为。承保为保险人的单方法律行为，构成保险合同成立的要件。在保险实务上，保险人收到投保人填写的投保单后，经过审查认为符合承保条件,在投保单上签字、盖章并通知投保人的,构成承诺。承诺生效时保险合同成立,保险人应当及时向投保人签发保险单或者其他保险凭证,并在保险单或者其他保险凭证上加盖保险公司公章、经授权出单的分支机构公章或上述两者的合同专用章,不能只盖法定代表人、负责人名章或内部职能部门印章。应当引起注意的是,签发保险单不是保险合同成立的要件,而是保险人的合同义务。但在保险实务中,保险公司在签发保险单之前,往往不发承诺通知,而是把保险单既作为承保的凭证,也作为承诺的通知。

(三) 保险合同的生效

保险合同的生效就是指保险合同对于各方当事人具有法律约束力。这意味着保险合同的各方当事人应当遵守保险合同的规定,按照保险合同的约定行使各项权利和履行各项义务,以便实现订立保险合同的目的。

保险合同应符合法律规定的有效条件。

1. 当事人应当具有法定的缔约资格

对于保险人而言,表现为必须依保险法的规定,经保险管理监督机关批准,取得保险人身份,有经营保险业务的资格。而且,保险人所订立的保险合同的内容应属于其获准经营的业务范围。

与此相对应,订立保险合同的投保人的缔约能力表现在两个方面。(1) 自然人、法人或依法可以独立参与社会活动的其他组织均可与保险人订立保险合同,但是必须具有法律规定的民事行为能力。这是为了保证投保人对其投保行为的性质及其后果具有正确的分析判断能力。(2) 投保人在投保之时必须与保险标的之间存在着保险利益。

2. 双方当事人的意思表示真实一致

保险合同作为双方法律行为,其成立必须应当出于各方当事人的真实意思,并达成协议,才可能合于当事人追求的法律目的,便于各方当事人自觉履约。

3. 订立保险合同不得违反法律和社会公共利益

即当事人订立的保险合同应当符合国家法律法规的规定,不损害社会公共利益,而且,符合我国所参加的国际公约和我国认可的国际惯例。首先,各国保险法均注重于防止在保险市场上,当事人假借订立保险合同牟取不当利益的行为。因此,要求投保人必须对保险标的具有保险利益,以杜绝道德危险或赌博行为的发生。其次,订立保险合同所涉及的保险标的必须合法。因为,只有合法的财产,当事人才对该财产拥有法律认可的保险利益。再次,很多国家的保险法都禁止财产保险的重复保险行为,故投保人不应故意就同一投保财产,以同一保险事故,投保超过保险价值的保险金额的保险合同。否则,会造成超过保险价值的合同部分无效。

4. 订立保险合同所采取的形式应当符合法律的强制性规定和保险业规则

鉴于保险合同是典型的格式条款,由保险人一方事先拟订和提供,而投保人一方在保险合同的签订过程中则处于附和的被动地位,保险法和合同法等法律均对于保险合同的形式规定了相应的强制性规范,当事人在签订保险合同时应当予以遵守。

(四) 保险合同的内容

保险合同的内容即保险合同所确定的保险条款。依照我国《保险法》第18条之规定,保险合同一般应包括下列条款。

(1) 保险人名称和住所。保险人是保险合同当事人之一,为便于对方当事人行使权利和履行义务,保险合同应当载明其名称和住所。

(2) 投保人、被保险人名称和住所,以及人身保险的受益人的名称和住所。

(3) 保险标的。保险标的是指作为保险对象的财产及其有关利益或者人的寿命和身体。任何保险者离不开保险标的,它是确定危险程度和保险利益的重要依据,也是决定保险人保险责任范围的依据。

(4) 保险责任和责任免除。保险责任是保险人于保险事故发生或保险期限届满时应承担的赔偿或给付保险金的责任。保险责任条款具体规定了保险人所承担的风险范围。责任免除是指依法或依保险合同,保险人不负赔偿或者给付保险金责任的范围。责任免除的条款一般包括:战争或者军事行动所造成的损失;保险标的自身的自然损耗;被保险人故意行为造成的事故;其他不属于保险责任范围的损失等。保险合同中规定有关于保险人责任免除条款的,保险人在订立保险合同时应当向投保人明确说明,未明确说明的,该条款不产生效力。

(5) 保险期间和保险责任开始时间。保险期间是指保险合同的有效期间。大多数情况下,保险期间的起始时间与保险责任的开始时间是一致的,但有时也存在不一致的情形,因而保险合同中载明保险期间及保险责任的开始时间就显得非常重要。因为只有发生在保险责任开始后、保险期间届满之前的保险事故,保险人才承担保险责任。

(6) 保险金额。保险金额是指保险合同当事人约定的,保险人承担赔偿或给付保险金责任的最高限额。在财产保险中,保险金额不得超过保险价值;在人身保险中,保险金额是保险事故发生时,保险人实际所要给付的保险金。

(7) 保险费以及支付办法。保险费是投保人向保险人支付的费用,是投保人获得保险保障必须支付的代价。保险费是建立保险基金的源泉。保险费的多少,与保险金额、保险危险及保险期限的长短等有关。缴纳保险费是投保人应尽的义务,对此保险合同应予以明确。至于保险费的支付方法是一次付清,还是分期付款,是现金支付,还是转账付款也应在保险合同中明确规定。

(8) 保险金赔偿或者给付办法。保险金赔偿或者给付办法是指保险人赔偿或者给付保险金的时间和方式。为使保险人更好地履行保险责任,对此应在保险合同中明确载明。

(9) 违约责任和争议处理。违约责任是指当事人因违反合同义务所应承担的责任。为保证保险合同的顺利履行,当事人在合同中要明确加以规定。争议处理是指当事人在合同履行过程中发生争议的处理方法。争议处理条款一般包括仲裁条款和诉讼条款等。

(10) 订立合同的年、月、日。保险合同应载明订立合同的时间,这对于确定投保人是否具有保险利益、保险合同是否有效、保险期间的计算等都具有重要的作用。

(五) 保险合同变更、解除和终止

1. 保险合同的变更

(1) 主体变更。主体变更又称保险合同的转让。它是指保险合同所规定的权利义务概括地转让他人。在保险合同中,保险人一般是不会发生变化的,往往是投保人或被保险人发生变更。而投保人或被保险人的变更,通常是基于保险标的的所有权或经营管理权转移而产生。在财产保险中,保险标的的转让应当通知保险人,经保险人同意继续承保后,依法变更合同。在人身保险中,被保险人或者投保人变更受益人时,需书面通知保险人,但不必征得保险人同意。投保人变更受益人时,需经被保险人同意。

(2) 内容变更。保险合同内容的变更是指保险合同主体不发生变化的情况下,对合同内容的修改和补充。在保险合同有效期内,投保人和保险人经协商同意,可以变更保险合同的有关内容。变更保险合同的,应当由保险人在原保险单或者其他保险凭证上批注或者附贴批单,或者由投保人和保险人订立变更的书面协议。

2. 保险合同的解除

(1) 投保人的解除权。保险合同成立后,投保人可以解除保险合同,但保险法另有规定或者保险合同另有约定的除外。这是保险法基于合同自由的理念及考虑到某些保险合同的特殊性所作出的除外规定。

(2) 保险人的解除权。由于保险人的特殊地位,保险合同成立后,保险人不得解除保险合同,但保险法另有规定或者保险合同另有约定的除外。保险法规定保险人享有解除权的情形主要有:① 投保人故意隐瞒事实,不履行如实告知义务的,或者因过失未履行如实告知义务,足以影响保险人决定是否同意承保或者提高保险费率的,保险人有权解除保险合同。② 被保险人或者受益人在未发生保险事故的情况下,谎称发生了保险事故,向保险人提出赔偿或者给付保险金的请示的,保险人有权解除保险合同,并不退还保险费。③ 投保人、被保险人或者受益人故意制造保险事故的,保险人有权解除保险合同,不承担赔偿或者给付保险金的责任。④ 投保人、被保险人未按照约定履行其对保险标的安全应尽的责任的,保险人有权要求增加保险费或者解除合同。⑤ 在合同有效期内,保险标的危险程度增加的,被保险人按照合同的约定应当及时通知保险人,保险人有权要求增加保险费或者解除合同。⑥ 投保人申报的被保险人年龄不真实,并且其真实年龄不符合合同约定的年龄限制的,保险人可以解除合同,并在扣除手续费后,向投保人退还保险费,但是自合同成立之日起逾 2 年的除外。⑦ 人身保险合同约定分期支付保险费,合同效力中止超过 2 年的,保险人有权解除合同。

3. 保险合同的终止

(1) 保险合同解除。保险合同解除是保险合同终止的一个主要原因。

(2) 保险期限届满。任何保险合同均规定有有效期限。保险合同有效期限届满,是保险合同终止的最普遍原因。

(3) 保险人赔偿或给付保险金。在保险合同有效期内如发生保险责任范围内的保险事故,保险人赔偿或给付了保险金,且给付额达到合同约定的保险金额的,保险合同终止。

(4) 终止权的行使。保险标的发生部分损失的,在保险人赔偿后 30 日内,投保人可以终止合同;除合同约定不得终止合同的以外,保险人也可以终止合同。保险人终止合同的,应当提前 15 日通知投保人,并将保险标的未受损失部分的保险费,扣除自保险责任开始之日起至终止合同之日止期间的应收部分后,退还投保人。

(5) 保险标的灭失及被保险人、受益人死亡。保险标的因保险事故以外的原因而灭失时,保险合同终止。在以自下而上为给付条件的人身保险合同中,被保险人或受益人死亡的,保险合同终止。

四、保险公司

(一) 保险公司的设立条件

保险公司是指与投保人订立保险合同,并承担赔偿或者给付保险金责任的一方当事人。根据我国《保险法》的规定,保险公司的设立必须具备以下条件。

(1) 主要股东具有持续盈利能力,信誉良好,最近 3 年内无重大违法违规记录。

(2) 有符合保险法和公司法规定的章程。公司章程是设立保险公司的必备法律文件，其重要内容之一是业务范围，这是市场准入监管的核心内容，对公司、股东、董事、监事和经理具有约束力。

(3) 有符合保险法规定的注册资本最低限额。我国《保险法》第69条规定，设立保险公司，其注册资本的最低限额为人民币2亿元。保险公司注册资本最低限额必须为实缴货币资本。保险监督管理机构根据保险公司业务范围、经营规模，可以调整其注册资本的最低限额。但是，不得低于上述规定的限额。

(4) 有具备任职专业知识和业务工作经验的董事、监事和高级管理人员。对于金融企业的设立，要求其高级管理人员必须具备相应的资格条件并对其资格进行严格审查，是世界各国的普遍做法，我国同样对保险公司高级管理人员的范围和任职资格作了明确规定。

(5) 有健全的组织机构和管理制度。

(6) 有符合要求的营业场所和与业务有关的其他设施。

国务院保险监督管理机构审查设立申请时，应当考虑保险业的发展和公平竞争的需要。

(二) 保险公司的设立程序

申请设立保险公司，应当提交下列文件、资料：

(1) 设立申请书，申请书应当载明拟设立的保险公司的名称、注册资本、业务范围等；

(2) 可行性研究报告；

(3) 筹建方案；

(4) 投资人的营业执照或者其他背景资料，经会计师事务所审计的上一年度财务会计报告；

(5) 投资人认可的筹备组负责人和拟任董事长、经理名单及本人认可证明；

(6) 国务院保险监督管理机构规定的其他文件、资料。

设立保险公司的申请经初步审查合格后，申请人应当依照保险法和公司法的规定进行保险公司的筹建。具备我国《保险法》规定的设立条件的，向国务院保险监督管理机构提交正式申请表和下列有关文件、资料：

(1) 保险公司的章程；

(2) 股东名册及其股份或者出资人及其出资额；

(3) 持有公司股份10%以上的股东资信证明和有关资料；

(4) 法定验资机构出具的验资证明；

(5) 拟任职的高级管理人员的简历和资格证明；

(6) 经营方针和计划；

(7) 营业场所和与业务有关的其他设施的资料；

(8) 国务院保险监督管理机构规定的其他文件、资料。

国务院保险监督管理机构自收到设立保险公司的正式申请文件之日起6个月内，应当作出批准或者不批准的决定。

经批准设立的保险公司，由批准部门颁发经营保险业务许可证，并凭经营保险业务许可证向工商行政管理机关办理登记，领取营业执照。

保险公司自取得经营保险业务许可证之日起6个月内无正当理由未办公司设立登记的，其经营保险业务许可证自动失效。

(三) 保险经营规则

1. 保险公司业务范围及其限制规则

根据《保险法》第 95 条的规定,财产保险业务的范围包括财产损失保险、责任保险、信用保险、保证保险等保险业务;人身保险业务的范围包括人寿保险、健康保险、意外伤害保险等保险业务。经保险监督管理机构核定,保险公司可以经营保险业务中分出保险、分入保险的再保险业务。

我国《保险法》对保险公司业务范围作了以下限制。

(1) 保险分业经营规则。保险分业经营规则是指同一保险人不得同时兼营财产保险业务和人身保险业务。但是,经营财产保险业务的保险公司经保险监督管理机构核定,可以经营短期健康保险业务和意外伤害保险业务。这是保险法作出的一项重大修改。

(2) 禁止兼业规则。禁止兼业是指保险公司不得同时经营非保险业务。保险公司只能在保险监督管理机构依法核定的业务范围内从事保险经营活动,不得兼营业务范围之外的业务,更不能从事非保险业务的经营。

(3) 保险专营规则。保险专营是指保险业务只能由依法设立的保险公司经营,非保险机构不得从事保险业务。

2. 保险公司偿付能力管理规则

偿付能力是指保险公司在其所承担的保险责任发生时所具有的履行赔偿或给付责任的能力。偿付能力的大小决定于保险公司建立起来的保险基金。为了维护被保险人的利益,保证保险人有足够的偿付能力,我国保险法规定了以下规则来加以管理。

(1) 提取各种准备金。保险公司应当根据保障被保险人利益、保证偿付能力的原则,提取各项责任准备金,包括未到期责任准备金、未决赔款准备金、公积金和保险保障基金四种。

(2) 具备最低偿付能力。最低偿付能力,是指保险公司对其所承担的保险责任至少所应当具有的赔偿或支付能力。保险公司应当具有与其业务规模相适应的最低偿付能力。

3. 保险公司风险管理规则

保险公司是经营风险的行业,保险公司内部存在着风险管理的问题。为此,我国保险法规定了保险公司风险管理规则。

(1) 自留保险费的限制。我国《保险法》第 102 条规定,经营财产保险业务的保险公司当年自留保险费,不得超过其实有资本金加公积金总和的 4 倍。

(2) 对每一危险单位所承担责任的限制。我国《保险法》第 103 条规定,保险公司对每一危险单位,即对一次保险事故可能造成的最大损失范围所承担的责任,不得超过其实有资本金加公积金总和的 10%;超过的部分,应当办理再保险,以避免保险人因危险单位过大而承担过多的保险金并陷入困境,进而危害到被保险人利益的情况出现。

(3) 办理再保险。保险公司虽然是经营风险的机构,但为增强对风险的承受力,有必要鼓励保险公司通过再保险分散和转移自身承担的风险。为此,我国保险法规定,保险公司应当按照保险监督管理机构的有关规定办理再保险。保险公司需要办理再保险分出业务的,应当优先向中国境内的保险公司办理;保险监督管理机构有权限制或者禁止保险公司向中国境外的保险公司办理再保险分出业务或者接受中国境外再保险分入业务。

4. 保险公司的资金运用规则

保险公司在业务经营过程中,可以将保险资金进行投资和融资以获取收益,使保险资金保值增值,从而增强保险公司的偿付能力。保险公司的资金运用必须稳健,遵循安全性原则,并保证资产的保值增值。

保险公司的资金运用,限于在银行存款,买卖政府债券、金融债券和国务院规定的其他资金运用形式。保险公司的资金不得用于设立证券经营机构和设立保险业以外的企业。至于保险公司运用的资金和具体项目的资金占其资金总额的具体比例,由保险监督管理机构规定。

5. 保险公司及其工作人员的行为规则

鉴于保险业的特殊性,保险法对保险公司及其工作人员在保险业务活动中不得从事的行为提出了具体要求,包括:不得欺骗投保人、被保险人或者受益人;不得对投保人隐瞒与保险合同有关的重要情况;不得阻碍投保人履行保险法规定的如实告知义务,或者诱导其不履行保险法规定的如实告知义务;不得承诺向投保人、被保险人或者受益人给予保险合同规定以外的保险费回扣或者其他利益;不得故意编造未曾发生的保险事故进行虚假理赔,骗取保险金。

五、保险业监督管理制度

(一)保险业监督管理制度概述

1. 保险业监督管理制度的概念和特点

从保险法角度讲,保险业监督管理制度是指在一国范围内,国家保险业监督管理机关利用法律行政手段、行业自律手段和企业自控手段,对于经营保险业务的主体和参与保险活动主体的主体资格以及这些主体实施的保险行为进行监督和管理的法律体系。

保险业监督管理制度作为保险法领域内相对独立的法律制度,具有以下若干法律特征:

(1) 保险业监督管理制度具有干预性。这种干预性是国家权力的具体体现。

(2) 保险业监督管理制度具有法定性。它是通过保险立法的形式,确定保险业的经营规则和保险组织的资格条件等方面的法律规范。

(3) 保险业监督管理制度具有专业性和广泛性。所谓专业性,是指保险业监督管理制度是专门适用于保险市场的法律规范体系。所谓广泛性,是指一国的保险业监督管理制度的内容十分广泛,包括保险公司的资格条件、资金运用、各种保险经营活动以及整个保险领域中各个保险活动环节的监督和管理。

(4) 保险业监督管理制度具有严格性。保险市场经营活动特有的行业性质,决定了其具有高于其他行业的风险性。有鉴于此,各国政府对于保险市场适用的监督管理制度,不论是法律约束的力度还是广度,均高于其他各个行业,构成了严格监督管理制度。

2. 我国的保险业监管模式

鉴于我国的保险市场初具规模,市场经营规则亟待完善,行业自律机制尚需健全,我国采取了严格监管制度,即强调保险业监督管理机关的权力,建立较为完善的监管规则体系,对于保险业实施全方位的监督管理,达到保护被保险人合法权益、维护保险市场发展的监管目标。当然,在我国的严格监管制度适用过程中,应当注意处理好监管规则的严格性与保险市场调节机制的关系,既有效地防止不正当竞争行为,维护保险市场的正常秩序,又保护保险企业开发保险产品、从事公平竞争的积极性。

3. 我国的保险业监督管理机构

我国《保险法》第9条规定:"国务院保险监督管理机构依法对保险业实施监督管理。"我国保险监督管理机构是中国保险监督管理委员会(以下简称保监会)。保监会是全国商业保险的主管部门,为国务院直属事业单位,根据国务院授权履行行政管理职能,依照法律、法规统一监督管理全国保险市场。

(二) 我国保险业监督管理的主要内容

1. 对保险公司业务经营的监管

(1) 对保险条款和保险费率的监管。保险条款的确定和保险费率的厘定,对于保护被保险人的利益和保障保险业的健康发展意义重大,我国保监会有必要对此加以监管,体现在:保监会对关系社会公众利益的保险险种、依法实行强制保险的险种和新开发的人寿保险险种的保险条款和保险费率,按遵循保护社会公众利益和防止不正当竞争的原则进行审批;其他保险险种的保险条款和保险费率,则由保险公司自主拟定,实行备案管理。

(2) 对保险公司偿付能力的监管。保监会应当建立健全保险公司偿付能力监管指标体系,对保险公司的最低偿付能力实施监控。

(3) 保监会的监督检查权。保监会有权检查保险公司的业务状况、财务状况及资金运用状况,有权要求保险公司在规定期限内提供有关的书面报告和资料,有权查询保险公司在金融机构的存款。保险公司应当依法接受监督检查。

2. 对保险公司的整顿

保险公司未按照保险法规定提取或者结转各项准备金,或者未按照保险法规定办理再保险,或者严重违反保险法关于资金运用的规定的,由保监会责令该保险公司采取下列措施限期改正:依法提取或者结转各项准备金;依法办理再保险;纠正违法运用资金的行为;调整负责人及有关管理人员。

在保监会作出限期改正的决定后,保险公司在限期内未予改正的,则由保监会决定派选保险专业人员和指定该保险公司的有关人员,组成整顿组织,对该保险公司进行整顿,并公告载有被整顿保险公司的名称、整顿理由、整顿组织和整顿期限的整顿决定。

整顿组织在整顿过程中,有权监督该保险公司的日常业务。该保险公司的负责人及有关管理人员,应当在整顿组织的监督下行使自己的职权。在整顿过程中,保险公司的原有业务继续进行,但是保监会有权停止开展新的业务或者停止部分业务,调整资金运用。

被整顿的保险公司经整顿已纠正其违反保险法规定的行为,恢复正常经营状况的,由整顿组织提出报告,经保监会批准,结束整顿。

3. 对保险公司的接管

接管是比整顿更为严格的监管措施。接管的目的是为了对被接管的保险公司采取必要措施,以保护被保险人的利益,恢复保险公司的正常经营的。接管须具备一定的条件,即保险公司违反保险法规定,损害社会公共利益,可能严重危及或者已经危及保险公司的偿付能力的,保监会可以对该保险公司实行接管。在接管期间,被接管的保险公司的债权债务关系不因接管而变化。接管期限届满,如果保险公司经过接管仍不能恢复正常经营,保监会可以决定延期,但接管期限最长不得超过 2 年;如果被接管的保险公司已恢复正常经营能力的,保险监督管理机构可以决定接管终止。接管组织认为被接管的保险公司的财产已不足以清偿所负债务的,经保险监督管理机构批准,依法向人民法院申请宣告该保险公司破产。

4. 对保险公司财务的监管

保险公司应当于每一会计年度终了后 3 个月内,将上一年度的营业报告、财务会计报告以及有关报表报送保监会,并依法公布;保险公司还应当于每月月底前将上一月的营业统计报表报送保监会。

此外,保险法还要求保险公司必须聘用经保监会认可的精算专业人员,建立精算报告制度;对保险事故的评估和鉴定、保险公司资料的保管等,保险法也作了相应规定,以利于保监会对保险公司依法实施监督管理。

本章小结

本章论述了我国主要的金融法律制度及其内容。中国人民银行在银行体系中占据领导地位,是一个行政管理机构,但也从事相关金融业务。除此之外,我国金融法律体系还包括票据、证券、保险、信托等法律制度。本章介绍了其中一些主要的法律制度。

在票据法律制度方面,主要介绍了票据的概念和种类、票据行为和票据权利,以及有关票据权利实现的规定。在证券法律制度方面,主要介绍了我国证券发行的种类、申请证券发行所需要的条件以及被禁止的证券交易行为、上市公司的收购、信息披露制度。最后,在保险法律制度方面,介绍了保险法的基本原则、保险合同、保险公司和保险业监督管理制度等。

案例与点评

案例一

原告上海铁路西站综合服务公司(简称服务公司)为偿付与上海建民食品加工部货款,签发金额为人民币 382.20 元的中国农业银行上海分行的转账支票一张(号码为 IXI-II0547631),未记载收款人名称就交付了支票。两天后,有人持该支票到被告上海丰庄饲料厂(简称饲料厂)购买饲料,此时,该转账支票的大小写金额均为人民币 7 382.20 元,并且未有任何背书。被告饲料厂收下支票当日,在背书人与被背书人栏内盖下自己的印章作为背书,再以持票人身份将支票交给中国农业银行嘉定支行江桥营业所,由该所于当日通过中国农业银行普陀支行西站营业所从原告服务公司银行账户上划走人民币 7 382.20 元,转入被告饲料厂账户。同年 7 月底,原告服务公司与开户银行对账时,发现账上存款短缺 7 000 元,经双方核查,发现该转账支票金额与存根不同,已被改写。经协商无果,原告服务公司向上海铁路运输法院起诉,称转账支票金额已被涂改,请求确定该票据无效,并判令被告饲料厂承担原告经济损失 7 000 元;支票金额有明显涂改痕迹,两农业银行被告未按规定严格审查,错划款项,造成原告经济损失,也应承担责任。

请问:

(1) 支票上没有记载收款人,该支票还有效吗?

(2) 支票被涂改了,是转让票据人承担责任还是付款的银行承担?或是收票人承担?

案例评析:(1)《票据法》第 86 条规定:支票上未记载收款人名称的,经出票人授权,可以补记。因此,支票上没有记载收款人,该支票仍然有效。

(2)《票据法》第 14 条规定:票据上其他记载事项被变造的,在变造之前签章的人,对原记载事项负责;在变造之后签章的人,对变造之后的记载事项负责;不能辨别是在票据被变造之前或者之后签章的,视同在变造之前签章。第 31 条规定:以背书转让的汇票,背书应当连续。持票人以背书的连续,证明其汇票权利;非经背书转让,而以其他合法方式取得汇票的,依法举证,证明其汇票权利。前款所称背书连续,是指在票据转让中,转让汇票的背书人与受让汇票的被背书人在汇票上的签章依次前后衔接。

收款人上海建民食品加工部收票后,可以不补充记载其为收款人,但转让时未背书的行为,对造成背书不连续却是有责任的。但该支票上未曾有关于该食品加工部的任何记载,从票据的文义性来看,无法追究其责任。

被告饲料厂接受支票时,应审查包括支票背书是否连续在内的票据的完整性,以及审查持票人的合法资格,因其忽视了这一点,未要求持票人背书完整,造成背书不连续,现又无法找到该前手,对此后果,只能由自己承担。

银行对票据的审查责任,仅限于形式审查,即对票据上记载的事项从字面要件上审查,只要做到业务要求的一般注意,即为尽职。本案中,两家银行对转账支票金额的大、小写已作了审查,故不应承担责任。

案例二

自然人 A 在被告处填写了买入有价证券委托单,委托被告当日买入"二纺机"股票 100 股。被告接受委托单后,按 A 的委托要求,通过自己驻上海市证券交易所的交易员向该所作了申报。当日下午,委托卖出单价最低为每股 222 元。但在卖出人通过其交易员向上海市证券交易所申报时,电脑操作失误,将每股 222 元的卖出单价误输入为每股 22 元卖出。该卖出单价与委托买入单价配对成交。十几分钟后,卖出人发现申报失误,遂向被告及上海市证券交易所提出撤销成交申请。被告及上海市证券交易所经核实发现卖出人确有操作失误后,根据《上海市证券交易所交易市场业务试行规则》及其补充规定和证券交易的惯例,分别同意了撤销申请,并于当日下午在交易所办理了撤销手续。但由于工作疏忽,被委托人未及时销毁已被撤销的成交单据,致使柜台营业员误以为 A 的委托业务业已成交,遂于次日与两原告办理了委托交割手续。

上海市静安区人民法院除查明上述事实外,还查明:根据上海市证券交易所当时"二纺机"股票成交记录,该股票除操作失误成交之外,其他最低成交单价为每股 219 元,两原告所委托买入的价格在正常情况下不可能成交。

请问:现在,如果 A 请求确定他得到的股票有效,该怎么办?

案例评析:股票交易的各方在交易过程中均应按公开、公正、公平、合理的原则从事交易活动。卖方在交易过程中,由于电脑操作失误,将原报价每股 222 元的股票,误作 22 元卖出申报,其实质是交易员在操作时对自己操作行为的误解,双方成交的行为属于《民法典》所规定的可撤销的重大误解行为。因此,按照交易规则及惯例同意撤销申请,并无不当。受托人柜台营业员与两原告误以为所托业务业已成交,按实际已被撤销的成交单据办理的委托交割行为,也属可撤销的重大误解行为,对此请求撤销,应当予以准许。

本章思考

1. 中国人民银行的职能是什么?

2. 商业银行的设立条件是什么?
3. 商业银行的业务经营原则有哪些?
4. 商业银行的业务种类有哪些?
5. 简述票据的抗辩。
6. 简述汇票的追索权。
7. 简述我国《证券法》所禁止的交易行为的种类。
8. 简述公司债券的发行条件。
9. 简述保险的概念和特点。
10. 保险的基本原则有哪些?
11. 保险合同的内容有哪些?
12. 保险公司的设立条件是什么?
13. 我国保险业务经营监管的主要内容有哪些?

思考解答

1. 答：中国人民银行的职能有：(1) 发行的银行；(2) 政府的银行；(3) 银行的银行；(4) 金融监管的银行。

2. 答：商业银行的设立条件有：
(1) 符合《商业银行法》和《公司法》规定的章程；
(2) 符合《商业银行法》规定的注册资本最低限额；
(3) 有具备任职专业知识和业务工作经验的董事、高级管理人员；
(4) 有健全的组织机构和管理制度；
(5) 有符合要求的营业场所、安全防范措施和与业务有关的其他设施。

3. 答：商业银行的业务经营原则有：(1) 安全性原则；(2) 流动性原则；(3) 效益性原则。

4. 答：商业银行的业务种类有：(1) 负债业务；(2) 资产业务；(3) 中间业务。

5. 答：票据的抗辩是指票据债务人依照《票据法》的规定，对票据债权人拒绝履行义务的行为。票据抗辩是票据债务人的一种权利。抗辩包括对物抗辩和对人抗辩。对物抗辩有票据行为不成立而为的抗辩、依票据记载不能提出请求而为的抗辩、票据载明的权利已消灭或已失效而为的抗辩、票据权利的保全手续欠缺而为的抗辩以及票据上有伪造、变造情形而为的抗辩；对人抗辩即对抗特定债权人。

6. 答：追索权是指持票人在票据到期后不获付款或到期前不获承兑或有其他法定原因，并在实施行使或保全票据上权利的行为后，可以向其前手请求偿还票据金额、利息及其他法定款项的一种票据权利。追索权是在票据权利人的付款请求得不到满足之后，法律赋予持票人对票据债务人进行追偿的权利。汇票到期被拒绝付款的，持票人可以行使追索权，发追索通知，向出票人、背书人、承兑人和保证人追钱。追索的范围包括汇票金额、利息以及费用。

7. 答：我国《证券法》禁止的交易行为有以下几类：
(1) 内幕交易。内幕交易是指证券交易内幕信息的知情人员(内幕人员)利用内幕信息自己或建议他人买卖证券的行为。

(2) 操纵证券市场行为。操纵证券市场行为是指利用资金、信息等优势或者滥用职权等制造证券市场假象,影响证券市场价格,诱导致使其他投资者在不了解真相的情况下作出投资决定,扰乱证券市场秩序的行为。

(3) 证券欺诈行为。我国法律禁止证券公司及其从业人员从事损害客户利益的欺诈行为,如违背客户的委托为其买卖证券等行为都属于证券欺诈行为。

8. 答:公司债券发行的条件包括:

(1) 具备健全且运行良好的组织机构;

(2) 最近三年平均可分配利润足以支付公司债券一年的利息;

(3) 国务院规定的其他条件。

此外,公开发行公司债券筹集的资金,必须按照公司债券募集办法所列资金用途使用;改变资金用途,必须经债券持有人会议作出决议。公开发行公司债券筹集的资金,不得用于弥补亏损和非生产性支出。

9. 答:保险是指保险投保人根据合同约定,向保险人支付保险费,保险人对于合同约定的可能发生的事故因其发生所造成的财产损失承担赔偿保险金责任,或者当被保险人死亡、伤残、疾病或者达到合同约定的年龄、期限时承担给付保险金责任的商业保险行为。其具有如下特征:(1) 保险以特定的危险为对象;(2) 保险以多数人的互助共济为基础;(3) 保险以科学的数理计算为依据;(4) 保险以损失补偿为目的。

10. 答:保险的基本原则有:(1) 保险利益原则;(2) 最大诚信原则;(3) 近因原则;(4) 损失补偿原则。

11. 答:保险合同一般包括以下内容:

(1) 保险人名称和住所;

(2) 投保人、被保险人名称和住所,以及人身保险的受益人的名称和住所;

(3) 保险标的;

(4) 保险责任和责任免除;

(5) 保险期间和保险责任开始时间;

(6) 保险价值;

(7) 保险金额;

(8) 保险费以及支付办法;

(9) 保险金赔偿或者给付办法;

(10) 违约责任和争议处理;

(11) 订立合同的年、月、日。

12. 答:设立保险公司,一般需要符合以下条件:

(1) 有符合保险法和公司法规定的章程;

(2) 有符合保险法规定的注册资本最低限额;

(3) 有具备任职专业知识和业务工作经验的高级管理人员;

(4) 有健全的组织机构和管理制度;

(5) 有符合要求的营业场所和与业务有关的其他设施。

13. 答:我国保险业务经营监管的主要内容包括:

(1) 对保险条款和保险费率的监管。保险条款的确定和保险费率的厘定,对于保护被保险人的利益和保障保险业的健康发展意义重大,我国保监会有必要对此加以监管,体现在:保监会对关系社会公众利益的保险险种、依法实行强制保险的险种和新开发的人寿保险险种的保险条款和保险费率,按遵循保护社会公众利益和防止不正当竞争的原则进行审批;其他保险险种的保险条款和保险费率,则由保险公司自主拟定,实行备案管理。

(2) 对保险公司偿付能力的监管。保监会应当建立健全保险公司偿付能力监管指标体系,对保险公司的最低偿付能力实施监控。

(3) 保监会的监督检查权。保监会有权检查保险公司的业务状况、财务状况及资金运用状况,有权要求保险公司在规定期限内提供有关的书面报告和资料,有权查询保险公司在金融机构的存款。保险公司应当依法接受监督检查。

第四章
消费者权益保护法律制度

本章需要掌握的主要内容：
- 消费者的定义
- 消费者享有的权利
- 经营者及其义务
- 对消费者合法权益的保护
- 消费争议与解决途径
- 侵权与法律责任

你知道"3·15"是什么日子吗？消费者的合法权益究竟应该受到怎样的法律保护？《中华人民共和国消费者权益保护法》又是怎样的一部法律，它的具体内容有哪些？

第一节　消费者权益保护法简介

一、消费者权益保护法的概念

消费者权益保护法，是调整国家机关、经营者、消费者相互之间因保护消费者利益而产生的社会关系的法律规范的总称，它有狭义和广义之分。

狭义的消费者权益保护法指的是1993年10月31日第八届全国人大常委会第四次会议通过，自1994年1月1日起施行的《中华人民共和国消费者权益保护法》（以下简称为《消费者权益保护法》）。该部法律是我国出台的第一部保护消费者权益的专门法律，它的颁布与实施标志着我国对消费者权益的保护进入了全面法治化阶段。《消费者权益保护法》先后经过2009年和2013年两次修订，最近一次修订案是在第十二届全国人民代表大会常务委员会第五次会议上通过，并于2014年3月15日起实施。内容上分总则、消费者的权利、经营者的义务、国家对消费者合法权益的保护、消费者组织、争议的解决、法律责任和附则，共63条。

广义的消费者权益保护法则是指调整在保护消费者权益过程中产生的社会关系的法律规范的总称。我国在《消费者权益保护法》出台前，就先后制定了如《产品质量法》《食品卫生法》《药品管理法》和《标准化法》等与消费者利益有关的一系列重要法律。在《消费者权益保护法》出台后,不仅国务院制定了许多与之配套的行政法规,各省、自治区、直辖市也分别制定了保护消费者权益的地方性法规。所以说,广义的"消费者权益保护法"不是仅指《消费者权益保护法》,而是指包括与消费者权益保护有关的所有法律、法规及规章在内的各类法律规范的总和。由《消费者权益保护法》领衔的"一揽子"法律规定为商业活动重要主体之一的消费者寻求自身合法权益保护,提供了最有力的法律盾牌。

二、消费者权益保护法的调整对象及适用范围

消费者权益保护法调整的是以保护消费者权益为中心所发生的一切社会关系,主要包括:经营者与消费者之间的关系;国家机关与经营者之间的关系;国家机关与消费者之间的关系;消费者组织与消费者、经营者、国家机关之间的关系等。

《消费者权益保护法》第 2 条规定了该法的适用范围,即"消费者为生活消费需要购买、使用商品或者接受服务,其权益受本法保护;本法未作规定的,受其他有关法律、法规保护"。

第二节 消费者的权利与经营者的义务

一、消费者及其享有的消费权利

（一）消费者的概念

消费作为商品经济生产、交换、流通、分配的目的和归宿,它包括生产消费和生活消费两大方面。生活消费则是人类生存和发展的基本需要,也是商业法律必须加以调整的领域。消费者不仅被视为市场经济运行中与政府、经营者相并列的三大主体之一,而且还是消费者权益保护法律领域中的最重要主体。

《消费者权益保护法》第 2 条规定:"消费者为生活消费需要购买、使用商品或者接受服务,其权益受本法保护。"由此条规定可以看出,《消费者权益保护法》中的消费者是指为满足个人生活消费的需要而购买、使用商品或者接受服务的自然人。换言之,任何组织、团体不能成为《消费者权益保护法》的保护对象;任何自然人,如果其购买、使用商品或者接受服务的行为不是出于生活消费的目的,而是出于如生产、经营等目的的,也不属于"消费者"之列。

（二）消费者享有的权利

消费者的权利是消费者利益在法律上的体现,是国家对消费者进行保护的前提和基础。法律赋予消费者多大权利,就意味着消费者在多大程度上得到国家的保护。从法律上讲,消费者的权利是指消费者在消费活动中,即在购买、使用商品和接受服务中所享有的权利。根据《消费者权益保护法》的规定,我国消费者享有以下 9 项权利。

（1）保障安全权。消费者在购买、使用商品和接受服务时享有人身、财产安全不受损害的权利。消费者有权要求经营者提供的商品和服务符合保障人身、财产安全的要求。

（2）知情权。消费者享有知悉其购买、使用的商品或者接受的服务的真实情况的权利。消费者有权根据商品或者服务的不同情况,要求经营者提供商品的价格、产地、生产者、用途、性能、规格、等级、主要成分、生产日期、有效期限、检验合格证明、使用方法说明书、售后服务,或者服务的内容、规格、费用等有关情况。

（3）自主选择权。消费者享有自主选择商品或者服务的权利。消费者有权自主选择提供商品或者服务的经营者，自主选择商品品种或者服务方式，自主决定购买或者不购买任何一种商品、接受或者不接受任何一项服务。消费者在自主选择商品或者服务时，有权进行比较、鉴别和挑选。

（4）公平交易权。消费者享有公平交易的权利。在购买商品或者接受服务时，有权获得质量保障、价格合理、计量正确等公平交易条件，有权拒绝经营者的强制交易行为。

（5）依法求偿权。消费者因购买、使用商品或者接受服务受到人身、财产损害的，享有依法获得赔偿的权利。

（6）依法结社权。消费者享有依法成立维护自身合法权益的社会组织的权利。

（7）求教获知权。或称受教育权、获取消费知识权，是从知情权中引申出来的一种消费者的权利。它指的是消费者享有获得有关消费和消费者权益保护方面的知识的权利。当然，消费者也应当努力掌握所需商品或者服务的知识和使用技能，正确使用商品，提高自我保护意识。

（8）维护尊严权。消费者在购买、使用商品和接受服务时，享有人格尊严、民族风俗习惯得到尊重的权利。此外，修订后的《消费者权益保护法》还明确规定，消费者享有个人信息依法得到保护的权利。

（9）监督权。消费者享有对商品和服务以及保护消费者权益工作进行监督的权利。有权检举、控告侵害消费者权益的行为和国家机关及其工作人员在保护消费者权益工作中的违法失职行为，有权对保护消费者权益工作提出批评、建议。

（10）修订后的《消费者权益保护法》第25条规定，经营者采用网络、电视、电话、邮购等方式销售商品，消费者有权自收到商品之日起7日内退货。

二、经营者及其义务

我国《消费者权益保护法》只规定了经营者的义务，而未规定经营者的权利。之所以强调经营者的义务而淡化他们的权利，是因为与消费者相比，经营者是"强者"，他们在现实中拥有足够的力量来维护和行使自己的权利。通过对他们设定一系列应尽的法律义务，才能切实维护消费者这一"弱者"的合法权益。

（一）经营者的定义

经营者，是指以营利为目的，专门从事生产经营活动，向消费者提供其生产、销售的商品或者提供服务的自然人、法人和其他经济组织。经营者是与消费者相对应的另一方当事人，没有经营者就没有所谓的消费者，反之亦然。必须注意的是，《消费者权益保护法》中的经营者采取了广义的概念，它包括生产者、销售者和服务者，并且不受所有制形式的限制。

（二）经营者的义务

从法律上讲，经营者的义务是经营者在经营活动中应当履行的责任，依照法律规定必须为一定的行为或者不为一定的行为。根据《消费者权益保护法》规定，经营者应该承担下列义务。

（1）依法律规定或约定履行义务。向消费者提供商品或者服务，应当依照法律法规的规定履行义务。和消费者有约定的，应当按照约定履行义务。

（2）听取消费者意见并接受其监督。经营者应当听取消费者对其提供的商品或者服务的意见,接受消费者的监督。

(3) 保障消费者人身和财产安全。经营者的这一义务是与消费者的保障安全权相对应的。经营者应当保证其提供的商品或者服务符合保障人身、财产安全的要求。对可能危及人身、财产安全的商品和服务,应当向消费者作出真实的说明和明确的警示,并说明和标明正确使用商品或者接受服务的方法以及防止危害发生的方法。宾馆、商场、餐馆、银行、机场、车站、港口、影剧院等经营场所的经营者,应当对消费者尽到安全保障义务。经营者发现其提供的商品或者服务存在缺陷,有危及人身、财产安全危险的,应当立即向有关行政部门报告和告知消费者,并采取停止销售、警示、召回、无害化处理、销毁、停止生产或者服务等措施。采取召回措施的,经营者应当承担消费者因商品被召回支出的必要费用。

(4) 提供真实信息、不作虚假宣传。经营者向消费者提供有关商品或者服务的质量、性能、用途、有效期限等信息,应当真实、全面,不得作虚假或者引人误解的宣传。经营者对消费者就其提供的商品或者服务的质量和使用方法等问题提出的询问,应当作出真实、明确的答复。此外,经营者对其提供的商品或者服务应当明码标价。

(5) 标明真实名称和标记。经营者在向消费者提供商品或服务时,应当标明自己的真实身份,不得仿冒或假冒其他经营者的名称或标记。租赁他人柜台或者场地的经营者,应当标明其真实名称和标记。

(6) 出具相应的凭证和单据。经营者提供商品或者服务,应当按照国家有关规定或者商业惯例向消费者出具发票等购货凭证或者服务单据;消费者索要发票等购货凭证或者服务单据的,经营者必须出具。

(7) 保证商品或服务的质量。经营者应当保证在正常使用商品或者接受服务的情况下其提供的商品或者服务应当具有的质量、性能、用途和有效期限。但消费者在购买商品或者接受该服务前已经知道其存在瑕疵,且存在该瑕疵不违反法律强制性规定的除外。

经营者以广告、产品说明、实物样品或者其他方式表明商品或者服务的质量状况的,应当保证其提供的商品或者服务的实际质量与表明的质量状况相符。

(8) 承担"三包"等售后服务的义务。经营者提供的商品或者服务不符合质量要求的,消费者可以依照国家规定、当事人约定退货,或者要求经营者履行更换、修理等义务。没有国家规定和当事人约定的,消费者可以自收到商品之日起 7 日内退货;7 日后符合法定解除合同条件的,消费者可以及时退货,不符合法定解除合同条件的,可以要求经营者履行更换、修理等义务。退货、更换、修理的,由经营者承担运输等必要费用。

(9) 无理由退货的义务。经营者采用网络、电视、电话、邮购等方式销售商品,消费者有权自收到商品之日起 7 日内退货,且无需说明理由。消费者退货的商品应当完好。经营者应当自收到退回商品之日起 7 日内返还消费者支付的商品价款。退回商品的运费由消费者承担,如经营者和消费者另有约定的,按照约定。

但下列商品不适用无理由退货:消费者定作的;鲜活易腐的;在线下载或者消费者拆封的音像制品、计算机软件等数字化商品;交付的报纸、期刊。此外,根据商品性质并经消费者在购买时确认不宜退货的商品,也不适用无理由退货。

(10) 不得从事不公平、不合理的交易。经营者的这一义务与消费者的公平交易权相对应。经营者在经营活动中使用格式条款的,应当以显著方式提请消费者注意商品或者服务的数量和质量、价款或者费用、履行期限和方式、安全注意事项和风险警示、售后服务、民事责任等与消费者有重大利害关系的内容,并按照消费者的要求予以说明。

经营者不得以格式条款、通知、声明、店堂告示等方式,作出排除或者限制消费者权利、减轻或者免除经营者责任、加重消费者责任等对消费者不公平、不合理的规定,不得利用格式条款并借助技术手段强制交易。格式条款、通知、声明、店堂告示等含有前款所列内容的,其内容无效。

(11) 不得侵犯消费者的人身权。经营者不得对消费者进行侮辱、诽谤,不得搜查消费者的身体及其携带的物品,不得侵犯消费者的人身自由。

(12) 特殊经营者的信息提供义务。《消费者权益保护法》第 28 条规定,采用网络、电视、电话、邮购等方式提供商品或者服务的经营者,以及提供证券、保险、银行等金融服务的经营者,应当向消费者提供经营地址、联系方式、商品或者服务的数量和质量、价款或者费用、履行期限和方式、安全注意事项和风险警示、售后服务、民事责任等信息。

(13) 保护消费者个人信息的义务。经营者收集、使用消费者个人信息,应当遵循合法、正当、必要的原则,明示收集、使用信息的目的、方式和范围,并经消费者同意。经营者收集、使用消费者个人信息,应当公开其收集、使用规则,不得违反法律、法规的规定和双方的约定收集、使用信息。

经营者及其工作人员对收集的消费者个人信息必须严格保密,不得泄露、出售或者非法向他人提供。经营者应当采取技术措施和其他必要措施,确保信息安全,防止消费者个人信息泄露、丢失。在发生或者可能发生信息泄露、丢失的情况时,应当立即采取补救措施。

此外,经营者未经消费者同意或者请求,或者消费者明确表示拒绝的,不得向其发送商业性信息。

三、对消费者合法权益的保护

保护消费者的合法权益是国家和社会的共同责任。动员各方面力量共同做好消费者权益的保护工作,其难度不亚于一项法制综合治理工程。从国际消费者运动的发展趋势看,消费者运动的领域正在不断扩大,消费者保护的途径从消费者的自我保护向国家保护、社会保护发展,消费者运动越来越呈现出国际化的联动发展态势。我国对消费者合法权益的保护,也在因循这一特点朝着更高的目标发展。

(一) 国家保护

《消费者权益保护法》专章规定了"国家对消费者合法权益的保护"。其主要内容包括以下三个方面。

1. 立法决策透明化

国家制定有关消费者权益的法律、法规、规章和强制性标准时,应当听取消费者和消费者协会等组织的意见。

2. 行政保护立体化

各级人民政府应当加强领导,组织、协调、督促有关行政部门做好保护消费者合法权益的工作,落实保护消费者合法权益的职责。各级人民政府应当加强监督,预防危害消费者人身、财产安全行为的发生,及时制止危害消费者人身、财产安全的行为。

同时,各级人民政府工商行政管理部门和其他有关行政部门应当依照法律、法规的规定,在各自的职责范围内,采取措施,保护消费者的合法权益。有关行政部门应当听取消费者和消费者协会等组织对经营者交易行为、商品和服务质量问题的意见,及时调查处理。此外,各级人民政府还应对消费者协会履行职责予以必要的经费等支持。

总之,对消费者合法权益的行政保护,应力求做到职责分明、彼此协作、齐抓共管、形成合力。最终建立起一个立体化、网络化的消费者权益保护体系。

3. 司法保护高效化

司法机关在打击侵犯消费者合法权益的违法、犯罪方面应各司其职、主动出击。特别是人民法院应当采取措施,方便消费者提起诉讼。对符合《中华人民共和国民事诉讼法》起诉条件的消费者权益争议,必须受理并及时审理。

(二) 社会保护

保护消费者的合法权益是全社会的共同责任。国家鼓励、支持一切组织和个人对损害消费者合法权益的行为进行社会监督。全社会对消费者权益的重视与保护,除新闻舆论的介入、消费者的自我保护外,消费者组织发挥的作用至关重要。

1. 消费者组织的保护

消费者组织是指依法成立的对商品和服务进行社会监督的保护消费者合法权益的社会组织。消费者自发地组织起来保护自己的合法权益,改善经济地位,并得到国家、社会参与和广泛支持,这一"消费者运动"已经被国际社会所接纳和认可。国际消费者联盟组织[①]自1960年成立至今,已发挥了越来越重要的作用。

我国《消费者权益保护法》规定,消费者可以组织消费者协会等社会团体,参与社会监督,维护自身合法权益。所以,消费者协会就是消费者自己的组织,是消费者享有结社权的结果。它的成立是法律为了消费者真正实现自己权利的一项组织保障措施。中国消费者协会成立于1984年,至今已有38年历史。目前,全国范围内的消费者协会保护网络已全面建成。它穿梭于政府、消费者与经营者之间,在各级政府的支持和帮助下,在制止侵犯消费者利益、督促商品生产者和经营者尊重消费者的合法权益方面作出了积极的贡献。

从法律上讲,消费者协会和其他消费者组织作为保护消费者合法权益的社会团体,在性质上属于非营利组织。这类组织不得从事商品经营和营利性服务,不得以收取费用或者其他牟取利益的方式向消费者推荐商品和服务。它具有以下本质属性:有法定的宗旨,有法定的性质,有法定的名称,有法定的职能,有法定的行为规范。根据《消费者权益保护法》的规定,消费者协会须履行下列公益性职责:

(1) 向消费者提供消费信息和咨询服务,提高消费者维护自身合法权益的能力,引导文明、健康、节约资源和保护环境的消费方式;

(2) 参与制定有关消费者权益的法律、法规、规章和强制性标准;

(3) 参与有关行政部门对商品和服务的监督、检查;

(4) 就有关消费者合法权益的问题,向有关部门反映、查询、提出建议;

(5) 受理消费者的投诉,并对投诉事项进行调查、调解;

(6) 投诉事项涉及商品和服务质量问题的,可以委托具备资格的鉴定人鉴定,鉴定人应当告知鉴定意见;

---

① 国际消费者联盟组织,是一个独立的、非营利的、非政治的国际消费者组织,成立于1960年,由美国、英国、比利时等国组织发起,总部设在海牙,现移至伦敦。

(7) 就损害消费者合法权益的行为,支持受损害的消费者提起诉讼;
(8) 对损害消费者合法权益的行为,通过大众传播媒介予以揭露、批评。

2. 新闻舆论的保护

保护消费者利益是全社会的共同责任,除国家和消费者组织外,还应当充分发挥新闻舆论的作用,全方位地保护消费者合法权益。网络、广播、电视、报刊等大众传播媒介应当做好维护消费者合法权益的宣传,对损害消费者合法权益的行为进行曝光和批评,充分发挥其舆论监督的力量。

第三节 消费争议与解决途径、侵权与法律责任

一、消费争议与解决途径

(一) 消费争议的含义

消费争议是指消费者在购买、使用商品或接受服务时,其人身、财产权益受到损害而与经营者之间发生的纠纷。对消费争议的处理直接关系到消费者的切身利益。及时公正地解决各种消费争议,对于保护消费者的合法权益和维护正常的经济秩序具有十分重要的意义。

(二) 消费争议解决的途径

根据我国《消费者权益保护法》的规定,消费者和经营者发生消费者权益争议的,可以通过下列途径解决:(1) 与经营者协商和解;(2) 请求消费者协会或者依法成立的其他调解组织调解;(3) 向有关行政部门投诉;(4) 根据与经营者达成的仲裁协议提请仲裁机构仲裁;(5) 向人民法院提起诉讼。当消费争议发生时,消费者可以根据自身情况,自主选择上述五种方式中的任何一种。

(三) 消费争议与赔偿

根据《消费者权益保护法》的规定,当消费者因遭遇侵权而引发消费争议时,可以依法要求获得赔偿。一般情况下,请求赔偿人,或者称为消费争议的求偿主体,是指有权向经营者要求赔偿损害的消费者或其他受害人。而给付赔偿者,或称为消费争议的赔偿主体,是指因给消费者造成损害而应承担赔偿责任的民事主体,如商品的生产者、经营者或销售者等。

由于消费争议的赔偿问题相对复杂,为切实保证消费者受损害后获得合理的补偿,《消费者权益保护法》对不同情况下的消费争议的赔偿主体作出了以下具体规定。

(1) 消费者在购买、使用商品时,其合法权益受到损害的,可以向销售者要求赔偿。销售者赔偿后,属于生产者的责任或者属于向销售者提供商品的其他销售者的责任的,销售者有权向生产者或者其他销售者追偿。

(2) 消费者或者其他受害人因商品缺陷造成人身、财产损害的,可以向销售者要求赔偿,也可以向生产者要求赔偿。属于生产者责任的,销售者赔偿后,有权向生产者追偿。属于销售者责任的,生产者赔偿后,有权向销售者追偿。

(3) 消费者在接受服务时,其合法权益受到损害的,可以向服务者要求赔偿。

(4) 消费者在购买、使用商品或者接受服务时,其合法权益受到损害,因原企业分立、合并的,可以向变更后承受其权利义务的企业要求赔偿。

（5）使用他人营业执照的违法经营者提供商品或者服务，损害消费者合法权益的，消费者可以向其要求赔偿，也可以向营业执照的持有人要求赔偿。

（6）消费者在展销会、租赁柜台购买商品或者接受服务，其合法权益受到损害的，可以向销售者或者服务者要求赔偿。展销会结束或者柜台租赁期满后，也可以向展销会的举办者、柜台的出租者要求赔偿。展销会的举办者、柜台的出租者赔偿后，有权向销售者或者服务者追偿。

（7）消费者通过网络交易平台购买商品或者接受服务，其合法权益受到损害的，可以向销售者或者服务者要求赔偿。网络交易平台提供者不能提供销售者或者服务者的真实名称、地址和有效联系方式的，消费者也可以向网络交易平台提供者要求赔偿；网络交易平台提供者作出更有利于消费者的承诺的，应当履行承诺。网络交易平台提供者赔偿后，有权向销售者或者服务者追偿。

网络交易平台提供者明知或者应知销售者或者服务者利用其平台侵害消费者合法权益，未采取必要措施的，依法与该销售者或者服务者承担连带责任。

（8）消费者因经营者利用虚假广告或者其他虚假宣传方式提供商品或者服务，其合法权益受到损害的，可以向经营者要求赔偿。广告经营者、发布者发布虚假广告的，消费者可以请求行政主管部门予以惩处。广告经营者、发布者不能提供经营者的真实名称、地址和有效联系方式的，应当承担赔偿责任。

广告经营者、发布者设计、制作、发布关系消费者生命健康商品或者服务的虚假广告，造成消费者损害的，应当与提供该商品或者服务的经营者承担连带责任。社会团体或者其他组织、个人在关系消费者生命健康商品或者服务的虚假广告或者其他虚假宣传中向消费者推荐商品或者服务，造成消费者损害的，应当与提供该商品或者服务的经营者承担连带责任。

二、侵害消费者权益的法律责任

在现实生活中，消费者经常会遭遇各种消费陷阱，其合法权益也经常受到经营者不法行为的侵害。为此，《消费者权益保护法》对侵害消费者权益的行为及由此引起的法律责任也一一作出了规定。

（一）侵害消费者权益行为的表现

经营者侵害消费者权益的行为具体表现为：（1）商品或者服务存在缺陷的；（2）不具备商品应当具备的使用性能而出售时未作说明的；（3）不符合在商品或者其包装上注明采用的商品标准的；（4）不符合商品说明、实物样品等方式表明的质量状况的；（5）生产国家明令淘汰的商品或者销售失效、变质的商品的；（6）销售的商品数量不足的；（7）服务的内容和费用违反约定的；（8）对消费者提出的修理、重作、更换、退货、补足商品数量、退还货款和服务费用或者赔偿损失的要求，故意拖延或者无理拒绝的；（9）法律、法规规定的其他损害消费者权益的情形。

此外，经营者对消费者未尽到安全保障义务，造成消费者损害的，亦应当承担侵权责任。

（二）法律责任及其承担方式

法律责任是指违法者必须承担的具有国家强制力的某种法律上的义务。由于违法的性质、情节等不同，违法者所承担的法律责任也有所不同。《消费者权益保护法》规定的法律责任有民事责任、行政责任和刑事责任三种形式。

1. 民事责任

民事责任主要是财产责任,其最大特点是补偿性。《消费者权益保护法》规定的经营者的民事责任如下。

(1) 侵害消费者生命健康权的民事责任。经营者提供商品或者服务,造成消费者或者其他受害人人身伤害的,应当赔偿医疗费、护理费、交通费等为治疗和康复支出的合理费用,以及因误工减少的收入。造成残疾的,应当赔偿残疾生活辅助具费和残疾赔偿金。造成死亡的,还应当赔偿丧葬费和死亡赔偿金。

(2) 侵害消费者其他人身权的民事责任。经营者侵害消费者的人格尊严、侵犯消费者人身自由或者侵害消费者个人信息依法得到保护的权利的,应当停止侵害、恢复名誉、消除影响、赔礼道歉,并赔偿损失。经营者有侮辱诽谤、搜查身体、侵犯人身自由等侵害消费者或者其他受害人人身权益的行为,造成严重精神损害的,受害人可以要求精神损害赔偿。

(3) 侵害消费者财产权的民事责任。经营者提供商品或者服务,造成消费者财产损害的,应当依照法律规定或者当事人约定承担修理、重作、更换、退货、补足商品数量、退还货款和服务费用或者赔偿损失等民事责任。

经营者以预收款方式提供商品或者服务的,应当按照约定提供。未按照约定提供的,应当按照消费者的要求履行约定或者退回预付款;并应当承担预付款的利息、消费者必须支付的合理费用。依法经有关行政部门认定为不合格的商品,消费者要求退货的,经营者应当负责退货。

(4) 实施欺诈行为的民事责任。经营者提供商品或者服务有欺诈行为的,应当按照消费者的要求增加赔偿其受到的损失,增加赔偿的金额为消费者购买商品的价款或者接受服务的费用的 3 倍;增加赔偿的金额不足 500 元的,为 500 元。法律另有规定的,依照其规定。

经营者明知商品或者服务存在缺陷,仍然向消费者提供,造成消费者或者其他受害人死亡或者健康严重损害的,受害人有权要求经营者依照《消费者权益保护法》第 49 条、第 51 条等法律规定赔偿损失,并有权要求所受损失 2 倍以下的惩罚性赔偿。

2. 行政责任

经营者有下列行为之一,除承担相应的民事责任外,其他有关法律、法规对处罚机关和处罚方式有规定的,依照法律、法规的规定执行;法律、法规未作规定的,由市场监督管理部门或者其他有关行政部门责令改正,可以根据情节单处或者并处警告、没收违法所得、处以违法所得 1 倍以上 10 倍以下的罚款,没有违法所得的,处以 50 万元以下的罚款;情节严重的,责令停业整顿、吊销营业执照。

(1) 提供的商品或者服务不符合保障人身、财产安全要求的;
(2) 在商品中掺杂、掺假,以假充真,以次充好,或者以不合格商品冒充合格商品的;
(3) 生产国家明令淘汰的商品或者销售失效、变质的商品的;
(4) 伪造商品的产地,伪造或者冒用他人的厂名、厂址,篡改生产日期,伪造或者冒用认证标志等质量标志的;
(5) 销售的商品应当检验、检疫而未检验、检疫或者伪造检验、检疫结果的;
(6) 对商品或者服务作虚假或者引人误解的宣传的;

(7) 拒绝或者拖延有关行政部门责令对缺陷商品或者服务采取停止销售、警示、召回、无害化处理、销毁、停止生产或者服务等措施的；

(8) 对消费者提出的修理、重作、更换、退货、补足商品数量、退还货款和服务费用或者赔偿损失的要求，故意拖延或者无理拒绝的；

(9) 侵害消费者人格尊严、侵犯消费者人身自由或者侵害消费者个人信息依法得到保护的权利的；

(10) 法律、法规规定的对损害消费者权益应当予以处罚的其他情形。

经营者有前款规定情形的，除依照法律、法规规定予以处罚外，处罚机关应当记入信用档案，向社会公布。

3. 刑事责任

依据《消费者权益保护法》的有关规定，追究刑事责任的情况主要包括以下几种。

(1) 经营者违反《消费者权益保护法》规定提供商品或者服务，侵害消费者合法权益，构成犯罪的，依法追究刑事责任。

(2) 以暴力、威胁等方法阻碍有关行政部门工作人员依法执行职务的，依法追究刑事责任。

(3) 国家机关工作人员玩忽职守或者包庇经营者侵害消费者合法权益的行为的，由其所在单位或者上级机关给予行政处分；情节严重，构成犯罪的，依法追究刑事责任。

经营者违反《消费者权益保护法》的规定，应当承担民事赔偿责任和缴纳罚款、罚金，其财产不足以同时支付的，先承担民事赔偿责任。

本章小结

我国历来十分重视对消费者权益的保护，因为它不仅直接关系到人民群众的切身利益，而且对维护社会主义市场经济秩序具有十分重要的意义。消费者权益保护法不仅仅是指全国人民代表大会常务委员会通过的《消费者权益保护法》，而是包括与消费者权益保护有关的所有法律、法规、规章及政策措施的总和。本章主要介绍了我国消费者权益保护法的相关内容，具体包括：消费者的权利和经营者的义务，对消费者合法权益的保护，消费争议与解决途径、侵权与法律责任等内容。

案例与点评

案例一

因受新冠肺炎疫情影响，被告南京市某文化艺术公司在2019年春节后未按照之前和原告签署的《幼儿课程服务合同》内容开课，原告闫某某多次要求被告退费，被告一再拖延，最后被告回复：按照合同约定，超过3个月无任何退款。

南京市江北新区人民法院认为，原告已明确表示不再履行涉案合同，且解除涉案合同对被告利益不产生实际影响。涉案合同为格式合同，有关条款明显限制了消费者主要权利，且被告无证据证明已就该条款向原告履行说明义务，依法应认定无效。法院支持原告解除涉案合同的请求，被告应全额退还培训费。

案例评析： 本案是一起新冠肺炎疫情时期消费者无法按照合同约定享受服务的典型案例，其中涉及因不可抗力致使合同目的无法实现和格式合同及等相关法律问题。

合同订立后，双方都应依约履行，但若因不可抗力致使不能实现合同目的的，当事人可以解除合同。以持续履行的债务为内容的不定期合同，当事人可以随时解除合同，但是应当在合理期限之前通知对方。

本案中，由于疫情这类不可抗力致使原被告之间的继续性合同的合同目的无法实现，消费者享有自主选择是否继续接受服务的权利。作为消费者的原告多次要求被告退费，明确表示不再履行合同，且解除合同对被告利益不产生实际影响，但被告却一再拖延，拒绝解除合同。被告的这种行为不符合法律的规定。

涉案合同属于格式合同。根据《消费者权益保护法》第26条的规定，经营者在经营活动中使用格式条款的，应当以显著方式提请消费者注意商品或者服务的数量和质量、价款或者费用、履行期限和方式、安全注意事项和风险警示、售后服务、民事责任等与消费者有重大利害关系的内容，并按照消费者的要求予以说明。此外，经营者不得以格式条款、通知、声明、店堂告示等方式，作出排除或者限制消费者权利、减轻或者免除经营者责任、加重消费者责任等对消费者不公平、不合理的规定，不得利用格式条款并借助技术手段强制交易。格式条款、通知、声明、店堂告示等含有上述所列内容的，其内容无效。

本案中的被告利用格式合同的有关条款明显限制了消费者的主要权利，并且没有证据证明其已就合同中的相关格式条款向原告履行了说明义务，因此依法被认定为无效，不具有法律效力。

因此，被告应按照原告的请求解除合同，并全额退还原告的培训费。

案例二

被告猎豹公司系"金山毒霸"反病毒软件产品的开发及运营主体，通过其官方网站向消费者提供金山毒霸软件产品的下载服务。2018年底，原告李某登录被告官网下载"金山毒霸"产品。下载成功后，原告在其电脑桌面发现有"软件管家"快捷方式，另在"360软件管家"中发现"猎豹护眼大师"软件。原告认为"软件管家"及"猎豹护眼大师"属于被捆绑安装的软件，遂诉至法院，要求停止侵权并赔偿损失。

案例评析： 经营者提供软件捆绑下载及安装服务时，如未尽到以合理方式事先提示和告知义务，未赋予消费者选择单独下载的权利和独立卸载的功能的，则构成对消费者知情权及自主选择权的侵害，依法应承担侵权责任。本案中，被告在提供软件下载服务过程中，侵犯了原告的自主选择权，根据《消费者权益保护法》和《民法典》的相关规定，应对原告予以赔偿。

参考法条：《消费者权益保护法》第8条：消费者享有知悉其购买、使用的商品或者接受的服务的真实情况的权利。消费者有权根据商品或者服务的不同情况，要求经营者提供商品的价格、产地、生产者、用途、性能、规格、等级、主要成分、生产日期、有效期限、检验合格证明、使用方法说明书、售后服务，或者服务的内容、规格、费用等有关情况。

《消费者权益保护法》第9条：消费者享有自主选择商品或者服务的权利。消费者有权自主选择提供商品或者服务的经营者，自主选择商品品种或者服务方式，自主决定购买或者不购买任何一种商品、接受或者不接受任何一项服务。

《民法典》第1165条：行为人因过错侵害他人民事权益造成损害的，应当承担侵权责任。

《民法典》第179条：承担民事责任的方式主要有：(1) 停止侵害；(2) 排除妨碍；(3) 消除危险；(4) 返还财产；(5) 恢复原状；(6) 修理、重作、更换；(7) 继续履行；(8) 赔偿损失；(9) 支付违约金；(10) 消除影响、恢复名誉；(11) 赔礼道歉。

 本章思考

某工厂指派员工小王到某商场购买了两台用于工厂车间的空调，请问：小王属于《消费者权益保护法》意义上的消费者吗？

思考解答

答：小王不是《消费者权益保护法》意义上的消费者。因为他购买的空调不是用于个人生活消费，而是用于工厂生产用途。《消费者权益保护法》第2条规定："消费者为生活消费需要购买、使用商品或者接受服务，其权益受本法保护；本法未作规定的，受其他有关法律、法规保护。"

第五章
反不正当竞争法律制度

本章需要掌握的内容：
➢ 不正当竞争行为的概念
➢ 违背商业道德的不正当竞争行为的种类和表现形式
➢ 《反不正当竞争法》规定的垄断行为
➢ 法律禁止的有奖销售行为的表现形式

一段时间里，电信局在给用户安装电话机时规定：电信局在安装好电话线路后，用户必须使用由该电信局提供的电话机……对于电信局的此种行为，用户有权拒绝吗？

第一节 不当竞争与反不正当竞争法

一、不正当竞争与反不正当竞争的概念

不正当竞争是指经营者违反我国《反不正当竞争法》的规定，损害其他经营者的合法权益，扰乱社会经济秩序的行为。不正当竞争行为的表现形式多种多样，如商业贿赂、诋毁竞争对手的商业信誉等。

反不正当竞争法是指调整市场竞争过程中，因规范不正当竞争行为而产生的社会关系的法律规范的总称。我国现行的反不正当竞争法体系包括：1993年9月2日第八届全国人民代表大会常务委员会第三次会议通过的《反不正当竞争法》，最高人民法院2007年发布、2020年修正的《关于审理不正当竞争民事案件应用法律若干问题的解释》，以及知识产权法、价格法、广告法、招投标法等法律、行政法规中有关反不正当竞争的规定。2017年11月4日，第十二届全国人民代表大会常委员会第三十次会议通过修订后的《反不正当竞争法》，自2018年1月1日起实施。2019年4月23日，《反不正当竞争法》根据第十三届全国人民代表大会常委员会第十次会议《关于修订〈中华人民共和国建筑法〉等八部法律的决定》修正。修正后的《反不正当竞争法》共5章，33条。《反不正当竞争法》是鼓励和保护公平竞争，制止不正当竞争行为，保护经营者和消费者合法权益，保障社会主义市场经济健康发展的重要法律。

二、《反不正当竞争法》的调整对象

总的来说,《反不正当竞争法》的调整对象包括两个方面的内容:(1)市场竞争中,经营者之间发生的不正当竞争关系;(2)国家监督检查部门与市场经营者之间的竞争管理关系。根据《反不正当竞争法》的规定,该法以上两方面关系的调整主要表现在对违背商业道德的不正当竞争行为的规制。我国的反不正当竞争法调整的主要范围是有关的违背商业道德的不正当竞争行为。

第二节 不正当竞争行为的种类

根据《反不正当竞争法》第6条、第7条、第8条、第9条、第10条、第11条、第12条的规定,我国的不正当竞争行为分为以下7种。

(一)混淆行为

根据《反不正当竞争法》的规定,混淆行为即是采用欺骗性标志的不正当行为。

经营者不得实施下列混淆行为,引人误认为是他人商品或者与他人存在特定联系:

(1)擅自使用与他人有一定影响的商品名称、包装、装潢等相同或者近似的标识;

(2)擅自使用他人有一定影响的企业名称(包括简称、字号等)、社会组织名称(包括简称等)、姓名(包括笔名、艺名、译名等);

(3)擅自使用他人有一定影响的域名主体部分、网站名称、网页等;

(4)其他足以引人误认为是他人商品或者与他人存在特定联系的混淆行为。

(二)商业贿赂行为

商业贿赂行为的表现形式多种多样,可以是以回扣的方式,也可以是免费度假、豪华旅游、色情服务、房屋装修等。《反不正当竞争法》第7条规定,经营者不得采用财物或者其他手段贿赂下列单位或者个人,以谋取交易机会或者竞争优势:

(1)交易相对方的工作人员;

(2)受交易相对方委托办理相关事务的单位或者个人;

(3)利用职权或者影响力影响交易的单位或者个人。

经营者在交易活动中,可以以明示方式向交易相对方支付折扣,或者向中间人支付佣金。经营者向交易相对方支付折扣、向中间人支付佣金的,应当如实入账。接受折扣、佣金的经营者也应当如实入账。

经营者的工作人员进行贿赂的,应当认定为经营者的行为;但是,经营者有证据证明该工作人员的行为与为经营者谋取交易机会或者竞争优势无关的除外。

(三)侵犯商业秘密的行为

《反不正当竞争法》所称的商业秘密,是指不为公众所知悉、具有商业价值并经权利人采取相应保密措施的技术信息、经营信息等商业信息。《反不正当竞争法》第9条规定经营者不得实施下列侵犯商业秘密的行为:

(1)以盗窃、贿赂、欺诈、胁迫、电子侵入或者其他不正当手段获取权利人的商业秘密;

(2)披露、使用或者允许他人使用以前项手段获取的权利人的商业秘密;

(3) 违反保密义务或者违反权利人有关保守商业秘密的要求,披露、使用或者允许他人使用其所掌握的商业秘密;

(4) 教唆、引诱、帮助他人违反保密义务或者违反权利人有关保守商业秘密的要求,获取、披露、使用或者允许他人使用权利人的商业秘密。

经营者以外的其他自然人、法人和非法人组织实施前款所列违法行为的,视为侵犯商业秘密。

第三人明知或者应知商业秘密权利人的员工、前员工或者其他单位、个人实施本条第一款所列违法行为,仍获取、披露、使用或者允许他人使用该商业秘密的,视为侵犯商业秘密。

(四) 虚假宣传

《反不正当竞争法》第 8 条规定,经营者不得对其商品的性能、功能、质量、销售状况、用户评价、曾获荣誉等作虚假或者引人误解的商业宣传,欺骗、误导消费者。

经营者不得通过组织虚假交易等方式,帮助其他经营者进行虚假或者引人误解的商业宣传。

(五) 诋毁商誉的行为

《反不正当竞争法》第 11 条规定,经营者不得编造、传播虚假信息或者误导性信息,损害竞争对手的商业信誉、商品声誉。

(六) 网络干扰行为

《反不正当竞争法》第 12 条规定,经营者利用网络从事生产经营活动,应当遵守本法的各项规定。

经营者不得利用技术手段,通过影响用户选择或者其他方式,实施下列妨碍、破坏其他经营者合法提供的网络产品或者服务正常运行的行为:

(1) 未经其他经营者同意,在其合法提供的网络产品或者服务中,插入链接、强制进行目标跳转;

(2) 误导、欺骗、强迫用户修改、关闭、卸载其他经营者合法提供的网络产品或者服务;

(3) 恶意对其他经营者合法提供的网络产品或者服务实施不兼容;

(4) 其他妨碍、破坏其他经营者合法提供的网络产品或者服务正常运行的行为。

(七) 不正当的有奖销售行为

所谓有奖销售是指经营者以给消费者提供奖品或奖金的手段进商品促销的行为。有奖销售行为主要表现为附赠式有奖销售和抽奖式有奖销售两种形式。根据《反不正当竞争法》第 10 条的规定,经营者进行有奖销售不得存在下列情形:

(1) 所设奖的种类、兑奖条件、奖金金额或者奖品等有奖销售信息不明确,影响兑奖;

(2) 采用谎称有奖或者故意让内定人员中奖的欺骗方式进行有奖销售;

(3) 抽奖式的有奖销售,最高奖的金额超过 5 万元。

第三节 对不正当竞争行为的监督检查

根据《反不正当竞争法》第 13 条的规定,监督检查部门调查涉嫌不正当竞争行为,可以采取下列措施:

（1）进入涉嫌不正当竞争行为的经营场所进行检查；

（2）询问被调查的经营者、利害关系人及其他有关单位、个人，要求其说明有关情况或者提供与被调查行为有关的其他资料；

（3）查询、复制与涉嫌不正当竞争行为有关的协议、账簿、单据、文件、记录、业务函电和其他资料；

（4）查封、扣押与涉嫌不正当竞争行为有关的财物；

（5）查询涉嫌不正当竞争行为的经营者的银行账户。

采取以上规定的措施，应当向监督检查部门主要负责人书面报告，并经批准。采取以上第（4）项、第（5）项规定的措施，应当向设区的市级以上人民政府监督检查部门主要负责人书面报告，并经批准。

监督检查部门调查涉嫌不正当竞争行为，应当遵守《中华人民共和国行政强制法》和其他有关法律、行政法规的规定，并应当将查处结果及时向社会公开。

监督检查部门调查涉嫌不正当竞争行为，被调查的经营者、利害关系人及其他有关单位、个人应当如实提供有关资料或者情况。

监督检查部门及其工作人员对调查过程中知悉的商业秘密负有保密义务。

对涉嫌不正当竞争行为，任何单位和个人有权向监督检查部门举报，监督检查部门接到举报后应当依法及时处理。

监督检查部门应当向社会公开受理举报的电话、信箱或者电子邮件地址，并为举报人保密。对实名举报并提供相关事实和证据的，监督检查部门应当将处理结果告知举报人。

本章小结

《反不正当竞争法》是为了我国市场经济的健康发展，鼓励和保护公平竞争，制止不正当的竞争行为，保护经营者和消费者的合法权益。商业经营中，许多行为经常发生在我们身边，这些行为依照法律规定是不被允许的，但由于缺乏有关知识，使得自己在自身权利受到侵害或者自己侵害了他人的权利时并没有意识到。我国《反不正当竞争法》所列举的不正当竞争行为并没有穷尽所有的不正当竞争行为的表现形式。根据《反不正当竞争法》对不正当竞争行为的界定，只要当事人的行为属于经营者"违反本法规定"，损害其他经营者的合法权益，扰乱社会经济秩序，该行为即为不正当竞争行为。依照法律规定，实施不正当竞争行为的当事人就应当承担有关的法律责任，包括承担民事责任，经济责任、行政责任和刑事责任。

案例与点评

红太阳电器公司与东风电视机厂长期有生意往来：东风电视机厂生产的东风牌电视机一直在红太阳电器公司的商场里有专门的柜台销售。后来，由于货款纠纷产生矛盾，红太阳公司决定不再经销东风电视机厂的电视机。当客户问及东风电视机时，商场营业人员故意说："东风电视机厂的电视机质量不好，价格又贵，所以商场不再经销该产品了。"

请问：对于红太阳公司的营业人员的上述行为应该如何定性？应该如何进行处理？

案例评析：根据《反不正当竞争法》的规定，本案中红太阳公司营业人员的行为属于诋毁商业信誉的不正当竞争行为。《反不正当竞争法》第11条规定，经营者不得编造、传播虚假信息或者误导性信息，损害竞争对手的商业信誉、商品声誉。本案中，有关营业人员对于东风电视机的质量和价格方面的言论，对于客户有一种误导的作用：即东风电视机的质量比其他电视机厂生产的电视机差，而在价格上又比其他电视机厂生产的电视机贵。这样就造成了东风电视机厂与其他电视机厂之间的不公平竞争。该营业人员的行为属于违反《反不正当竞争法》的行为，如果由此给东风电视机厂造成损害；东风电视机厂可以就自己的损害向人民法院提起诉讼。

本章思考

1. 采取混淆行为的不正当竞争者应该受到什么样的法律制裁？
2. 以商业贿赂手段进行不正当竞争的经营者应承担什么样的法律责任？

思考解答

1. 答：《反不正当竞争法》第18条规定，经营者违反本法第6条规定实施混淆行为的，由监督检查部门责令停止违法行为，没收违法商品。违法经营额5万元以上的，可以并处违法经营额五倍以下的罚款；没有违法经营额或者违法经营额不足5万元的，可以并处25万元以下的罚款。情节严重的，吊销营业执照。

经营者登记的企业名称违反本法第6条规定的，应当及时办理名称变更登记；名称变更前，由原企业登记机关以统一社会信用代码代替其名称。

2. 答：《反不正当竞争法》第19条规定，经营者违反本法第7条规定贿赂他人的，由监督检查部门没收违法所得，处10万元以上300万元以下的罚款。情节严重的，吊销营业执照。

第六章
反垄断法律制度

本章需要掌握的内容：
➤ 反垄断法的基本理论
➤ 垄断行为及其规制
➤ 反垄断执法及调查程序

垄断行为是什么？反垄断法的特征和地位是什么？反垄断法的执法机构及其职责是什么？

第一节 反垄断法概述

一、竞争、垄断及反垄断法

（一）竞争和垄断

竞争是在自然界和人类生态环境中普遍存在的固有行为，是宇宙万物所具有的共同属性和根本本质。竞争在自然界体现为动植物为了生存而去争夺领域或食物，在人类社会则体现为在政治、军事、经济、文化、科技和体育等多方面的竞技，一般受空间、资源以及参与主体的限制，体现为博弈的行为。概括来讲，竞争是指在一定时空之下，由于机会和相关资源的稀缺性，某个主体为了实现某个目标而在某个点、某个层次或范围内与同类或相关主体之间进行角逐和博弈或对抗的行为、现象、过程或状态。

在商品经济或市场经济社会中，资本、商品、资源，以及市场的最佳配置要以竞争为动力、手段以及原则。竞争可以使资源得到合理配置，使消费者在经济发展中获益，促进生产力不断变革发展，推动人类社会向前发展进步。因此，鼓励市场竞争、营造竞争环境、保障竞争秩序是市场经济国家的根本制度。

但竞争因参与主体的主观或客观因素，或者市场监管主体的立法及政策影响，可能会导致不自由竞争、不公平竞争或者竞争集中等现象。其中，不自由竞争和竞争集中现象导致垄断后果，不公平竞争则导致社会信誉的毁损。

垄断是竞争的自然结果，是竞争的对立物，其意味着在商品经济中的独占活动、寡头统治，体现为一个或少数几个主体支配着产品或服务的生产、流通、消费过程，是限制、排斥和破坏公平竞争秩序的行为,是损害消费者利益、阻碍生产力提升,以及牵制社会进步的行为,是维护公平竞争环境而需规制的对象,是各市场经济国家反垄断规制的客体。

(二)垄断与反垄断法

反垄断法是为了预防和制止垄断行为,保护市场公平竞争,提高经济运行效率,维护消费者利益和社会公共利益,促进市场经济健康发展而制定的法律,是国家为调控市场主体的垄断行为而制定的宏观经济调控法律规范。

但并不是所有的垄断行为或垄断状态都是反垄断法的调整对象,只有实质性地限制或损害竞争的垄断行为或垄断状态才是反垄断法的调整对象。根据我国《反垄断法》第3条和第8条的规定,经营者达成垄断协议、经营者滥用市场支配地位,以及具有或者可能具有排除、限制竞争效果的经营者集中,以及滥用行政权力排除或限制竞争的行为等4种行为才是我国《反垄断法》的调整对象。

(三)反垄断法和反不正当竞争法

反垄断法作为一部竞争法,其目的是维护市场竞争机制,而不是直接保护特定的竞争者;而反不正当竞争法主要是在预防和制止竞争者通过不正当竞争的方式牟取非法利益。

二、反垄断法的立法宗旨

我国《反垄断法》第1条规定:"为了预防和制止垄断行为,保护市场公平竞争,提高经济运行效率,维护消费者利益和社会公共利益,促进社会主义市场经济健康发展,制定本法。"从而将其立法宗旨确定为以下四种。

(一)预防和制止垄断行为

垄断行为通常会排除或限制市场竞争,造成整体经济效率低下,破坏社会生产力的发展。反垄断法通过规定垄断行为的界限、识别标准,以及法律责任,以期达到预防和制止垄断行为的目的。

(二)保护市场竞争机制,提高经济效率

反垄断法保护市场竞争机制,是在竞争环境中,通过价格引导,以及经营者和消费者的分散决策和交互作用,使资源得到最优化的配置,以提高整体经济效率,造福于全社会所有成员。

(三)维护消费者整体利益

反垄断法并非直接以消费者权益保护为其立法目标,是通过维护市场竞争机制,提高经济效率,从而从整体上提高产品质量和降低价格,使消费者整体获得福利,并不针对个别消费者具体权益的保护。

(四)维护社会公共利益

反垄断法的主要立法宗旨是维护竞争环境,提高市场经济效率,但同时要维护社会公共利益,要平衡其他社会目标。因此,为实现节约能源、保护环境的垄断协议可以得到豁免,对符合社会公共利益的经营者集中行为,可以不予禁止。

三、反垄断法的适用例外制度

反垄断法作为经济"宪法",原则上适用于所有市场竞争活动。但是,在经济领域中也存在着一些不适合过度竞争,且从国家整体经济和社会发展利益出发需要保护的行业,是反垄断法适用例外的行业。因此,反垄断法的适用例外制度是各国反垄断法不可或缺的重要组成部分,是在某些特定行业或领域中允许一定的垄断状态及垄断行为存在而不予追究的法律制度。

我国《反垄断法》第 56 条规定,"农业生产者及农村经济组织在农产品生产、加工、销售、运输、储存等经营互动中实施的联合或者协同行为,不适用本法",从而建立了我国农业领域的反垄断法适用例外制度。其中,农业是指包括农产品种植业、林业、畜牧业和渔业在内的大农业;农业生产者既包括农民,也包括农业企业以及其他直接从事农业生产经营活动的组织;农村经济组织则既包括农民专业合作经济组织,也包括农村集体经济组织;适用例外的行为限于农产品生产、加工、销售、运输、储存等经营活动中实施的联合和协同行为。其他从事与农业有关的生产经营活动的经营者的行为,仍然适用《反垄断法》的规定。

第二节 我国《反垄断法》中的垄断行为

一、禁止垄断协议行为

(一) 垄断协议行为及其种类

根据《反垄断法》第 13 条第 2 款的规定,垄断协议是指排除、限制竞争的协议、决定或者其他协同行为。其中,"协议"是指两个或者两个以上的经营者通过书面协议或者口头协议的形式,就排除、限制竞争的行为达成一致意见;"决定"是指企业集团或者其他形式的企业联合体以决议的形式,要求其成员企业共同实施的排除、限制竞争的行为;"其他协同行为"是指企业之间虽然没有达成书面或者口头协议、决定,但相互进行了沟通,心照不宣地实施了协调的、共同的排除、限制竞争的行为。

根据参与协议的主体,垄断协议可分为横向协议和纵向协议。横向垄断协议是指在生产或者销售过程中处于同一阶段的经营者之间达成的协议,如生产商之间、批发商之间、零售商之间等达成的协议;而纵向协议是指在生产商或者销售过程中处于不同阶段的经营者之间达成的协议,如生产商与批发商之间,批发商与零售商之间的协议。

(二) 横向垄断协议行为

根据《反垄断法》第 13 条第 1 款的规定,禁止具有竞争关系的经营者达成下列横向垄断协议:

1. 固定或者变更商品价格协议行为

固定或者变更商品价格协议行为是指具有竞争关系的行为人通过协议、决定或者协同行为,确定、维持或者改变价格,从而减弱或消除竞争的行为。因为价格竞争是经营者之间最重要、最基本的竞争方式,因此固定或者变更商品价格的行为是最为严重的反竞争行为。

我国《反垄断法》禁止的价格垄断协议行为包括:(1) 固定或者变更商品和服务(以下统称商品)的价格水平;(2) 固定或者变更价格变动幅度;(3) 固定或者变更对价格有影响的手续费、折扣或者其他费用;(4) 使用约定的价格作为与第三方交易的基础;(5) 约定采用据以计算价格的标准公式;(6) 约定未经参加协议的其他经营者同意不得变更价格;(7) 通过其他方式变相固定或者变更价格;(8) 国务院价格主管部门认定的其他价格垄断协议。

2. 限制商品的生产数量或者销售数量协议行为

限制商品的生产数量或者销售数量协议行为是指具有竞争关系的经营者共谋限定商品的生产和销售数量,间接控制商品价格的垄断协议行为。产品或者服务的供应数量减少,将会导致价格上升,制造市场紧张,损害消费者利益,是各国普遍禁止的典型的垄断协议。

我国《反垄断法》禁止的限制商品的生产数量或者销售数量协议的行为包括:(1)以限制产量、固定产量、停止生产等方式限制商品的生产数量或者限制商品特定品种、型号的生产数量;(2)以拒绝供货、限制商品投放数量等方式限制商品的销售数量或者限制商品特定品种、型号的销售数量。

3. 分割销售市场或者原材料采购市场行为

经营者之间分割地域、客户或者产品市场的行为限制商品的供应,限制了经营者之间的自由竞争。

我国《反垄断法》禁止具有竞争关系的经营者就分割销售市场或者原材料采购市场达成下列垄断协议:(1)划分商品销售地域、销售对象或者销售商品的种类、数量;(2)划分原料、半成品、零部件、相关设备等原材料的采购区域、种类、数量;(3)划分原料、半成品、零部件、相关设备等原材料的供应商。

4. 限制购买新技术、新设备或者限制开发新技术、新产品行为

开发新技术、新产品,有利于降低成本,提高生产效率,是一种有效的竞争手段。因此,经营者通过协议对新技术、新设备的购买,以及新技术、新产品的开发做出限制,是减少竞争、破坏竞争的行为。

我国《反垄断法》禁止具有竞争关系的经营者就限制购买新技术、新设备或者限制开发新技术、新产品达成的下列垄断协议:(1)限制购买、使用新技术、新工艺;(2)限制购买、租赁、使用新设备;(3)限制投资、研发新技术、新工艺、新产品;(4)拒绝使用新技术、新工艺、新设备;(5)拒绝采用新的技术标准。

5. 联合抵制交易行为

联合抵制交易行为,也称集体拒绝交易的行为,是协议各方联合起来不与其他竞争对手、供应商或者销售商交易的行为。

我国《反垄断法》禁止具有竞争关系的经营者就联合抵制交易达成以下垄断协议:(1)联合拒绝向特定经营者供货或者销售商品;(2)联合拒绝采购或者销售特定经营者的商品;(3)联合限定特定经营者不得与其具有竞争关系的经营者进行交易。

6. 国务院反垄断执法机构认定的其他垄断协议行为

考虑到实践中情况非常复杂,本项是兜底条款,即授权国务院反垄断执法机构可以对《反垄断法》第13条列举之外的横向协议是否属于本法规定的垄断协议作出认定。

此外,我国《反垄断法》第16条规定,"行业协会不得组织本行业的经营者从事本章禁止的垄断行为",即禁止行业协会从事排除竞争的行为。在我国当前实践中,行业协会实施的排除、限制竞争行为,主要表现为以组织的名义实施联合限制竞争的行为,如以"行业自律价格"的形式联合限定价格,对商品的最低销售价格、价格的上涨率或上涨幅度作出决定;对标准价格、基准价格、目标价格等价格的基础作出决定;设定共同的价格界定方法,对影响实质性定价的回扣、手续费、折扣的限度作出决定等。行业协会的联合限制竞争行为等同于垄断

协议。

(三) 纵向垄断协议行为

根据《反垄断法》第14条的规定,禁止经营者与交易相对人达成下列纵向垄断协议。

1. 固定向第三人转售商品的价格

固定转售商品价格行为是指经营者与交易相对人达成协议,固定交易相对人向第三人转售商品的价格。经营者之间达成固定转售价格协议,实际上剥夺了作为协议当事人的批发商或零售商根据市场竞争状况作出相应价格调整的权利,下游厂商在价格方面完全丧失了自主权,无异于下游厂商之间制定的一个固定价格联合。

2. 限定向第三人转售商品的最低价格

限定最低转售价格,尽管没有限制下游厂商的定价自主权,但因价格必须保持一定价格,不仅给消费者利益造成损害,也使经营效率低下的厂商得以生存,是对公平竞争环境的损毁。

3. 国务院反垄断执法机构认定的其他垄断协议

考虑到实践中的复杂情况,本项是兜底条款,《反垄断法》授权国务院反垄断执法机构可以就《反垄断法》第14条列举之外的纵向协议,如选择性销售协议、客户限制协议等是否属于本法规定的垄断协议作出认定。

(四) 垄断协议的豁免

垄断协议的豁免是指经营者之间的协议、决定或者其他协同行为,因其在其他方面所带来的好处要大于其对竞争秩序的损害,故尽管其构成了垄断协议,但排除适用反垄断法规定的制度。

《反垄断法》第15条规定了反垄断协议豁免的7种情形。

1. 为改进技术、研究开发新产品的

改进技术、研究开发新产品,不仅可以提高生产率,还可以扩大消费者选择商品的福祉,是有利于经济和社会发展的,所以是获得豁免的对象。但这种协议也不能严重限制相关市场的竞争,且能够使消费者分享由此产生的利益。

2. 为提高产品质量、降低成本、增进效率,统一产品规格、标准或者实行专业化分工的

统一产品的规格、标准,是指经营者对各种原材料、半成品或者成品在性能、规格、质量、等级等方面的统一要求,从而使商品之间具有可替代性和兼容性;实行专业化分工,是指经营者发挥各自专长,分工协作,使他们从生产多种商品的全能型企业转变为专门化企业,并实现经济合理化。在不能严重限制相关市场的竞争,且能够使消费者分享由此产生的利益前提下的上述协议,可以获得豁免。

3. 为提高中小经营者经营效率,增强中小经营者竞争力的

为了改善中小企业在企业竞争中的不利地位,保护中小企业的合法权利,提高经营效率,以增强中小企业经营竞争力的垄断协议,在不能严重限制相关市场的竞争,且能够使消费者分享由此产生的利益前提下,可以获得豁免。

4. 为实现节约能源、保护环境、救灾救助等社会公共利益的

节约能源、保护环境、救灾救助等涉及社会公共利益的行为,有利于社会的持续发展,以及人民群众利益的维护,因此在不能严重限制相关市场的竞争,且能够使消费者分享由此产生的利益前提下,为社会公共利益的垄断协议可以获得豁免。

5. 因经济不景气,为缓解销售量严重下降或者生产明显过剩的

在经济不景气时期,因市场供大于求,造成销售量下降、生产明显过剩时,为了避免对于社会资源和生产造成巨大损害,以及恢复经济发展,在不能严重限制相关市场的竞争,且能够使消费者分享由此产生的利益前提下,对经营者达成的限制产量或销量等垄断协议可予以豁免。

6. 为保障对外贸易和对外经济合作中的正当利益的

为了保障我国对外贸易和经济合作中的正当利益,经营者之间就商品的进出口,以及劳务输出等形成垄断协议的,可予以豁免。

7. 法律和国务院规定的其他情形

除了《反垄断法》第15条规定的豁免外,如果其他法律对垄断协议豁免情形作了规定的,则可以豁免;此外,国务院也可以在本法规定的豁免情形之外,规定其他的豁免情形。

二、禁止滥用市场支配地位行为

(一)滥用市场支配地位行为及其类型

根据《反垄断法》第17条第2款的规定,市场支配地位是指经营者在相关市场内具有能够控制商品价格、数量或者其他交易条件,或者能够阻碍、影响其他经营者进入相关市场能力的市场地位。滥用市场支配地位则指居于市场支配地位的经营者为维持或者增强其市场支配地位,而实施的排除、限制竞争等行为。

根据《反垄断法》第17条第1款的规定,滥用市场支配地位的具体行为共有7个类型。

1. 以不公平的高价销售商品或者以不公平的低价购买商品

经营者在市场经济条件下有自由定价权,是公平交易、平等互利原则的体现。但如果具有市场支配地位的企业,凭借其强势地位在交易活动中以不公平的高价或低价要求对方交易商品,损害交易对方利益的行为是反垄断法所规制的对象。

认定价格是否公平合理应当考虑下列因素:(1)销售价格或者购买价格是否明显高于或者明显低于其他经营者在相同或者相似市场条件下销售或者购买同种商品或者可比较商品的价格;(2)销售价格或者购买价格是否明显高于或者明显低于同一经营者在其他相同或者相似市场条件区域销售或者购买商品的价格;(3)在成本基本稳定的情况下,是否超过正常幅度提高销售价格或者降低购买价格;(4)销售商品的提价幅度是否明显高于成本增长幅度,或者购买商品的降价幅度是否明显高于交易相对人成本降低幅度;(5)需要考虑的其他相关因素。认定市场条件相同或者相似,应当考虑销售渠道、销售模式、供求状况、监管环境、交易环节、成本结构、交易情况等因素。

2. 没有正当理由,以低于成本的价格销售商品

没有正当理由,以低于成本的价格销售商品的行为,又称掠夺性定价行为,是指具有市场支配地位的经营者无正当理由,持续地以低于成本的价格销售商品,旨在将竞争对手排挤出市场、阻止新的经营者进入市场的消除或限制竞争的垄断行为。如果以低于成本的价格销售商品具有正当理由,如销售鲜活商品、处理有效期限即将到期的商品或者其他积压商品、季节性降价等,则不属于掠夺性定价行为。

3. 没有正当理由,拒绝与交易相对人进行交易

拒绝交易行为是指具有市场支配地位的经营者无正当理由,拒绝与交易相对人,尤其是

零售商或者批发商进行商品交易的行为。

拒绝交易行为的主要表现是：(1) 削减与交易相对人的现有交易数量；(2) 拖延、中断与交易相对人的现有交易；(3) 拒绝与交易相对人进行新的交易；(4) 设置限制性条件，使交易相对人难以继续与其进行交易；(5) 拒绝交易相对人在生产经营活动中以合理条件使用其必需设施。在认定第(5)项时，应当综合考虑另行投资建设、另行开发建造该设施的可行性、交易相对人有效开展生产经营活动对该设施的依赖程度、该经营者提供该设施的可能性以及对自身生产经营活动造成的影响等因素。

正当理由是指：(1) 交易相对人有严重的不良信用记录，或者出现经营状况持续恶化等情况，可能会给交易安全造成较大风险的；(2) 交易相对人能够以合理的价格向其他经营者购买同种商品、替代商品，或者能够以合理的价格向其他经营者出售商品的；(3) 能够证明行为具有正当性的其他理由。

拒绝交易行为对市场竞争的排除、限制后果为：(1) 拒绝交易行为推动建立封闭性的销售网络，从而构成新的销售网络进入市场的障碍；(2) 生产商通过拒绝交易的方式强迫批发商或者零售商按照其规定的价格销售商品，从而限制批发商或者零售商在这种产品上的价格竞争；(3) 供应商通过拒绝给某些销售商供货的方式，替消费者"过滤"了部分销售商，限制了消费者的购买渠道；(4) 拒绝交易行为限制处于上、下游生产阶段的第三方企业的经营活动等。

4. 没有正当理由，限定交易相对人只能与其进行交易或者只能与其指定的经营者进行交易

没有正当理由，限定交易相对人只能与其进行交易或者只能与其指定的经营者进行交易的行为，又称独家交易行为，是指具有市场支配地位的经营者凭借其支配地位，不合理地要求交易相对人只能与其进行交易，或者只能与其指定的经营者进行交易的行为。

禁止具有市场支配地位的经营者没有正当理由，实施下列限定交易行为：(1) 限定交易相对人只能与其进行交易；(2) 限定交易相对人只能与其指定的经营者进行交易；(3) 限定交易相对人不得与其竞争对手进行交易。

正当理由是指：(1) 为了保证商品质量和安全的；(2) 为了维护品牌形象或者提高服务水平的；(3) 能够显著降低成本、提高效率，并且能够使消费者分享由此产生的利益的；(4) 特许经营等商业经营活动所允许的；(5) 能够证明其正当性的其他理由。

5. 没有正当理由搭售商品，或者在交易时附加其他不合理的交易条件

没有正当理由搭售商品，或者在交易时附加其他不合理的交易条件行为，又称附条件交易行为，是指具有市场支配地位的经营者，违背交易相对人的一员，强迫交易对方购买从性质、交易习惯上均与合同无关的商品或服务，或者接受其他不合理条件的行为，其中，前者为搭售行为，后者为附加其他不合理条件的交易行为。

附条件交易行为主要表现为：(1) 违背交易惯例、消费习惯等或者无视商品的功能，将不同商品强制捆绑销售或者组合销售；(2) 对合同期限、支付方式、商品的运输及交付方式或者服务的提供方式等附加不合理的限制；(3) 对商品的销售地域、销售对象、售后服务等附加不合理的限制；(4) 附加与交易标的无关的交易条件。

正当理由是指：(1) 销售效率；(2) 消费者的便利与要求；(3) 约定俗成的交易习惯；(4) 产品的使用要求等。

6. 没有正当理由，对条件相同的交易相对人在交易价格等交易条件上实行差别待遇

没有正当理由，对条件相同的交易相对人在交易价格等交易条件上实行差别待遇的行

为,又称差别待遇行为,它是指具有市场支配地位的经营者在提供相同产品或者服务时,没有正当理由,对交易条件相同的交易相对人实行不同交易价格或交易条件的行为。

差别待遇的表现为:(1)实行不同的交易数量、品种、品质等级;(2)实行不同的数量折扣等优惠条件;(3)实行不同的付款条件、交付方式;(4)实行不同的保修内容和期限、维修内容和时间、零配件供应、技术指导等售后服务条件。

判断正当理由时,要综合考虑:(1)有关行为是否为经营者基于自身正常经营活动及正常效益而采取;(2)有关行为对经济运行效率、社会公共利益及经济发展的影响。

7. 国务院反垄断执法机构认定的其他滥用市场支配地位的行为。

考虑到实践中的复杂情况,本项是兜底条款,《反垄断法》授权国务院反垄断执法机构可以就《反垄断法》第17条列举之外的其他行为是否属于滥用市场支配地位行为作出认定。

(二) 市场支配地位的认定标准

根据《反垄断法》第18条的规定,认定经营者具有市场支配地位应当考虑如下6个因素。

1. 经营者在相关市场的市场份额,以及相关市场的竞争状况

"市场份额"是指特定企业的总产量、销售量或者生产能力在相关市场所占的比例,是判定一个企业是否具有市场支配地位的重要因素。"相关市场的竞争状况"是指在相关市场有无竞争,竞争是否充分。

2. 经营者控制销售市场或者原材料采购市场的能力

经营者控制销售市场或者原材料采购市场的能力是指经营者控制销售市场或者原材料采购市场的价格、数量或其他交易条件的能力。

3. 经营者的财力和技术条件

经营者的财力和技术条件是指该经营者在资金规模和技术等方面与其他经营者相比的情况。

4. 其他经营者对该经营者在交易上的依赖程度

其他经营者对该经营者在交易上的依赖程度是指该经营者在交易中所处的地位,比如其他经营者是否依靠其提供货物。

5. 其他经营者进入相关市场的难易程度

其他经营者进入相关市场的难易程度主要指该经营者在相关市场的控制情况,比如其他经营者是否难以进入该相关市场从事经营活动等相关市场的潜在竞争状况。

6. 与认定该经营者市场支配地位有关的其他因素

除前5项之外,同认定市场支配地位有关的其他因素,比如经营者之间的相对规模也可以作为考虑的因素。

(三) 滥用市场支配地位的推定标准

在认定市场支配地位过程中,为了节约执法成本和对经营者实施有效监管,我国《反垄断法》第19条规定了仅根据经营者的市场份额推定判断市场支配地位的三种情形。即,(1)一个经营者在相关市场的市场份额达到1/2的;(2)两个经营者在相关市场的市场份额合计达到2/3的;(3)三个经营者在相关市场的市场份额合计达到3/4的。有第(2)项、第(3)项规定的情形,其中有的经营者市场份额不足1/10的,不应当推定该经营者具有市场支配地位。被推定具有市场支配地位的经营者,有证据证明不具有市场支配地位的,不应当认定其具有市场支配地位。

三、控制经营者集中行为

(一) 经营者集中行为及其类型

经营者集中是指经营者通过合并及购买股权或资产等方式进行的企业经营行为,其结果具有两面性:一方面有利于形成规模经济,提高经营者的竞争力;另一方面有可能产生或加强经济力量和市场的集中,导致市场中的竞争者数量减少,相关市场竞争程度降低,损害消费者利益。因此,各国反垄断法都对经营者集中行为进行必要的控制。

我国《反垄断法》第20条规定了经营者集中的3种情形。

1. 经营者合并

经营者合并是指两个或两个以上的经营者之间,基于经营需要,通过订立合并协议,根据公司法、证券法等相关法律合并成为一家企业的法律行为,包括吸收合并、新设合并等两种形式。

2. 经营者通过取得股权或者资产的方式取得对其他经营者的控制权

经营者通过取得股权方式取得对其他经营者的控制权是指一家企业通过购买、置换等方式取得另一家或几家企业的股权,该企业成为另一家或几家企业的控股股东并进而取得对其他经营者的控制权的情形。经营者通过取得资产的方式取得对其他经营者的控制权是指一家企业通过购买、置换、抵押等方式取得另一家或几家企业的资产,该企业成为另一家或几家企业的控股股东或实际控制人,取得对其他经营者控制权的行为。比如,《外国投资者并购境内企业的规定》第2条规定,外国投资者并购境内企业,系指外国投资者购买境内非外商投资企业(以下称"境内公司")股东的股权或认购境内公司增资,使该境内公司变更设立为外商投资企业(以下称"股权并购");或者,外国投资者设立外商投资企业,并通过该企业协议购买境内企业资产且运营该资产,或是外国投资者协议购买境内企业资产,并以该资产投资设立外商投资企业运营该资产(以下称"资产并购")。

3. 经营者通过合同等方式取得对其他经营者的控制权或者能够对其他经营者施加决定性影响

一家企业可以通过委托经营、联营等合同方式与另一家或几家企业之间形成控制与被控制关系或者可以施加决定性影响,也可以通过合同方式直接或者间接控制其他经营者的业务或人士等,或者在业务或人事方面施加决定性影响。

(二) 经营者集中申报

对经营者集中实施申报制度,由反垄断执法机构审查决定是否允许集中,是大多数国家采取的控制经营者集中的手段。我国采取事前强制申报制度,但并不是所有的经营者集中都要申报,而是达到国务院规定的申报标准的进行申报,且必须申报,未申报的则不得实施集中。

根据我国《反垄断法》相关规定,必须进行经营者集中申报的情形包括:(1)参与集中的所有经营者上一会计年度在全球范围内的营业额合计超过100亿元人民币,并且其中至少两个经营者上一会计年度在中国境内的营业额均超过4亿元人民币;(2)参与集中的所有经营者上一会计年度在中国境内的营业额合计超过20亿元人民币,并且其中至少两个经营者上一会计年度在中国境内的营业额均超过4亿元人民币。但经营者集中有下列情形之一的,可以不向国务院反垄断执法机构申报:(1)参与集中的一个经营者拥有其他每个经营者50%以上有表决权的股份或者资产的;(2)参与集中的每个经营者50%以上有表决权的股份或者资产被同一个未参与集中的经营者拥有的。

经营者向国务院反垄断执法机构申报集中,应当提交申报书、集中对相关市场竞争状况影响的说明、集中协议、参与集中的经营者经会计师事务所审计的上一会计年度财务会计报告,以及国务院反垄断执法机构规定的其他文件、资料。其中,申报书应当载明参与集中的经营者的名称、住所、经营范围、预定实施集中的日期和国务院反垄断执法机构规定的其他事项。经营者提交的文件、资料不完备的,应当在国务院反垄断执法机构规定的期限内补交文件、资料。经营者逾期未补交文件、资料的,视为未申报。

国务院反垄断执法机构应当自收到经营者提交的上述文件、资料之日起30日内,对申报的经营者集中进行初步审查,作出是否实施进一步审查的决定,并书面通知经营者。国务院反垄断执法机构作出决定前,经营者不得实施集中。国务院反垄断执法机构作出不实施进一步审查的决定或者逾期未作出决定的,经营者可以实施集中。

国务院反垄断执法机构决定实施进一步审查的,应当自决定之日起90日内审查完毕,作出是否禁止经营者集中的决定,并书面通知经营者。作出禁止经营者集中的决定,应当说明理由。审查期间,经营者不得实施集中。有下列情形之一的,国务院反垄断执法机构经书面通知经营者,可以延长审查期限,但最长不得超过60日:(1)经营者同意延长审查期限的;(2)经营者提交的文件、资料不准确,需要进一步核实的;(3)经营者申报后有关情况发生重大变化的。国务院反垄断执法机构逾期未作出决定的,经营者可以实施集中。

(三) 经营者集中行为的反垄断审查

反垄断执法机构审查经营者集中的关键是该集中是否具有或者可能具有排除、限制竞争的效果,从而对经营者集中作出禁止或者不予禁止的决定。

根据我国《反垄断法》第27条的规定,国务院反垄断机构在审查经营者集中时,应当考虑下列6个因素。

1. 参与集中的经营者在相关市场的市场份额及其对市场的控制力

一般来讲,经营者在相关市场的市场份额越大,对市场的控制力就越强,就越有能力自主决定在市场上的交易条件,越有可能排挤竞争、损害消费者的利益。

根据我国《关于评估经营者集中竞争影响的暂行规定》第5条,判断参与集中的经营者是否取得或增加市场控制力时,综合考虑下列因素:(1)参与集中的经营者在相关市场的市场份额,以及相关市场的竞争状况;(2)参与集中的经营者产品或服务的替代程度;(3)集中所涉相关市场内未参与集中的经营者的生产能力,以及其产品或服务与参与集中经营者产品或服务的替代程度;(4)参与集中的经营者控制销售市场或者原材料采购市场的能力;(5)参与集中的经营者商品购买方转换供应商的能力;(6)参与集中的经营者的财力和技术条件;(7)参与集中的经营者的下游客户的购买能力;(8)应当考虑的其他因素。

2. 相关市场的市场集中度

市场集中度是对相关市场的结构所作的一种描述,体现相关市场内经营者的集中程度,通常可用赫芬达尔-赫希曼指数和行业前N家企业联合市场份额(CRn指数,行业集中度指数)来衡量。赫氏指数等于集中所涉相关市场中每个经营者市场份额的平方之和。行业集中度指数等于集中所涉相关市场中前N家经营者市场份额之和。

市场集中程度越高,集中产生排除、限制竞争效果的可能性越大,因此市场集中程度是审查经营者集中最为重要的标准之一。

3. 经营者集中对市场进入、技术进步的影响

经营者集中后,可通过控制生产要素、销售渠道、技术优势、关键设施等,阻止竞争者进入相关市场,从而造成排除、限制竞争行为的结果。根据我国外国投资者并购境内企业反垄断申报指南,我国反垄断执法机构分析市场进入主要考虑的因素有:(1)进入市场的成本;(2)任何法定或事实商的准入障碍;(3)因知识产权而产生的限制;(4)并购各方在相关市场中作为知识产权许可人或被许可人情况;(5)相关产品规模经济的重要性;(6)相关市场上竞争者数量、规模以及上下游市场是否存在事实或法律上的限制等。

4. 经营者集中对消费者和其他有关经营者的影响

经营者集中可能提高相关市场经营者的竞争压力,有利于促使其他经营者提高产品质量,降低产品价格,增进消费者利益。凭借通过集中而取得或增强的市场控制力,参与集中经营者可能通过实施某些经营策略或手段,限制未参与集中经营者扩大经营规模或削弱其竞争能力,从而减少相关市场的竞争,也可能对其上下游市场或关联市场竞争产生排除、限制竞争效果。

5. 经营者集中对国民经济发展的影响

经营者集中有助于扩大经营规模,增强市场竞争力,从而提高经济效率,促进国民经济发展。在特定情况下,经营者集中也可能破坏相关市场的有效竞争和相关行业的健康发展,对国民经济造成不利影响。评估经营者集中时,还需综合考虑集中对公共利益的影响、集中对经济效率的影响、参与集中的经营者是否为濒临破产的企业、是否存在抵消性买方力量等因素。

6. 国务院反垄断执法机构认为应当考虑的影响市场竞争的其他因素

本项是兜底条款,《反垄断法》授权国务院反垄断执法机构可以就《反垄断法》第27条列举之外的其他行为是否属于影响市场竞争的其他因素作出认定。

四、禁止滥用行政权力排除、限制竞争行为

(一)滥用行政权力排除、限制竞争行为的概念及其特征

1. 滥用行政权力排除、限制竞争行为的概念

滥用行政权力排除、限制竞争行为,又称行政性垄断行为,是指行政机关及其经法律、法规授权的具有管理公共事务职能的组织滥用行政权力,排除、限制市场竞争的行为。其中,行政机关是指国务院及其所属各级政府包括各级政府部门;法律、法规授权的具有管理公共事务职能的组织是指根据法律、法规授权履行一定范围公共职能的组织。滥用行政权力是指其既不属于政府为维护社会经济秩序而进行的正常经济管理活动,也不属于政府为实现对国民经济的宏观调控而采取的产业政策、财政政策等经济政策和社会政策。

2. 滥用行政权力排除、限制竞争行为的特征

第一,实施滥用行政权力排除、限制竞争行为的主体是除国务院以外的行政主体。

国务院实施的垄断行为具备国家意志性,属于国家垄断范畴,其宗旨是维护国家整体利益与社会公共利益,是合法行为;而实施滥用行政权力排除、限制竞争行为的主体是行政机关及经法律、法规授权的组织,其排除、限制竞争行为的根源是局部利益和个人利益,是反垄断法规制的行为。

第二,滥用行政权力排除、限制竞争行为是行政主体对行政权力的滥用。

行政主体滥用行政权力本身为行政违法行为,或虽然其行为的违法性不明确,但却没有

在自由裁量的范围内合理行使。

第三,滥用行政权力排除、限制竞争行为具有抽象性、强制性和隐蔽性。

滥用行政权力排除、限制竞争行为往往不是行政机关针对某个具体的人或事做出的具体行政行为的结果,而是以行业规章、地方规章、命令和决定等文件的形式出现,属于政府机关的抽象行政行为,而且对辖区范围内具有强制力,具有较强的隐蔽性。

(二)滥用行政权力排除、限制竞争行为的类型

我国《反垄断法》第5章规定了滥用行政权力排除、限制竞争行为的6种类型。

1. 限定或者变相限定交易行为

《反垄断法》第32条规定,行政机关和法律、法规授权的具有管理公共事务职能的组织不得滥用行政权力,限定或者变相限定单位或者个人经营、购买、使用其指定的经营者提供的商品。比如,地方民政部门利用办理结婚登记的权力限定办证申请人到指定的照相馆照相;地方公安交通管理部门强制车主到指定验车场验车;地方教育部门限定学校购买指定学习用品;等等,都属于限定或者变相限定交易的行为。

2. 妨碍或限制地区自由流通行为

《反垄断法》第33条规定了行政机关和法律、法规授权的具有管理公共事务职能的组织不得滥用行政权力,妨碍和限制商品在地区之间自由流通的5种行为:(1)对外地商品设定歧视性收费项目、实行歧视性收费标准,或者规定歧视性价格;(2)对外地商品规定与本地同类商品不同的技术要求、检验标准,或者对外地商品采取重复检验、重复认证等歧视性技术措施,限制外地商品进入本地市场;(3)采取专门针对外地商品的行政许可,限制外地商品进入本地市场;(4)设置关卡或者采取其他手段,阻碍外地商品进入或者本地商品运出;(5)妨碍商品在地区之间自由流通的其他行为。

3. 排斥或者限制外地经营者参加本地招投标行为

《反垄断法》第34条规定,行政机关和法律、法规授权的具有管理公共事务职能的组织不得滥用行政权力,以设定歧视性资质要求、评审标准或者不依法发布信息等方式,排斥或者限制外地经营者参加本地的招标投标活动。《招标投标法》第6条也对招投标活动中的地方保护行为进行了必要规制,任何单位和个人不得违法限制或者排斥本地区、本系统以外的法人或者其他组织参加投标,不得以任何方式非法干涉招投标活动。

4. 排斥或者限制在本地投资或者设立分支机构行为

《反垄断法》第35条规定,行政机关和法律、法规授权的具有管理公共事务职能的组织不得滥用行政权力,采取与本地经营者不平等待遇等方式,排斥或者限制外地经营者在本地投资或者设立分支机构。如,行政机关和法律、法规授权的具有管理公共事务职能的组织对外地经营者设置不同于本地经营者的投资条件、苛刻待遇,例如禁止或者限制外地企业对本地企业的收购;提高外地企业注册资本的标准;增加对外地企业资金来源及运用的审查次数等行为是反垄断法所禁止的滥用行政权力的行为。

5. 强制经营者从事垄断行为

《反垄断法》第36条规定,行政机关和法律、法规授权的具有管理公共事务职能的组织不得滥用行政权力,强制经营者从事本法规定的垄断行为。其中,"强制"既包括发布行政规章的方式,也包括直接发布行政命令的方式;"本法规定的垄断行为",包括达成或者实施垄断协议、滥用市场支配地位以及实施应予以禁止或者应当受到一定条件限制的经营者集中。

6. 制定含有排除、限制竞争内容的规定的行为

《反垄断法》第 37 条规定，行政机关不得滥用行政权力，制定含有排除、限制竞争内容的规定。即，行政机关不得滥用行政权力，以决定、公告、通告、通知、意见、会议纪要等形式，制定、发布含有排除、限制竞争内容的规定。

第三节 我国反垄断执法及调查程序

一、反垄断法的实施机构及其职责

（一）反垄断委员会及其职责

反垄断委员会是具有中国特色的反垄断实施机关，不是行政执法机构，而只是议事协调机构。根据《反垄断法》第 9 条的规定，反垄断委员会负责组织、协调、指导反垄断工作，履行下列职责：(1) 研究拟订有关竞争政策；(2) 组织调查、评估市场总体竞争状况，发布评估报告；(3) 制定、发布反垄断指南；(4) 协调反垄断行政执法工作；(5) 国务院规定的其他职责。

（二）反垄断执法机构及其职责

《反垄断法》第 10 条规定，国务院规定的承担反垄断执法职责的机构（以下统称国务院反垄断执法机构）依照本法规定，负责反垄断执法工作。国务院反垄断执法机构根据工作需要，可以授权省、自治区、直辖市人民政府相应的机构，依照本法规定负责有关反垄断执法工作。

二、对涉嫌垄断行为的调查程序

我国《反垄断法》第 6 章对涉嫌垄断行为的调查进行了规定，确立了涉嫌垄断行为案件调查的基本程序制度。

（一）立案

《反垄断法》第 38 条第 1 款和第 2 款分别规定，反垄断执法机构依法对涉嫌垄断行为进行调查；对涉嫌垄断行为，任何单位和个人有权向反垄断执法机构举报，反垄断执法机构应当为举报人保密。即，我国反垄断法规定的启动程序可分为依职权启动和依举报启动两大类，第 1 款为依职权启动调查的方式，第 2 款为依举报启动调查的方式。举报采用书面形式并提供相关事实和证据的，反垄断执法机构应当进行必要的调查。

（二）调查

反垄断执法机构调查涉嫌垄断行为，可以采取下列措施：(1) 进入被调查的经营者的营业场所或者其他有关场所进行检查；(2) 询问被调查的经营者、利害关系人或者其他有关单位或者个人，要求其说明有关情况；(3) 查阅、复制被调查的经营者、利害关系人或者其他有关单位或者个人的有关单证、协议、会计账簿、业务函电、电子数据等文件、资料；(4) 查封、扣押相关证据；(5) 查询经营者的银行账户。

反垄断执法机构调查涉嫌垄断行为，执法人员不得少于二人，并应当出示执法证件。执法人员进行询问和调查，应当制作笔录，并由被询问人或者被调查人签字。反垄断执法机构及其工作人员对执法过程中知悉的商业秘密负有保密义务。被调查的经营者、利害关系人或者其他有关单位或者个人应当配合反垄断执法机构依法履行职责，不得拒绝、阻碍反垄断

执法机构的调查。被调查的经营者、利害关系人有权陈述意见。反垄断执法机构应当对被调查的经营者、利害关系人提出的事实、理由和证据进行核实。

(三) 作出决定

反垄断执法机构对涉嫌垄断行为调查核实后,认为构成垄断行为的,应当依法作出处理决定,并可以向社会公布。

本章小结

反垄断法是为了预防和制止垄断行为,保护市场公平竞争,提高经济运行效率,维护消费者利益和社会公共利益,促进市场经济健康发展而制定的法律,是国家为调控市场主体的垄断行为而制定的宏观经济调控法律规范。同其他经济法法律法规一般只涉及经济的某些领域的法律规则相比,反垄断法涉及几乎所有经济领域和经济活动。反垄断法不仅为各经济立法提供一般性的依据,又以自己的一些原则规定弥补各部门经济立法可能存在的不足,因此被称为国家的经济"宪法"。

我国《反垄断法》规定了垄断协议、滥用市场支配地位行为、控制经营者集中行为,以及滥用行政权力排除、限制竞争行为等四种禁止的垄断行为及其构成要件。反垄断委员会是具有中国特色的反垄断实施机关。反垄断委员会负责组织、协调、指导反垄断工作。国务院规定的承担反垄断执法职责的机构负责反垄断执法工作。国务院反垄断执法机构根据工作需要,可以授权省、自治区、直辖市人民政府相应的机构,依照规定负责有关反垄断执法工作。

案例与点评

案例一 行业协会也会成为实施垄断行为的主体?

2009年3月,江苏省某市建筑材料和建筑机械行业协会混凝土委员会组织市区16家预拌混凝土企业,共同订立"预拌混凝土企业行业自律条款",以及"检查处罚规定"等所谓自律公约。该混凝土委员会通过对会员企业的生产线、搅拌车等设备进行打分,确定会员单位的市场份额,划分市区销售市场;商讨工程分配、违约处罚事宜,并阻挠会员企业自行订立混凝土销售合同,直接导致该市部分大楼建设工程、拆迁安置工程等项目停工。江苏省工商局通过调查,作出该行业协会违反《反垄断法》的决定,并对相关当事人处以没收违法所得,以及罚款的决定。

请问:本案实施垄断行为的主体是谁?

案例评析: 行业协会作为经营者团体,一般具有协调市场各行业主体的合法利益、提高市场配置资源的效率和维护市场秩序的功能,是市场经济体系的重要组成部分。但行业协会的行为排除协会成员的竞争活动,消除或限制竞争,则为反垄断法的规制对象。《反垄断法》第16条规定,行业协会不得组织本行业的经营者从事协议垄断行为。

本案的建筑材料和建筑机械行业协会混凝土委员会,以订立"预拌混凝土企业行业自律条款"等协议确定市场份额、划分销售市场,阻挠会员企业自行订立混凝土销售合同,并导致相关工程项目停工,是以协议垄断混凝土价格排除、限制竞争的行为。

反垄断法禁止的垄断协议是指具有排除、限制竞争的协议、决定或者其他协同行为,一般是指具有竞争关系的经营者之间达成的协议、决定或其他协同行为,因为《反垄断法》的调整对象是具有竞争关系的经营者。但,行业协会如果通过制定、发布含有排除、限制竞争内容的行业协会章程、规则、决定、通知、标准等,或者召集、组织或者推动本行业的经营者达成含有排除、限制竞争内容的协议、决议、纪要、备忘录等,组织本行业的经营者从事排除或限制竞争的行为,也是反垄断法的规制对象。

案例二　限制交易对方同第三方合作开发违反《反垄断法》?

外商投资企业A公司自2009年同国内B公司就牛底纸项目进行合作,双方与2011年签署《谅解备忘录》,约定:"B公司的生产能力将用于在合作协议约定的三年内,排他性地为A公司及其关联公司生产液态包装纸。"2012年12月,双方又签署了具体操作性的《供应与合作协议》,规定B公司"除了为A公司生产产品外,不可使用A公司技术信息;不能向A公司之外的任何人士销售或者以其他方式提供任何使用A公司技术信息生产的产品"。据调查,如果原纸供应商不采用A公司的技术信息,对生产质量稳定合格的原纸会有较大影响。因此,限制使用上述技术信息实际上就限制了B公司向其第三方提供牛底纸。A公司在包材市场长期拥有超过60%有的份额,是B公司的唯一客户。

请问:限制交易也构成垄断行为吗?

案例评析:《反垄断法》第17条第4款规定,禁止具有市场支配地位的经营者没有正当理由,限定交易相对人只能与其进行交易或者只能与其指定的经营者进行交易。本案中A公司限制B公司使用非专有技术信息,影响B公司向其竞争对手提供牛底纸的能力,实质上是凭借其在包材市场上的支配地位,排除、限制包材市场竞争的滥用市场支配地位的行为。

限制交易行为是指具有市场支配地位的经营者,没有正当理由,限制交易相对人只能与其进行交易或者只能与其指定的经营者进行交易的行为,是排除、限制市场竞争的滥用市场支配地位的行为。其构成要件是:(1)经营者必须具有市场支配地位;(2)经营者实施了限定他人与自己交易或限定他人与自己指定的第三者交易的限定交易行为;(3)限定交易行为无正当理由;(4)限定交易行为已经造成或可能造成排除、限制竞争的后果。

本章思考

1. 反垄断法和反不正当竞争法的关系是什么?
2. 所有的垄断协议都为《反垄断法》所禁止吗?

思考解答

1. 答:反垄断法是为了预防和制止垄断行为,保护市场公平竞争,提高经济运行效率,维护消费者利益和社会公共利益,促进市场经济健康发展而制定的法律,是国家为调控市场主体的垄断行为而制定的宏观经济调控法律规范。反不正当竞争法是为了促进社会主义市场经济健康发展,鼓励和保护公平竞争,制止不正当竞争行为,保护经营者和消费者的合法权益,而制定的法律规范。

反垄断法和反不正当竞争法在对竞争保护和消费者利益的维护上有共同的取向和积极

作用,但反垄断法作为一部竞争法,其目的是维护市场竞争机制,而不是直接保护特定的竞争者,而反不正当竞争法主要是预防和制止竞争者通过不正当竞争的方式牟取非法利益。

2. 答:并不是所有的垄断协议都为垄断法所禁止。在市场经济中,垄断协议行为较为普遍,但并不是所有的垄断协议都有害于经济发展。有些垄断协议可能具有积极的促进作用,如经营者为改进生产程序而采取的联合行动。若一概予以禁止,反而有害于市场经济的发展。因此,出于利益的衡量,我国的《反垄断法》规定了垄断豁免制度,即在垄断协议产生利大于弊的影响时,可以对该垄断协议排除适用反垄断法,即实行垄断豁免。《反垄断法》规定对以下七种垄断协议予以豁免:(1)为改进技术、研究开发新产品的;(2)为提高产品质量、降低成本、增进效率,统一产品规格、标准或者实行专业化分工的;(3)为提高中小经营者经营效率,增强中小经营者竞争力的;(4)为实现节约能源、保护环境、救灾救助等社会公共利益的;(5)因经济不景气,为缓解销售量严重下降或者生产明显过剩的;(6)为保障对外贸易和对外经济合作中的正当利益的;(7)法律和国务院规定的其他情形。

第七章
产品质量法律制度

本章需要掌握的主要内容：
➤《产品质量法》中"产品"的概念
➤ 我国产品质量监督管理制度
➤ 生产者的产品责任和义务
➤ 销售者的产品责任和义务
➤ 产品瑕疵与产品缺陷

如果我们买的房子质量不合格，我们可以用《产品质量法》来保护自己的权利吗？产品质量的责任仅仅是生产者的责任吗？

第一节 产品质量法概述

一、产品

《中华人民共和国产品质量法》(以下简称《产品质量法》)第2条第2款和第3款规定：本法所称产品是指经过加工、制作，用于销售的产品。建设工程不适用本法规定；但是，建设工程使用的建筑材料、建筑构配件和设备，属于前款规定的产品范围的，适用本法规定。

可见，我国《产品质量法》所确定的产品是以销售为目的，通过工业加工、手工制作等生产方式所获得的具有特定使用性能的物品。其必须满足两个条件：其一，产品必须经过加工或制作。加工、制作是指改变原材料、毛坯或半成品的形状、性质或表面状态，使之达到规定要求的各种工作的统称。其二，产品必须用于销售。只有经过流通环节，被人们所获得，并用于满足其生产消费需求的物品才能成为《产品质量法》意义上的产品。

二、产品质量法

(一) 产品质量法的概念及基本框架

产品质量法，是指为了调整产品生产与销售，以及对产品质量进行监督管理过程中所形成的社会关系的法律规范的总称。经过不懈的努力，我国目前已初步形成了产品质量法体系，其基本框架包括以下四项：

(1)《产品质量法》。《产品质量法》是我国产品质量法律制度中的基本法。该法于1993年2月22日由第七届全国人民代表大会常务委员会第三十次会议通过,此后又分别于2000年7月8日第九届全国人民代表大会常务委员会第十六次会议、2009年8月27日第十一届全国人民代表大会常务委员会第十次会议和2018年12月29日第十三届全国人民代表大会常务委员会第七次会议作出修正。

(2)《中华人民共和国民法典》(以下简称《民法典》)。该法于2020年5月28日第十三届全国人民代表大会第三次会议上表决通过,自2021年1月1日起施行,在第七编"侵权责任"中对产品侵权责任进行了专门规定。

(3)产品质量基本法的配套法规。

(4)其他法律法规中有关产品质量的规定,如《中华人民共和国标准化法》(以下简称《标准化法》)中关于质量标准的规定等。

本章节着重讨论《产品质量法》和《民法典》中产品责任的相关内容。

(二)《产品质量法》的适用范围

法律的适用范围就是法律的调整范围,一般包括适用空间、主体、时间等内容。《产品质量法》第2条对其适用范围作出了规定。

(1)适用的地域为中华人民共和国境内,包括在中国境内销售的进口产品。

(2)适用的主体是在中华人民共和国境内从事产品生产或销售活动的各类主体,包括个人、企业、事业单位、国家机关、社会组织和个体工商业经营者等。

(3)不适用于未经加工的天然形成的产品(如原矿、原煤、石油、天然气等产品)、初级农产品(如农、林、牧、渔等产品)和军工产品。天然形成的产品和初级农产品未经工业加工、手工制作,不满足适用《产品质量法》的基本条件;而军工产品由于不进入市场销售,也不适用《产品质量法》,其质量监督管理办法由国务院、中央军事委员会另行制定。

(4)不适用于建设工程。建设工程属于不动产范畴,不动产有其特殊的质量要求,难以与经过加工、制作的工业产品共同适用本法。建设工程的质量问题由《建筑法》和《建设工程质量管理条例》调整。但经过加工、制作,用于销售的建筑材料、建筑构配件和设备适用《产品质量法》。在未形成整体的建设工程之前,建筑材料、建筑构配件和设备在生产和销售中与其他工业品的属性是相同的,因此,加工、制作用于销售的建筑材料、建筑构配件和设备适用《产品质量法》。

第二节 产品质量的监督管理

一、产品质量监督管理体制

产品质量监督管理体制,是指执行产品质量监督管理的主体依法对产品质量进行监督管理的法律体制。《产品质量法》第8条规定了我国产品质量监督管理体制。

国务院市场监督管理部门主管全国产品质量监督工作。国务院有关部门在各自的职责范围内负责产品质量监督工作。县级以上地方市场监督管理部门主管本行政区域内的产品质量监督工作。县级以上地方人民政府有关部门在各自的职责范围内负责产品质量监督工作。法律对产品质量的监督部门另有规定的,依照有关法律的规定执行。

国务院有关部门和县级以上地方人民政府有关部门,是指国务院和县级以上人民政府设置的有关行业主管部门。其主要职责是按照同级人民政府赋予的职权,负责本行政区域内,本行业关于产品质量方面的行业监督和生产经营管理工作。

二、我国产品质量监督管理的主要制度

(一) 产品质量标准化制度

1. 产品质量标准化制度的概念

质量标准是指农业、工业、服务业以及社会事业等领域需要统一的技术要求。产品质量标准化制度是关于产品质量标准的制定、实施、监督、检查的各项规定的总和,是产品质量监督管理的依据和基础。

2. 我国的产品质量标准分类

依据《标准化法》的规定,我国的产品质量标准包括国家标准、行业标准、地方标准和团体标准、企业标准。

(1) 国家标准

国家标准主要是有关经济、技术发展,特别是农业经济发展的重要产品标准,也是与广大人民生活有关的重要产品标准。国家标准在整个产品质量标准体系中层次最高,其他标准的内容不得与国家标准的内容相抵触。国家标准的代号为"GB",由"国标"两个字的汉语拼音的第一个字母"G"和"B"结合而成。

国家标准分为强制性标准和推荐性标准。《标准化法》第10条规定,对保障人身健康和生命财产安全、国家安全、生态环境安全以及满足经济社会管理基本需要的技术要求,应当制定强制性国家标准。强制性国家标准由国务院批准发布或者授权批准发布。《标准化法》第11条规定,对满足基础通用、与强制性国家标准配套、对各有关行业起引领作用等需要的技术要求,可以制定推荐性国家标准。推荐性国家标准由国务院标准化行政主管部门制定。

(2) 行业标准

对没有推荐性国家标准而又需要在全国某个行业范围内统一技术要求的,可以制定行业标准。行业标准由国务院有关行政主管部门制定,报国务院标准化行政主管部门备案,在全国某一行业范围内适用。行业标准是对国家标准的补充,其效力低于国家标准,高于地方标准。各个行业的行业标准代号都有所不同,如通信行业的行业标准代号为"YD",电子行业的行业标准代号为"SJ"。

(3) 地方标准

为满足地方自然条件、风俗习惯等特殊技术要求,可以制定地方标准。地方标准由省、自治区、直辖市人民政府标准化行政主管部门制定;设区的市级人民政府标准化行政主管部门根据本行政区域的特殊需要,经所在地省、自治区、直辖市人民政府标准化行政主管部门批准,可以制定本行政区域的地方标准。地方标准由省、自治区、直辖市人民政府标准化行政主管部门报国务院标准化行政主管部门备案,由国务院标准化行政主管部门通报国务院有关行政主管部门。地方标准主要限于没有国家标准和行业标准的工业产品的安全、卫生要求,代号为"DB"。

（4）团体标准、企业标准

团体标准是由社会团体按照团体确立的标准制定程序自主制定发布、由社会自愿采用的标准。社会团体可在没有国家标准、行业标准和地方标准的情况下，制定团体标准。国家鼓励学会、协会、商会、联合会、产业技术联盟等社会团体协调相关市场主体共同制定满足市场和创新需要的团体标准，由本团体成员约定采用或者按照本团体的规定供社会自愿采用。

企业可以根据需要自行制定企业标准，或者与其他企业联合制定企业标准。国家鼓励社会团体、企业制定高于推荐性标准相关技术要求的团体标准、企业标准。

（二）企业质量体系认证制度与产品质量认证制度

1. 企业质量体系认证制度

企业质量体系认证是指依据国家质量管理和质量保证系列标准，由国家认可的认证机构，对自愿申请认证的企业的质量体系，进行检查、确认、颁发认证证书，以证明企业质量体系和质量保证能力符合相应标准要求的活动。

企业质量体系认证的目的在于确认企业对其生产的产品的质量保证及控制能力是否符合标准要求，进而确认企业生产的产品能否持续稳定地保证产品质量。质量体系由组织机构、职责、程序、过程和资源五个方面组成。企业质量体系认证就是对上述五个方面的基本内容进行科学的评价并得出是否符合标准要求的结论。

我国《产品质量法》第14条规定，国家根据国际通用的质量管理标准，推行企业质量体系认证制度。企业根据自愿原则可以向国务院市场监督管理部门认可的或者国务院市场监督管理部门授权的部门认可的认证机构申请企业质量体系认证。经认证合格的，由认证机构颁发企业质量体系认证证书。

2. 产品质量认证制度

产品质量认证是指依据产品标准和相应技术要求，经认证机构确认并通过颁发证书和认证标志，以证明企业某一产品符合相应标准和相应技术要求的活动。产品质量认证按认证的作用可分为安全认证和合格认证。

产品质量认证是国际上通行的管理产品质量的有效方法。国家参照国际先进的产品标准和技术要求，推行产品质量认证制度。企业根据自愿原则可以向国务院市场监督管理部门认可的或者国务院市场监督管理部门授权的部门认可的认证机构申请产品质量认证。经认证合格的，由认证机构颁发产品质量认证证书，准许企业在产品或者其包装上使用产品质量认证标志。

3. 企业质量体系认证制度与产品质量认证制度的异同

两者的相同点在于：首先，两者都是由企业自愿申请的，并非强制性的要求；其次，两者的审查主体都是国务院市场监督管理部门或其授权的部门认可的认证机构——行业认证委员会。

两者的区别在于：首先，企业质量体系认证的对象是企业的质量保证体系，产品质量认证的对象则是企业的某一产品；其次，企业质量体系认证的依据标准是质量管理标准，而产品质量认证的依据标准则是产品标准；最后，获得企业质量体系认证并不意味着就直接获得产品质量认证，后者还须具备必要条件，并根据一定程序获取。

（三）产品质量监督检查制度

产品质量监督检查可以分为以下三种形式。

1. 企业监督

企业监督是指企业内部自检和互检。企业监督包括三种方式：劳动者自检、生产过程互检和专职检验。

2. 社会监督

社会监督是指用户、消费者、保护消费者权益的社会组织以及新闻媒体等对产品质量实施的监督。社会监督包括：（1）用户、消费者监督；（2）社会组织监督；（3）新闻媒体监督等。

3. 国家监督

国家监督是指国家相关行政管理部门对产品质量进行的监督。国家监督的重要形式之一是国家监督抽查制度。监督抽查工作由国务院市场监督管理部门规划和组织。县级以上地方市场监督管理部门在本行政区域内也可以组织监督抽查。法律对产品质量的监督检查另有规定的，依照有关法律的规定执行。《产品质量法》对此作了明确规定：国家对产品质量实行以抽查为主要方式的监督检查制度，对可能危及人体健康和人身、财产安全的产品，影响国计民生的重要工业产品以及消费者、有关组织反映有质量问题的产品进行抽查。这一规定不但明确了产品质量监督抽查的重点，同时也限定了产品质量监督抽查的范围，即不是对所有的产品质量都要实施监督抽查。所谓"可能危及人体健康和人身、财产安全的产品"，主要是指药品、食品、医疗器械、化妆品、易燃易爆产品和锅炉压力容器等。所谓"影响国计民生的重要工业产品"，是指化肥、农药、计量器具、烟草、建筑用钢筋和水泥等；而所谓"消费者、有关组织反映有质量问题的产品"，主要是指假冒伪劣产品，即掺杂、掺假、以假充真、以次充好、以不合格产品冒充合格产品等。抽查的样品应当在市场上或者企业成品仓库内的待销产品中随机抽取。为了减轻企业负担，规范监督检查活动，防止抽样的随意性，《产品质量法》规定，国家监督抽查的产品，地方不得另行重复抽查；上级监督抽查的产品，下级不得另行重复抽查，并不得向被检查人收取检验费用。监督抽查所需检验费用按照国务院规定列支。

第三节　生产者与销售者的产品质量责任和义务

一、生产者的产品质量责任和义务

生产者的产品质量责任是指生产者因其生产的产品存在缺陷，造成用户、消费者或者其他人的人身、缺陷产品以外的财产损害而应承担的赔偿责任。生产者的产品质量义务是指产品的生产者对所生产的产品质量所承担的义务。这种义务在法律上通常表现为生产者必须为一定行为或者不为一定行为。我国《产品质量法》所规定的生产者的产品质量责任和义务主要表现在以下方面。

（一）保证产品质量的义务

保证产品质量是生产者的首要义务。《产品质量法》第 26 条第 1 款规定：生产者应当对其生产的产品质量负责。这是法律对生产者履行产品质量义务的总体概括。我国《产品质量法》对生产者的产品质量义务提出了以下要求。

（1）不存在危及人身、财产安全的不合理的危险,有保障人体健康和人身、财产安全的国家标准、行业标准的,应当符合该标准。

所谓危及人身、财产安全的危险,是指产品可能给用户、消费者造成人身损害和财产损失,这种危险有合理和不合理之分。法律要求产品不存在危及人身、财产安全的不合理的危险。国家标准和行业标准是在全国范围内和整个行业内要统一实施的标准,所以企业必须严格遵守。

（2）具备产品应当具备的使用性能,但是,对产品存在使用性能的瑕疵作出说明的除外。

生产者生产的产品应适合于产品的一般用途,具有适销性和有用性。对产品使用性能的瑕疵,生产者应予说明后方可出厂销售,不对产品的瑕疵作出说明而销售的,生产者应当承担相应的产品质量责任。

（3）符合在产品或者其包装上注明采用的产品标准,符合以产品说明、实物样品等方式表明的质量状况。

包装上注明的产品标准,以及产品说明和实物样品,都是生产者对产品质量的明示担保。当消费者发现产品的质量不符合明示担保时,可以根据合同约定,要求生产者予以修理、更换或者退货,造成损失的,可以要求赔偿损失。

(二) 保证符合产品标识要求的义务

产品或者其包装上的标识必须真实,并应当符合下列条件：

（1）有产品质量检验合格证明；

（2）有中文标明的产品名称、生产厂厂名和厂址；

（3）根据产品的特点和使用要求,需要标明产品规格、等级、所含主要成分的名称和含量的,用中文相应予以标明；需要事先让消费者知晓的,应当在外包装上标明,或者预先向消费者提供有关资料；

（4）限期使用的产品,应当在显著位置清晰地标明生产日期和安全使用期或者失效日期；

（5）使用不当,容易造成产品本身损坏或者可能危及人身、财产安全的产品,应当有警示标志或者中文警示说明。

裸装的食品和其他根据产品的特点难以附加标识的裸装产品,可以不附加产品标识。

(三) 禁止性和限制性的规定

《产品质量法》还对生产者的禁止和限制性行为作出了如下规定：

（1）不得生产国家明令淘汰的产品；

（2）不得伪造产地,不得伪造或者冒用他人的厂名、厂址；

（3）不得伪造或者冒用认证标志等质量标志；

（4）生产产品,不得掺杂、掺假,不得以假充真、以次充好,不得以不合格产品冒充合格产品。

(四) 生产者承担产品质量责任的免责事由

根据我国《产品质量法》的规定,生产者因产品缺陷造成损害的赔偿责任可因下列情形而免除：

（1）未将产品投入流通的；

（2）产品投入流通时,引起损害的缺陷尚不存在的；

（3）将产品投入流通时的科学技术水平尚不能发现缺陷的存在的。

二、销售者的产品质量责任和义务

我国《产品质量法》对销售者所承担的产品质量义务作了如下规定:

(1) 应当建立并执行进货检查验收制度,验明产品合格证明和其他标识。销售者对购进的产品直接进行质量检验把关,有助于判断商品的实际质量水平,能够确保本企业信誉和利益不受损害,防止伪劣商品进入流通领域。这也是明确生产者、销售者和储运者产品质量责任、合同责任的一种必要措施。

(2) 应当采取措施,保持销售产品的质量。销售者应当通过采取一系列保管措施,使销售的产品的质量保持着生产者、供货者将产品交付给销售者时的质量状况。销售的产品,其质量特征和特性如安全性、适用性、可靠性等,不得发生不合理的变化。

(3) 不得销售国家明令淘汰并停止销售的产品和失效、变质的产品。

(4) 销售的产品的标识应当符合《产品质量法》的规定。销售者完成进货检查、验收后,产品的所有权已属于销售者。因此,销售者必须对销售给消费者的产品负责,销售者对标识的检查既是权利,又是义务。

(5) 不得伪造产地,不得伪造或者冒用他人的厂名、厂址。

(6) 不得伪造或者冒用认证标志等质量标志。

(7) 销售产品,不得掺杂、掺假,不得以假充真、以次充好,不得以不合格产品冒充合格产品。

第四节 产品质量法律责任

《产品质量法》中规定了三类法律责任:民事责任、行政责任以及刑事责任。《民法典》则规定了产品侵权所应承担的民事责任。

一、产品质量民事责任

(一)《产品质量法》中的产品瑕疵责任

所谓产品瑕疵,是指产品不符合法律规定或当事人之间约定的质量标准,不具备良好的特征或特性,不符合在产品或其包装上注明采用的产品标准,或者不符合产品说明、实物样品等方式表明的质量状况等。与产品缺陷相比,产品瑕疵是产品上存在的一些细小的缺点或一般性的质量问题。

产品瑕疵担保责任是指产品销售者所出售的产品在质量上不符合法定或约定的标准而因此承担的违约责任。根据《产品质量法》第40条的规定,售出的产品有下列情形之一的,销售者应当负责修理、更换、退货;给购买产品的消费者造成损失的,销售者应当赔偿损失:(1)不具备产品应当具备的使用性能而事先未作说明的;(2)不符合在产品或者其包装上注明采用的产品标准的;(3)不符合以产品说明、实物样品等方式表明的质量状况的。

销售者依照法律规定负责修理、更换、退货、赔偿损失后,属于生产者的责任或者属于向销售者提供产品的其他销售者(供货者)的责任的,销售者有权向生产者、供货者追偿。

(二)《民法典》中的产品缺陷责任(产品责任)

关于何为产品缺陷,《民法典》未作出明确规定。而根据《产品质量法》第46条的规定,所谓产品缺陷,是指产品存在危及人身、财产安全的不合理的危险;产品有保障人体健康,人身、财产安全的国家标准、行业标准的,是指不符合该标准。通常认为,产品缺陷主要包括设计缺陷、制造缺陷、警示说明(标识或指示)缺陷等。

产品缺陷责任也就是通常所说的产品责任,是指生产者、销售者因其生产或销售的产品存在缺陷,而给使用者、消费者造成人身伤害或者缺陷产品以外的财产损失所应承担的法律责任,它是一种侵权责任。我国《民法典》在"侵权责任"编中对产品责任进行了专门规定。

根据《民法典》的规定,因产品存在缺陷造成他人损害的,生产者应当承担侵权责任。因产品存在缺陷造成他人损害的,被侵权人可以向产品的生产者请求赔偿,也可以向产品的销售者请求赔偿。如果产品缺陷由生产者造成的,销售者赔偿后,有权向生产者追偿。因销售者的过错使产品存在缺陷的,生产者赔偿后,有权向销售者追偿。因运输者、仓储者等第三人的过错使产品存在缺陷,造成他人损害的,产品的生产者、销售者赔偿后,有权向第三人追偿。

因产品缺陷危及他人人身、财产安全的,被侵权人有权请求生产者、销售者承担停止侵害、排除妨碍、消除危险等侵权责任。

当产品投入流通后发现存在缺陷的,生产者、销售者应当及时采取停止销售、警示、召回等补救措施;未及时采取补救措施或者补救措施不力造成损害扩大的,对扩大的损害也应当承担侵权责任。另外,依据法律规定采取召回措施的,生产者、销售者应当负担被侵权人因此支出的必要费用。

此外,《民法典》还规定,经营者明知产品存在缺陷仍然生产、销售,或者没有依据法律规定采取有效补救措施,造成他人死亡或者健康严重损害的,被侵权人有权请求相应的惩罚性赔偿。

二、产品质量行政责任

产品质量行政责任主要有责令停止生产、销售,没收违法生产、销售的产品,罚款,没收违法所得,吊销营业执照等形式。《产品质量法》针对不同类型的违法行为规定了具体的法律责任。

(1) 生产、销售不符合保障人体健康和人身、财产安全的国家标准、行业标准的产品的,责令停止生产、销售,没收违法生产、销售的产品,并处违法生产、销售产品货值金额等值以上3倍以下的罚款;有违法所得的,并处没收违法所得;情节严重的,吊销营业执照。

(2) 在产品中掺杂、掺假,以假充真,以次充好,或者以不合格产品冒充合格产品的,责令停止生产、销售,没收违法生产、销售的产品,并处违法生产、销售产品货值金额50%以上3倍以下的罚款;有违法所得的,并处没收违法所得;情节严重的,吊销营业执照。

(3) 生产国家明令淘汰的产品的,销售国家明令淘汰并停止销售的产品的,责令停止生产、销售,没收违法生产、销售的产品,并处违法生产、销售产品货值金额等值以下的罚款;有违法所得的,并处没收违法所得;情节严重的,吊销营业执照。

(4) 销售失效、变质的产品的,责令停止销售,没收违法销售的产品,并处违法销售产品货值金额2倍以下的罚款;有违法所得的,并处没收违法所得;情节严重的,吊销营业执照。

(5) 伪造产品产地的,伪造或者冒用他人厂名、厂址的,伪造或者冒用认证标志等质量标志的,责令改正,没收违法生产、销售的产品,并处违法生产、销售产品货值金额等值以下的罚款;有违法所得的,并处没收违法所得;情节严重的,吊销营业执照。

(6) 产品标识不符合《产品质量法》的规定的,责令改正;有包装的产品标识不符合规定,情节严重的,责令停止生产、销售,并处违法生产、销售产品货值金额30%以下的罚款;有违法所得的,并处没收违法所得。

(7) 拒绝接受依法进行的产品质量监督检查的,给予警告,责令改正;拒不改正的,责令停业整顿;情节特别严重的,吊销营业执照。

此外,《产品质量法》还对产品质量检验机构、认证机构以及其他责任主体违反产品质量法的行政责任作了具体规定。

三、产品质量刑事责任

生产者、销售者违反《产品质量法》的情节严重到一定程度,就要承担刑事责任,这些规定集中体现在《产品质量法》的第49、50、52条中。

此外,市场监督管理部门的工作人员滥用职权、玩忽职守、徇私舞弊,构成犯罪的,也应依法追究刑事责任。

本章小结

从20世纪60年代以来,随着严格责任观念在产品质量法律制度中的确立,生产者、销售者必须承担更为严格的产品责任和义务。作为弱者的受害者的权益得到了更多保障,社会秩序也更为有序。我国目前的产品质量法体系,正是顺应这一发展趋势,在社会主义市场经济体制的基础上发展起来的。它融合了产品质量监督管理制度和产品质量责任制度两大部分,既规定了生产者或销售者对其生产或销售的产品应当承担的责任,也规定了产品质量衡量基准、生产者和销售者实行产品质量保证、国家对产品质量的监督管理等内容,是一部先进的和现代化的产品质量法。

案例与点评

张某一家在为家中老人祝寿时,厨房里正在使用的高压锅突然发生爆炸,张某的妻子被锅盖击中头部,抢救无效后死亡。后经相关质量检测部门鉴定,高压锅爆炸的原因是产品设计存在问题,导致锅盖上的排气孔堵塞。由于高压锅的生产厂家距离张某遥远,张某要求出售此高压锅的当地某商场承担赔偿责任。但商场却声称:高压锅的质量问题不是由自己造成的,并且商场在出售这款高压锅(尚处于试销期)时已与买方签订合同,约定如果产品存在质量问题,商场负责退货,并双倍返还货款,因而商场只承担双倍返还货款的责任。

请问:

(1) 张某可否向该商场请求承担赔偿责任?为什么?

(2) 本案应如何处理?

案例评析:(1) 张某可以向该商场请求承担赔偿责任。根据《民法典》第1203条的规定,因产品存在缺陷造成他人损害的,被侵权人可以向产品的生产者请求赔偿,也可以向产品的销售者请求赔偿。由此条规定可以看出,对产品责任而言,被侵权人无须证明生产者或销售者是否存在过错,而可以直接要求两者中的任何一方承担赔偿责任。本案中,出售高压锅的商场作为商品的销售者,在张某的请求下,理应对张某妻子的死亡承担赔偿责任,不能以他们之间的合同为由排除自己的法律责任。

(2) 根据《民法典》第1179条的规定,侵害他人造成人身损害的,应当赔偿医疗费、护理费、交通费、营养费、住院伙食补助费等为治疗和康复支出的合理费用,以及因误工减少的收入。造成残疾的,还应当赔偿辅助器具费和残疾赔偿金;造成死亡的,还应当赔偿丧葬费和死亡赔偿金。

因此,张某作为死亡的被侵权人的近亲属,可以请求商场赔偿其丧葬费、死亡赔偿金以及由死者生前扶养的人所必需的生活费等费用。如果因高压锅爆炸造成张某财产损失的,高压锅的生产厂家或商场应当恢复原状或者折价赔偿。张某因此遭受的其他重大损失,生产厂家或商场也应当赔偿。

商场在赔偿张某的损失后,可以向生产者进行追偿。因为《民法典》第1203条规定,产品缺陷由生产者造成的,销售者赔偿后,有权向生产者追偿。本案中,经相关质量检测部门鉴定,高压锅爆炸的原因是产品设计存在问题,属于生产者造成的设计缺陷。因此,商场作为商品的销售者,在赔偿张某的损失后,可以向造成产品缺陷的生产厂家进行追偿。

 本章思考

1. 试述产品质量认证与企业质量体系认证的异同点。
2. 试述产品质量监督检查的形式。

思考解答

1. 答:两者的相同点与区别如下:

(1) 相同点在于:首先,两者都是由企业自愿申请的,并非强制性的要求;其次,两者的审查主体都是国务院市场监督管理部门或其授权的部门认可的认证机构——行业认证委员会。

(2) 区别在于:首先,企业质量体系认证的对象是企业的质量保证体系,产品质量认证的对象则是企业的某一产品;其次,企业质量体系认证的依据标准是质量管理标准,而产品质量认证的依据标准则是产品标准;最后,获得企业质量体系认证并不意味着就直接获得产品质量认证,后者还须具备必要条件,并根据一定程序获取。

2. 答:产品质量监督检查可以分为三种形式:(1) 企业监督,指企业内部自检和互检。包括劳动者自检、生产过程互检和专职检验。(2) 社会监督,包括用户和消费者监督、社会组织监督以及新闻媒体监督等。(3) 国家监督,其重要形式之一是国家监督抽查制度。

第八章
商标法律制度

本章需要掌握的主要内容：
- 商标的概念和种类
- 商标的功能
- 注册商标与商标专用权的概念及法律规定
- 商标专用权的法律保护

商标是什么？商标有哪些种类？商标法与知识产权法的关系是什么？注册商标专用权包含什么内容？如何保护商标专用权？

第一节 商标法律制度概述

一、商标的概念、特征与功能

（一）商标的概念

商标就是商品或服务的"脸"，是识别商品或服务来源的标志。我国《商标法》（2019年4月23日修正）第8条规定："任何能够将自然人、法人或者其他组织的商品与他人的商品区别开的标志，包括文字、图形、字母、数字、三维标志、颜色组合和声音等，以及上述要素的组合，均可以作为商标申请注册。"

（二）商标的特征

商标的特征如下：
(1) 商标是表明商品或者服务的一种标志；
(2) 商标是一种识别性标志；
(3) 商标是由经营者使用的一种标志；
(4) 商标包括文字、图形、字母、数字、三维标志、颜色组合和声音，以及上述要素的组合；
(5) 商标可视为一种文化象征和信息载体。

（三）商标的功能

商标的功能是指商标作为商品或服务来源的标志，在其生产、流通或提供服务的过程中所呈现的价值或作用。商标一般具有如下功能。

1. 区别功能

区别功能是商标的首要功能，也是其最原始、最基本的功能。正是借助于商标的区别功能，消费者才能够在众多经营者提供的商品或服务中选择自己想要的商品或服务。例如，在"康佳""海尔""海信""长虹"等各类品牌的电视机中，消费者最终选择某一品牌的原因就是基于商标所具有的区别功能，基于对商品或服务来源的区别。

2. 品质功能

商标是商品或服务的"脸"，消费者见到某种商标则会联系特定商品，因为商标向消费者传递的是一种商品品质、服务信誉的信息。例如，不管到全球的任何一家"星巴克"咖啡店，消费者所享受的咖啡是一样口感的、服务是统一和标准的，因为作为世界驰名商标的"星巴克"三个字就是咖啡品质的保证。对于生产者或经营者而言，商标的品质功能就是维护其商品信誉的督促，促使其不断提高和改善商品或服务质量。

3. 广告功能

在现代商品流通中，广告是使消费者迅速了解商品特征的重要渠道，是生产经营者推销商品和服务的一种手段。而广告的核心则是商标，商标的显著性特征给消费者留下深刻印象，使得消费者容易区别商品或服务。

4. 财产功能

培育一项驰名商标，须投入相当的人力、财力，以及物力。但同时商标作为一种无形资产，其本身蕴涵着财产属性。例如，家喻户晓的"脑白金"商标的原商标权人，通过市场转让就获得了1.46亿的转让收入。商标是企业资产的重要构成部分，其财产价值随着企业的商誉而不断提升。

二、商标的分类

正如大千世界有着丰富多样、琳琅满目的商品一样，商标依其划分标准，可分为不同类型的商标。

（一）商品商标和服务商标

根据使用对象不同，商标一般可以分为商品商标和服务商标两大类。

1. 商品商标

商品商标是指使用于商品之上的商标，其又可分为制造商标、销售商标等，如"海尔""华为""康师傅""比亚迪"等都是商品商标。

2. 服务商标

又称为服务标记，是指提供服务的经营者在其服务项目上所使用的、用以区别于其他服务所提供的服务项目的显著性标志。如"中国平安保险"所使用的标志就是典型的服务商标。因为它提供的是一种金融衍生产品服务而不是一种单纯的商品。

（二）平面商标、立体商标和声音商标

一般按照是否属于平面或立体结构，可将商标分为平面商标、立体（三维）商标，以及声音商标。

1. 平面商标

平面商标，是指商品的标记呈现在一个平面上的商标，包括文字商标、图形商标、字母商标、数字商标、颜色组合商标,以及上述标记的任意组合商标等。

[小问题]:请判别以下商标属于哪一种平面商标?

2. 立体商标

立体商标一般是指在三维空间里以实体造型表现的商标,如可口可乐独特的流线型瓶身、"麦当劳"的金色拱门标志、劳斯莱斯汽车的"飞天女神像",以及"天之蓝"酒瓶等。

3. 声音商标

声音商标,是指以音符编成的音乐或某种声音作为区分商品和服务的标记,例如米高梅电影公司的"狮吼",以及腾讯公司的"QQ"提示声音。

(三) 集体商标和证明商标

1. 集体商标

集体商标,是指以团体、协会或者其他组织名义注册,供该组织成员在商事活动中使用,以表明使用者在该组织中的成员资格的标志。比如,"沙县小吃"是典型的集体商标,是沙县小吃同业公会1998年注册的服务商标,2006年又注册了"沙县小吃同业公会及图形"集体商标。

2. 证明商标

证明商标,是指由对某种商品或者服务具有监督能力的组织所控制,而由该组织以外的单位或者个人使用于其商品或者服务,用以证明该商品或者服务的原产地、原料、制造方法、质量或者其他特定品质的标志,如纯羊毛标志、绿色食品标志等。

(四) 联合商标和防御商标

根据商标的使用目的,可将商标分为联合商标和防御商标。

1. 联合商标

联合商标,是指同一个民事主体在同一种商品或类似商品上注册的一组商标,其中首先注册的商标为主商标,其他商标为联合商标。例如,杭州娃哈哈集团是"娃哈哈"驰名商标的商标权人,为了防止他人侵权,该公司又注册了"哇哈哈""哈哈娃""Wahaha"等商标,组成联合商标。

2. 防御商标

防御商标,是指驰名商标所有人在不同类型的商品或者服务上注册若干相同的商标,其中原来的商标为主商标,注册在其他类别的商品或服务上的同一商标为防御商标。例如,青岛海尔集团不仅在冰箱、空调等产品上注册了"海尔"商标,还在其他类别的产品上注册了

"海尔"商标。

在现实生活中,除了解商标的各种分类外,还要注意区别商标与商品装潢、商号、原产地名称及商务标语等其他商业标记。

三、商标法律制度的历史沿革

商标是商品经济的历史产物,其法律制度也经历了不同时代的经济发展历程。商标的保护起源于对欧洲中世纪行会的保护,而我国的商标法律制度则诞生于20世纪初。

(一) 世界上近代商标法律制度的确立与发展

法国于1803年颁布的《关于工厂、制造厂和作坊的法律》是世界上最早的商标制度的雏形,该法第16条把假冒商标视为私自伪造文件罪予以处罚。翌年,法国颁布的《法国民法典》,首次肯定了商标作为无形财产应该享有法律保护,开创了近代的商标保护制度。1857年,法国制定了世界上第一部成文商标法《关于以使用原则和不审查原则为内容的制造标记和商标的法律》,确立了商标注册制度。

紧随其后,英国、美国、德国以及日本等国陆续颁布了商标保护相关法律,如英国于1862年颁布了《商品标记法》、1875年颁布了《注册商标法》,美国于1870年颁布了《商标法》,但不以注册使用为取得商标专用权的要件,从而形成了两种不同的商标权保护法律制度。

1883年缔结的《保护工业产权巴黎公约》,首次将商标纳入多边工业产权的国际保护范围,标志着商标制度开始进入现代阶段。

自此以后,世界各国均逐步建立起自己的商标保护制度,商标法作为知识产权法律的有机组成,它对商品经济的繁荣稳定与健康发展的独特作用已越来越受到国际社会的关注、认可。

(二) 中国商标法律制度的沿革与发展

我国现存最早、也是较为完整的商标,是北宋时期山东刘家功夫针铺所用的"白兔"商标。其中心图案是一只白兔,旁刻"济南刘家功夫针铺,认门前白兔儿为记",图形下方还有文字:"收买上等钢条,造功夫细针,不误宅院使用。客转与贩,别有加绕,请记白。"尽管商标在我国出现的时期较早,但没有将其作为一种私有财产来加以承认与保护。

正式立法保护商标专用权是20世纪初。英国、美国、葡萄牙等帝国主义列强通过签订双边条约,要求清政府制定商标法,保护该国国民的商标专用权。因此,在参照各国商标法的基础上,清政府于1904年颁布并实施了《商标注册试办章程》,是我国历史上第一部商标法规。

中华人民共和国成立后,先后制定了三部商标法规,如1950年《商标注册暂行条例》、1963年《商标管理条例》,以及1982年《商标法》。随着我国市场经济的深入发展,以及同国际商标法律保护制度的接轨,我国先后四次对1982年《商标法》进行修改和完善。

1982年8月23日由第五届全国人大常委会第二十四次会议制定通过、自1983年3月1日起正式实施的《商标法》是我国步入市场经济体制后制定的第一部知识产权法。其以保护商标权为核心,大量采用了国际通行做法,对商标注册申请、审查和核准,注册商标的续展、转让和许可使用,注册商标争议的裁定,商标使用的管理,以及商标专用权的保护等均作出了详细的规定。

1993年2月22日由第七届全国人大常委会第三十次会议通过的《商标法》修正案,对商标法作了六个方面的重大修改。其内容包括:将服务商标纳入法律保护范围;增加规定不得以地名作为商标;增加对商标使用许可的要求;简化了商标注册的申请手续;增加撤销注册不当商标的规定；扩大商标侵权行为的范围，加大惩治商标侵权行为力度。

2001年10月27日，第九届全国人大常委会第二十四次会议审议通过了新修正的《中华人民共和国商标法》，并于2001年12月1日起开始实施。这次修改主要为适应我国加入世贸组织的要求，以实现与《与贸易有关的知识产权协定》的完全接轨。

2013年8月30日，第十二届全国人大常委会第四次会议审议通过了《全国人民代表大会常务委员会关于修改〈中华人民共和国商标法〉的决定》，自2014年5月1日起施行。这次修改是在与我国参加的国际条约保持一致的前提下，重在立足国内实际需要进行修改，完善商标注册、商标申请、商标使用，以及专用权保护相关的制度。

最近一次修改时间为2019年4月23日，第十三届全国人大常委会第十次会议通过了《商标法》第四次修正案。本次商标法修正是为了营造法治化、国际化、便利化的营商环境，配合外商投资法的实施而进行的，主要增加了规制恶意注册商标的内容，加大了对侵犯商标专用权行为的惩罚力度。

四、商标法与知识产权法律保护

（一）商标法的概念

商标法，是调整因商标的构成、注册、使用、管理和保护等所发生的社会关系的法律规范的总称。从世界各国的立法模式来看，既有《商标法》等单一法典的模式，也有综合立法的模式。但总体来讲，制定单一的和专门的《商标法》来保护商标的立法模式逐渐成为主流趋势。

商标是一种无形财产权，是一种特殊的民事权利，具有法律确认性、专有性、地域性，以及时效性等法律特征。

（二）商标法与知识产权法律保护

21世纪是以知识经济为主导形态的社会。以尊重和保护人类智力劳动成果为根本目标的知识产权法，将为推动知识经济社会的全面进步提供法律的充分保障。知识产权法，主要由专利法、商标法、著作权法三大部分构成。伴随着信息、网络等新技术革命的崛起，知识产权法的外延和内涵已覆盖到商业秘密、地理标志、反不正当竞争，以及传统知识等领域。

商标法是知识产权法的重要组成部分，通过对商标注册、使用等活动的规范管理，以及对商标权利人的法律保护，促进有形商品的生产、流通与消费，以及商品和服务市场的健康发展，特别在全球化过程中，对维护公平、公正和诚信的竞争环境起到越来越重要的作用。

第二节 我国《商标法》的主要内容

一、商标权及其内容

《商标法》第3条规定，经商标局核准注册的商标为注册商标，包括商品商标、服务商标和集体商标、证明商标；商标注册人享有商标专用权，受法律保护。由此可知，在我国受法律保护的商标须为注册商标。

商标注册人所享有的商标专用权，即商标权，是指商标注册人对其注册商标所核定使用的商品或服务上享有的，在一定范围内排斥他人使用的权利。《商标法》第56条规定，注商标的专用权，以核准注册的商标和核定使用的商品为限。

商标权的内容是指商标注册人对其注册商标依法所享有的使用权、禁止权、转让权、许可使用权、出质权等专有权利。

1. 商标使用权

商标使用权是指商标注册人自己对其注册商标的使用权利。《商标法》第48条规定："本法所称商标的使用，是指将商标用于商品、商品包装或者容器以及商品交易文书上，或者将商标用于广告宣传、展览以及其他商业活动中，用于识别商品来源的行为。"

2. 商标禁止权

商标禁止权是指商标注册人所享有的禁止他人擅自使用与其注册商标相同的商标，以及导致混淆的商标的权利。根据《商标法》第57条的规定，未经商标注册人的许可，在同一种商品上使用与其注册商标相同的商标的，以及在同一种商品上使用与其注册商标近似的商标，或者在类似商品上使用与其注册商标相同或者近似的商标，容易导致混淆的，均属侵犯注册商标专用权。

3. 商标转让权

商标转让权是指商标注册人依照法定程序，将其所享有的注册商标所有权转让给他人的权利。《商标法》第42条规定："转让注册商标的，转让人和受让人应当签订转让协议，并共同向商标局提出申请。受让人应当保证使用该注册商标的商品质量。""转让注册商标经核准后，予以公告。受让人自公告之日起享有商标专用权。"

4. 商标许可使用权

商标许可使用权是指商标注册人享有的以一定的方式和条件许可他人使用其注册商标并获得收益的权利。《商标法》第43条规定："商标注册人可以通过签订商标使用许可合同，许可他人使用其注册商标。许可人应当监督被许可人使用其注册商标的商品质量。被许可人应当保证使用该注册商标的商品质量。经许可使用他人注册商标的，必须在使用该注册商标的商品上标明被许可人的名称和商品产地。许可他人使用其注册商标的，许可人应当将其商标使用许可报商标局备案，由商标局公告。商标使用许可未经备案不得对抗善意第三人。"

5. 商标出质权

商标出质权是指商标注册人将其注册商标用来质押，从金融机构获得融资的权利。根据《民法典》第440条的规定，可以转让的注册商标专用权可以用于质押。

二、商标注册的原则和条件

（一）商标注册原则

在商标权取得方面，国际社会普遍采取使用原则、注册原则，以及使用和注册混合原则等三种原则。

在我国，商标权的取得采取注册取得为主，驰名取得为辅；自愿注册制度为主，强制注册制度为辅的原则。《商标法》第4条规定："自然人、法人或者其他组织在生产经营活动中，对其商品或者服务需要取得商标专用权的，应当向商标局申请商标注册。"第13条第1款规定："为相关公众所熟知的商标，持有人认为其权利受到侵害时，可以依照本法规定请求驰名商标保护。"第6条规定："法律、行政法规规定必须使用注册商标的商品，必须申请商标注册，未经核准注册的，不得在市场销售。"

(二) 商标注册条件

根据《商标法》第4条的规定,在生产经营活动中,对其商品或者服务需要取得商标专用权的自然人、法人,以及其他组织都可以申请商标注册。但为了规制恶意申请、囤积注册等行为,2019年修正后的《商标法》增加了"不以使用为目的的恶意商标注册申请,应当予以驳回"的规定。

《商标法》第9条规定:"申请注册的商标应当有显著特征,便于识别,并不得与他人在先取得的合法权利相冲突。"商标的显著特征是指商标"帮助消费者将其所代表的生产经营者的商品或者服务同其他生产经营者的商品或者服务区分"的能力。在先取得的合法权利是指商号权、著作权、外观设计权、姓名权,以及肖像权等。

尽管商标是用以区别商品和服务来源的标志,但不是所有的标志都可以作为商标使用。根据《商标法》第10条的规定,不得作为商标使用的标志有:

(1) 同中华人民共和国的国家名称、国旗、国徽、国歌、军旗、军徽、军歌、勋章等相同或者近似的,以及同中央国家机关的名称、标志、所在地特定地点的名称或者标志性建筑物的名称、图形相同的;

(2) 同外国的国家名称、国旗、国徽、军旗等相同或者近似的,但经该国政府同意的除外;

(3) 同政府间国际组织的名称、旗帜、徽记等相同或者近似的,但经该组织同意或者不易误导公众的除外;

(4) 与表明实施控制、予以保证的官方标志、检验印记相同或者近似的,但经授权的除外;

(5) 同"红十字""红新月"的名称、标志相同或者近似的;

(6) 带有民族歧视性的;

(7) 带有欺骗性,容易使公众对商品的质量等特点或者产地产生误认的;

(8) 有害于社会主义道德风尚或者有其他不良影响的。此外,县级以上行政区划的地名或者公众知晓的外国地名,不得作为商标。但是,地名具有其他含义或者作为集体商标、证明商标组成部分的除外;已经注册的使用地名的商标继续有效。

此外,根据《商标法》第11条的规定,下列标志不得作为商标注册:

(1) 仅有本商品的通用名称、图形、型号的,如"单车"牌自行车;

(2) 仅直接表示商品的质量、主要原料、功能、用途、重量、数量及其他特点的,如"满罐"牌八宝粥;

(3) 其他缺乏显著特征的。

关于三维标志的申请注册商标,《商标法》第12条作了如下限制规定:"仅由商品自身的性质产生的形状、为获得技术效果而需有的商品形状或者使商品具有实质性价值的形状,不得注册",如通用的啤酒瓶形状的东西就不可以去注册三维标志商标。

(三) 商标注册的审查和核准

《商标法》第2条规定:"国务院工商行政管理部门[①]商标局主管全国商标注册和管理的工作。国务院工商行政管理部门设立商标评审委员会,负责处理商标争议事宜。"

对申请注册的商标,商标局应在规定的时间内进行审查,包括初步审定、要求申请人作

[①] 根据2018年3月第十三届全国人民代表大会第一次会议批准的《国务院机构改革方案》,不再保留国家工商行政管理总局,而组建国家市场监督管理总局。本书中工商行政管理部门即为市场监督管理部门。

出说明或修正,以及审查是否存在先权利和恶意抢注等情况,并经过商标异议期届满的,予以核准注册,发给商标注册证,并予公告。

一般情况下,对初步审定的商标,自公告之日起 3 个月内,在先权利人、利害关系人以及其他任何人均可以提出异议。无异议或者经裁定异议不成立的,始予核准注册,发给商标注册证,并予公告;经裁定异议成立的,不予核准注册。

对商标局异议裁定不服的,商标注册申请人可以自收到通知之日起 15 日内向商标评审委员会申请复审。商标评审委员会应当自收到申请之日起 9 个月内作出决定,并书面通知申请人。

当事人对商标评审委员会的决定或裁定不服的,可以自收到通知之日起 30 日内向人民法院起诉。

申请注册的商标经核准注册后,即成为注册商标,受到法律保护,商标注册人对该商标享有专用权。

(四) 商标的续展、变更

《商标法》第 39 条规定:"注册商标的有效期为十年,自核准注册之日起计算。"商标专用权通过核准注册取得,但其有效期限,即保护期限为 10 年。有效期满后,商标权人如果希望继续适用注册商标并使之得到法律保护,则应当在期满前 12 个月内按照法律规定办理续展手续;在此期间未能办理的,可以给予 6 个月的宽展期。每次续展注册的有效期为 10 年,自该商标上一届有效期满次日起计算。期满未办理续展手续的,其注册商标将被注销。

三、注册商标争议的裁定

(一) 注册不当商标的无效程序

商标法规定,已经注册的商标,如果存在以下情形的,由商标局宣告该注册商标无效;其他单位或者个人可以请求商标评审委员会宣告该注册商标无效:(1) 不以使用为目的恶意申请商标注册的;(2) 使用禁止作为商标使用的标志的;(3) 使用不得作为商标注册的标志的;(4) 商标代理机构违法申请或者接受委托申请商标注册的;(5) 以欺骗手段或者其他不正当手段取得注册的。

商标局作出宣告注册商标无效的决定,应当书面通知当事人。当事人对商标局的决定不服的,可以自收到通知之日起 15 日内向商标评审委员会申请复审。商标评审委员会应当自收到申请之日起 9 个月内作出决定,并书面通知当事人。有特殊情况需要延长的,经国务院市场监督管理部门批准,可以延长 3 个月。当事人对商标评审委员会的决定不服的,可以自收到通知之日起 30 日内向人民法院起诉。

其他单位或者个人请求商标评审委员会宣告注册商标无效的,商标评审委员会收到申请后,应当书面通知有关当事人,并限期提出答辩。商标评审委员会应当自收到申请之日起 9 个月内作出维持注册商标或者宣告注册商标无效的裁定,并书面通知当事人。有特殊情况需要延长的,经国务院市场监督管理部门批准,可以延长 3 个月。当事人对商标评审委员会的裁定不服的,可以自收到通知之日起 30 日内向人民法院起诉。人民法院应当通知商标裁定程序的对方当事人作为第三人参加诉讼。

(二) 违法损害他人合法权益的注册商标的无效程序

已经注册的商标,违反驰名商标保护,或恶意注册他人商标,或使用地理标志误导公众的,或商标注册申请被驳回的,以及损害在先权利的,自商标注册之日起 5 年内,在先权利人或者利害关系人可以请求商标评审委员会宣告该注册商标无效。对恶意注册的,驰名商标所有人不受 5 年的时间限制。

商标评审委员会收到宣告注册商标无效的申请后,应当书面通知有关当事人,并限期提出答辩。商标评审委员会应当自收到申请之日起 12 个月内作出维持注册商标或者宣告注册商标无效的裁定,并书面通知当事人。有特殊情况需要延长的,经国务院市场监督管理部门批准,可以延长 6 个月。当事人对商标评审委员会的裁定不服的,可以自收到通知之日起 30 日内向人民法院起诉。人民法院应当通知商标裁定程序的对方当事人作为第三人参加诉讼。

商标评审委员会在依照前款规定对无效宣告请求进行审查的过程中,所涉及的在先权利的确定必须以人民法院正在审理或者行政机关正在处理的另一案件的结果为依据的,可以中止审查。中止原因消除后,应当恢复审查程序。

四、商标使用的管理

商标使用是实现商标区分商品来源功能的前提,但商标的使用须符合法律规定。

商标注册人在使用注册商标的过程中,自行改变注册商标、注册人名义、地址或者其他注册事项的,由地方市场监督管理部门责令限期改正;期满不改正的,由商标局撤销其注册商标。

注册商标成为其核定使用的商品的通用名称而没有正当理由连续 3 年不使用的,任何单位或者个人可以向商标局申请撤销该注册商标。商标局应当自收到申请之日起 9 个月内作出决定。有特殊情况需要延长的,经国务院市场监督管理部门批准,可以延长 3 个月。"正当理由"包括不可抗力、政府政策性限制、破产清算,以及其他不可归责于商标注册人的正当事由。

注册商标被撤销、被宣告无效或者期满不再续展的,自撤销、宣告无效或者注销之日起一年内,商标局对与该商标相同或者近似的商标注册申请,不予核准。

违反《商标法》强制注册商标规定的,由地方市场监督管理部门责令限期申请注册,违法经营额 5 万元以上的,可以处违法经营额 20% 以下的罚款,没有违法经营额或者违法经营额不足 5 万元的,可以处 1 万元以下的罚款。

将未注册商标冒充注册商标使用的,或者使用未注册商标违反《商标法》禁止商标使用的标志相关规定的,由地方市场监督管理部门予以制止,限期改正,并可以予以通报,违法经营额 5 万元以上的,可以处违法经营额 20% 以下的罚款,没有违法经营额或者违法经营额不足 5 万元的,可以处 1 万元以下的罚款。

五、注册商标专用权的保护

(一) 商标专用权的侵权情形

注册商标的专用权,以核准注册的商标和核定使用的商品为限,不得任意改变或者扩大保护范围。在该特定的范围内商标注册人对其注册商标的使用是一种专有使用,侵犯注册商标专用权属于侵权行为。

《商标法》第 57 条列出了 7 种侵犯商标专用权的情形:

(1) 未经商标注册人的许可,在同一种商品上使用与其注册商标相同的商标的行为;

(2) 未经商标注册人的许可,在同一种商品上使用与其注册商标近似的商标,或者在类似商品上使用与其注册商标相同或者近似的商标,容易导致混淆的行为;

(3) 销售侵犯注册商标专用权的商品的行为;

(4) 伪造、擅自制造他人注册商标标识或者销售伪造、擅自制造的注册商标标识的行为;

(5) 未经商标注册人同意,更换其注册商标并将该更换商标的商品又投入市场的行为;

(6) 故意为侵犯他人商标专用权行为提供便利条件,帮助他人实施侵犯商标专用权行为的行为;

(7) 给他人的注册商标专用权造成其他损害的行为。

上述(1)是通常所说的"假冒行为",是混淆商品出处,误导消费者,损害商标注册人的合法权益,以及消费者利益的侵权行为。(2)和(3)也是混淆商品出处,误导消费者,损害商标注册人的合法权益和消费者的利益的侵犯注册商标专用权的行为,其中(3)通常发生在流通环节。上述(5)属于通常被称为"反向假冒"的行为,即某人买来他人的商品后,撤下他人的注册商标换上自己的注册商标再在市场上出售,也属于商标侵权行为。

(二) 商标专用权的侵权救济

《商标法》主要规定了行政保护与司法保护两种侵权救济措施。《商标法》第 60 条规定,有本法所列侵犯注册商标专用权行为之一,引起纠纷的,由当事人协商解决;不愿协商或者协商不成的,商标注册人或者利害关系人可以向人民法院起诉,也可以请求市场监督管理部门处理。

1. 行政救济

《商标法》规定,对侵权注册商标专用权的行为,市场监督管理部门有权依法查处;涉嫌犯罪的,应当及时移送司法机关依法处理。

县级以上市场监督管理部门根据已经取得的违法嫌疑证据或者举报,对涉嫌侵犯他人注册商标专用权的行为进行查处时,可以行使下列职权:询问有关当事人,调查与侵犯他人注册商标专用权有关的情况;查阅、复制当事人与侵权活动有关的合同、发票、账簿以及其他有关资料;对当事人涉嫌从事侵犯他人注册商标专用权活动的场所实施现场检查;检查与侵权活动有关的物品;对有证据证明是侵犯他人注册商标专用权的物品,可以查封或者扣押。

市场监督管理部门依法行使《商标法》规定的职权时,当事人应当予以协助、配合,不得拒绝、阻挠。

在查处商标侵权案件过程中,对商标权属存在争议或者权利人同时向人民法院提起商标侵权诉讼的,市场监督管理部门可以中止案件的查处。中止原因消除后,应当恢复或者终结案件查处程序。

市场监督管理部门处理时,认定侵权行为成立的,责令立即停止侵权行为,没收、销毁侵权商品和主要用于制造侵权商品、伪造注册商标标识的工具,违法经营额 5 万元以上的,可以处违法经营额 5 倍以下的罚款,没有违法经营额或者违法经营额不足 5 万元的,可以处 25 万元以下的罚款。对 5 年内实施两次以上商标侵权行为或者有其他严重情节的,应当从重处罚。销售不知道是侵犯注册商标专用权的商品,能证明该商品是自己合法取得并说明提供者的,由市场监督管理部门责令停止销售。

2. 司法保护

对侵犯商标专用权的赔偿数额的争议,当事人可以请求进行处理的市场监督管理部门调解,也可以依照《中华人民共和国民事诉讼法》(以下简称《民事诉讼法》)向人民法院起诉。经市场监督管理部门调解,当事人未达成协议或者调解书生效后不履行的,当事人可以依照《民事诉讼法》向人民法院起诉。

人民法院审理商标纠纷案件,应权利人请求,对属于假冒注册商标的商品,除特殊情况外,责令销毁;对主要用于制造假冒注册商标的商品的材料、工具,责令销毁,且不予补偿;或者在特殊情况下,责令禁止前述材料、工具进入商业渠道,且不予补偿。

商标注册人或者利害关系人有证据证明他人正在实施或者即将实施侵犯其注册商标专用权的行为,如不及时制止将会使其合法权益受到难以弥补的损害,可以依法在起诉前向人民法院申请采取责令停止有关行为和财产保全的措施。为制止侵权行为,在证据可能灭失或者以后难以取得的情况下,商标注册人或者利害关系人可以依法在起诉前向人民法院申请保全证据。

未经商标注册人许可,在同一种商品上使用与其注册商标相同的商标,构成犯罪的,除赔偿被侵权人的损失外,依法追究刑事责任。伪造、擅自制造他人注册商标标识或者销售伪造、擅自制造的注册商标标识,构成犯罪的,除赔偿被侵权人的损失外,依法追究刑事责任。

本章小结

商标法,是调整因商标的构成、注册、使用、管理和保护等所发生的社会关系的法律规范的总称。商标是一种无形财产权,是一种特殊的民事权利,具有法律确认性、专有性、地域性,以及时效性等法律特征。

商标法是知识产权法的重要组成部分,通过对商标注册、使用等活动的规范管理,以及对商标权利人的法律保护,促进有形商品的生产、流通与消费,以及商品和服务市场的健康发展,特别在全球化过程中,对维护公平、公正和诚信的竞争环境起到越来越重要的作用。

在我国受法律保护的商标须为注册商标,经商标局核准注册的商标为注册商标,包括商品商标、服务商标和集体商标、证明商标等;商标注册人享有商标专用权,受法律保护。商标权的内容是指商标注册人对其注册商标依法所享有的使用权、禁止权、转让权、许可使用权、出质权等专有权利。

商标专用权通过核准注册取得,但其有效期限,即保护期限为10年。有效期满后,商标权人如果希望继续使用注册商标并使之得到法律保护,则应当在期满前12个月内按照法律规定办理续展手续;在此期间未能办理的,可以给予6个月的宽展期。每次续展注册的有效期为10年,自该商标上一届有效期满次日起计算。

商标权的保护主要有行政保护与司法保护两种侵权救济措施。《商标法》第60条规定,有本法所列侵犯注册商标专用权行为之一,引起纠纷的,由当事人协商解决;不愿协商或者协商不成的,商标注册人或者利害关系人可以向人民法院起诉,也可以请求市场监督管理部门处理。

案例与点评

案例一 法律保护先使用商标还是注册商标?

甲和乙公司都生产电视机。甲公司生产的"菊花"牌电视机,因其质量优良、价格适中、售后服务好,深受广大用户欢迎。后该公司的一名技术人员受聘于邻省一家生产"中意"牌电视机的公司,并担任了乙公司的技术副厂长。为扭转乙公司亏损落后的生产局面,乙公司一方面在技术上加大力度进行革新改造,另一方面希望通过改变产品名称打开销路。当得知甲公司的商标还未注册的情况下,便向商标局申请注册了"菊花"牌商标。此后,产品销路大有好转。甲公司得知这一情况后,以该品牌是自己首先创出,先使用为由,要求乙公司停止使用该商标。而乙公司则认为该商标自己已经注册,享有商标专用权,要求甲公司停止使用。为此,双方发生纠纷。

请问:本案的侵权人是谁?

案例评析:本案要根据甲公司已经使用的商标是否为"有一定影响的商标"而判断侵权人。根据《商标法》第32条的规定,"申请商标注册不得损害他人现有的在先权利,也不得以不正当手段抢先注册他人已经使用并有一定影响的商标"。如果甲公司在先使用的"菊花"商标,在一定区域内被一定的人群所知晓,那么即便乙公司先注册了"菊花"商标,其也属于恶意抢注,属于可撤销的注册商标。

在乙公司的注册商标撤销前,甲公司是侵权人,其侵犯了乙公司的商标专用权。甲公司虽然使用"菊花"牌商标在先,但未注册,所以不享有专用权,其他公司亦可使用。乙公司通过注册取得了"菊花"商标的专用权,未经其同意,其他任何人不得使用该注册商标,否则构成侵权。《商标法》第57条第1款规定:未经注册商标所有人的许可,在同一种商品上使用与其注册商标相同的商标的,为侵犯商标权的行为。因此,在乙公司注册"菊花"牌商标后,甲公司虽使用自己首创的品牌,但也构成对乙公司注册商标专用权的侵犯,应依法承担法律责任。

案例二 受法律保护的注册商标是什么?

1992年3月,帅美西服厂以"大科大"三字作为商标文字予以注册,注册号为547742,用于本厂生产的西服产品。1993年5月腾达服装有限公司(以下简称腾达公司)以"大哥大"三字作为商标文字予以注册,注册号为586610,用于本公司生产的25类服装商品。帅美西服厂发觉后,即致函腾达公司,说明自己的商标已经注册,认为这两个商标构成了近似商标,要求对方停止使用。腾达公司则认为自己的商标也已注册,且与对方的商标并不相同,没有侵害帅美西服厂的商标权,因此置之不理。

请问:帅美西服厂应该怎么办?

案例评析:帅美西服厂可向国家商标局商标评审委员会提出申请,要求撤销腾达公司的注册商标。理由如下:这两个商标只有一字之差,且文字组合形式及发音有近似的特征,构成了近似商标;两个商标皆使用在同一类商品。为充分保障企业及消费者的利益,依据《商标法》的规定,帅美西服厂可在腾达公司的商标核准注册之日起5年内,向国家商标局评审委员会申请裁定,以近似商标为由要求撤销腾达公司的商标。

在裁定作出之前,因两个商标均为注册商标,帅美西服厂不能要求腾达公司承担商标侵权的法律责任。

裁定可能出现两个相反的结果:(1)经商标评审委员会裁定撤销腾达公司的注册商标后,腾达公司不服,则可以自收到通知之日起30日内向人民法院起诉,帅美西服厂可作为第三人参加诉讼。(2) 经商标评审委员会裁定维持腾达公司的注册商标后,帅美西服厂不服,它同样可以按照法律程序向人民法院起诉,请求法院追究腾达公司商标侵权的法律责任。

根据《商标法》的规定,商标评审委员会不再是商标争议的终局裁定机构,任何一方当事人都可以依法寻求司法保护。如果本案中腾达公司最终败诉,但它不履行法律判决,仍旧继续从事侵权行为,帅美西服厂则有权请求法院追究其侵权责任。

对有异议的注册商标,有关当事人应在法定期限内,依合法程序,向有关部门申请解决。

 本章思考

1. 如果两个申请人同月、同日、同时提出申请,注册同一个商标,谁会取得商标专用权?
2. 某人画了一幅画"武松打虎",如果别人想将此用作自己的商标来注册,会发生什么法律问题?

思考解答

1. 答:《商标法》第 31 条规定:"两个或者两个以上的商标注册申请人,在同一种商品或者类似商品上,以相同或者近似的商标申请注册的,初步审定并公告申请在先的商标;同一天申请的,初步审定并公告使用在先的商标,驳回其他人的申请,不予公告。"

如果两个或者两个以上的商标注册申请人,在同一种商品或者类似商品上,以相同或者近似的商标申请注册,并且双方的申请文件又在同一天提交商标局,则实行最先使用者取得商标注册的原则。这种"使用",可以指将商标用于商品、商品包装或者容器以及商品交易书上,也可以指将商品用于广告宣传、展览以及其他业务活动中。之所以作宽泛的解释,其本质还在于更好地保护商标权。

2. 答:《商标法》第 32 条规定,申请商标注册不得损害他人现有的在先权利。其中,在先权利包括已经获得的著作权、名称权、外观设计专利权、肖像权、姓名权等。因此,如果将别人已经享有著作权的作品用来申请注册商标,则构成对他人"在先权利"的侵害。

第九章 专利法律制度

本章需要掌握的主要内容：
- 专利的概念和内容
- 专利权的授予条件及法律保护
- 不授予专利的情形

专利是什么？专利有哪几种类型？我国的《专利法》具体包含哪些内容，其特色如何？

第一节 我国专利法律制度的主要内容

知识产权是基于人类在文化或产业领域中所创造的知识成果中，对享有保护价值的成果依法赋予的权利，主要分为工业产权和著作权。其中，工业产权又分为发明专利权、实用新型专利权、外观设计专利权等对产业有实用价值的创新成果的权利，以及标识商品来源的商标权。我国《专利法》立法的目的是为了保护和鼓励发明创造。《专利法》第2条规定：本法所称的发明创造是发明、实用新型和外观设计。发明，是指对产品、方法或者其改进所提出的新的技术方案。实用新型，是指对产品的形状、构造或者其结合所提出的适于实用的新的技术方案。外观设计，是指对产品的整体或者局部的形状、图案或者其结合以及色彩与形状、图案的结合所作出的富有美感并适于工业应用的新设计。

一、专利权的授予条件

（一）发明和实用新型专利权的授予条件

根据我国《专利法》第22条的规定，授予专利权的发明和实用新型，应当具备新颖性、创造性和实用性三个条件。

1. 新颖性

新颖性，是指该发明或者实用新型不属于现有技术；也没有任何单位或者个人就同样的发明或者实用新型在申请日以前向国务院专利行政部门提出过申请，并记载在申请日以后公布的专利申请文件或者公告的专利文件中。其中，现有技术是指申请日以前在国内外为公众所知的技术。

《专利法》第 24 条规定,申请专利的发明创造在申请日以前 6 个月内,有下列情形之一的,不丧失新颖性:(1) 在国家出现紧急状态或者非常情况时,为公共利益目的首次公开的;(2) 在中国政府主办或者承认的国际展览会上首次展出的;(3) 在规定的学术会议或者技术会议上首次发表的;(4) 他人未经申请人同意而泄露其内容的。

2. 创造性

创造性,是指与现有技术相比,该发明具有突出的实质性特点和显著的进步;该实用新型具有实质性特点和进步。其中,实质性特点,是指发明创造与现有技术相比所具有的本质的技术性的区别特征;显著的进步,是指发明创造与现有技术的水平相比必须有所提高,而不是一种倒退;现有技术,是指申请日以前在国内外为公众所知的技术。

3. 实用性

实用性,是指该发明或者实用新型能够制造或者使用,并且能够产生积极效果。其中,"能够制造或者使用"意味着发明创造可付诸实施,不仅仅是个构思,且可以重复实施;"能够产生积极效果"意味着一项发明或实用新型对社会和经济的发展、对物质和精神文明建设能够产生积极效果,而不是明显无益、脱离社会需要。

(二) 外观设计授予条件

根据我国《专利法》第 23 条的规定,授予专利权的外观设计应满足新颖性、创造性、尊重既有权利三个条件。

1. 新颖性

授予专利权的外观设计应当不属于现有设计;没有任何单位或者个人就同样的外观设计在申请日以前向国务院专利行政部门提出过申请,并记载在申请日以后公告的专利文件中。

所谓"现有设计"是指申请日以前在国内外为公众所知的设计。

2. 创造性

授予专利权的外观设计与现有设计或者现有设计特征的组合相比,应当具有明显区别。涉案专利与现有设计或者现有设计特征的组合相比不具有明显区别是指如下几种情形:(1) 涉案专利与相同或者相近种类产品现有设计相比不具有明显区别;(2) 涉案专利是由现有设计转用得到的,二者的设计特征相同或者仅有细微差别,且该具体的转用手法在相同或者相近种类产品的现有设计中存在启示;(3) 涉案专利是由现有设计或者现有设计特征组合得到的,所述现有设计与涉案专利的相应设计部分相同或者仅有细微差别,且该具体的组合手法在相同或者相近种类产品的现有设计中存在启示。

3. 尊重既有权利

授予专利权的外观设计不得与他人在申请日以前已经取得的合法权利相冲突。

二、不授予专利权的情形

我国《专利法》第 25 条和第 5 条分别规定了不授予专利权的几种情形。

(一) 不授予专利权的一般情形

我国《专利法》第 25 条规定,对下列各项不授予专利权。

1. 科学发现

科学发现,是指对自然界中客观存在的物质、现象、变化过程及其特性和规律的揭示。科学理论是对自然界认识的总结,是更为广义的发现。它们都属于人们认识的延伸。这些被认识的物质、现象、过程、特性和规律不同于改造客观世界的技术方案,不是专利法意义上的发明创造,因此不能被授予专利权。例如,发现卤化银在光照下有感光特性,这种发现不能被授予专利权,但是根据这种发现制造出的感光胶片以及此感光胶片的制造方法则可以被授予专利权。

2. 智力活动的规则和方法

智力活动,是指人的思维运动,它源于人的思维,经过推理、分析和判断产生出抽象的结果,或者必须经过人的思维运动作为媒介,间接地作用于自然产生结果。智力活动的规则和方法是指导人们进行思维、表述、判断和记忆的规则和方法。由于其没有采用技术手段或者利用自然规律,也未解决技术问题和产生技术效果,因而不构成技术方案。例如,数学理论和换算方法;心理测验方法;教学、授课、训练和驯兽的方法;各种游戏、娱乐的规则和方法;统计、会计和记账的方法;乐谱、食谱、棋谱;锻炼身体的方法;疾病普查的方法和人口统计的方法;信息表述方法;计算机程序本身等不应当被授予专利权。

3. 疾病的诊断和治疗方法

疾病的诊断和治疗方法,是指以有生命的人体或者动物体为直接实施对象,进行识别、确定或消除病因或病灶的过程。

出于人道主义的考虑和社会伦理的原因,医生在诊断和治疗过程中应当有选择各种方法和条件的自由。另外,这类方法直接以有生命的人体或动物体为实施对象,无法在产业上利用,不属于专利法意义上的发明创造。因此疾病的诊断和治疗方法不能被授予专利权。但是,用于实施疾病诊断和治疗方法的仪器或装置,以及在疾病诊断和治疗方法中使用的物质或材料属于可被授予专利权的客体。例如,血压测量法、诊脉法、足诊法、X光诊断法、超声诊断法、胃肠造影诊断法、内窥镜诊断法、同位素示踪影像诊断法、红外光无损诊断法、患病风险度评估方法、疾病治疗效果预测方法、基因筛查诊断法等则不能被授予专利权。

4. 动物和植物品种

动物和植物是有生命的物体,动物和植物品种不能被授予专利权。我国《专利法》所称的动物不包括人,是指不能自己合成,而只能靠摄取自然的碳水化合物及蛋白质来维系其生命的生物。《专利法》所称的植物,是指可以借助光合作用,以水、二氧化碳和无机盐等无机物合成碳水化合物、蛋白质来维系生存,并通常不发生移动的生物。动物和植物品种可以通过专利法以外的其他法律法规保护,例如,植物新品种可以通过《植物新品种保护条例》给予保护。

但根据《专利法》第25条第2款的规定,对动物和植物品种的生产方法,可以授予专利权。但这里所说的生产方法是指非生物学的方法,不包括生产动物和植物主要是生物学的方法。

5. 原子核变换方法以及用原子核变换方法获得的物质

原子核变换方法以及用该方法所获得的物质关系到国家的经济、国防、科研和公共生活的重大利益,不宜为单位或私人垄断,因此不能被授予专利权。

其中,原子核变换方法,是指使一个或几个原子核经分裂或者聚合,形成一个或几个新原子核的过程,例如:完成核聚变反应的磁镜阱法、封闭阱法以及实现核裂变的各种方法等,这些变换方法是不能被授予专利权的。但是,为实现原子核变换而增加粒子能量的粒子加速方法(如电子行波加速法、电子驻波加速法、电子对撞法、电子环形加速法等),不属于原子核变换方法,而属于可被授予发明专利权的客体。为实现核变换方法的各种设备、仪器及其零部件等,均属于可被授予专利权的客体。

用原子核变换方法所获得的物质,主要是指用加速器、反应堆以及其他核反应装置生产、制造的各种放射性同位素,这些同位素不能被授予发明专利权。但是这些同位素的用途以及使用的仪器、设备属于可被授予专利权的客体。

6. 对平面印刷品的图案、色彩或者二者的结合作出的主要起标识作用的设计

如果一件外观设计专利申请同时满足下列三个条件,则认为是"对平面印刷品的图案、色彩或者二者的结合作出的主要起标识作用的设计":(1) 使用外观设计的产品属于平面印刷品;(2) 该外观设计是针对图案、色彩或者二者的结合而作出的;(3) 该外观设计主要起标识作用。

(二) 不授予专利权的其他情形

我国《专利法》第5条还规定了其他不授予专利权的情形:

1. 违反法律、社会公德或者妨害公共利益的发明创造

违反法律,是指外观设计专利申请的内容违反了由全国人民代表大会或者全国人民代表大会常务委员会依照立法程序制定和颁布的法律。例如,带有人民币图案的床单的外观设计,因违反《中华人民共和国中国人民银行法》,不能被授予专利权。

社会公德,是指公众普遍认为是正当的、并被接受的伦理道德观念和行为准则。它的内涵基于一定的文化背景,随着时间的推移和社会的进步不断地发生变化,而且因地域不同而各异。中国专利法中所称的社会公德限于中国境内。例如,带有暴力凶杀或者淫秽内容的图片或者照片的外观设计不能被授予专利权。

妨害公共利益,是指外观设计的实施或使用会给公众或社会造成危害,或者会使国家和社会的正常秩序受到影响。专利申请中外观设计的文字或者图案涉及国家重大政治事件、经济事件、文化事件,或者涉及宗教信仰,以致妨害公共利益或者伤害人民感情或民族感情的,或者宣扬封建迷信的,或者造成不良政治影响的,该专利申请不能被授予专利权。以著名建筑物(如天安门)以及领袖肖像等为内容的外观设计不能被授予专利权,以中国国旗、国徽作为图案内容的外观设计,不能被授予专利权。

2. 违反法律、行政法规的规定获取或者利用遗传资源,并依赖该遗传资源完成的发明创造

遗传资源,是指取人体、动物、植物或者微生物的含有遗传功能单位并具有实际或潜在价值的材料。依赖该遗传资源完成的发明创造,是指利用了遗传资源的遗传功能完成的发明创造。

其中,遗传功能是指生物体通过繁殖将性状或者特征代代相传或者使整个生物体得以复制的能力;遗传功能单位是指生物体的基因或者具有遗传功能的DNA或者RNA片段。取自人体、动物、植物或者微生物等含有遗传功能单位的材料,是指遗传功能单位的载体,既包括整个生物体,也包括生物体的某些部分,例如器官、组织、血液、体液、细胞、基因组、基因、DNA或者RNA片段等。发明创造利用了遗传资源的遗传功能是指对遗传功能单位进行分离、分析、处理等,以完成发明创造,实现其遗传资源的价值。

违反法律、行政法规的规定获取或者利用遗传资源,是指遗传资源的获取或者利用未按照我国有关法律、行政法规的规定事先获得有关行政管理部门的批准或者相关权利人的许可。例如,按照《中华人民共和国畜牧法》和《中华人民共和国畜禽遗传资源进出境和对外合

作研究利用审批办法》的规定,向境外输出列入中国畜禽遗传资源保护名录的畜禽遗传资源应当办理相关审批手续,某发明创造的完成依赖于中国向境外出口的列入中国畜禽遗传资源保护名录的某畜禽遗传资源,未办理审批手续的,该发明创造不能被授予专利权。

三、涉及国家安全或者重大利益需要保密的情形

根据我国《专利法》第 4 条的规定,申请专利的发明创造涉及国家安全或者重大利益需要保密的,按照国家有关规定办理。其中,"涉及国家安全或者重大利益"的发明创造分为涉及国防利益需要保密的发明创造和涉及国防利益以外的国家安全或者重大国家利益需要保密的发明创造。

专利申请涉及国防利益需要保密的,由国防专利机构受理并进行审查;国务院专利行政部门受理的专利申请涉及国防利益需要保密的,应当及时移交国防专利机构进行审查。经国防专利机构审查没有发现驳回理由的,由国务院专利行政部门作出授予国防专利权的决定。国务院专利行政部门认为其受理的发明或者实用新型专利申请涉及国防利益以外的国家安全或者重大利益需要保密的,应当及时作出按照保密专利申请处理的决定,并通知申请人。保密专利申请的审查、复审以及保密专利权无效宣告的特殊程序,由国务院专利行政部门规定。

四、发明创造保护的特殊规定

(一) 非职务发明

我国《专利法》第 6 条第 2 款规定,非职务发明创造,申请专利的权利属于发明人或者设计人;申请被批准后,该发明人或者设计人为专利权人。其中,"发明人或者设计人",是指对发明创造的实质性特点作出创造性贡献的人。在完成发明创造过程中,只负责组织工作的人、为物质技术条件的利用提供方便的人或者从事其他辅助工作的人,不是发明人或者设计人。

专利权、申请专利的权利和专利申请权是三个不同的概念。《专利法》第 6 条和第 8 条所规定的申请专利的权利,是指发明创造完成后到提出专利申请之前,权利人享有的决定对该发明创造是否申请专利以及如何申请专利的权利,是已经完成但尚未提出专利申请的发明创造发明人所具有的权利;《专利法》第 10 条规定的专利申请权是指提交专利申请后,申请专利的人享有的决定是否继续进行申请程序、是否转让专利申请的权利;《专利法》其他条文中所规定的专利权,则指发明创造被公告授予专利权之后,权利人享有的转让其专利权、许可实施权、制止他人侵犯专利权行为的权利。

(二) 职务发明

我国《专利法》第 6 条第 1 款规定,执行本单位的任务或者主要是利用本单位的物质技术条件所完成的发明创造为职务发明创造。其中,"执行本单位的任务所完成的职务发明创造",是指在本职工作中作出的发明创造;履行本单位交付的本职工作之外的任务所作出的发明创造;退休、调离原单位后或者劳动、人事关系终止后 1 年内作出的,与其在原单位承担的本职工作或者原单位分配的任务有关的发明创造。"本单位",包括临时工作单位。"本单位的物质技术条件",是指本单位的资金、设备、零部件、原材料或者不对外公开的技术资料等。

职务发明创造申请专利的权利属于该单位,申请被批准后,该单位为专利权人。该单位可以依法处置其职务发明创造申请专利的权利和专利权,促进相关发明创造的实施和运用。

(三) 委托发明

我国《专利法》第6条第3款规定,利用本单位的物质技术条件所完成的发明创造,单位与发明人或者设计人订有合同,对申请专利的权利和专利权的归属作出约定的,从其约定。

(四) 合作发明

我国《专利法》第8条规定,两个以上单位或者个人合作完成的发明创造、一个单位或者个人接受其他单位或者个人委托所完成的发明创造,除另有协议的以外,申请专利的权利属于完成或者共同完成的单位或者个人;申请被批准后,申请的单位或者个人为专利权人。

(五) 先申请发明

我国《专利法》第9条规定,同样的发明创造只能授予一项专利权。但是,同一申请人同日对同样的发明创造既申请实用新型专利又申请发明专利,先获得的实用新型专利权尚未终止,且申请人声明放弃该实用新型专利权的,可以授予发明专利权。两个以上的申请人分别就同样的发明创造申请专利的,专利权授予最先申请的人。对于发明或实用新型,"同样的发明创造"是指两件或两件以上申请(或专利)中存在的保护范围相同的权利要求。

对于外观设计,在判断"同样的发明创造"时应当以表示在两件外观设计专利申请或专利的图片或者照片中的产品的外观设计为准。同样的外观设计是指两项外观设计相同或者实质相同。外观设计相同,是指涉案专利与对比设计是相同种类产品的外观设计,并且涉案专利的全部外观设计要素与对比设计的相应设计要素相同,其中外观设计要素是指形状、图案以及色彩。如果涉案专利与对比设计仅属于常用材料的替换,或者仅存在产品功能、内部结构、技术性能或者尺寸的不同,而未导致产品外观设计的变化,二者仍属于相同的外观设计。在确定产品的种类时,可以参考产品的名称、国际外观设计分类以及产品销售时的货架分类位置,但是应当以产品的用途是否相同为准。相同种类产品是指用途完全相同的产品。例如机械表和电子表尽管内部结构不同,但是它们的用途是相同的,所以属于相同种类的产品。

外观设计实质相同的判断仅限于相同或者相近种类的产品外观设计。对于产品种类不相同也不相近的外观设计,不进行涉案专利与对比设计是否实质相同的比较和判断,即可认定涉案专利与对比设计不构成实质相同,例如,毛巾和地毯的外观设计。相近种类的产品是指用途相近的产品。例如,玩具和小摆设的用途是相近的,两者属于相近种类的产品。应当注意的是,当产品具有多种用途时,如果其中部分用途相同,而其他用途不同,则二者应属于相近种类的产品。如带MP3的手表与手表都具有计时的用途,二者属于相近种类的产品。

如果一般消费者经过对涉案专利与对比设计的整体观察可以看出,二者的区别仅属于下列情形,则涉案专利与对比设计实质相同:(1) 其区别在于施以一般注意力不能察觉到的局部的细微差异,例如,百叶窗的外观设计仅有具体叶片数不同;(2) 其区别在于使用时不容易看到或者看不到的部位,但有证据表明在不容易看到部位的特定设计对于一般消费者能够产生引人瞩目的视觉效果的情况除外;(3) 其区别在于将某一设计要素整体置换为该类产品的惯常设计的相应设计要素,例如,将带有图案和色彩的饼干桶的形状由正方体置换为长方体;(4) 其区别在于将对比设计作为设计单元按照该种类产品的常规排列方式作重复排列或者将其排列的数量作增减变化,例如,将影院座椅成排重复排列或者将其成排座椅的数量作增减;(5)其区别在于互为镜像对称。

(六)署名权和标识权

我国《专利法》第16条规定,发明人或者设计人有权在专利文件中写明自己是发明人或者设计人。专利权人有权在其专利产品或者该产品的包装上标明专利标识。

五、专利权及其利用

(一)专利权的效力

1. 发明和实用新型专利权

我国《专利法》第11条第1款规定:"发明和实用新型专利权被授予后,除本法另有规定的以外,任何单位或者个人未经专利权人许可,都不得实施其专利,即不得为生产经营目的制造、使用、许诺销售、销售、进口其专利产品,或者使用其专利方法以及使用、许诺销售、销售、进口依照该专利方法直接获得的产品。"因此,对于专利产品,专利权人享有制造、使用、许诺销售、销售和进口该专利产品的权利;对于专利方法,发明专利权人享有适用专利方法并使用、许诺销售、销售和进口依照该专利方法直接获得的产品的权利。

2. 外观设计专利权

我国《专利法》第11条第2款规定:"外观设计专利权被授予后,任何单位或者个人未经专利权人许可,都不得实施其专利,即不得为生产经营目的制造、许诺销售、销售、进口其外观设计专利产品。"因此,对于外观设计专利产品,专利权人享有制造、许诺销售、销售和进口该专利产品的权利,但不包括使用权。

(二)专利权的限制

1. 专利权穷尽

根据《专利法》第75条第1款的规定,专利产品或者依照专利方法直接获得的产品,由专利权人或者经其许可的单位、个人售出后,使用、许诺销售、销售、进口该产品的,不视为侵犯专利权。专利权穷尽是指专利权人自己或许可他人制造的专利产品被合法地投放市场后,任何人应当享有自由处置其购买的产品的权利。专利权穷尽原则是对专利权效力的一种限制,其目的在于防止对专利权的过度保护,从而减少对正常经济社会秩序产生不良影响。

2. 先用权

根据《专利法》第75条第2款的规定,在专利申请日前已经制造相同产品、使用相同方法或者已经作好制造、使用的必要准备,并且仅在原有范围内继续制造、使用的,不视为侵犯专利权。即,在先完成发明创造的人享有在原有范围内继续制造、使用专利产品和专利方法的先用权,体现了对先用权人的公平以及避免浪费的立法精神。

3. 临时过境

根据《专利法》第75条第3款的规定,临时通过中国领陆、领水、领空的外国运输工具,依照其所属国同中国签订的协议或者共同参加的国际条约,或者依照互惠原则,为运输工具自身需要而在其装置和设备中使用有关专利的,不视为侵犯专利权。对专利权的这一限制的理由在于:维护运输自由的公共利益,以及专利权侵权指控的现实困境。

4. 科学研究和实验使用

根据《专利法》第75条第4款的规定,专为科学研究和实验而使用有关专利的,不视为侵犯专利权。即，为了促进科学技术的进步和发展而使用专利的，不受专利权的限制。

5. Bolar 例外

根据《专利法》第 75 条第 5 款的规定，为提供行政审批所需要的信息，制造、使用、进口专利药品或者专利医疗器械的，以及专门为其制造、进口专利药品或者专利医疗器械的，不视为侵犯专利权。此为"Bolar"例外。Bolar 例外的目的是克服药品和医疗器械商事许可审批制度在专利权保护期限届满之后对仿制药品和医疗器械上市带来的迟延。

此外，关于药品上市审评审批过程中的专利权纠纷解决，我国《专利法》第 76 条规定："药品上市审评审批过程中，药品上市许可申请人与有关专利权人或者利害关系人，因申请注册的药品相关的专利权产生纠纷的，相关当事人可以向人民法院起诉，请求就申请注册的药品相关技术方案是否落入他人药品专利权保护范围作出判决。国务院药品监督管理部门在规定的期限内，可以根据人民法院生效裁判作出是否暂停批准相关药品上市的决定。药品上市许可申请人与有关专利权人或者利害关系人也可以就申请注册的药品相关的专利权纠纷，向国务院专利行政部门请求行政裁决。国务院药品监督管理部门会同国务院专利行政部门制定药品上市许可审批与药品上市许可申请阶段专利权纠纷解决的具体衔接办法，报国务院同意后实施。"

(三) 专利权的强制许可

专利权的强制许可是指在未经专利权人同意的情况下，根据法律规定，政府依法授权他人支付许可费用而实施专利的法律制度。根据我国《专利法》规定，专利权的强制许可包括如下情形。

(1) 一般强制许可

根据《专利法》第 53 条第 1 款的规定，当专利权人自专利权被授予之日起满 3 年，且自提出专利申请之日起满 4 年，无正当理由未实施或者未充分实施其专利的，国务院专利行政部门根据具备实施条件的单位或者个人的申请，可以给予实施发明专利或者实用新型专利的强制许可。专利制度的目标，不仅要鼓励发明创造，而且要促进发明创造的商业化运用。因此，专利权的一般强制许可制度是旨在促进专利权人实施或充分实施专利。

(2) 因构成垄断行为而给予的强制许可

根据《专利法》第 53 条第 2 款的规定，当专利权人行使专利权的行为被依法认定为垄断行为，为消除或者减少该行为对竞争产生的不利影响的，国务院专利行政部门根据具备实施条件的单位或者个人的申请，可以给予实施发明专利或者实用新型专利的强制许可。对构成垄断行为的专利权实施强制许可，旨在消除或减少该行为对竞争产生的不利影响，使市场恢复公平竞争，使消费者获得更多质优价廉的商品或服务。

(3) 因国家紧急状态或非常情况或为了公共利益目的的特殊强制许可

我国《专利法》第 54 条规定："在国家出现紧急状态或者非常情况时，或者为了公共利益的目的，国务院专利行政部门可以给予实施发明专利或者实用新型专利的强制许可。"即，专利强制许可制度不仅旨在限制专利权人滥用专利权，而且要维护国家利益和公共利益。

(4) 因公共健康而引发的强制许可

我国《专利法》第 55 条规定："为了公共健康目的，对取得专利权的药品，国务院专利行政部门可以给予制造并将其出口到符合中华人民共和国参加的有关国际条约规定的国家或者地区的强制许可。"因公共健康而引发的强制许可，旨在落实世界贸易组织《关于 TRIPs

协定与公共健康的宣言》所确定的原则,在必要时帮助不具有制造专利药品能力或能力不足的国家或者地区解决其遇到的公共健康问题。

(5) 因从属专利实施而引发的强制许可

根据我国《专利法》第 56 条的规定,一项取得专利权的发明或者实用新型比前已经取得专利权的发明或者实用新型具有显著经济意义的重大技术进步,其实施又有赖于前一发明或者实用新型的实施的,国务院专利行政部门根据后一专利权人的申请,可以给予实施前一发明或者实用新型的强制许可。

在依照上面规定给予实施强制许可的情形下,国务院专利行政部门根据前一专利权人的申请,也可以给予实施后一发明或者实用新型的强制许可。

此外,根据我国《专利法》的规定,申请强制许可的单位或者个人应当提供证据,证明其以合理的条件请求专利权人许可其实施专利,但未能在合理的时间内获得许可。国务院专利行政部门作出的给予实施强制许可的决定,应当及时通知专利权人,并予以登记和公告。给予实施强制许可的决定,应当根据强制许可的理由规定实施的范围和时间。强制许可的理由消除并不再发生时,国务院专利行政部门应当根据专利权人的请求,经审查后作出终止实施强制许可的决定。

取得实施强制许可的单位或者个人不享有独占的实施权,并且无权允许他人实施。同时,取得实施强制许可的单位或者个人应当付给专利权人合理的使用费,或者依照中华人民共和国参加的有关国际条约的规定处理使用费问题。付给使用费的,其数额由双方协商;双方不能达成协议的,由国务院专利行政部门裁决。

专利权人对国务院专利行政部门关于实施强制许可的决定不服的,专利权人和取得实施强制许可的单位或者个人对国务院专利行政部门关于实施强制许可的使用费的裁决不服的,可以自收到通知之日起 3 个月内向人民法院起诉。

(四) 专利权的利用

专利权的转让和实施许可是实现专利利益的最常见的方式。

1. 专利权的转让

根据我国《专利法》第 10 条的规定,专利申请权和专利权可以转让。

中国单位或者个人向外国人、外国企业或者外国其他组织转让专利申请权或者专利权的,应当依照有关法律、行政法规的规定办理手续。

转让专利申请权或者专利权的,当事人应当订立书面合同,并向国务院专利行政部门登记,由国务院专利行政部门予以公告。专利申请权或者专利权的转让自登记之日起生效。

2. 专利的实施许可

根据我国《专利法》第 12 条的规定,任何单位或者个人实施他人专利的,应当与专利权人订立实施许可合同,向专利权人支付专利使用费。被许可人无权允许合同规定以外的任何单位或者个人实施该专利。根据不同的标准,专利实施许可方式可采取独占实施许可、排他实施许可、普通实施许可、交叉实施许可以及分实施许可等方式。

(五) 专利权的无效

1. 专利权的期限

根据我国《专利法》的规定,发明专利权的期限为 20 年、实用新型专利权的期限为 10 年、外观设计专利权的期限为 15 年,均自申请日起计算。自发明专利申请日起满 4 年,且自实质审查请求之日起满3年后授予发明专利权的,国务院专利行政部门应专利权人的请求,就发明专利在授权过程中的不合理延迟给予专利权期限补偿,但由申请人引起的不合理延迟除外。

此外,为补偿新药上市审评审批占用的时间,对在中国获得上市许可的新药相关发明专利,国务院专利行政部门应专利权人的请求给予专利权期限补偿。补偿期限不超过5年,新药批准上市后总有效专利权期限不超过14年。

专利权人应当自被授予专利权的当年开始缴纳年费。没有按照规定缴纳年费,或专利权人以书面声明放弃其专利权的,专利权在期限届满前终止,并由国务院专利行政部门登记和公告。

2. 专利权的无效请求和审查

根据我国《专利法》第45条、第46条的规定,自国务院专利行政部门公告授予专利权之日起,任何单位或者个人认为该专利权的授予不符合本法有关规定的,可以请求国务院专利行政部门宣告该专利权无效。国务院专利行政部门对宣告专利权无效的请求应当及时审查和作出决定,并通知请求人和专利权人。宣告专利权无效的决定,由国务院专利行政部门登记和公告。

对国务院专利行政部门宣告专利权无效或者维持专利权的决定不服的,可以自收到通知之日起3个月内向人民法院起诉。人民法院应当通知无效宣告请求程序的对方当事人作为第三人参加诉讼。

宣告无效的专利权视为自始即不存在。宣告专利权无效的决定,对在宣告专利权无效前人民法院作出并已执行的专利侵权的判决、调解书,已经履行或者强制执行的专利侵权纠纷处理决定,以及已经履行的专利实施许可合同和专利权转让合同,不具有追溯力。但是因专利权人的恶意给他人造成的损失,应当给予赔偿。不返还专利侵权赔偿金、专利使用费、专利权转让费,明显违反公平原则的,应当全部或者部分返还。

第二节 专利的申请、审查和批准

一、专利的申请程序

(一)申请文件

1. 发明或者实用新型专利的申请文件

我国《专利法》第26条规定,申请发明或者实用新型专利的,应当提交请求书、说明书及其摘要和权利要求书等文件。请求书应当写明发明或者实用新型的名称,发明人的姓名,申请人姓名或者名称、地址,以及其他事项。说明书应当对发明或者实用新型作出清楚、完整的说明,以所属技术领域的技术人员能够实现为准;必要的时候,应当有附图。摘要应当简要说明发明或者实用新型的技术要点。权利要求书应当以说明书为依据,清楚、简要地限定要求专利保护的范围。依赖遗传资源完成的发明创造,申请人应当在专利申请文件中说明该遗传资源的直接来源和原始来源;申请人无法说明原始来源的,应当陈述理由。

2. 外观设计专利的申请文件

我国《专利法》第 27 条规定,申请外观设计专利的,应当提交请求书、该外观设计的图片或者照片以及对该外观设计的简要说明等文件。申请人提交的有关图片或者照片应当清楚地显示要求专利保护的产品的外观设计。

(二) 专利申请日

我国《专利法》第 28 条规定,国务院专利行政部门收到专利申请文件之日为申请日。如果申请文件是邮寄的,以寄出的邮戳日为申请日。

(三) 优先权

1. 外国优先权

我国《专利法》第 29 条第 1 款规定,申请人自发明或者实用新型在外国第一次提出专利申请之日起 12 个月内,或者自外观设计在外国第一次提出专利申请之日起 6 个月内,又在中国就相同主题提出专利申请的,依照该外国同中国签订的协议或者共同参加的国际条约,或者依照相互承认优先权的原则,可以享有优先权。

2. 本国优先权

我国《专利法》第 29 条第 2 款规定,申请人自发明或者实用新型在中国第一次提出专利申请之日起 12 个月内,或者自外观设计在中国第一次提出专利申请之日起 6 个月内,又向国务院专利行政部门就相同主题提出专利申请的,可以享有优先权。

3. 优先权申请程序

我国《专利法》第 30 条规定,申请人要求发明、实用新型专利优先权的,应当在申请的时候提出书面声明,并且在第一次提出申请之日起 16 个月内,提交第一次提出的专利申请文件的副本。申请人要求外观设计专利优先权的,应当在申请的时候提出书面声明,并且在 3 个月内提交第一次提出的专利申请文件的副本。申请人未提出书面声明或者逾期未提交专利申请文件副本的,视为未要求优先权。

(四) 专利申请的单一申请和合案申请

我国《专利法》第 31 条规定,一件发明或者实用新型专利申请应当限于一项发明或者实用新型。属于一个总的发明构思的两项以上的发明或者实用新型,可以作为一件申请提出。一件外观设计专利申请应当限于一项外观设计。同一产品两项以上的相似外观设计,或者用于同一类别并且成套出售或者使用的产品的两项以上外观设计,可以作为一件申请提出。

(五) 专利申请的撤回和专利申请文件的修改

我国《专利法》第 32 条和第 33 条规定,申请人可以在被授予专利权之前随时撤回其专利申请。申请人可以对其专利申请文件进行修改,但是,对发明和实用新型专利申请文件的修改不得超出原说明书和权利要求书记载的范围,对外观设计专利申请文件的修改不得超出原图片或者照片表示的范围。

二、专利的审查和批准

(一) 初步审查和初审结果公布

我国《专利法》第 34 条规定,国务院专利行政部门收到发明专利申请后,经初步审查认为符合本法要求的,自申请日起满 18 个月,即行公布。国务院专利行政部门可以根据申请人的请求早日公布其申请。

(二) 发明专利申请的实质审查请求

我国《专利法》第 35 条规定，发明专利申请自申请日起 3 年内，国务院专利行政部门可以根据申请人随时提出的请求，对其申请进行实质审查；申请人无正当理由逾期不请求实质审查的，该申请即被视为撤回。国务院专利行政部门认为必要的时候，可以自行对发明专利申请进行实质审查。

第 36 条规定，发明专利的申请人请求实质审查的时候，应当提交在申请日前与其发明有关的参考资料。发明专利已经在外国提出过申请的，国务院专利行政部门可以要求申请人在指定期限内提交该国为审查其申请进行检索的资料或者审查结果的资料；无正当理由逾期不提交的，该申请即被视为撤回。

(三) 发明专利申请的实质审查结果

我国《专利法》第 37 条和第 38 条规定，国务院专利行政部门对发明专利申请进行实质审查后，认为不符合本法规定的，应当通知申请人，要求其在指定的期限内陈述意见，或者对其申请进行修改；无正当理由逾期不答复的，该申请即被视为撤回。发明专利申请经申请人陈述意见或者进行修改后，国务院专利行政部门仍然认为不符合本法规定的，应当予以驳回。

我国《专利法》第 41 条规定，专利申请人对国务院专利行政部门驳回申请的决定不服的，可以自收到通知之日起 3 个月内向国务院专利行政部门请求复审。国务院专利行政部门复审后，作出决定，并通知专利申请人。专利申请人对国务院专利行政部门的复审决定不服的，可以自收到通知之日起 3 个月内向人民法院起诉。

(四) 专利权的授予

我国《专利法》第 39 条规定，发明专利申请经实质审查没有发现驳回理由的，由国务院专利行政部门作出授予发明专利权的决定，发给发明专利证书，同时予以登记和公告。发明专利权自公告之日起生效。

第 40 条规定，实用新型和外观设计专利申请经初步审查没有发现驳回理由的，由国务院专利行政部门作出授予实用新型专利权或者外观设计专利权的决定，发给相应的专利证书，同时予以登记和公告。实用新型专利权和外观设计专利权自公告之日起生效。

三、专利申请相关其他规定

(一) 主管部门

国务院专利行政部门负责管理全国的专利工作；统一受理和审查专利申请，依法授予专利权。省、自治区、直辖市人民政府管理专利工作的部门负责本行政区域内的专利管理工作。

国务院专利行政部门应当按照客观、公正、准确、及时的要求，依法处理有关专利的申请和请求。国务院专利行政部门应当加强专利信息公共服务体系建设，完整、准确、及时发布专利信息，提供专利基础数据，定期出版专利公报，促进专利信息传播与利用。在专利申请公布或者公告前，国务院专利行政部门的工作人员及有关人员对其内容负有保密责任。

(二) 专利申请的代理机构

我国《专利法》第 18 条第 2 款和第 3 款规定，中国单位或者个人在国内申请专利和办理其他专利事务的，可以委托依法设立的专利代理机构办理。专利代理机构应当遵守法律、行政法规，按照被代理人的委托办理专利申请或者其他专利事务；对被代理人发明创造的内容，除专利申请已经公布或者公告的以外，负有保密责任。

(三）专利的国际申请和罚则

我国《专利法》第19条、第78条规定了专利的国际申请和罚则。任何单位或者个人将在中国完成的发明或者实用新型向外国申请专利的，应当事先报经国务院专利行政部门进行保密审查。保密审查的程序、期限等按照国务院的规定执行。对违反前述规定向外国申请专利的发明或者实用新型，在中国申请专利的，不授予专利权。中国单位或者个人可以根据中华人民共和国参加的有关国际条约提出专利国际申请。申请人提出专利国际申请的，应当遵守前款规定。国务院专利行政部门依照中华人民共和国参加的有关国际条约、本法和国务院有关规定处理专利国际申请。违反上述规定向外国申请专利，泄露国家秘密的，由所在单位或者上级主管机关给予行政处分；构成犯罪的，依法追究刑事责任。

（四）外国人在我国申请专利

我国《专利法》第17条规定，在中国没有经常居所或者营业所的外国人、外国企业或者外国其他组织在中国申请专利的，依照其所属国同中国签订的协议或者共同参加的国际条约，或者依照互惠原则，根据本法办理。第18条第1款规定，在中国没有经常居所或者营业所的外国人、外国企业或者外国其他组织在中国申请专利和办理其他专利事务的，应当委托依法设立的专利代理机构办理。

第三节 专利权的法律保护

一、专利权的保护范围

（一）发明和使用新型专利权的保护范围

《专利法》第64条第1款规定，发明或者实用新型专利权的保护范围以其权利要求的内容为准，说明书及附图可以用于解释权利要求的内容。

根据我国《专利法实施细则》第19条和第20条规定，权利要求书应当记载发明或者实用新型的技术特征。权利要求中的技术特征可以引用说明书附图中相应的标记，该标记应当放在相应的技术特征后并置于括号内，便于理解权利要求。附图标记不得解释为对权利要求的限制。

权利要求书应当有独立权利要求，也可以有从属权利要求。独立权利要求应当从整体上反映发明或者实用新型的技术方案，记载解决技术问题的必要技术特征。从属权利要求应当用附加的技术特征，对引用的权利要求作进一步限定。

（二）外观设计专利权的保护范围

《专利法》第64条第2款规定，外观设计专利权的保护范围以表示在图片或者照片中的该产品的外观设计为准，简要说明可以用于解释图片或者照片所表示的该产品的外观设计。

《专利法实施细则》第28条规定，外观设计的简要说明应当写明外观设计产品的名称、用途，外观设计的设计要点，并指定一幅最能表明设计要点的图片或者照片。省略视图或者请求保护色彩的，应当在简要说明中写明。对同一产品的多项相似外观设计提出一件外观设计专利申请的，应当在简要说明中指定其中一项作为基本设计。简要说明不得使用商业性宣传用语，也不能用来说明产品的性能。

二、专利侵权的法律责任

我国《专利法》第65条规定,未经专利权人许可,实施其专利,即侵犯其专利权,引起纠纷的,由当事人协商解决;不愿协商或者协商不成的,专利权人或者利害关系人可以向人民法院起诉,也可以请求管理专利工作的部门处理。管理专利工作的部门处理时,认定侵权行为成立的,可以责令侵权人立即停止侵权行为,当事人不服的,可以自收到处理通知之日起15日内依照《行政诉讼法》向人民法院起诉;侵权人期满不起诉又不停止侵权行为的,管理专利工作的部门可以申请人民法院强制执行。进行处理的管理专利工作的部门应当事人的请求,可以就侵犯专利权的赔偿数额进行调解;调解不成的,当事人可以依照《民事诉讼法》向人民法院起诉。

我国《专利法》第68条规定,假冒专利的,除依法承担民事责任外,由负责专利执法的部门责令改正并予公告,没收违法所得,可以处违法所得五倍以下的罚款;没有违法所得或者违法所得在5万元以下的,可以处25万元以下的罚款;构成犯罪的,依法追究刑事责任。

专利权终止前依法在专利产品、依照专利方法直接获得的产品或者其包装上标注专利标识,在专利权终止后许诺销售、销售该产品的,不属于假冒专利行为。销售不知道是假冒专利的产品,并且能够证明该产品合法来源的,由管理专利工作的部门责令停止销售,但免除罚款的处罚。

本章小结

知识产权是基于人类在文化或产业领域中所创造的知识成果中,对享有保护价值的成果依法赋予的权利,主要分为工业产权和著作权。其中,工业产权又分为发明专利权、实用新型专利权、外观设计专利权等对产业有实用价值的创新成果的权利,以及标识商品来源的商标权。

专利法律制度是调整专利法所保护客体的发明、实用新型和外观设计的权利授予、利用,以及侵权救济相关实体性和程序性法律规范的总称。其中,实体性规范主要规定权利授予要件、权利内容和效力,以及侵权责任等,而程序性法律规范主要规定专利权申请、审查、公告,以及复议、权利救济等程序性内容。此外,基于不同的专利保护客体,专利法规定了不同的权利授予、利用、侵权救济规定,比如专利法对发明、实用新型和外观设计的权利取得要件做了不同的规定,发明和适用新型须具备新颖性、创造性和实用性等三个要件,外观设计则须具备新颖性、创造性和尊重既有权利等三个要件;发明专利权的保护期限为20年、实用新型专利权的保护期限为10年、外观设计专利权的保护期限为15年,均自申请日起计算。

案例与点评

案例一 专利权的客体

原告系申请名称为"混数进制、进位行数字工程方法的笔算工程技术方案"的发明专利申请人。国家知识产权局驳回其申请,理由为:权利要求书中要求保护的一种混数进制、进位行数字工程方法的笔算工程技术方案,是一种数字进制运算方法,其源于人的思维,经过推理、分析和判断产生出抽象的结果,未利用自然规律,也未解决技术问题和产生技术效果,而是一种数学理论,属于《专利法》第 25 条第 1 款第 2 项规定的智力活动的规则和方法,不能被授予专利权。申请人不服,申请复审,但被驳回。专利复审委员会认为,本申请说明书所提出的提高运算速度是由于本申请的数学理论及其计算规则本身带来的,属于人的抽象思维的范畴。这种效果并不是基于对物理实体的改进或者功能模块架构的改善而带来的,不属于技术效果,因此,本申请不属于专利保护的范畴。

原告不服,提起诉讼。北京市第一中级人民法院、北京市高级人民法院和最高人民法院均以相同的理由驳回其申请。

请问:"智力活动的规则和方法"能否被授予专利权?

案例评析:本申请权利要求请求保护一种混数禁止、进位行数字工程方法的笔算工程技术方案,采用 Q 进制数,以 Q 进制运算;Q 为自然数;其特征在于,笔算工程技术方案采用混数进制、进位行数字工程方案;即数字工程采用"混数进制",以"混数进制、进位行方法"运算。其请求保护的解决方案是按照规定数制进行运算的一种数学算法,是指导人民进行数学计算活动的抽象规则和方法,其未采用技术手段或利用自然规律以解决技术问题并产生相应技术效果,因而属于《专利法》第 25 条第 1 款第 2 项规定的智力活动规则和方法的范畴。

案例二　职务发明创造

2008 年 12 月,原告华昌锑业催化剂公司股东之一华昌锑业公司与文威公司、被狗刘某和张某签订《技术(专利申请权)转让合同》,约定文威将结晶型乙二醇锑的制备方法以及专利申请权(原申请人为文威公司、发明人为刘某和张某)转让给华昌锑业公司;2009 年 8 月,华昌锑业公司将该合同的全部权利义务转让给华昌锑业催化剂公司。

华昌锑业催化剂公司于 2009 年 7 月 28 日成立,2009 年 7 月 1 日刘某被选举为该公司总经理,2009 年 8 月 10 日,被告王某被任命为乙二醇锑车间主任,负责车间生产和技术管理工作;2012 年 7 月,刘某离开华昌锑业催化剂公司。

2011 年 1 月 18 日,刘某以自己的名义申请了诉争的专利名称为"非干燥法生产乙二醇锑的制备方法"的发明专利,发明人为刘某、张某和王某,该专利于 2013 年 2 月 13 日被授权公告。

华昌锑业催化剂公司提起诉讼,请求确认诉争专利系职务发明并判决归华昌锑业催化剂公司所有。长沙市中级人民法院判决支持了华昌锑业催化剂公司的诉讼请求。刘某不服提起上诉,湖南省高级人民法院判决驳回上诉,维持原判。

请问:如何判断职务发明创造?

案例评析:《专利法》第 6 条规定,执行本单位的任务或者主要是利用本单位的物质技术条件所完成的发明创造为职务发明创造。法院认为,华昌锑业催化公司建立了结晶性乙二醇锑制备方法生产线,该生产线具备研发非干燥法生产乙二醇锑制备方法的基础和条件。根据《技术〈专利申请权〉转让合同》约定,刘某负有完善结晶性乙二醇锑制备方法的义务。诉争专利说明书中记载的技术背景和发明内容,以及王某、张某的陈述等证据证明,在结晶型乙二醇锑制备方法研发完成之后,刘某已结晶性乙二醇锑制备方法为基础,在华昌锑业催化剂公司对结晶型乙二醇锑制备方法进行了改进完善,即研发非干燥法生产乙二醇锑制备方法。即非干燥法生产乙二醇锑制备方法系利用华昌锑业催化剂公司的物质技术条件研发。

主要利用本单位的物质技术条件的职务发明四个考量要素：（1）发明人是否为本单位的员工；（2）诉争专利研发需要哪些物质技术条件；该单位是否具备这些条件；（3）诉争专利的研发是否主要实际利用了该单位的物质技术条件；（4）审查是否有相反证据证明诉争专利系利用本单位之外的物质技术条件研发。

本章思考

1. 为什么外观设计专利权不包括使用权？
2. 为什么临时通过中国领陆、领水、领空的外国运输工具，依照其所属国同中国签订的协议或者共同参加的国际条约，或者依照互惠原则，为运输工具自身需要而在其装置和设备中使用有关专利的，不视为侵犯专利权？
3. 下列关于专利权期限的哪种说法是正确的？（　　）

   A. 享有优先权的发明专利权期限为 20 年，自优先权日起计算

   B. 享有优先权的实用新型专利权限为 10 年，自申请日起计算

   C. 享有优先权的外观设计专利权期限为 10 年，自申请日起计算

   D. 专利权的期限都是自申请日起计算，有优先权的自优先权日起算

思考解答

1. 答：因为外观设计并不是技术方案，我国《专利法》所保护的是产品的外观造型或图案，并不保护产品的实用功能，所以外观设计专利权不包括使用权，对外观设计产品的功能性使用并不受外观设计专利权人的控制。

2. 答：对专利权的这一限制的理由在于维护运输自由的公共利益，以及专利权侵权指控的现实困境。

3. B

第十章 广告法律制度

本章需要掌握的主要内容：
➢ 广告法的适用范围
➢ 广告法的基本原则
➢ 广告准则的一般要求
➢ 广告准则规范的几类特殊广告的要求

> 每天我们都要面对五花八门的广告，但你对广告法了解多少？当你受到虚假广告的误导时，你该如何保护自己？

第一节 广告法概述

一、广告法的概念

广告法是指调整广告主、广告经营者、广告发布者及广告代言人与广告监督管理机关相互之间在广告活动中所发生的社会关系的法律规范的总称。

《中华人民共和国广告法》(以下简称《广告法》)，于1994年10月27日第八届全国人民代表大会常务委员会第十次会议通过，2015年4月24日第十二届全国人民代表大会常务委员会第十四次会议修订，2018年10月26日第十三届全国人民代表大会常务委员会第六次会议第一次修正，2021年4月29日第十三届全国人民代表大会常务委员会第二十八次会议第二次修正。这是一部规范广告活动的重要法律。

二、广告法的适用范围

(一) 广告法适用的广告范围

根据《广告法》的规定，在中华人民共和国境内，商品经营者或者服务提供者通过一定媒介和形式直接或者间接地介绍自己所推销的商品或者服务的商业广告活动，适用《广告法》。因此可知，我国《广告法》所调整的广告是生产经营领域的商业广告，不包括公益广告、节目广告、社团广告等公共服务性质的非商业广告。

(二) 广告所适用的广告主体范围

这类主体包括两类，一类是广告活动主体，即广告主、广告经营者、广告发布者和广告代言人；另一类是广告活动的监督管理主体，即国务院市场监督管理部门、县级以上地方市场监督管理部门及县级以上地方人民政府有关部门。

广告主，是指为推销商品或者服务，自行或者委托他人设计、制作、发布广告的自然人、法人或者其他组织。广告经营者，是指接受委托提供广告设计、制作、代理服务的自然人、法人或者其他组织。广告发布者，是指为广告主或者广告主委托的广告经营者发布广告的自然人、法人或者其他组织。广告代言人，是指广告主以外的，在广告中以自己的名义或者形象对商品、服务作推荐、证明的自然人、法人或者其他组织。

三、广告法的基本原则

广告法的基本原则是指反映广告法的本质和内容的指导思想，是制定、修改、解释、执行以及研究广告法的出发点。

1. 真实性原则

真实性原则是指广告内容必须真实地传播有关商品或服务的客观情况，而不能虚假夸大地宣传。这是广告法最基本的原则，维护广告的真实性是广告管理的最重要的内容之一。

2. 合法性原则

合法性原则是指广告的内容不得有法律禁止的情形，必须符合法律的规定及广告的内容、形式都必须在法律允许的范围内，不得违背社会秩序和公共利益的要求。

《广告法》规定：广告主、广告经营者、广告发布者从事广告活动，应当遵守法律、法规，诚实守信，公平竞争。

3. 精神文明原则

精神文明原则是指广告必须符合社会主义思想道德建设和教育科学文化建设的要求。

《广告法》规定：广告应当真实、合法，以健康的表现形式表达广告内容，符合社会主义精神文明建设和弘扬中华民族优秀传统文化的要求。

4. 禁止虚假广告原则

《广告法》规定：广告不得含有虚假或者引人误解的内容，不得欺骗、误导消费者。广告主应当对广告内容的真实性负责。

第二节 广告准则

广告准则是指广告活动主体在确定广告的内容与形式时所必须遵循的基本准则，是广告法的基本要求。

一、广告准则的一般要求

(1) 广告中对商品的性能、功能、产地、用途、质量、成分、价格、生产者、有效期限、允诺等或者对服务的内容、提供者、形式、质量、价格、允诺等有表示的，应当准确、清楚、明白。广告准则的这一要求，是为了确保经营者提供给消费者的信息是完备、准确的，保证消费者掌握真实的商品或服务的信息,作出正确的商业决策,同时也是为了防止不正当竞争。

(2) 广告中表明推销的商品或者服务附带赠送的,应当明示所附带赠送商品或者服务的品种、规格、数量、期限和方式。这一规定的原因在于,赠送礼品是商家经常采用的一种促销手段,许多消费者也是因赠品的吸引而作出购买决定的,如果不要求商家在广告中发布明确的信息,则极易造成商家开出空头支票,消费者白掏腰包的不公平现象发生。

(3) 广告使用数据、统计资料、调查结果、文摘、引用语等引证内容的,应当真实、准确,并表明出处。引证内容有适用范围和有效期限的,应当明确表示。在广告中使用数据、统计资料、调查结果、文摘、引用语,有利于增强广告的说服力,扩大商品或服务的知名度,产生良好的社会效果。但是,如果商家在广告中采用不真实的资料的话,则极易误导消费者,所以广告法要求上述资料必须真实、准确,并标明出处。

(4) 广告中涉及专利产品或者专利方法的,应当标明专利号和专利种类。专利方法和专利产品是受国家法律保护的一种知识产权。广告中的专利产品或者专利方法,必须标明专利号和专利种类,因为只有这样,消费者才能知悉专利的有效期限和类别,正确地衡量其价值。同时,这种规定也有利于防止某些经营者鱼目混珠,将已终止、撤销、无效的专利拿来作广告,坑害广大消费者。

(5) 广告应当具有可识别性,能够使消费者辨明其为广告。广告传达的是一种商业信息,应当与其他信息分离开来。因此,广告无论在外在表现上,还是在实质内容上,都应有明显特征,使消费者能够分辨,从而作出是否接受广告的决定。

大众传播媒介不得以新闻报道形式变相发布广告。通过大众传播媒介发布的广告应当显著标明"广告",与其他非广告信息相区别,不得使消费者产生误解。

二、广告准则的禁止性规定

依照《广告法》第9条的规定,广告不得有下列情形:(1) 使用或者变相使用中华人民共和国的国旗、国歌、国徽,军旗、军歌、军徽;(2) 使用或者变相使用国家机关、国家机关工作人员的名义或者形象;(3) 使用"国家级""最高级""最佳"等用语;(4) 损害国家的尊严或者利益,泄露国家秘密;(5) 妨碍社会安定,损害社会公共利益;(6) 危害人身、财产安全,泄露个人隐私;(7) 妨碍社会公共秩序或者违背社会良好风尚;(8) 含有淫秽、色情、赌博、迷信、恐怖、暴力的内容;(9) 含有民族、种族、宗教、性别歧视的内容;(10) 妨碍环境、自然资源或者文化遗产保护;(11) 法律、行政法规规定禁止的其他情形。

同时,《广告法》第10条和第13条分别规定,广告不得损害未成年人和残疾人的身心健康。广告不得贬低其他生产经营者的商品或者服务。

三、广告准则对几类特殊广告的要求

1. 医疗、药品和医疗器械广告

医疗、药品和医疗器械是直接关系到人民身体健康和生命安全的特殊商品。为此,我国《广告法》规定:麻醉药品、精神药品、医疗用毒性药品、放射性药品等特殊药品,药品类易制毒化学品,以及戒毒治疗的药品、医疗器械和治疗方法,不得作广告。

医疗、药品、医疗器械广告不得含有下列内容:(1) 表示功效、安全性的断言或者保证;(2) 说明治愈率或者有效率;(3) 与其他药品、医疗器械的功效和安全性或者其他医疗机构比较；(4)利用广告代言人作推荐、证明；(5)法律、行政法规规定禁止的其他内容。

药品广告的内容不得与国务院药品监督管理部门批准的说明书不一致，并应当显著标明禁忌、不良反应。处方药广告应当显著标明"本广告仅供医学药学专业人士阅读"，非处方药广告应当显著标明"请按药品说明书或者在药师指导下购买和使用"。推荐给个人自用的医疗器械的广告，应当显著标明"请仔细阅读产品说明书或者在医务人员的指导下购买和使用"。医疗器械产品注册证明文件中有禁忌内容、注意事项的，广告中应当显著标明"禁忌内容或者注意事项详见说明书"。

2. 保健食品广告

保健食品广告不得含有下列内容：(1)表示功效、安全性的断言或者保证；(2)涉及疾病预防、治疗功能；(3)声称或者暗示广告商品为保障健康所必需；(4)与药品、其他保健食品进行比较；(5)利用广告代言人作推荐、证明；(6)法律、行政法规规定禁止的其他内容。

保健食品广告应当显著标明"本品不能代替药物"。

3. 农药、兽药、饲料和饲料添加剂广告

农药、兽药、饲料和饲料添加剂广告不得含有下列内容：(1)表示功效、安全性的断言或者保证；(2)利用科研单位、学术机构、技术推广机构、行业协会或者专业人士、用户的名义或者形象作推荐、证明；(3)说明有效率；(4)违反安全使用规程的文字、语言或者画面；(5)法律、行政法规规定禁止的其他内容。

4. 烟草广告

烟草对公民的身体健康有着极大的危害，吸烟有害健康已成为社会的共识。我国对烟草实行专卖管理，并通过各种途径和方式加强吸烟有害健康的宣传，禁止在大众传播媒介或者公共场所、公共交通工具、户外发布烟草广告。禁止向未成年人发送任何形式的烟草广告。

禁止利用其他商品或者服务的广告、公益广告，宣传烟草制品名称、商标、包装、装潢以及类似内容。

5. 酒类广告

酒类广告不得含有下列内容：(1)诱导、怂恿饮酒或者宣传无节制饮酒；(2)出现饮酒的动作；(3)表现驾驶车、船、飞机等活动；(4)明示或者暗示饮酒有消除紧张和焦虑、增加体力等功效。

6. 教育、培训广告

教育、培训广告不得含有下列内容：(1)对升学、通过考试、获得学位学历或者合格证书，或者对教育、培训的效果作出明示或者暗示的保证性承诺；(2)明示或者暗示有相关考试机构或者其工作人员、考试命题人员参与教育、培训；(3)利用科研单位、学术机构、教育机构、行业协会、专业人士、受益者的名义或者形象作推荐、证明。

7. 房地产广告

房地产广告，房源信息应当真实，面积应当表明为建筑面积或者套内建筑面积，并不得含有下列内容：(1)升值或者投资回报的承诺；(2)以项目到达某一具体参照物的所需时间表示项目位置；(3)违反国家有关价格管理的规定；(4)对规划或者建设中的交通、商业、文化教育设施以及其他市政条件作误导宣传。

8. 农作物种子、林木种子、草种子、种畜禽、水产苗种和种养殖广告

农作物种子、林木种子、草种子、种畜禽、水产苗种和种养殖广告关于品种名称、生产性能、生长量或者产量、品质、抗性、特殊使用价值、经济价值、适宜种植或者养殖的范围和条件等方面的表述应当真实、清楚、明白,并不得含有下列内容:(1)作科学上无法验证的断言;(2)表示功效的断言或者保证;(3)对经济效益进行分析、预测或者作保证性承诺;(4)利用科研单位、学术机构、技术推广机构、行业协会或者专业人士、用户的名义或者形象作推荐、证明。

第三节 广告活动管理

一、广告发布管理

广告主自行或者委托他人设计、制作、发布广告,所推销的商品或所提供的服务应当符合广告主的经营范围。法律、行政法规规定禁止生产、销售的产品或者提供的服务,以及禁止发布广告的商品或者服务,任何单位或者个人不得设计、制作、代理、发布广告。不得在中小学校、幼儿园内开展广告活动,不得利用中小学生和幼儿的教材、教辅材料、练习册、文具、教具、校服、校车等发布或者变相发布广告,但公益广告除外。

二、广告经营管理

1. 广告经营的登记管理

设立专门从事广告经营业务的法人或者其他经济组织,应当依照我国《公司法》以及其他有关企业的法律所规定的条件和程序,经市场监督管理部门核准登记领取《企业法人营业执照》或者《营业执照》后方可从事广告经营业务。兼营广告业务的法人或者其他经济组织,应当依法向市场监督管理部门申请办理广告经营业务登记,并领取《广告经营许可证》。

广播电台、电视台、报刊出版等事业单位的广告业务,应当由其专门从事广告业务的机构办理,并依法办理兼营广告的登记。

广告主委托设计、制作、发布广告,应当委托具有合法经营资格的广告经营者、广告发布者。

2. 广告经营活动管理

广告经营者、广告发布者在承接广告业务时,有权利而且有义务依照法律、行政法规的规定,查验有关证明文件,核实广告内容,对内容不实或者证明文件不全的广告,广告经营者不得提供设计、制作、代理服务,广告发布者不得发布。

广告经营者、广告发布者应当按照国家规定,建立、健全广告业务的承接登记、审核和档案管理制度。

三、广告审查管理

目前,我国只对部分特殊商品的广告实施广告审查机关的审查管理,其他广告的审查则由广告经营者负责。

我国《广告法》规定:发布医疗、药品、医疗器械、农药、兽药和保健食品广告,以及法律、

行政法规规定应当进行审查的其他广告,应当在发布前由有关部门(以下称广告审查机关)对广告内容进行审查;未经审查,不得发布。

广告主申请广告审查,应当依照法律、行政法规向广告审查机关提交有关证明文件。

广告审查机关应当依照法律、行政法规规定作出审查决定,并应当将审查批准文件抄送同级市场监督管理部门。广告审查机关应当及时向社会公布批准的广告。

四、广告代言管理

广告代言人在广告中对商品、服务作推荐、证明,应当依据事实,符合《广告法》和有关法律、行政法规规定,并不得为其未使用过的商品或者未接受过的服务作推荐、证明。不得利用不满10周岁的未成年人作为广告代言人。

对在虚假广告中作推荐、证明受到行政处罚未满3年的自然人、法人或者其他组织,不得利用其作为广告代言人。

第四节 法律责任

一、发布虚假广告的法律责任

违反《广告法》的规定,发布虚假广告的,由市场监督管理部门责令停止发布广告,责令广告主在相应范围内消除影响,处罚款,并可以吊销营业执照,并由广告审查机关撤销广告审查批准文件、一年内不受理其广告审查申请。医疗机构有违反《广告法》规定的行为,情节严重的,除由市场监督管理部门依照《广告法》处罚外,卫生行政部门可以吊销诊疗科目或者吊销医疗机构执业许可证。

广告经营者、广告发布者明知或者应知广告虚假仍设计、制作、代理、发布的,由市场监督管理部门没收广告费用,处罚款,并可以由有关部门暂停广告发布业务、吊销营业执照。广告主、广告经营者、广告发布者有违反《广告法》规定的行为,构成犯罪的,依法追究刑事责任。

违反《广告法》的规定,发布虚假广告,欺骗、误导消费者,使购买商品或者接受服务的消费者的合法权益受到损害的,由广告主依法承担民事责任。广告经营者、广告发布者不能提供广告主的真实名称、地址和有效联系方式的,消费者可以要求广告经营者、广告发布者先行赔偿。

关系消费者生命健康的商品或者服务的虚假广告,造成消费者损害的,其广告经营者、广告发布者、广告代言人应当与广告主承担连带责任。其他虚假广告,造成消费者损害的,其广告经营者、广告发布者、广告代言人,明知或者应知广告虚假仍设计、制作、代理、发布或者作推荐、证明的,应当与广告主承担连带责任。

二、广告主违反广告内容准则和行为规范的法律责任

广告主违反广告内容准则和行为规范的,由市场监督管理部门责令停止发布广告,责令广告主在相应范围内消除影响,处罚款,情节严重的,并可以吊销营业执照,由广告审查机关撤销广告审查批准文件、一年内不受理其广告审查申请。

医疗机构违反广告内容准则和行为规范的,情节严重的,除由市场监督管理部门依照《广告法》处罚外,卫生行政部门可以吊销诊疗科目或者吊销医疗机构执业许可证。

广告主违反《广告法》的规定,有侵权行为的,依法承担民事责任;拒绝、阻挠市场监督管理部门监督检查,或者有其他构成违反治安管理行为的,依法给予治安管理处罚;构成犯罪的,依法追究刑事责任。

三、广告经营者、广告发布者违反广告内容准则和行为规范的法律责任

广告经营者、广告发布者违反广告内容准则和行为规范的,由市场监督管理部门没收广告费用,并处罚款,并可以由有关部门暂停广告发布业务、吊销营业执照。

广告经营者、广告发布者未公布其收费标准和收费办法的,由价格主管部门责令改正,处罚款。

广告经营者、广告发布者违反《广告法》的规定,有侵权行为的,依法承担民事责任;拒绝、阻挠市场监督管理部门监督检查,或者有其他构成违反治安管理行为的,依法给予治安管理处罚;构成犯罪的,依法追究刑事责任。

四、广告代言人违反广告内容准则和行为规范的法律责任

广告代言人违反广告内容准则和行为规范的,由市场监督管理部门没收违法所得,并处违法所得一倍以上二倍以下的罚款。

五、公共场所的管理者和电信业务经营者、互联网信息服务提供者的法律责任

公共场所的管理者和电信业务经营者、互联网信息服务提供者明知或者应知广告活动违法不予制止的,由市场监督管理部门没收违法所得,违法所得5万元以上的,并处违法所得1倍以上3倍以下的罚款,违法所得不足5万元的,并处1万元以上5万元以下的罚款;情节严重的,由有关部门依法停止相关业务。

六、广播电台、电视台、报刊音像出版单位的法律责任

广播电台、电视台、报刊音像出版单位发布违法广告,或者以新闻报道形式变相发布广告,或者以介绍健康、养生知识等形式变相发布医疗、药品、医疗器械、保健食品广告,市场监督管理部门依照《广告法》给予处罚的,应当通报新闻出版、广播电视主管部门以及其他有关部门。新闻出版、广播电视主管部门以及其他有关部门应当依法对负有责任的主管人员和直接责任人员给予处分;情节严重的,并可以暂停媒体的广告发布业务。新闻出版、广播电视主管部门以及其他有关部门未依照规定对广播电台、电视台、报刊音像出版单位进行处理的,对负有责任的主管人员和直接责任人员,依法给予处分。

七、监管部门的法律责任

广告审查机关对违法的广告内容作出审查批准决定的,对负有责任的主管人员和直接责任人员,由任免机关或者监察机关依法给予处分;构成犯罪的,依法追究刑事责任。

市场监督管理部门对在履行广告监测职责中发现的违法广告行为或者对经投诉、举报的违法广告行为,不依法予以查处的,对负有责任的主管人员和直接责任人员,依法给予处

分。市场监督管理部门和负责广告管理相关工作的有关部门的工作人员玩忽职守、滥用职权、徇私舞弊的，依法给予处分。构成犯罪的，依法追究刑事责任。

本章小结

广告是唤起人们对某种事物予以注意的一种手段，是社会经济发展的产物。我国的广告已得到巨大发展，但在繁荣的同时，也存在弊端，如虚假广告的泛滥，利用广告的不正当竞争等，为了规范广告活动，我国《广告法》作了大量努力。首先该法明确规定了适用范围，将最为重要、最为敏感的商业广告和最主要的广告主体纳入自己的调整范围，确保该法最大程度得到适用。其次，针对广告准则作出了完备的规定，既有对广告内容与形式的一般要求，也有针对特殊广告的特殊要求。再次，在广告活动管理上，从广告发布管理，到广告经营管理和广告审查管理，都有详细规定。最后，针对广告违法行为，该法详细地列举了违反广告准则的责任、违反广告活动管理的责任以及广告侵权责任。

案例与点评

安徽蚌埠卷烟厂为了制造广告效应，在安徽省合肥市安徽饭店举行特制黄山牌香烟发布会，省内300多名各界人士参加了会议。会上，该厂邀请了安徽商业、新闻、烟草部门的三个专家组对"黄山""中华""红塔山"三种香烟进行了闭卷式品吸评级，还特地邀请了安徽省公证处在现场监督审查。此次品吸，得出了"黄山第一"的结果，蚌埠卷烟厂就发布了巨幅广告，内容如下：安徽省公证处宣布："黄山"第一，"中华"第二，"红塔山"第三。在说明书的右侧，用四分之一的位置，刊登了安徽省公证处的公证书，并赫然盖着公证处的印章。不久，这则广告相继出现在《安徽日报》《蚌埠日报》上，几家电视台以及电台也播出该广告。事后，安徽公证处声明：(1) 公证处只对三种烟的评分作了公证，并不可由此推断出第一、第二、第三；(2) 蚌埠卷烟厂未经公证处的同意就以公证处的名义宣布"黄山第一"，给"中华"和"红塔山"商标造成的不良影响，是违背公证处真实意愿的侵权行为，为此保留追究起责任的权利；(3) 评比应由国家权威部门主持，从市场上采样进行，蚌埠卷烟厂自作主办单位，又自己提供样品予以评级，这是不公平、不合法的评比。照此声明，公证处向蚌埠卷烟厂提供意见书，阐明了公证处的观点，但该厂未予理睬。

请问：

1. 安徽蚌埠卷烟厂的广告宣传是否遵循了广告法的基本原则？
2. 该厂利用报纸、电台和电视台发布广告的手段合法吗？
3. 在本案中，公证处的证明可否被用到广告中？
4. 如果这一广告被定性为虚假宣传，那么，由此引发的法律责任由谁来承担？

案例评析：1. 该厂的广告宣传明显违背了广告法的基本原则。《广告法》总则部分规定：广告应当真实、合法，符合社会主义精神文明建设的要求。不得含有虚假的内容，欺骗和误导消费者。广告主、广告经营者和广告发布者从事广告活动，应当遵守法律、法规，遵循公平、诚实信用的原则。

而本案中的卷烟厂,通过一个没有任何部门认可的"评吸会"和一些所谓的专家组,得出了根本不具有任何正式效力的"黄山牌香烟第一"的结论,并且未经公证处的同意,就对外发布该结论,大量刊登广告,这种广告,由于含有虚假的内容,欺骗和误导了消费者,有违诚实信用原则,造成了不公平竞争。毫无疑问,该广告违背了广告法的基本原则。

2. 我国《广告法》规定:禁止利用广播、电影、电视、报纸、期刊发布烟草广告。而在本案中,该厂正是通过大量报纸、电台、电视台发布黄山香烟的广告,这种手段明显是不合法的。

3. 我国《广告法》规定:广告不得有下列情形:……(一) 使用国家机关和国家机关工作人员的名义……而在本案中,该厂无视公证处的声明,违背公证处的意愿,在广告中恰恰抓住公证处大做文章,在报纸上大肆以安徽公证处的名义宣布"黄山第一",这是明显违反上述规定的,是一种违法行为,该厂无权在广告中使用公证处的证明。

4. 如果该广告被定性为虚假广告,那么承担责任的不仅有广告主,还有广告的经营者。《广告法》规定:广告经营者、广告发布者依据法律、行政法规查验有关证明文件,核实广告内容。对内容不实或者证明文件不全的广告,广告经营者不得提供设计、制作、代理服务,广告发布者不得发布。在该案中,为蚌埠卷烟厂作广告的几家报社应当知悉该广告为虚假广告,主观上有过错,报社作为经营者违反了上述规定,应当和蚌埠卷烟厂共同承担法律责任。

本章思考

1. 《广告法》的适用范围如何?
2. 广告准则对医疗、药品和医疗器械广告有什么要求?

思考解答

1. 答:《广告法》适用的范围可以从以下两个方面来看:

(1) 广告法适用的广告范围

根据《广告法》的规定,在中华人民共和国境内,商品经营者或者服务提供者通过一定媒介和形式直接或者间接地介绍自己所推销的商品或者服务的商业广告活动,适用《广告法》。

(2) 广告所适用的广告主体范围

这类主体包括两类,一类是广告活动主体,即广告主、广告经营者、广告发布者和广告代言人;另一类是广告活动的监督管理主体,即国务院市场监督管理部门、县级以上地方市场监督管理部门及县级以上地方人民政府有关部门。

2. 答:医疗、药品和医疗器械是直接关系到人民身体健康和生命安全的特殊商品。为此,我国《广告法》规定:麻醉药品、精神药品、医疗用毒性药品、放射性药品等特殊药品,药品类易制毒化学品,以及戒毒治疗的药品、医疗器械和治疗方法,不得作广告。

医疗、药品、医疗器械广告不得含有下列内容:(1) 表示功效、安全性的断言或者保证;(2) 说明治愈率或者有效率;(3) 与其他药品、医疗器械的功效和安全性或者其他医疗机构比较;(4) 利用广告代言人作推荐、证明;(5) 法律、行政法规规定禁止的其他内容。

药品广告的内容不得与国务院药品监督管理部门批准的说明书不一致,并应当显著标明禁忌、不良反应。处方药广告应当显著标明"本广告仅供医学药学专业人士阅读",非处方药广告应当显著标明"请按药品说明书或者在药师指导下购买和使用"。推荐给个人自用的医疗器械的广告,应当显著标明"请仔细阅读产品说明书或者在医务人员的指导下购买和使用"。医疗器械产品注册证明文件中有禁忌内容、注意事项的,广告中应当显著标明"禁忌内容或者注意事项详见说明书"。

第十一章
对外贸易法律制度

本章需要掌握的主要内容：
- 对外贸易法的概念
- 《对外贸易法》的基本原则
- 货物、技术进出口的外贸管理制度
- 与对外贸易有关的知识产权保护
- 对外贸易救济措施

对外贸易法是什么？你了解"对外贸易管理"和"与对外贸易有关的知识产权保护"的相关内容吗？对外贸易救济措施包括哪些？

第一节　对外贸易法律制度概述

一、对外贸易法概述

（一）概念

对外贸易法，是指一国对其外贸活动进行行政管理和服务的所有法律规范的总称。一国的对外贸易法律制度是其为保护和促进国内产业，增加出口，限制进口而采取的鼓励与限制措施，或为政治、外交或其他目的，对进出口采取鼓励或限制的措施，是一国对外贸易总政策的集中体现。

（二）调整对象

对外贸易法的调整对象为对外贸易关系。对外贸易关系属于经济关系范围，包括对外贸易经营者和国家之间的关系、对外贸易经营者之间的关系，以及国家的对外贸易管理等三个调整对象。

二、对外贸易法的基本原则

《对外贸易法》是我国对外贸易法律制度的基本法，是整个外贸制度的核心。其总则规定了我国对外贸易法律制度的六项基本原则。

1. 实施对外开放，促进社会主义市场经济健康发展原则

"扩大对外开放，发展对外贸易"是我国持续改革和开放方针的具体阐述，其要通过"维护对外贸易秩序，保护对外贸易经营者的合法权益"来实现"促进社会主义市场经济的健康发展"的总体社会发展目标。

2. 统筹适用货物、技术、服务以及对外贸易有关知识产权保护原则

《对外贸易法》适用于对外贸易以及与对外贸易有关的知识产权保护。其中，对外贸易是指货物进出口、技术进出口和国际服务贸易。"与对外贸易有关的知识产权保护"是修改后的《对外贸易法》的新增内容，体现了我国在加入世界贸易组织后对知识产权问题的重视，而与世界贸易组织的调整范围保持了一致。

3. 实行统一的对外贸易制度原则

国家实行统一的对外贸易制度，鼓励发展对外贸易，维护公平、自由的对外贸易秩序。实行统一的对外贸易制度是指国家在对外贸易领域实行统一管理，统一制定对外贸易方针、政策、法律。国家的各种外贸管制手段、管制措施具有普遍的重要保障。

4. 维护公平自由的对外贸易秩序原则

这一原则是统一原则的具体体现，它要求保证对外贸易经营者在依照法律规定的前提下，有权平等地取得对外贸易经营权以及相关权利，平等地享受国家有关对外贸易的各项鼓励与优惠措施，保障对外贸易经营者的自主经营权、货物与技术的自由进出口权等。同时也要求对外贸易经营者自觉遵守国家法律、法规，依法经营，公平竞争，诚实守信，建立一个公平、自由的对外贸易秩序。

5. 根据平等互利的原则发展多边和双边贸易关系

《对外贸易法》规定，中华人民共和国根据平等互利的原则，促进和发展同其他国家和地区的贸易关系，缔结或者参加关税同盟协定、自由贸易区协定等区域经济贸易协定，参加区域经济组织。平等互利原则是国际交往的基本原则，要求法律上平等、经济上互利。根据这一原则，对外贸易关系的当事人不论是自然人、法人还是国家，法律地位一律平等；在贸易交往过程中遵循贸易惯例，保证双方的经济利益的公平获得。

6. 互惠对等原则

《对外贸易法》规定，中华人民共和国在对外贸易方面根据所缔结或者参加的国际条约、协定，给予其他缔约方、参加方最惠国待遇、国民待遇等待遇，或者根据互惠、对等原则给予对方最惠国待遇、国民待遇等待遇。在国际贸易中，互惠是指两国相互给予对方以贸易上的优惠待遇。对等是指贸易双方相互之间给予同等的待遇。任何国家或者地区在贸易方面对中华人民共和国采取歧视性的禁止、限制或者其他类似措施的，中华人民共和国可以根据实际情况对该国家或者该地区采取相应的措施。

三、对外贸易经营者

(一) 概念

根据《对外贸易法》的规定，对外贸易经营者是指依法办理工商登记或者其他执业手续，依照本法和其他有关法律、行政法规的规定从事对外贸易经营活动的法人、其他组织或者个人。

(二) 登记制

根据《对外贸易法》的规定，从事货物进出口或者技术进出口的对外贸易经营者，应当向

国务院对外贸易主管部门或者其委托的机构办理备案登记;但是,法律、行政法规和国务院对外贸易主管部门规定不需要备案登记的除外。对外贸易经营者未按照规定办理备案登记的,海关不予办理进出口货物的报关验放手续。

从事国际服务贸易,应当遵守对外贸易法和其他有关法律、行政法规的规定。从事对外劳务合作的单位,应当具备相应的资质或者资格。

(三) 国营贸易管理和对外贸易代理制度

根据《对外贸易法》的规定,国家可以对部分货物的进出口实行国营贸易管理。实行国营贸易管理货物的进出口业务只能由经授权的企业经营;但是,国家允许部分数量的国营贸易管理货物的进出口业务由非授权企业经营的除外。实行国营贸易管理的货物和经授权经营企业的目录,由国务院对外贸易主管部门会同国务院其他有关部门确定、调整并公布。

对外贸易经营者可以接受他人的委托,在经营范围内代为办理对外贸易业务。对外贸易经营者应当按照国务院对外贸易主管部门或者国务院其他有关部门依法作出的规定,向有关部门提交与其对外贸易经营活动有关的文件及资料。有关部门应当为提供者保守商业秘密。

第二节 我国对外贸易法律制度的主要内容

一、货物、技术进出口相关对外贸易法律制度

(一) 自由进出口原则

根据《对外贸易法》第14条的规定,国家准许货物与技术的自由进出口。但是,法律、行政法规另有规定的除外。比如,《对外贸易法》第16条列举了国家可以限制或禁止货物、技术进出口的情形。

(二) 许可证制度

许可证,是国家基于限制进出口的需要,要求对外贸易经营者向有关政府机构递交申请或其他文件,并以获得批准作为进出口的条件的一种管理方式,是国家管理货物进出口的法律凭证。

根据《对外贸易法》及其相关部门规章规定,为了对进出口货物实施有效检测,我国采取以进出口自动许可为主,进出口许可证为辅的许可证贸易制度。比如,根据《对外贸易法》第15条的规定,国务院对外贸易主管部门基于监测进出口情况的需要,可以对部分自由进出口的货物实行进出口自动许可并公布其目录。实行自动许可的进出口货物,收货人、发货人在办理海关报关手续前提出自动许可申请的,国务院对外贸易主管部门或者其委托的机构应当予以许可;未办理自动许可手续的,海关不予放行。进出口属于自由进出口的技术,应当向国务院对外贸易主管部门或者其委托的机构办理合同备案登记。

根据《对外贸易法》第16条的规定,国家基于下列原因,可以限制或者禁止有关货物、技术的进口或者出口:

(1) 为维护国家安全、社会公共利益或者公共道德,需要限制或禁止进口或者出口的;

(2) 为保护人的健康或者安全,保护动物、植物的生命或者健康,保护环境,需要限制或

者禁止进口或者出口的;

(3) 为实施与黄金或者白银进出口有关的措施,需要限制或者禁止进口或者出口的;

(4) 国内供应短缺或者为有效保护可能用竭的自然资源,需要限制或者禁止出口的;

(5) 输往国家或者地区的市场容量有限,需要限制出口的;

(6) 出口经营秩序出现严重混乱,需要限制出口的;

(7) 为建立或者加快建立国内特定产业,需要限制进口的;

(8) 对任何形式的农业、牧业、渔业产品有必要限制进口的;

(9) 为保障国家国际金融地位和国际收支平衡,需要限制进口的;

(10) 依照法律、行政法规的规定,其他需要限制或者禁止进口或者出口的;

(11) 根据我国缔结或者参加的国际条约、协定的规定,其他需要限制或者禁止进口或者出口的。

根据《对外贸易法》第17条的规定,国家对与裂变、聚变物质或者衍生此类物质的物质有关的货物、技术进出口,以及与武器、弹药或者其他军用物资有关的进出口,可以采取任何必要的措施,维护国家安全。在战时或者为维护国际和平与安全,国家在货物、技术进出口方面可以采取任何必要的措施。

(三) 配额制度

配额是指一国政府在一定时期内,对某些进出口商品的数量或者金额设定最高限额,在限额内的商品可以自由进出口,超过额度的不准进出口或者征收比较高的税额的制度。关税配额是指对商品进口的绝对数额不加限制,而对在一定时期规定的关税配额以内的进口商品,给予低税、减税或免税待遇,对超过配额的进口商品则征收较高的关税、附加税或罚款。

根据《对外贸易法》第19条的规定,国家对限制进口或者出口的货物,实行配额、许可证等方式管理。对限制进口或出口的技术,实行许可证管理。实行配额、许可证管理的货物、技术,应当按照国务院规定经国务院对外贸易主管部门或者经其会同国务院其他有关部门许可,方可进口或者出口。国家对部分进口货物可以实行关税配额管理。第20条规定,进出口货物配额、关税配额,由国务院对外贸易主管部门或者国务院其他有关部门在各自的职责范围内,按照公开、公平、公正和效益的原则进行分配。

(四) 进出口货物检验检疫和合格评定制度

检验检疫是指卫生检疫、动植物检疫和商品检验,是为了保障人员、动植物安全卫生和商品的质量而对出入境的货物、人员、交通工具、行李邮包携带物等进行的对外贸易管理制度。合格评定制度是对于符合相应技术法规或标准的产品给予认证的制度,比如ISO9000产品认证等。

根据《对外贸易法》第21条的规定,国家实行统一的商品合格评定制度,根据有关法律、行政法规的规定,对进出口商品进行认证、检验、检疫。根据《进出口商品检验法》的规定,进出口商品检验应当根据保护人类健康和安全、保护动物或者植物的生命和健康、保护环境、防止欺诈行为、维护国家安全的原则,由国家商检部门制定、调整必须实施检验的进出口商品目录(以下简称目录)并公布实施。列入目录的进出口商品,由商检机构实施检验。必须实施的进出口商品检验,是指确定列入目录的进出口商品是否符合国家技术规范的强制性要求的合格评定活动。合格评定程序包括:抽样、检验和检查;评估、验证和合格保证;注册、认可和批准以及各项的组合。

(五) 进出口货物原产地管理制度

货物的原产地是指货物或产品的最初来源地,进出口货物的原产地是指进入国际贸易流通的货物的来源地,即为商品的产生地、生产地、制造或产生实质改变的加工地。确定某一进口货物的原产地,有利于对进口货物实施最惠国待遇、反倾销和反补贴、保障措施、国别数量限制、关税配额、原产地标记管理等非优惠性贸易措施,以及进行政府采购、贸易统计等活动。

根据《对外贸易法》第22条的规定,国家对进出口货物进行原产地管理。根据《进出口货物原产地条例》的规定,完全在一个国家(地区)获得的货物,以该国(地区)为原产地;两个以上国家(地区)参与生产的货物,以最后完成实质性改变的国家(地区)为原产地。

其中,"完全在一个国家(地区)获得的货物"是指:(1) 在该国(地区)出生并饲养的活的动物;(2) 在该国(地区)野外捕捉、捕捞、搜集的动物;(3) 从该国(地区)的活的动物获得的未经加工的物品;(4) 在该国(地区)收获的植物和植物产品;(5) 在该国(地区)采掘的矿物;(6) 在该国(地区)获得的除前面第(1)项至第(5)项范围之外的其他天然生成的物品;(7) 在该国(地区)生产过程中产生的只能弃置或者回收用作材料的废碎料;(8) 在该国(地区)收集的不能修复或者修理的物品,或者从该物品中回收的零件或者材料;(9) 由合法悬挂该国旗帜的船舶从其领海以外海域获得的海洋捕捞物和其他物品;(10) 在合法悬挂该国旗帜的加工船上加工前面第(9)项所列物品获得的产品;(11) 从该国领海以外享有专有开采权的海床或者海床底土获得的物品;(12) 在该国(地区)完全从前面第(1)项至第(11)项所列物品中生产的产品。

但在确定货物是否在一个国家(地区)完全获得时,不考虑下列微小加工或者处理:(1) 为运输、贮存期间保存货物而作的加工或者处理;(2) 为货物便于装卸而作的加工或者处理;(3) 为货物销售而作的包装等加工或者处理。

"实质性改变的确定标准"是以税则归类改变为基本标准;税则归类改变不能反映实质性改变的,以从价百分比、制造或者加工工序等为补充标准。其中,税则归类改变,是指在某一国家(地区)对非该国(地区)原产材料进行制造、加工后,所得货物在《中华人民共和国进出口税则》中某一级的税目归类发生了变化;从价百分比,是指在某一国家(地区)对非该国(地区)原产材料进行制造、加工后的增值部分,超过所得货物价值一定的百分比;制造或者加工工序,是指在某一国家(地区)进行的赋予制造、加工后所得货物基本特征的主要工序。

二、国际服务贸易

国际服务贸易是指通过跨境交付、境外消费、商业存在(商法人或者商人)、自然人流动等形式跨越国境提供服务的国际贸易。

(一) 市场准入和国民待遇原则

中华人民共和国在国际服务贸易方面根据所缔结或者参加的国际条约、协定中所作的承诺,给予其他缔约方、参加方市场准入和国民待遇。国务院对外贸易主管部门和国务院其他有关部门,依照《对外贸易法》和其他有关法律、行政法规的规定,对国际服务贸易进行管理。国务院对外贸易主管部门会同国务院其他有关部门,制定、调整并公布国际服务贸易市场准入目录。

(二) 限制和禁止的国际服务贸易

国家基于下列原因,可以限制或者禁止有关的国际服务贸易:(1) 为维护国家安全、社会公共利益或者公共道德,需要限制或者禁止的;(2) 为保护人的健康或者安全,保护动物、植物的生命或者健康,保护环境,需要限制或者禁止的;(3) 为建立或者加快建立国内特定服务产业,需要限制的;(4) 为保障国家外汇收支平衡,需要限制的;(5) 依照法律、行政法规的规定,其他需要限制或者禁止的;(6) 根据我国缔结或者参加的国际条约、协定的规定,其他需要限制或者禁止的。

此外,根据《对外贸易法》第27条的规定,国家对与军事有关的国际服务贸易,以及与裂变、聚变物质或者衍生此类物质的物质有关的国际服务贸易,可以采取任何必要的措施,维护国家安全。在战时或者为维护国际和平与安全,国家在国际服务贸易方面可以采取任何必要的措施。

三、不公平贸易行为的救济措施

(一) 与对外贸易有关的知识产权的救济措施

作为世贸组织三大支柱之一的与贸易有关的知识产权,正越来越多地成为各主要贸易国家维护国家利益的重要手段。为了应对进口货物侵犯知识产权、危害对外贸易秩序,《对外贸易法》规定,国务院对外贸易主管部门可以采取在一定期限内禁止侵权人生产、销售的有关货物进口等措施。

1. 知识产权许可合同中的救济措施

知识产权权利人有阻止被许可人对许可合同中的知识产权的有效性提出质疑、进行强制性一揽子许可、在许可合同中规定排他性返授条件等行为之一,并危害对外贸易公平竞争秩序的,国务院对外贸易主管部门可以采取必要的措施消除危害。其中,"排他性返授"是指知识产权许可人授予被许可人使用其知识产权时,规定这样一种条件:必须将其在许可人知识产权基础上研发的知识产权排他性的返授给许可人,而不能授予其他人。

2. 对等保护措施

其他国家或者地区在知识产权保护方面未给予中华人民共和国的法人、其他组织或者个人国民待遇,或者不能对来源于中华人民共和国的货物、技术或者服务提供充分有效的知识产权保护的,国务院对外贸易主管部门可以依照《对外贸易法》和其他有关法律、行政法规的规定,并根据中华人民共和国缔结或者参加的国际条约、协定,对与该国家或者该地区的贸易采取必要的措施。

(二) 对垄断及不正当竞争行为的救济措施

1. 对垄断行为的救济措施

在对外贸易经营活动中,对外贸易经营者不得违反有关反垄断的法律、行政法规的规定实施垄断行为。如果在对外贸易经营活动中实施垄断行为,危害市场公平竞争的,则由反垄断机构依照有关反垄断的法律、行政法规的规定予以处理。

对既有危害市场公平竞争的违法垄断行为,且危害对外贸易秩序的,国务院对外贸易主管部门可以采取必要的措施消除危害。

2. 对不正当竞争行为的救济措施

在对外贸易经营活动中,对外贸易经营者不得实施以不正当的低价销售商品、串通投标、发布虚假广告、进行商业贿赂等不正当竞争行为。如果在对外贸易经营活动中实施不正当竞争行为的,依照有关反不正当竞争的法律、行政法规的规定处理。

对既有实施不正当竞争行为等违法行为,并危害对外贸易秩序的,国务院对外贸易主管部门可以采取禁止该经营者有关货物、技术进出口等措施消除危害。

(三)反倾销、反补贴措施及保障措施

国家根据对外贸易调查结果,可以采取适当的对外贸易救济措施,主要包括反倾销、反补贴、保障措施。

1. 反倾销措施

倾销是指在正常贸易过程中进口产品以低于其正常价值的出口价格进入市场的不正当的竞争行为。因为倾销行为是以达到消灭竞争对手,垄断市场为目的,因此是世界贸易组织所禁止的贸易行为。反倾销措施是各国为了保护公平的竞争市场,以消除或者减轻倾销行为带来的损害或者损害的威胁或者阻碍,保护本国产业而采取的反措施,包括临时措施、价格承诺和征收反倾销税。

根据《对外贸易法》第41条规定,其他国家或者地区的产品以低于正常价值的倾销方式进入我国市场,对已建立的国内产业造成实质损害或者产生实质损害威胁,或者对建立国内产业造成实质阻碍的,国家可以采取反倾销措施,消除或者减轻这种损害或者损害的威胁或者阻碍。

2. 反补贴措施

补贴,是指出口国(地区)政府或者其任何公共机构提供的并为接受者带来利益的财政资助以及任何形式的收入或者价格支持。因为补贴是国家为了支持和鼓励本国产品出口,以占领海外市场的扭曲市场竞争的行为,所以进口国家采取反补贴措施,以抵消损害本国产业的后果或阻碍本国产业建立的限制进口措施,包括临时措施、承诺和征收反补贴税。

根据《对外贸易法》第43条的规定,进口的产品直接或者间接地接受出口国家或者地区给予的任何形式的专向性补贴,对已建立的国内产业造成实质损害或者产生实质损害威胁,或者对建立国内产业造成实质阻碍的,国家可以采取反补贴措施,消除或者减轻这种损害或者损害的威胁或者阻碍。

3. 紧急保障措施

如果在一定的期间内,因进口产品数量的急剧增加,对生产同类产品或者与其直接竞争的产品的国内产业造成严重损害或者严重损害威胁的,则国家可以采取必要的保障措施,消除或者减轻这种损害及损害的威胁。同反倾销和反补贴措施行为不同,采取紧急保障措施的贸易行为是正常的贸易行为,因此进口国家对采取保障措施的货物应进行补偿。《对外贸易法》规定了以下三种情形所采取的紧急保障措施。

(1)因进口产品数量大量增加,对生产同类产品或者与其直接竞争的产品的国内产业造成严重损害或者严重损害威胁的,国家可以采取必要的保障措施,消除或者减轻这种损害或者损害的威胁,并可以对该产业提供必要的支持。

(2)因其他国家或者地区的服务提供者向我国提供的服务增加,对提供同类服务或者与其直接竞争的服务的国内产业造成损害或者产生损害威胁的,国家可以采取必要的救济措施,消除或者减轻这种损害或者损害的威胁。

(3)因第三国限制进口而导致某种产品进入我国市场的数量大量增加,对已建立的国内产业造成损害或者产生损害威胁，或者对建立国内产业造成阻碍的，国家可以采取必要的救济措施，限制该产品进口。

(四) 对违反条约义务的补救措施

与中华人民共和国缔结或者共同参加经济贸易条约、协定的国家或者地区，违反条约、协定的规定，使中华人民共和国根据该条约、协定享有的利益丧失或者受损，或者阻碍条约、协定目标实现的，中华人民共和国政府有权要求有关国家或者地区政府采取适当的补救措施，并可以根据有关条约、协定中止或者终止履行相关义务。

四、维护对外贸易秩序的调查制度和预警机制

(一) 维护对外贸易秩序中的调查制度

1. 调查事项

为了维护对外贸易秩序，国务院对外贸易主管部门可以自行或者会同国务院其他有关部门，依照法律、行政法规的规定对下列事项进行调查：(1) 货物进出口、技术进出口、国际服务贸易对国内产业及其竞争力的影响；(2) 有关国家或者地区的贸易壁垒；(3) 为确定是否应当依法采取反倾销、反补贴或者保障措施等对外贸易救济措施，需要调查的事项；(4) 规避对外贸易救济措施的行为；(5) 对外贸易中有关国家安全利益的事项；(6) 为应对某些措施而进行调查的事项，如他国对我国采取歧视性禁止、限制或其他类似措施，危害我国对外贸易秩序的侵犯知识产权行为的救济措施，反倾销措施以及反补贴措施等；(7) 其他影响对外贸易秩序，需要调查的事项。

2. 调查启动和实施程序

启动对外贸易调查，由国务院对外贸易主管部门发布公告。调查可以采取书面问卷、召开听证会、实地调查、委托调查等方式进行。国务院对外贸易主管部门根据调查结果，提出调查报告或者作出处理裁定，并发布公告。有关单位和个人应当对对外贸易调查给予配合、协助。国务院对外贸易主管部门和国务院其他有关部门及其工作人员进行对外贸易调查，对知悉的国家秘密和商业秘密负有保密义务。

(二) 对外贸易预警应急机制

国务院对外贸易主管部门和国务院其他有关部门应当建立货物进出口、技术进出口和国际服务贸易的预警应急机制，应对对外贸易中的突发和异常情况，维护国家经济安全。

五、对外贸易促进制度

(一) 对外贸易促进机制

根据《对外贸易法》第51条的规定，国家制定对外贸易发展战略，建立和完善对外贸易促进机制。

(1) 设立对外贸易发展基金等。国家根据对外贸易发展的需要，建立和完善为对外贸易服务的金融机构，设立对外贸易发展基金、风险基金。

(2) 进出口信贷、出口信用保险等。国家通过进出口信贷、出口信用保险、出口退税及其他促进对外贸易的方式，发展对外贸易。

(3) 建立对外贸易公共信息服务体系。国家建立对外贸易公共信息服务体系，向对外贸易经营者和其他社会公众提供信息服务。

(4) 鼓励发展对外贸易形式。国家采取措施鼓励对外贸易经营者开拓国际市场,采取对外投资、对外工程承包和对外劳务合作等多种形式,发展对外贸易。此外,国家扶持和促进中小企业开展对外贸易,并扶持和促进民族自治地方和经济不发达地区发展对外贸易。

(二) 对外贸易促进组织

根据《对外贸易法》第 56 条的规定,对外贸易经营者可以依法成立和参加有关协会、商会。有关协会、商会应当遵守法律、行政法规,按照章程对其成员提供与对外贸易有关的生产、营销、信息、培训等方面的服务,发挥协调和自律作用,依法提出有关对外贸易救济措施的申请,维护成员和行业的利益,向政府有关部门反映成员有关对外贸易的建议,开展对外贸易促进活动。

中国国际贸易促进组织按照章程开展对外联系,举办展览,提供信息、咨询服务和其他对外贸易促进活动。

本章小结

对外贸易法是一国对其外贸活动进行行政管理和服务的所有法律规范的总称。一国的对外贸易法律制度是其为保护和促进国内产业,增加出口,限制进口而采取的鼓励与限制措施,或为政治、外交或其他目的,对进出口采取鼓励或限制的措施,是一国对外贸易总政策的集中体现。

《对外贸易法》是我国对外贸易法律制度的基本法,是整个外贸制度的核心,其在总则中规定了我国对外贸易法律制度的六项基本原则:(1) 实施对外开放,促进社会主义市场经济健康发展原则;(2) 统筹适用货物、技术、服务以及对外贸易有关知识产权保护原则;(3) 实行统一的对外贸易制度原则;(4) 维护公平自由的对外贸易秩序原则;(5) 根据平等互利的原则发展多边和双边贸易关系;(6) 互惠对等原则。

对外贸易法律制度主要包括货物、技术进出口相关对外贸易法律制度、国际服务贸易、不公平贸易行为的救济措施、维护对外贸易秩序的调查制度和预警机制,以及对外贸易促进制度。

案例与点评

案例一

2001 年 6 月,美国总统布什作出了在 201 条款下对进口钢铁产品实施保障措施调查的决定,以确定美国钢铁产业是否受到损害。这一举动涉及中国、欧盟、日本和韩国等国家的钢铁产品的出口,为本已不景气的世界钢铁市场投下了阴影,并因此遭到世界各国的反对。在此形势下,2001 年 7 月,美国钢管行业向美国商务部正式提出对中国钢管实施反倾销调查。

上海埃力生钢管有限公司年产 ERW 钢管 30 万吨,全部按美国 API、ISO9000 标准生产,50% 以上的产品出口,其中,大部分出口到美国。得知美国对钢铁进行反倾销立案调查后,上海埃力生公司组建了专门的应诉机构,聘请了国内外经验丰富的资深律师,开始了漫长、复杂的反倾销应诉过程。美国商务部的调查琐碎、详细,范围涉及公司两年以上的原材料采购产品及客户的整个生产、销售、财务售后服务过程。应诉人员必须在指定时间内,实事求是地回答美国商务部的 A、B、C 三套问卷,而且,所有递交的材料和答复的问题,必须有公司原始记录和各种单据为证,还要经得起美国商务部官员近乎苛刻的实地核查。

2001 年 12 月 20 日,美国商务部根据上海埃力生公司的答卷,初步裁定该公司出口到美国钢管的税率为零。初裁后,埃力生公司转入了更加周密、细致的工作中,准备迎接美国商务部的现场核查。

2002 年 1 月 18—19 日,埃力生公司接受了美国商务部官员的现场核查。埃力生公司对美国的反倾销应诉案,得到了国家经贸委和外经贸部领导的高度重视,特意派领导现场调研,经过实地考察论证,美国商务部官员认定埃力生公司的钢管价格是真实的,认定不存在倾销。埃力生公司顺利通过了美国商务部的现场核查。

2002 年 5 月 21 日,美国商务部公布了终裁结果,上海埃力生公司出口到美国的钢管税率为零。国家经贸委认为,上海埃力生公司对美国反倾销案的胜诉对国内企业有着重要的借鉴意义。

请问:本案涉及哪些贸易救济措施?

案例评析:本案涉及的贸易救济措施是反倾销调查,是美国商务部针对从中国进口的钢管采取的贸易救济措施,是维护美国相关产业利益的措施。企业要有自我保护意识,在受到不公正的反倾销诉讼时,一定要据理力争,努力抗辩。应诉企业胜诉后,不仅可以提高公司在美国的知名度,巩固并扩大在美国的市场,而且可以使企业在国际竞争中处于有利的国际地位;企业一定要熟悉国际市场,遵循外贸规则,尽快掌握世贸组织的有关法规。只有这样,企业才能有效地维护自身利益。

案例二 进出口货物原产地管理制度

2020 年,上海一家进出口贸易公司申报进口一批原产于新西兰的奶粉,申请适用中国-新西兰自贸协定税率。该货物以集装箱运输方式自新西兰起运后,经过中国香港转船运抵上海口岸,但企业无法提供中国检验(香港)公司签注的未再加工证明。但向上海海关提交了中国-新西兰自贸协定项下优惠原产地证书及贸易、运输单证、发票、船公司情况等说明。海关在进口环节对该批货物进行查验,发现集装箱箱号与封志号等装运信息与连运提单所列一致,且集装箱封志完好无损。

请问:本案涉及货物能否享受中国-新西兰自贸协定税率?

案例评析:本案涉及进出口贸易中的原产地识别问题。根据中国-新西兰自由贸易协定,如果在一方境内完全获得或生产的商品,从出口方向进口方运输途中经过一个非缔约方境内,但货物在其境内未进入其贸易或消费领域;并且除装卸、重新包装或使货物保持良好状态所需的其他处理外,货物在其境内未经任何处理,则视为直接运输,故该批货物的原产地不变,应适用中国-新西兰自由贸易协定税率。

随着我国自由贸易协定谈判工作的顺利推进,进出口贸易从事者应当关注各个协定中的原产地规定及其附件,因为不同的自由贸易协定对原产地的识别标准上存有不同规定。比如本案中所涉及的"直接运输"问题上,中国-澳大利亚自由贸易协定则要求"货物处于非缔约方海关监管之下,且除装卸、重新包装、为满足进口方要求重贴标签、临时储存以及为保持货物良好状态的处理外,货物未经过其他处理",比中国-新西兰自由贸易协定中的直接运输要求更严格。

本章思考

1. 紧急保障措施是否为针对不公平贸易行为的贸易救济措施?
2. 我国加入WTO时对配额作出什么承诺?
3. 国际服务贸易的形式是( )。
   A. 跨境交付　　　　　　　　　B. 境外消费
   C. 商业存在(商法人或者商人)　D. 自然人流动

思考解答

1. 答:不是。与倾销、补贴等歪曲公平贸易行为的反倾销、反补贴措施不同,紧急保障措施是在一定的期间内所采用的紧急性和临时性措施,它是由于进口产品数量的急剧增加,对生产同类产品或者与其直接竞争的产品的国内产业造成严重损害或者严重损害威胁的情形下,为消除或者减轻这种损害或者损害的威胁而采取的措施,不存在歪曲公平贸易的行为。

2. 答:根据《中国加入工作组报告书》的规定,任何在配额年度拥有对外贸易经营权的企业,包括拥有进口某一类配额下产品或用于生产目的投入物的权利里的任何企业,均可申请配额管理产品。配额分配申请只需提交在一个级别的(中央或地方)一个机关批准,有关机关随后根据配额分配发放进口许可证,大多数情况下为提出许可证请求后的3个工作日,在例外情况下,最长可达10个工作日。我国将依照有关标准和程序分配配额,并以符合WTO要求的方式实施,包括《进口许可程序协议》。在适用这些标准时,我国将考虑允许来自WTO成员的生产者公平参与的需要,并考虑最大限度地扩大配额足额使用潜力的需要。

3. 答:A B C D

第四编

宏观调控法律制度

第四編

支那海方面制海權

第一章
税收法律制度

本章需要掌握的主要内容：
- 税收的概念和税法的构成要素
- 我国现行的几个税种和计税方法
- 我国税收管理制度

现在"纳税人"这个词在我们的日常生活中出现得越来越频繁。我们应当清楚依法纳税是每个公民的义务，然而为什么要纳税，缴纳哪些税，以及怎样缴纳税，大家未必都很清楚，本章将围绕上述问题介绍有关税收方面的知识。

第一节 税法概述

一、税收的概念、特征和作用

(一) 税收的概念

税收是国家为了实现其职能，凭借政治权力参与社会产品和国民收入的分配，按照法定的标准和程序，无偿地、强制地取得财政收入的分配关系。税收是国家财政收入的最基本的、但不是唯一的收入形式，除税收之外，国家还可以通过其他方式取得财政收入，如事业费收入、国有资源管理收入、公产收入、罚没收入、国际组织捐款收入等。

(二) 税收的特征

与国家取得财政收入的其他方式相比，税收具有以下的明显特征：

(1) 强制性。税收是国家凭借着政治权力开征的，国家运用法律手段公布征税标准，并运用行政手段和司法手段来保证征税任务的完成，每个公民、企业、经济组织等都有依法纳税的义务。对拒不纳税或偷税、逃税者，国家有权强制征收，并有权给予法律制裁。

(2) 无偿性。从征税的过程来说，国家并不向纳税人支付对价，就取得纳税人的税款，并不存在对纳税人的偿还问题。但是如果从财政活动的宏观整体来看，税收是政府提供公共物品和服务的基础，即所谓的"取之于民，用之于民"。

(3) 固定性。税收是国家按照法律预先规定的范围、标准和环节征收的,税法的规定具有稳定性。纳税人取得了应当纳税的收入或发生了应纳税的行为,就必须按预先规定的标准如数缴纳,而不能改变标准。

(三) 税收的作用

税收在整个国民经济中有着极其重要的作用和职能,具体来说主要体现在以下几个方面:

(1) 筹集财政收入。筹集国家的财政收入是税收的首要职能。国家为了行使自己的职能,必须要有足够的财力基础,而财力基础则表现为财政收入上有稳定的来源和增长,而税收在保证和实现财政方面,起着重要的作用,税收是国家组织收入的一个重要手段。

(2) 调节经济发展。作为调节社会经济生产活动,均衡分配,正确处理国家、集体、个人三者之间经济利益关系的重要手段,税收能够在一定程度上调节各种经济成分、各种行业、各种产品生产经营者之间的收入差距,从而引起各地区、各部门以及各阶层、各类纳税人经济利益的变化,进而对社会经济状况产生某些影响。国家正是通过这种影响来实现一定的政策,达到一定的政治经济目的。

(3) 宏观调控的杠杆。税收是国家宏观经济调控的一个重要杠杆。它有助于完善经济运行机制,引导社会资金流动,调整产业结构,调节经济发展。税种、税目和税率的设置与调整,减免税的规定,体现了国家运用经济杠杆鼓励或者限制生产经营,从而促使社会总需求和总供给的基本平衡,促进企业在公平税负基础上展开竞争,提高社会效益和经济效益。

(4) 监督经济活动。国家在征收税款过程中,一方面要查明情况,正确计算并收取税款,另一个方面又要发现纳税人在生产经营过程中或是在缴纳税款过程中存在的问题。通过税收征管活动,保护合法经营,制裁越权减免税、拖欠税款、偷税和抗税不缴等不法行为。

二、税法的概念和构成要素

(一) 税法的概念

税法是调整税收关系的法律规范的总称,即调整国家与纳税人之间在征纳税过程中形成的各种社会关系的法律规范的总称。它包括下列三个基本方面:(1) 税收征纳关系,即国家税务机关向纳税人无偿征收货币或实物的关系。具体包括:税务机关与企业、事业单位和公民个人在征纳税过程中形成的纳税关系;税务机关与国家行政机关、事业单位之间因预算外收入发生的征纳税关系。(2) 国家权力机关与其授权的行政机关之间,中央和地方之间因税收管理权限而形成的关系。(3) 征税纳税程序关系,如税务登记程序关系、纳税申报程序关系等。

(二) 税法的构成要素

税法的构成要素一般包括纳税人、征税对象、税目、税率、纳税环节、纳税期限、纳税地点、减免税、法律责任等要素。

1. 纳税人

纳税人是纳税义务人的简称,是税法规定的直接负有纳税义务的自然人和法人,法律术语称为课税主体。纳税人是税收制度构成的最基本要素之一,任何税种均有纳税人。与纳税人紧密联系的两个概念是代扣代缴义务人和代收代缴义务人。代扣代缴义务人指虽不承担纳税义务,但依照有关规定,在向纳税人支付收入、结算货款、收取费用时,有义务代扣代缴其应纳税款的单位和个人。代收代缴义务人是指虽不承担纳税义务,但依照有关规定在向纳税人收取商品或劳务收入时,有义务代收代缴其应纳税款的单位和个人。

2. 征税对象

征税对象又称课税对象,是税法规定的征税的目的物,即对什么征税。每一种税种都必须明确规定征税的对象,征税对象关系着各种税法的基本界限,是征税的直接依据和税法最基本的要素。根据征税对象可以把我国的税收分成五类:流转税,是对商品销售额或者服务性业务的营业额征税;所得税,是对所得额或收益额征税;财产税,是按财产的价值额或租价额征税;行为税,是依法对特定的行为征税;资源税,是对资源级差等级收入征税。

3. 税目

税目是课税对象的具体项目。税目是征税对象的具体化,它是一个税种在税法中具体规定应当纳税的项目,反映了具体的征税范围。制定税目的方法有两种:一是列举法,即按照每种商品或经营项目分别设置税目,必要时还可以在一个税目下设若干子目;二是概括法,即把性质相近的产品或项目归类设置项目,如产品按大类或行业设置税目等。

4. 税率

税率是纳税额与征税对象之间的比例,是计算税额的尺度,是税法结构中的核心部分。税率的设计直接反映着国家的有关经济政策,直接关系着国家的财政收入的多少和纳税人税收负担的高低,是税收制度的中心环节。我国现行的税率主要有:(1)比例税率,即不分征税对象的大小,只限定一个比例的税率,按照同一比例进行征收。我国的增值税、企业所得税等采用的是比例税率。(2)定额税率,即按单位征税对象直接规定固定的税额,而不是采取百分比的方式进行征税,所以又称固定税额,一般适用于从量计征的税种。目前采用定额税率的有城镇土地使用税、车船税等。(3)超额累进税率,即按征税对象数额的大小,划分若干等级,每一等级规定一个税率,税率依次提高,但每一纳税人的征税对象则依所属等级同时适用几个税率分别计算,将计算结果相加后得出应纳税额。目前采用这种税率的有个人所得税。(4)超率累进税率,即以征税对象数额的相对率划分若干级距,分别规定相应的差别税率,相对率每超过一个级距的,对超过的部分就按高一级的税率计算征收。目前采用这种税率的是土地增值税。

5. 纳税环节

纳税环节是指商品流转过程中应当缴纳税款的环节,即在对商品流转额的征税中应征几道税的问题。商品流转一般要经过生产、采购、批发、零售等若干环节,具体确定在哪个环节应当缴纳税款,则该环节为纳税环节。

6. 纳税期限

纳税期限是指负有纳税义务的纳税人向国家缴纳税款的期限。纳税期限可以分为两种:一是按期纳税,二是按次纳税。纳税人不按纳税期限缴纳税款的,应依法加收滞纳金并补缴税款。纳税期限是税收固定性特点在时间上的体现。

7. 纳税地点

纳税地点主要是指根据各个税种纳税对象的纳税环节和有利于对税款的源泉控制而规定的纳税人的具体申报缴纳税收的地点。

8. 减免税

减税是对应纳税额少征一部分税款;免税是对应纳税额全部免征,减免税可分为固定减免税、定期减免税和临时减免税三种。

9. 法律责任

法律责任是对有违反税法行为的纳税人采取的惩罚措施,包括加收滞纳金、处以罚款、追究刑事责任等。

第二节 流转税法律制度

商品(货物)和劳务税也称流转税,是以商品流转额和非商品(服务收入)流转额为征税对象的税。

流转税的征税对象是流转额,流转额既包括商品销售收入额,也包括各种劳务、服务的业务收入额。流转税税源大、范围广,在我国各种税收收入中占第一位。流转税这一税种包括增值税、消费税和关税等。

一、增值税

1. 概念

增值税是以商品生产流通和劳务服务各个环节的增值额为征税对象的一种流转税。增值是纳税人在生产经营活动中所创造的新增价值或商品的附加值,即纳税人在一定时期内销售产品或提供劳务所得收入超过其购进商品或进行劳务时间所支出的差额部分。

《中华人民共和国增值税暂行条例》于1993年12月13日中华人民共和国国务院令第134号公布,2008年11月5日国务院第34次常务会议修订通过;根据2016年2月6日《国务院关于修改部分行政法规的决定》第一次修订,根据2017年11月19日《国务院关于废止〈中华人民共和国营业税暂行条例〉和修改〈中华人民共和国增值税暂行条例〉的决定》第二次修订。

2. 纳税主体

增值税的纳税主体是在中华人民共和国境内销售货物或者加工、修理修配劳务(以下简称劳务),销售服务、无形资产、不动产以及进口货物的单位和个人。增值税的纳税人分为一般纳税人和小规模纳税人两种。

增值税小规模纳税人标准为年应征增值税销售额500万元及以下。年应税销售额是指纳税人在连续不超过12个月或4个季度的经营期内,累计应征增值税销售额,包括缴纳申报销售额、稽查查补销售额、纳税评估调整销售额。

年应纳税销售额超过上述标准的纳税人为一般纳税人。

3. 征税对象

增值税的征税对象是生产经营者销售货物、提供应税劳务和进口货物的增值额。

4. 征税范围

增值税的征税范围是指在中国境内销售货物或者劳务,销售服务、无形资产、不动产以及进口货物。具体征税范围包括:(1)销售货物,(2)销售劳务,(3)销售服务,(4)销售无形资产,(5)销售不动产,(6)进口货物,(7)视同销售货物,(8)混合销售,(9)兼营。

5. 税率

(1) 纳税人销售货物、劳务、有形动产租赁服务或者进口货物,除《增值税暂行条例》第2条第2项、第4项、第5项另有规定外,税率为13%。

(2) 纳税人销售交通运输、邮政、基础电信、建筑、不动产租赁服务，销售不动产，转让土地使用权，销售或者进口下列货物，税率为9%。

(3) 纳税人销售服务、无形资产，除《增值税暂行条例》第2条第1项、第2项、第5项另有规定外，税率为6%。

(4) 纳税人出口货物，税率为零；但是，国务院另有规定的除外。

(5) 境内单位和个人跨境销售国务院规定范围内的服务、无形资产，税率为零。

税率的调整，由国务院决定。纳税人兼营不同税率的项目，应当分别核算不同税率项目的销售额；未分别核算销售额的，从高适用税率。

此外，小规模纳税人以及一般纳税人选择简易办法计税的，征收率为3%，法律另有规定的除外。

6. 免征增值税的项目

下列项目免征增值税：(1) 农业生产者销售的自产农产品；(2) 避孕药品和用具；(3) 古旧图书；(4) 直接用于科学研究、科学试验和教学的进口仪器、设备；(5) 外国政府、国际组织无偿援助的进口物质和设备；(6) 由残疾人组织直接进口供残疾人专用的物品；(7) 销售的自己使用过的物品。

7. 纳税期限

增值税的纳税期限分别为1日、3日、5日、10日、15日、1个月或者1个季度。纳税人的具体纳税期限，由主管税务机关根据纳税人应纳税额的大小分别核定；不能按照固定期限纳税的，可以按次纳税。

纳税人以1个月或者1个季度为1个纳税期的，自期满之日起15日内申报纳税；以1日、3日、5日、10日或者15日为1个纳税期的，自期满之日起5日内预缴税款，于次月1日起15日内申报纳税并结清上月应纳税款。

纳税人进口货物，应当自海关填发海关进口增值税专用缴款书之日起15日内缴纳税款。

二、消费税

1. 概念

消费税是对特定的消费品和消费行为征收的一种流转税。《中华人民共和国消费税暂行条例》于1993年12月13日中华人民共和国国务院令第135号发布，2008年11月5日国务院第34次常务会议修订通过，自2009年1月1日起施行。

2. 纳税人

在中华人民共和国境内生产、委托加工和进口规定的消费品的单位和个人，是消费税的纳税人。

3. 消费税的征税范围

消费税共有15个税目，部分税目还划分了若干子目：

(1) 烟；(2) 酒；(3) 高档化妆品；(4) 贵重首饰及珠宝玉石；(5) 鞭炮、焰火；(6) 成品油；(7) 小汽车；(8) 摩托车；(9) 高尔夫球及球具；(10) 高档手表；(11) 游艇；(12) 木制一次性筷子；(13) 实木地板；(14) 电池；(15) 涂料。

4. 税率

消费税采用比例税率和定额税率两种形式，以适应不同应税消费品的实际情况。

5. 计税依据

现行消费税考虑不同应税消费品的价格变化情况和便于征纳等因素,分别采用从价计征、从量计征和复合计征的方法。

实行从价定率法征税的计税依据是:纳税人生产销售应税消费品向购买方收取的全部价款和价外费用,即纳税人的销售额。它与增值税的计税依据相同,都是包含消费税而不包含增值税的销售额。

实行从量定额法征税的计税依据是:纳税人生产销售应税消费品的实际销售数量。

复合计征办法是将从价定率和从量定额相结合来计征消费税。

6. 纳税期限

消费税的纳税期限分别为1日、3日、5日、10日、15日、1个月或者1个季度。纳税人的具体纳税期限,由主管税务机关根据纳税人应纳税额的大小分别核定;不能按照固定期限纳税的,可以按次纳税。

纳税人以1个月或者1个季度为1个纳税期的,自期满之日起15日内申报纳税;以1日、3日、5日、10日或者15日为1个纳税期的,自期满之日起5日内预缴税款,于次月1日起15日内申报纳税并结清上月应纳税款。

纳税人进口应税消费品,应当自海关填发海关进口消费税专用缴款书之日起15日内缴纳税款。

三、关税

1. 概念

关税是国家对进出国境(或关境)的货物和物品所征收的一种税。关税一般由设在边境、沿海口岸或国家指定的其他水、陆、空国际交往通道的海关来征收。关税是一种特殊的税种,它是维护国家主权和经济利益,执行国家对外经济政策的重要手段。关税可以分为进口关税和出口关税。

《中华人民共和国进出口关税条例》于2003年11月23日中华人民共和国国务院令第392号公布,根据2011年1月8日《国务院关于废止和修改部分行政法规的决定》第一次修订,根据2013年12月7日《国务院关于修改部分行政法规的决定》第二次修订,根据2016年2月6日《国务院关于修改部分行政法规的决定》第三次修订,根据2017年3月1日《国务院关于修改和废止部分行政法规的决定》第四次修订。

2. 征税对象

关税的征税对象是进出国境或关境的货物和物品。凡国家准许进出口的货物、进境物品,除法律、行政法规另有规定外,均由海关征收进出口关税。其中,货物是指国与国之间贸易性商品物资,物品则是指个人邮寄或携带出入境的商品,以及以其他方式出入境的个人自用物品。

3. 纳税人

进口货物的收货人、出口货物的发货人、进境物品的所有人,是关税的纳税义务人。

4. 税率

进出口货物的税率分为进口税率和出口税率,按国务院制定的《中华人民共和国进出口税则》和《中华人民共和国进境物品进口税税率表》执行。

5. 关税的减免

下列进出口货物,免征关税:
(1) 关税税额在人民币50元以下的一票货物;
(2) 无商业价值的广告品和货样;
(3) 外国政府、国际组织无偿赠送的物资;
(4) 在海关放行前损失的货物;
(5) 进出境运输工具装载的途中必需的燃料、物料和饮食用品。

在海关放行前遭受损坏的货物,可以根据海关认定的受损程度减征关税。

法律规定的其他免征或者减征关税的货物,海关根据规定予以免征或者减征。

特定地区、特定企业或者有特定用途的进出口货物减征或者免征关税,以及临时减征或者免征关税,按照国务院的有关规定执行。

第三节 所得税法律制度

所得税即收益税,是对企业和个人因为从事经营、劳动和投资所取得的各种收益为征税对象的税。所得税的特征是按纳税人的负担能力确定税收负担,即纳税人有所得才有纳税义务,并且它是直接税,税负不能转嫁。所得税一般采用按年所得额征税、分期缴纳、年终汇算清缴。

一、企业所得税

1. 概念

企业所得税是指就企业生产、经营的纯受益、所得额和其他所得所征收的一种税。《中华人民共和国企业所得税法》于2007年3月16日第十届全国人民代表大会第五次会议通过,根据2017年2月24日全国人民代表大会常务委员会《关于修改〈中华人民共和国企业所得税法〉的决定》修正。

2. 纳税主体

在中华人民共和国境内,企业和其他取得收入的组织(以下统称企业)为企业所得税的纳税人。个人独资企业、合伙企业除外。

企业分为居民企业和非居民企业。居民企业,是指依法在中国境内成立,或者依照外国(地区)法律成立但实际管理机构在中国境内的企业。非居民企业,是指依照外国(地区)法律成立且实际管理机构不在中国境内,但在中国境内设立机构、场所的,或者在中国境内未设立机构、场所,但有来源于中国境内所得的企业。

3. 征税对象

居民企业应当就其来源于中国境内、境外的所得缴纳企业所得税。

非居民企业在中国境内设立机构、场所的,应当就其所设机构、场所取得的来源于中国境内的所得,以及发生在中国境外但与其所设机构、场所有实际联系的所得,缴纳企业所得税。

非居民企业在中国境内未设立机构、场所的,或者虽设立机构、场所但取得的所得与其所设机构、场所没有实际联系的,应当就其来源于中国境内的所得缴纳企业所得税。

4. 应纳税所得额

企业每一纳税年度的收入总额,减除不征税收入、免税收入、各项扣除以及允许弥补的以前年度亏损后的余额,为应纳税所得额。

企业以货币形式和非货币形式从各种来源取得的收入,为收入总额。包括:(1)销售货物收入;(2)提供劳务收入;(3)转让财产收入;(4)股息、红利等权益性投资收益;(5)利息收入;(6)租金收入;(7)特许权使用费收入;(8)接受捐赠收入;(9)其他收入。

收入总额中的下列收入为不征税收入:(1)财政拨款;(2)依法收取并纳入财政管理的行政事业性收费、政府性基金;(3)国务院规定的其他不征税收入。

企业实际发生的与取得收入有关的、合理的支出,包括成本、费用、税金、损失和其他支出,准予在计算应纳税所得额时扣除。企业发生的公益性捐赠支出,在年度利润总额12%以内的部分,准予在计算应纳税所得额时扣除。

在计算应纳税所得额时,下列项目不得扣除:(1)向投资者支付的股息、红利等权益性投资收益款项;(2)企业所得税税款;(3)税收滞纳金;(4)罚金、罚款和被没收财物的损失;(5)《企业所得税法》第9条规定以外的捐赠支出;(6)赞助支出;(7)未经核定的准备金支出;(8)与取得收入无关的其他支出。

5. 税率

企业所得税采用比例税率,税率为25%。

非居民企业取得《企业所得税法》第3条第3款规定的所得,适用税率为20%。

6. 应纳税额

应纳税额＝应纳税所得额×适用税率

7. 税收优惠

国家对重点扶持和鼓励发展的产业和项目,给予企业所得税优惠。

企业的下列收入为免税收入:(1)国债利息收入;(2)符合条件的居民企业之间的股息、红利等权益性投资收益;(3)在中国境内设立机构、场所的非居民企业从居民企业取得与该机构、场所有实际联系的股息、红利等权益性投资收益;(4)符合条件的非营利组织的收入。

企业的下列所得,可以免征、减征企业所得税:(1)从事农、林、牧、渔业项目的所得;(2)从事国家重点扶持的公共基础设施项目投资经营的所得;(3)从事符合条件的环境保护、节能节水项目的所得;(4)符合条件的技术转让所得;(5)《企业所得税法》第3条第3款规定的所得。

符合条件的小型微利企业,减按20%的税率征收企业所得税。

国家需要重点扶持的高新技术企业,减按15%的税率征收企业所得税。

8. 税收抵免

企业取得的下列所得已在境外缴纳的所得税税额,可以从其当期应纳税额中抵免,抵免限额为该项所得依照《企业所得税法》规定计算的应纳税额;超过抵免限额的部分,可以在以后5个年度内,用每年度抵免限额抵免当年应抵税额后的余额进行抵补:(1)居民企业来源于中国境外的应税所得;(2)非居民企业在中国境内设立机构、场所,取得发生在中国境外但与该机构、场所有实际联系的应税所得。

居民企业从其直接或者间接控制的外国企业分得的来源于中国境外的股息、红利等权益性投资收益,外国企业在境外实际缴纳的所得税税额中属于该项所得负担的部分,可以作为该居民企业的可抵免境外所得税税额,在法律规定的抵免限额内抵免。

二、个人所得税

1. 概念

个人所得税是以个人(自然人)取得的各项应税所得征收的一种税。

《中华人民共和国个人所得税法》(以下简称《个人所得税法》)于 1980 年 9 月 10 日第五届全国人民代表大会第三次会议通过,根据 1993 年 10 月 31 日第八届全国人民代表大会常务委员会第四次会议《关于修改〈中华人民共和国个人所得税法〉的决定》第一次修正,根据 1999 年 8 月 30 日第九届全国人民代表大会常务委员会第十一次会议《关于修改〈中华人民共和国个人所得税法〉的决定》第二次修正,根据 2005 年 10 月 27 日第十届全国人民代表大会常务委员会第十八次会议《关于修改〈中华人民共和国个人所得税法〉的决定》第三次修正,根据 2007 年 6 月 29 日第十届全国人民代表大会常务委员会第二十八次会议《关于修改〈中华人民共和国个人所得税法〉的决定》第四次修正,根据 2007 年 12 月 29 日第十届全国人民代表大会常务委员会第三十一次会议《关于修改〈中华人民共和国个人所得税法〉的决定》第五次修正,根据 2011 年 6 月 30 日第十一届全国人民代表大会常务委员会第二十一次会议《关于修改〈中华人民共和国个人所得税法〉的决定》第六次修正,根据 2018 年 8 月 31 日第十三届全国人民代表大会常务委员会第五次会议《关于修改〈中华人民共和国个人所得税法〉的决定》第七次修正。

2. 纳税人

在中国境内有住所,或者无住所而一个纳税年度内在中国境内居住累计满 183 天的个人,为居民个人。居民个人从中国境内和境外取得的所得,依照《个人所得税法》规定缴纳个人所得税。在中国境内无住所又不居住,或者无住所而一个纳税年度内在中国境内居住累计不满 183 天的个人,为非居民个人。非居民个人从中国境内取得的所得,依照《个人所得税法》规定缴纳个人所得税。

个人所得税以所得人为纳税人,以支付所得的单位或者个人为扣缴义务人。

纳税年度,自公历 1 月 1 日起至 12 月 31 日止。

3. 征税对象

个人所得税的征税对象是个人取得的应税所得。《个人所得税法》规定的各项个人所得的范围如下:

(1) 工资、薪金所得,是指个人因任职或者受雇取得的工资、薪金、奖金、年终加薪、劳动分红、津贴、补贴以及与任职或者受雇有关的其他所得。

(2) 劳务报酬所得,是指个人从事劳务取得的所得,包括从事设计、装潢、安装、制图、化验、测试、医疗、法律、会计、咨询、讲学、翻译、审稿、书画、雕刻、影视、录音、录像、演出、表演、广告、展览、技术服务、介绍服务、经纪服务、代办服务以及其他劳务取得的所得。

(3) 稿酬所得,是指个人因其作品以图书、报刊等形式出版、发表而取得的所得。

(4) 特许权使用费所得,是指个人提供专利权、商标权、著作权、非专利技术以及其他特许权的使用权取得的所得;提供著作权的使用权取得的所得,不包括稿酬所得。

(5) 经营所得,是指:

① 个体工商户从事生产、经营活动取得的所得,个人独资企业投资人、合伙企业的个人合伙人来源于境内注册的个人独资企业、合伙企业生产、经营的所得;

② 个人依法从事办学、医疗、咨询以及其他有偿服务活动取得的所得;

③ 个人对企业、事业单位承包经营、承租经营以及转包、转租取得的所得；

④ 个人从事其他生产、经营活动取得的所得。

(6) 利息、股息、红利所得，是指个人拥有债权、股权等而取得的利息、股息、红利所得。

(7) 财产租赁所得，是指个人出租不动产、机器设备、车船以及其他财产取得的所得。

(8) 财产转让所得，是指个人转让有价证券、股权、合伙企业中的财产份额、不动产、机器设备、车船以及其他财产取得的所得。

(9) 偶然所得，是指个人得奖、中奖、中彩以及其他偶然性质的所得。

个人取得的所得，难以界定应纳税所得项目的，由国务院税务主管部门确定。

居民个人取得前款第一项至第四项所得（以下称综合所得），按纳税年度合并计算个人所得税；非居民个人取得前款第一项至第四项所得，按月或者按次分项计算个人所得税。纳税人取得前款第五项至第九项所得，依照《个人所得税法》规定分别计算个人所得税。

4. 个人所得税的税率

(1) 综合所得，适用 3% 至 45% 的超额累进税率

个人所得税税率表一（综合所得适用）

级　数	全年应纳税所得额	税率(%)
1	不超过 36 000 元的	3
2	超过 36 000 元至 144 000 元部分	10
3	超过 144 000 元至 300 000 元部分	20
4	超过 300 000 元至 420 000 元部分	25
5	超过 420 000 元至 660 000 元部分	30
6	超过 660 000 元至 960 000 元部分	35
7	超过 960 000 元的部分	45

（注1：本表所称全年应纳税所得额是指依照《个人所得税法》第6条的规定，居民个人取得综合所得以每一纳税年度收入额减除费用6万元以及专项扣除、专项附加扣除和依法确定的其他扣除后的余额。

注2：非居民个人取得工资、薪金所得，劳务报酬所得，稿酬所得和特许权使用费所得，依照本表按月换算后计算应纳税额。）

(2) 经营所得，适用 5% 至 35% 的超额累进税率

个人所得税税率表二（经营所得适用）

级　数	全年应纳税所得额	税率(%)
1	不超过 30 000 元的	5
2	超过 30 000 元至 90 000 元部分	10
3	超过 90 000 元至 300 000 元部分	20

续　表

级　数	全年应纳税所得额	税率(%)
4	超过 300 000 元至 500 000 元部分	30
5	超过 500 000 元的部分	35

（注：本表所称全年应纳税所得额是指依照《个人所得税法》第 6 条的规定,以每一纳税年度的收入总额减除成本、费用以及损失后的余额。）

（3）利息、股息、红利所得,财产租赁所得,财产转让所得和偶然所得,适用比例税率,税率为 20%。

5.个人所得税的免纳

下列各项个人所得,免征个人所得税：

（1）省级人民政府、国务院部委和中国人民解放军军以上单位,以及外国组织、国际组织颁发的科学、教育、技术、文化、卫生、体育、环境保护等方面的奖金；

（2）国债和国家发行的金融债券利息；

（3）按照国家统一规定发给的补贴、津贴；

（4）福利费、抚恤金、救济金；

（5）保险赔款；

（6）军人的转业费、复员费、退役金；

（7）按照国家统一规定发给干部、职工的安家费、退职费、基本养老金或者退休费、离休费、离休生活补助费；

（8）依照有关法律规定应予免税的各国驻华使馆、领事馆的外交代表、领事官员和其他人员的所得；

（9）中国政府参加的国际公约、签订的协议中规定免税的所得；

（10）国务院规定的其他免税所得。

6.个人所得税的减征

有下列情形之一的,可以减征个人所得税,具体幅度和期限,由省、自治区、直辖市人民政府规定,并报同级人民代表大会常务委员会备案：

（1）残疾、孤老人员和烈属的所得；

（2）因自然灾害遭受重大损失的。

国务院可以规定其他减税情形,报全国人民代表大会常务委员会备案。

7.应纳税额的计算

（1）居民个人的综合所得,以每一纳税年度的收入额减除费用 6 万元以及专项扣除、专项附加扣除和依法确定的其他扣除后的余额,为应纳税所得额。

专项扣除,包括居民个人按照国家规定的范围和标准缴纳的基本养老保险、基本医疗保险、失业保险等社会保险费和住房公积金等。

专项附加扣除,是指个人所得税法规定的子女教育、继续教育、大病医疗、住房贷款利息或者住房租金、赡养老人、3 岁以下婴幼儿照护等 7 项专项附加扣除。根据《个人所得税专项附加扣除暂行办法》的规定,扣除标准如下：

① 纳税人的子女接受全日制学历教育的相关支出,按照每个子女每月1 000元的标准定额扣除。

② 纳税人在中国境内接受学历(学位)继续教育的支出,在学历(学位)教育期间按照每月400元定额扣除。同一学历(学位)继续教育的扣除期限不能超过48个月。纳税人接受技能人员职业资格继续教育、专业技术人员职业资格继续教育的支出,在取得相关证书的当年,按照3 600元定额扣除。

③ 在一个纳税年度内,纳税人发生的与基本医保相关的医药费用支出,扣除医保报销后个人负担(指医保目录范围内的自付部分)累计超过15 000元的部分,由纳税人在办理年度汇算清缴时,在80 000元限额内据实扣除。

④ 纳税人本人或者配偶单独或者共同使用商业银行或者住房公积金个人住房贷款为本人或者其配偶购买中国境内住房,发生的首套住房贷款利息支出,在实际发生贷款利息的年度,按照每月1 000元的标准定额扣除,扣除期限最长不超过240个月。纳税人只能享受一次首套住房贷款的利息扣除。

⑤ 纳税人在主要工作城市没有自有住房而发生的住房租金支出,可以按照以下标准定额扣除:直辖市、省会(首府)城市、计划单列市以及国务院确定的其他城市,扣除标准为每月1 500元;除第一项所列城市以外,市辖区户籍人口超过100万的城市,扣除标准为每月1 100元;市辖区户籍人口不超过100万的城市,扣除标准为每月800元。

⑥ 纳税人赡养一位及以上被赡养人的赡养支出,统一按照以下标准定额扣除:纳税人为独生子女的,按照每月2 000元的标准定额扣除;纳税人为非独生子女的,由其与兄弟姐妹分摊每月2 000元的扣除额度,每人分摊的额度不能超过每月1 000元。

⑦ 纳税人照护3岁以下婴幼儿子女的相关支出,按照每个婴幼儿每月1 000元的标准定额扣除。父母可以选择由其中一方按扣除标准的100%扣除,也可以选择由双方分别按扣除标准的50%扣除,具体扣除方式在一个纳税年度内不能变更。

具体计算公式为:

应纳税额=Σ(每一级数的应纳税所得额×对应级数的适用税率)
=Σ[每一级数(全年收入额−60 000元−专项扣除−专项附加扣除
−依法确定的其他扣除)×对应级数的适用税率]

运用速算扣除计算法,可简化为:

应纳税额=应纳税所得额×适用税率−速算扣除数
=(全年收入额−60 000元−专项扣除−专项附加扣除
−依法确定的其他扣除)×适用税率−速算扣除数

综合所得个人所得税税率表一(含速算扣除数)

级 数	全年应纳税所得额	税率(%)	速算扣除数
1	不超过36 000元的	3	0
2	超过36 000元至144 000元部分	10	2 520

续 表

级 数	全年应纳税所得额	税率(%)	速算扣除数
3	超过 144 000 元至 300 000 元部分	20	16 920
4	超过 300 000 元至 420 000 元部分	25	31 920
5	超过 420 000 元至 660 000 元部分	30	52 920
6	超过 660 000 元至 960 000 元部分	35	85 920
7	超过 960 000 元的部分	45	181 920

（2）非居民个人的工资、薪金所得，以每月收入额减除费用5 000元后的余额为应纳税所得额；劳务报酬所得、稿酬所得、特许权使用费所得，以每次收入额为应纳税所得额。

（3）经营所得，以每一纳税年度的收入总额减除成本、费用以及损失后的余额，为应纳税所得额。

应纳税额＝应纳税所得额×适用税率－速算扣除数

经营所得个人所得税税率表二(含速算扣除数)

级 数	全年应纳税所得额	税率(%)	速算扣除数
1	不超过 30 000 元的	5	0
2	超过 30 000 元至 90 000 元部分	10	1 500
3	超过 90 000 元至 300 000 元部分	20	10 500
4	超过 300 000 元至 500 000 元部分	30	40 500
5	超过 500 000 元的部分	35	65 500

（4）财产租赁所得，每次收入不超过4 000元的，减除费用800元；4 000元以上的，减除20%的费用，其余额为应纳税所得额。

每次不足4 000元的，

应纳税额＝应纳税所得额×适用税率

＝[每次收入额－准予扣除项目－修缮费用(800元为限)－800元]×20%

每次超过4 000元的，

应纳税额＝应纳税所得额×适用税率

＝[每次收入额－准予扣除项目－修缮费用(800元为限)]×(1－20%)×20%

（5）财产转让所得，以转让财产的收入额减除财产原值和合理费用后的余额，为应纳税所得额。

应纳税额＝应纳税所得额×适用税率＝(收入总额－财产原值－合理费用)×20%

(6) 利息、股息、红利所得和偶然所得,以每次收入额为应纳税所得额。

$$应纳税额＝应纳税所得额×适用税率＝每次收入额×20\%$$

(7) 劳务报酬所得、稿酬所得、特许权使用费所得以收入减除20%的费用后的余额为收入额。稿酬所得的收入额减按70%计算。

个人将其所得对教育、扶贫、济困等公益慈善事业进行捐赠,捐赠额未超过纳税人申报的应纳税所得额30%的部分,可以从其应纳税所得额中扣除;国务院规定对公益慈善事业捐赠实行全额税前扣除的,从其规定。

8. 个人所得税的征收管理

居民个人取得综合所得,按年计算个人所得税;有扣缴义务人的,由扣缴义务人按月或者按次预扣预缴税款;需要办理汇算清缴的,应当在取得所得的次年3月1日至6月30日内办理汇算清缴。预扣预缴办法由国务院税务主管部门制定。纳税人取得经营所得,按年计算个人所得税,由纳税人在月度或者季度终了后15日内向税务机关报送纳税申报表,并预缴税款;在取得所得的次年3月31日前办理汇算清缴。

纳税人取得利息、股息、红利所得,财产租赁所得,财产转让所得和偶然所得,按月或者按次计算个人所得税,有扣缴义务人的,由扣缴义务人按月或者按次代扣代缴税款。

纳税人取得应税所得没有扣缴义务人的,应当在取得所得的次月15日内向税务机关报送纳税申报表,并缴纳税款。

纳税人取得应税所得,扣缴义务人未扣缴税款的,纳税人应当在取得所得的次年6月30日前,缴纳税款;税务机关通知限期缴纳的,纳税人应当按照期限缴纳税款。

居民个人从中国境外取得所得的,应当在取得所得的次年3月1日至6月30日内申报纳税。

非居民个人在中国境内从两处以上取得工资、薪金所得的,应当在取得所得的次月15日内申报纳税。

第四节 其他税收法律制度

一、房产税

房产税是以房屋为征税对象,按房屋的计税余值或租金收入为计税依据,向产权所有人征收的一种财产税。现行房产税法的基本规范还是1986年国务院颁布的《中华人民共和国房产税暂行条例》,征收房产税有利于地方政府筹集财政收入,也有利于加强房产管理。

1. 纳税义务人

房产税以在征税范围内的房屋产权所有人为纳税人。产权属于国家所有的,由经营管理的单位缴纳;产权属于集体和个人所有的,由集体单位和个人缴纳。产权出典的,由承典人缴纳。产权所有人、承典人不在房产所在地的,或者产权未确定及租典纠纷未解决的,由房产代管人或者使用人缴纳。

2. 征税对象

房产税以房产为征税对象。房产税在城市、县城、建制镇和工矿区征收。

房产税的征税范围不包括农村。

3. 税率

我国现行房产税采用的是比例税率。房产税依照房产原值一次减除10%至30%后的余值计算缴纳。具体减除幅度，由省、自治区、直辖市人民政府规定。没有房产原值作为依据的，由房产所在地税务机关参考同类房产核定。房产出租的，以房产租金收入为房产税的计税依据。房产税的税率，依照房产余值计算缴纳的，税率为1.2%；依照房产租金收入计算缴纳的，税率为12%。

4. 计税依据

房产税的计税依据是房产的计税余值或房产的租金收入。

5. 减免税

下列房产免纳房产税：国家机关、人民团体、军队自用的房产；由国家财政部门拨付事业经费的单位自用的房产；宗教寺庙、公园、名胜古迹自用的房产；个人所有非营业用的房产；非营利性医疗机构、疾病控制机构和妇幼保健机构等卫生机构自用的房产；按政府规定价格出租的公有住房和廉租住房；经财政部批准免税的其他房产。除上述规定者外，纳税人纳税确有困难的，可由省、自治区、直辖市人民政府确定，定期减征或者免征房产税。

二、契税

契税是指国家在土地、房屋的权属发生转移时，按当事人所订契约以及所确定价格的一定比例向权属承受人征收的一种财产税。2020年8月11日第十三届全国人民代表大会常务委员会第二十一次会议通过了《中华人民共和国契税法》(以下简称《契税法》)，自2021年9月1日起施行。

1. 纳税义务人

在中华人民共和国境内转移土地、房屋权属，承受的单位和个人为契税的纳税人，应当依照规定缴纳契税。

2. 征税对象

契税的征税对象是我国境内所转移的土地和房屋权属。转移土地、房屋权属，是指下列行为：(1) 土地使用权出让；(2) 土地使用权转让，包括出售、赠与、互换；(3) 房屋买卖、赠与、互换。

土地使用权转让，不包括土地承包经营权和土地经营权的转移。以作价投资(入股)、偿还债务、划转、奖励等方式转移土地、房屋权属的，应当依法征收契税。

3. 税率

契税税率为3%至5%。契税的具体适用税率，由省、自治区、直辖市人民政府在前述规定的税率幅度内提出，报同级人民代表大会常务委员会决定，并报全国人民代表大会常务委员会和国务院备案。省、自治区、直辖市可以对不同主体、不同地区、不同类型的住房的权属转移确定差别税率。

4. 计税依据

契税的计税依据：(1) 土地使用权出让、出售，房屋买卖，为土地、房屋权属转移合同确定的成交价格，包括应交付的货币以及实物、其他经济利益对应的价款；(2) 土地使用权互换、房屋互换，为所互换的土地使用权、房屋价格的差额；(3) 土地使用权赠与、房屋赠与以及其他没有价格的转移土地、房屋权属行为,为税务机关参照土地使用权出售、房屋买卖的市场价格依法核定的价格。

纳税人申报的成交价格、互换价格差额明显偏低且无正当理由的,由税务机关依照《中华人民共和国税收征收管理法》的规定核定。

5. 减免税

有下列情形之一的,免征契税:(1)国家机关、事业单位、社会团体、军事单位承受土地、房屋权属用于办公、教学、医疗、科研、军事设施;(2)非营利性的学校、医疗机构、社会福利机构承受土地、房屋权属用于办公、教学、医疗、科研、养老、救助;(3)承受荒山、荒地、荒滩土地使用权用于农、林、牧、渔业生产;(4)婚姻关系存续期间夫妻之间变更土地、房屋权属;(5)法定继承人通过继承承受土地、房屋权属;(6)依照法律规定应当予以免税的外国驻华使馆、领事馆和国际组织驻华代表机构承受土地、房屋权属。

根据国民经济和社会发展的需要,国务院对居民住房需求保障、企业改制重组、灾后重建等情形可以规定免征或者减征契税,报全国人民代表大会常务委员会备案。

省、自治区、直辖市可以决定对下列情形免征或者减征契税:(1)因土地、房屋被县级以上人民政府征收、征用,重新承受土地、房屋权属;(2)因不可抗力灭失住房,重新承受住房权属。具体办法,由省、自治区、直辖市人民政府提出,报同级人民代表大会常务委员会决定,并报全国人民代表大会常务委员会和国务院备案。

三、印花税

印花税是对经济活动和经济交往中书立、领受的应税经济凭证所征收的一种税,因购买并张贴印花税票的形式缴纳税款而得名。2021年6月10日第十三届全国人民代表大会常务委员会第二十九次会议通过了《中华人民共和国印花税法》(以下简称《印花税法》),自2022年7月1日起施行。

1. 纳税义务人

在中华人民共和国境内书立应税凭证、进行证券交易的单位和个人,为印花税的纳税人。

在中华人民共和国境外书立在境内使用的应税凭证的单位和个人,应当依照《印花税法》的规定缴纳印花税。

2. 征税对象

印花税的征税对象包括应税凭证和证券交易。应税凭证,是指《印花税税目税率表》列明的合同、产权转移书据和营业账簿。证券交易,是指转让在依法设立的证券交易所、国务院批准的其他全国性证券交易场所交易的股票和以股票为基础的存托凭证。证券交易印花税对证券交易的出让方征收,不对受让方征收。

3. 税率

印花税采用比例税率。

4. 计税依据

根据《印花税法》的规定,印花税的计税依据如下:(1)应税合同的计税依据,为合同所列的金额,不包括列明的增值税税款;(2)应税产权转移书据的计税依据,为产权转移书据所列的金额,不包括列明的增值税税款;应税合同、产权转移书据未列明金额的,印花税的计税依据按照实际结算的金额确定;(3)应税营业账簿的计税依据,为账簿记载的实收资本

(股本)、资本公积合计金额;(4)证券交易的计税依据,为成交金额。证券交易无转让价格的,按照办理过户登记手续时该证券前一个交易日收盘价计算确定计税依据;无收盘价的,按照证券面值计算确定计税依据。

计税依据按照上述规定仍不能确定的,按照书立合同、产权转移书据时的市场价格确定;依法应当执行政府定价或者政府指导价的,按照国家有关规定确定。

5. 应纳税额

印花税的应纳税额按照计税依据乘以适用税率计算。

$$应纳税额 = 计税依据 \times 适用税率。$$

6. 减免税

根据《印花税法》的规定,下列凭证免征印花税:(1)应税凭证的副本或者抄本;(2)依照法律规定应当予以免税的外国驻华使馆、领事馆和国际组织驻华代表机构为获得馆舍书立的应税凭证;(3)中国人民解放军、中国人民武装警察部队书立的应税凭证;(4)农民、家庭农场、农民专业合作社、农村集体经济组织、村民委员会购买农业生产资料或者销售农产品书立的买卖合同和农业保险合同;(5)无息或者贴息借款合同、国际金融组织向中国提供优惠贷款书立的借款合同;(6)财产所有权人将财产赠与政府、学校、社会福利机构、慈善组织书立的产权转移书据;(7)非营利性医疗卫生机构采购药品或者卫生材料书立的买卖合同;(8)个人与电子商务经营者订立的电子订单。

四、资源税

资源税是对在我国领域和我国管辖的其他海域开发应税资源的单位和个人征收的一种税。2019年8月26日第十三届全国人民代表大会常务委员会第十二次会议通过了《中华人民共和国资源税法》(以下简称《资源税法》,自2020年9月1日起施行。

1. 纳税义务人

在中华人民共和国领域和中华人民共和国管辖的其他海域开发应税资源的单位和个人,为资源税的纳税人。

2. 征税对象

资源税的应税资源的具体范围包括能源矿产、金属矿产、非金属矿产、水气矿产、盐等五大类,5个税目下面又设若干个子目。我国《资源税法》所列的税目有164个,涵盖了所有已经发现的矿种和盐。

3. 减免税

有下列情形之一的,免征资源税:(1)开采原油以及在油田范围内运输原油过程中用于加热的原油、天然气;(2)煤炭开采企业因安全生产需要抽采的煤成(层)气。

有下列情形之一的,减征资源税:(1)从低丰度油气田开采的原油、天然气,减征20%资源税;(2)高含硫天然气、三次采油和从深水油气田开采的原油、天然气,减征30%资源税;(3)稠油、高凝油减征40%资源税;(4)从衰竭期矿山开采的矿产品,减征30%资源税。

根据国民经济和社会发展需要,国务院对有利于促进资源节约集约利用、保护环境等情形可以规定免征或者减征资源税,报全国人民代表大会常务委员会备案。

第五节 税收征收管理法律制度

税务征收管理制度是税收机关对纳税人依法纳税和进行税务监督管理的总称。税收征收管理法是有关税收征收管理的法律规范的总称。

《中华人民共和国税收征收管理法》(以下简称《税收征收管理法》)于 1992 年 9 月 4 日第七届全国人民代表大会常务委员会第二十七次会议通过,根据 1995 年 2 月 28 日第八届全国人民代表大会常务委员会第十二次会议《关于修改〈中华人民共和国税收征收管理法〉的决定》第一次修正;2001 年 4 月 28 日第九届全国人民代表大会常务委员会第二十一次会议修订,2013 年 6 月 29 日第十二届全国人民代表大会常务委员会第三次会议第二次修正,2015 年 4 月 24 日第十二届全国人民代表大会常务委员会第十四次会议第三次修正。

一、税收征收管理概述

1.《税收征收管理法》的适用范围

凡依法由税务机关征收的各种税收的征收管理,均适用《税收征收管理法》。

我国税收的征收机关有税务部门和海关,税务机关征收各种工商税收,海关征收关税。我国的《税收征收管理法》只适用于由税务机关征收的各种税收的征收管理。就现行有效税种而言,增值税、消费税、企业所得税、个人所得税、资源税、城镇土地使用税、土地增值税、车船税、车辆购置税、房产税、印花税、城市维护建设税、环境保护税等税种的征收管理,适用《税收征收管理法》。

2.《税收征收管理法》的遵守主体

(1) 税务行政主体——税务机关

《税收征收管理法》规定,国务院税务主管部门主管全国税收征收管理工作。各地国家税务局和地方税务局应当按照国务院规定的税收征收管理范围分别进行征收管理。

税务机关是指各级税务局、税务分局、税务所和按照国务院规定设立的并向社会公告的税务机构。按照国务院规定设立的并向社会公告的税务机构,是指省以下税务局的稽查局。稽查局专司偷税、逃避追缴欠税、骗税、抗税案件的查处。

(2) 税务行政管理相对人——纳税人、扣缴义务人

法律、行政法规规定负有纳税义务的单位和个人为纳税人。法律、行政法规规定负有代扣代缴、代收代缴税款义务的单位和个人为扣缴义务人。

纳税人、扣缴义务人必须依照法律、行政法规的规定缴纳税款、代扣代缴、代收代缴税款。纳税人、扣缴义务人和其他有关单位应当按照国家有关规定如实向税务机关提供与纳税和代扣代缴、代收代缴税款有关的信息。

(3) 有关单位和部门

《税收征收管理法》规定,地方各级人民政府应当依法加强对本行政区域内税收征收管理工作的领导或者协调,支持税务机关依法执行职务,依照法定税率计算税额,依法征收税款。各有关部门和单位应当支持、协助税务机关依法执行职务。

二、税务管理

1. 税务登记

税务登记是税务机关对纳税人的生产经营活动进行登记,并据此对纳税人实施税务管理的一种法定制度。税务登记是税务机关对纳税人实施税收管理的首要环节和基础工作,是征纳双方法律关系成立的依据和证明,也是纳税人必须依法履行的义务。

根据《税收征收管理法》的规定,企业,企业在外地设立的分支机构和从事生产、经营的场所,个体工商户和从事生产、经营的事业单位(以下统称从事生产、经营的纳税人)自领取营业执照之日起 30 日内,持有关证件,向税务机关申报办理税务登记。税务机关应当于收到申报的当日办理登记并发给税务登记证件。从事生产、经营的纳税人,税务登记内容发生变化的,自工商行政管理机关办理变更登记之日起 30 日内或者在向工商行政管理机关申请办理注销登记之前,持有关证件向税务机关申报办理变更或者注销税务登记。

国家税务局、地方税务局对同一纳税人的税务登记应当采用同一代码,信息共享。

2. 账簿、凭证管理

账簿是纳税人、扣缴义务人连续地记录其各种经济业务的账册或簿籍。凭证是纳税人用来记录经济业务,明确经济责任,并据以登记账簿的书面证明。账簿、凭证管理是继税务登记之后税收征管的又一重要环节,在税收征管中占有十分重要的地位。

《税收征收管理法》规定,纳税人、扣缴义务人按照有关法律、行政法规和国务院财政、税务主管部门的规定设置账簿,根据合法、有效凭证记账,进行核算。从事生产、经营的纳税人应当自领取营业执照或者发生纳税义务之日起 15 日内,按照国家有关规定设置账簿。账簿包括总账、明细账、日记账以及其他辅助性账簿。总账、日记账应当采用订本式。

从事生产、经营的纳税人应当自领取税务登记证件之日起 15 日内,将其财务、会计制度或者财务、会计处理办法报送主管税务机关备案。纳税人使用计算机记账的,应当在使用前将会计电算化系统的会计核算软件、使用说明书及有关资料报送主管税务机关备案。

从事生产、经营的纳税人、扣缴义务人必须按照国务院财政、税务主管部门规定的保管期限保管账簿、记账凭证、完税凭证及其他有关资料。根据《〈税收征收管理法〉实施细则》的规定,账簿、记账凭证、报表、完税凭证、发票、出口凭证以及其他有关涉税资料应当保存 10 年;但是,法律、行政法规另有规定的除外。

税务机关是发票的主管机关,负责发票印制、领购、开具、取得、保管、缴销的管理和监督。单位、个人在购销商品、提供或者接受经营服务以及从事其他经营活动中,应当按照规定开具、使用、取得发票。增值税专用发票由国务院税务主管部门指定的企业印制;其他发票,按照国务院税务主管部门的规定,分别由省、自治区、直辖市国家税务局、地方税务局指定企业印制。国家根据税收征收管理的需要,积极推广使用税控装置。纳税人应当按照规定安装、使用税控装置,不得损毁或者擅自改动税控装置。

账簿、记账凭证、完税凭证及其他有关资料不得伪造、变造或者擅自损毁。

3. 纳税申报

纳税申报是纳税人按照税法规定的期限和内容,向税务机关提交有关纳税事项书面报告的法律行为。

纳税人必须依照法律、行政法规规定或者税务机关依照法律、行政法规的规定确定的申报期限、申报内容如实办理纳税申报,报送纳税申报表、财务会计报表以及税务机关根据实际需要要求纳税人报送的其他纳税资料。扣缴义务人必须依照法律、行政法规规定或者税务机关依照法律、行政法规的规定确定的申报期限、申报内容如实报送代扣代缴、代收代缴税款报告表以及税务机关根据实际需要要求扣缴义务人报送的其他有关资料。

纳税人、扣缴义务人可以直接到税务机关办理纳税申报或者报送代扣代缴、代收代缴税款报告表,也可以按照规定采取邮寄、数据电文或者其他方式办理上述申报、报送事项。

纳税人、扣缴义务人不能按期办理纳税申报或者报送代扣代缴、代收代缴税款报告表的,经税务机关核准,可以延期申报。经核准延期办理申报、报送事项的,应当在纳税期内按照上期实际缴纳的税额或者税务机关核定的税额预缴税款,并在核准的延期内办理税款结算。

三、税款征收

税款征收是税务机关依照税收法律法规的规定,将纳税人依法应当缴纳的税款组织入库的一系列活动的总称,它是税收征收管理工作的中心环节,是全部税收征管工作的目的和归宿。

1. 税款征收的方式

税款征收方式是指税务机关根据各税种的不同特点和纳税人的具体情况而确定的计算征收税款的形式和方法,包括确定征收方式和缴纳方式。主要有查账征收、查定征收、查验征收、定期定额征收等几种形式。

2. 应纳税额的确定

《税收征收管理法》规定,纳税人有下列情形之一的,税务机关有权核定其应纳税额:(1)依照法律、行政法规的规定可以不设置账簿的;(2)依照法律、行政法规的规定应当设置账簿但未设置的;(3)擅自销毁账簿或者拒不提供纳税资料的;(4)虽设置账簿,但账目混乱或者成本资料、收入凭证、费用凭证残缺不全,难以查账的;(5)发生纳税义务,未按照规定的期限办理纳税申报,经税务机关责令限期申报,逾期仍不申报的;(6)纳税人申报的计税依据明显偏低,又无正当理由的。

税务机关有权采用下列任何一种方法核定其应纳税额:(1)参照当地同类行业或者类似行业中经营规模和收入水平相近的纳税人的税负水平核定;(2)按照营业收入或者成本加合理的费用和利润的方法核定;(3)按照耗用的原材料、燃料、动力等推算或者测算核定;(4)按照其他合理方法核定。采用一种方法不足以正确核定应纳税额时,可以同时采用两种以上的方法核定。

3. 税款征收制度

(1)代扣代缴、代收代缴税款

扣缴义务人依照法律、行政法规的规定履行代扣、代收税款的义务。对法律、行政法规没有规定负有代扣、代收税款义务的单位和个人,税务机关不得要求其履行代扣、代收税款义务。

扣缴义务人依法履行代扣、代收税款义务时,纳税人不得拒绝。纳税人拒绝的,扣缴义务人应当及时报告税务机关处理。

税务机关按照规定付给扣缴义务人代扣、代收手续费。

(2) 税款的缴纳和延期缴纳

纳税人、扣缴义务人按照法律、行政法规规定或者税务机关依照法律、行政法规的规定确定的期限,缴纳或者解缴税款。

纳税人因有特殊困难,不能按期缴纳税款的,经省、自治区、直辖市国家税务局、地方税务局批准,可以延期缴纳税款,但是最长不得超过3个月。

根据《〈税收征收管理法〉实施细则》的规定,纳税人有下列情形之一的,属于特殊困难:① 因不可抗力,导致纳税人发生较大损失,正常生产经营活动受到较大影响的;② 当期货币资金在扣除应付职工工资、社会保险费后,不足以缴纳税款的。

(3) 滞纳金

纳税人未按照规定期限缴纳税款的,扣缴义务人未按照规定期限解缴税款的,税务机关除责令限期缴纳外,从滞纳税款之日起,按日加收滞纳税款万分之五的滞纳金。

(4) 减免税

纳税人依照法律、行政法规的规定办理减税、免税。地方各级人民政府、各级人民政府主管部门、单位和个人违反法律、行政法规规定,擅自作出的减税、免税决定无效,税务机关不得执行,并向上级税务机关报告。

享受减税、免税优惠的纳税人,减税、免税期满,应当自期满次日起恢复纳税;减税、免税条件发生变化的,应当在纳税申报时向税务机关报告;不再符合减税、免税条件的,应当依法履行纳税义务;未依法纳税的,税务机关应当予以追缴。

(5) 完税凭证

税务机关征收税款时,必须给纳税人开具完税凭证。扣缴义务人代扣、代收税款时,纳税人要求扣缴义务人开具代扣、代收税款凭证的,扣缴义务人应当开具。

(6) 税收保全措施

税务机关有根据认为从事生产、经营的纳税人有逃避纳税义务行为的,可以在规定的纳税期之前,责令限期缴纳应纳税款;在限期内发现纳税人有明显的转移、隐匿其应纳税的商品、货物以及其他财产或者应纳税的收入的迹象的,税务机关可以责成纳税人提供纳税担保。如果纳税人不能提供纳税担保,经县以上税务局(分局)局长批准,税务机关可以采取下列税收保全措施:① 书面通知纳税人开户银行或者其他金融机构冻结纳税人的金额相当于应纳税款的存款;② 扣押、查封纳税人的价值相当于应纳税款的商品、货物或者其他财产。

纳税人在前款规定的限期内缴纳税款的,税务机关必须立即解除税收保全措施;限期期满仍未缴纳税款的,经县以上税务局(分局)局长批准,税务机关可以书面通知纳税人开户银行或者其他金融机构从其冻结的存款中扣缴税款,或者依法拍卖或者变卖所扣押、查封的商品、货物或者其他财产,以拍卖或者变卖所得抵缴税款。

(7) 税收强制执行措施

从事生产、经营的纳税人、扣缴义务人未按照规定的期限缴纳或者解缴税款,纳税担保人未按照规定的期限缴纳所担保的税款,由税务机关责令限期缴纳,逾期仍未缴纳的,经县以上税务局(分局)局长批准,税务机关可以采取下列强制执行措施:① 书面通知其开户银行或者其他金融机构从其存款中扣缴税款;② 扣押、查封、依法拍卖或者变卖其价值相当于应纳税款的商品、货物或者其他财产,以拍卖或者变卖所得抵缴税款。

税务机关采取强制执行措施时,对前款所列纳税人、扣缴义务人、纳税担保人未缴纳的滞纳金同时强制执行。

(8) 税款的退还和追征

纳税人超过应纳税额缴纳的税款,税务机关发现后应当立即退还;纳税人自结算缴纳税款之日起3年内发现的,可以向税务机关要求退还多缴的税款并加算银行同期存款利息,税务机关及时查实后应当立即退还;涉及从国库中退库的,依照法律、行政法规有关国库管理的规定退还。

因税务机关的责任,致使纳税人、扣缴义务人未缴或者少缴税款的,税务机关在3年内可以要求纳税人、扣缴义务人补缴税款,但是不得加收滞纳金。因纳税人、扣缴义务人计算错误等失误,未缴或者少缴税款的,税务机关在3年内可以追征税款、滞纳金;有特殊情况的,追征期可以延长到5年。对偷税、抗税、骗税的,税务机关追征其未缴或者少缴的税款、滞纳金或者所骗取的税款,不受上述规定期限的限制。

四、税务检查

税务检查是指税务机关根据税收法律、行政法规的规定,对纳税人、扣缴义务人履行纳税义务、扣缴义务及其他有关税务事项进行审查、核实、监督活动的总称。它是税收征收管理工作的一项重要内容,是确保国家财政收入和税收法律法规贯彻落实的重要手段。

1. 税务机关的职权(职责)

税务机关有权进行下列税务检查:(1) 检查纳税人的账簿、记账凭证、报表和有关资料,检查扣缴义务人代扣代缴、代收代缴税款账簿、记账凭证和有关资料;(2) 到纳税人的生产、经营场所和货物存放地检查纳税人应纳税的商品、货物或者其他财产,检查扣缴义务人与代扣代缴、代收代缴税款有关的经营情况;(3) 责成纳税人、扣缴义务人提供与纳税或者代扣代缴、代收代缴税款有关的文件、证明材料和有关资料;(4) 询问纳税人、扣缴义务人与纳税或者代扣代缴、代收代缴税款有关的问题和情况;(5) 到车站、码头、机场、邮政企业及其分支机构检查纳税人托运、邮寄应纳税商品、货物或者其他财产的有关单据、凭证和有关资料;(6) 经县以上税务局(分局)局长批准,凭全国统一格式的检查存款账户许可证明,查询从事生产、经营的纳税人、扣缴义务人在银行或者其他金融机构的存款账户。税务机关在调查税收违法案件时,经设区的市、自治州以上税务局(分局)局长批准,可以查询案件涉嫌人员的储蓄存款。税务机关查询所获得的资料,不得用于税收以外的用途。

税务机关对从事生产、经营的纳税人以前纳税期的纳税情况依法进行税务检查时,发现纳税人有逃避纳税义务行为,并有明显的转移、隐匿其应纳税的商品、货物以及其他财产或者应纳税的收入的迹象的,可以按照《税收征收管理法》规定的批准权限采取税收保全措施或者强制执行措施。

税务机关调查税务违法案件时,对与案件有关的情况和资料,可以记录、录音、录像、照相和复制。

2. 被检查人的义务

纳税人、扣缴义务人必须接受税务机关依法进行的税务检查,如实反映情况,提供有关资料,不得拒绝、隐瞒。

税务机关依法进行税务检查时,有权向有关单位和个人调查纳税人、扣缴义务人和其他当事人与纳税或者代扣代缴、代收代缴税款有关的情况,有关单位和个人有义务向税务机关如实提供有关资料及证明材料。

五、法律责任

1. 税务管理相对人的法律责任

(1) 违反税务管理规定的法律责任

纳税人有下列行为之一的,由税务机关责令限期改正,可以处2 000元以下的罚款;情节严重的,处2 000元以上10 000元以下的罚款:① 未按照规定的期限申报办理税务登记、变更或者注销登记的;② 未按照规定设置、保管账簿或者保管记账凭证和有关资料的;③ 未按照规定将财务、会计制度或者财务、会计处理办法和会计核算软件报送税务机关备查的;④ 未按照规定将其全部银行账号向税务机关报告的;⑤ 未按照规定安装、使用税控装置,或者损毁或者擅自改动税控装置的。

纳税人不办理税务登记的,由税务机关责令限期改正;逾期不改正的,经税务机关提请,由工商行政管理机关吊销其营业执照。纳税人未按照规定使用税务登记证件,或者转借、涂改、损毁、买卖、伪造税务登记证件的,处2 000元以上10 000元以下的罚款;情节严重的,处10 000元以上50 000元以下的罚款。

扣缴义务人未按照规定设置、保管代扣代缴、代收代缴税款账簿或者保管代扣代缴、代收代缴税款记账凭证及有关资料的,由税务机关责令限期改正,可以处2 000元以下的罚款;情节严重的,处2 000元以上5 000元以下的罚款。

纳税人未按照规定的期限办理纳税申报和报送纳税资料的,或者扣缴义务人未按照规定的期限向税务机关报送代扣代缴、代收代缴税款报告表和有关资料的,由税务机关责令限期改正,可以处5 000元以下的罚款;情节严重的,可以处2 000元以上10 000元以下的罚款。

非法印制发票的,由税务机关销毁非法印制的发票,没收违法所得和作案工具,并处10 000元以上50 000元以下的罚款;构成犯罪的,依法追究刑事责任。

(2) 偷税行为

纳税人伪造、变造、隐匿、擅自销毁账簿、记账凭证,或者在账簿上多列支出或者不列、少列收入,或者经税务机关通知申报而拒不申报或者进行虚假的纳税申报,不缴或者少缴应纳税款的,是偷税。对纳税人偷税的,由税务机关追缴其不缴或者少缴的税款、滞纳金,并处不缴或者少缴的税款50%以上5倍以下的罚款;构成犯罪的,依法追究刑事责任。扣缴义务人采取上述所列手段,不缴或者少缴已扣、已收税款,由税务机关追缴其不缴或者少缴的税款、滞纳金,并处不缴或者少缴的税款50%以上5倍以下的罚款;构成犯罪的,依法追究刑事责任。

(3) 虚假申报或不申报行为

纳税人、扣缴义务人编造虚假计税依据的,由税务机关责令限期改正,并处50 000元以下的罚款。纳税人不进行纳税申报,不缴或者少缴应纳税款的,由税务机关追缴其不缴或者少缴的税款、滞纳金,并处不缴或者少缴的税款50%以上5倍以下的罚款。

(4) 逃避追缴欠税的行为

纳税人欠缴应纳税款,采取转移或者隐匿财产的手段,妨碍税务机关追缴欠缴的税款的,由税务机关追缴欠缴的税款、滞纳金,并处欠缴税款50%以上5倍以下的罚款;构成犯罪的,依法追究刑事责任。

(5) 骗取出口退税行为

以假报出口或者其他欺骗手段,骗取国家出口退税款的,由税务机关追缴其骗取的退税款,并处骗取税款1倍以上5倍以下的罚款;构成犯罪的,依法追究刑事责任。对骗取国家出口退税款的,税务机关可以在规定期间内停止为其办理出口退税。

(6) 抗税行为

以暴力、威胁方法拒不缴纳税款的,是抗税,除由税务机关追缴其拒缴的税款、滞纳金外,依法追究刑事责任。情节轻微,未构成犯罪的,由税务机关追缴其拒缴的税款、滞纳金,并处拒缴税款1倍以上5倍以下的罚款。

2. 银行及其他金融机构的法律责任

纳税人、扣缴义务人的开户银行或者其他金融机构拒绝接受税务机关依法检查纳税人、扣缴义务人存款账户,或者拒绝执行税务机关作出的冻结存款或者扣缴税款的决定,或者在接到税务机关的书面通知后帮助纳税人、扣缴义务人转移存款,造成税款流失的,由税务机关处10万元以上50万元以下的罚款,对直接负责的主管人员和其他直接责任人员处1 000元以上1万元以下的罚款。

银行和其他金融机构未依照税收征管法的规定在从事生产、经营的纳税人的账户中登录税务登记证件号码,或者未按规定在税务登记证件中登录从事生产、经营的纳税人的账户账号的,由税务机关责令其限期改正,处2 000元以上2万元以下的罚款;情节严重的,处2万元以上5万元以下的罚款。

为纳税人、扣缴义务人非法提供银行账户、发票、证明或者其他方便,导致未缴、少缴税款或者骗取国家出口退税款的,税务机关除没收其违法所得外,可以处未缴、少缴或者骗取的税款1倍以下的罚款。

3. 税务机关和税务人员违反税法的法律责任

(1) 擅自改变税收征收管理范围的行为

税务机关违反规定擅自改变税收征收管理范围和税款入库预算级次的,责令限期改正,对直接负责的主管人员和其他直接责任人员依法给予降级或者撤职的行政处分。

(2) 不移送行为

纳税人、扣缴义务人的行为涉嫌犯罪的,税务机关应当依法移交司法机关追究刑事责任。税务人员徇私舞弊,对依法应当移交司法机关追究刑事责任的不移交,情节严重的,依法追究刑事责任。

(3) 渎职行为

税务人员利用职务上的便利,收受或者索取纳税人、扣缴义务人财物或者谋取其他不正当利益,构成犯罪的,依法追究刑事责任;尚不构成犯罪的,依法给予行政处分。税务人员徇私舞弊或者玩忽职守,不征或者少征应征税款,致使国家税收遭受重大损失,构成犯罪的,依法追究刑事责任;尚不构成犯罪的,依法给予行政处分。税务人员滥用职权,故意刁难纳税人、扣缴义务人的,调离税收工作岗位,并依法给予行政处分。税务人员对控告、检举税收违法违纪行为的纳税人、扣缴义务人以及其他检举人进行打击报复的,依法给予行政处分;构成犯罪的,依法追究刑事责任。税务人员违反法律、行政法规的规定,故意高估或者低估农业税计税产量,致使多征或者少征税款,侵犯农民合法权益或者损害国家利益,构成犯罪的,依法追究刑事责任;尚不构成犯罪的,依法给予行政处分。

（4）不按规定征收税款行为

违反法律、行政法规的规定提前征收、延缓征收或者摊派税款的,由其上级机关或者行政监察机关责令改正,对直接负责的主管人员和其他直接责任人员依法给予行政处分。

违反法律、行政法规的规定,擅自作出税收的开征、停征或者减税、免税、退税、补税以及其他同税收法律、行政法规相抵触的决定的,除依照《税收征收管理法》规定撤销其擅自作出的决定外,补征应征未征税款,退还不应征收而征收的税款,并由上级机关追究直接负责的主管人员和其他直接责任人员的行政责任;构成犯罪的,依法追究刑事责任。

本章小结

通过本章的阐述,我们可以了解我国税收制度的相关知识。税收是国家为了实现其职能,凭借社会公共权力,根据法律法规,对纳税人强制无偿征收,取得财政收入的一种形式。税收的重要职能和作用在于:筹集国家财政收入、调节社会经济活动、引导资源配置、帮助国家进行宏观调控、促进对外经济技术交流。根据征税对象的不同,可以把我国的现行税种划分为流转税、所得税、财产税、特定行为税和资源税。其中每一个税种又包含若干种税。税收管理体制,是指划分中央和地方政府之间税收管理权限的法律制度,我国税收管理体制的中心内容是全面推行分税制。税收征收管理是税务机关对纳税人依法征收税款和进行税务监督管理的总称。《中华人民共和国税收征收管理法》是基本的法律规范。

案例与点评

假定某居民个人纳税人为独生子女,2019年交完社保和住房公积金后共取得税前工资收入 20 万元,劳务报酬 10 000 元,稿酬 10 000 元。该纳税人有两个小孩且均由其扣除子女教育专项附加,纳税人的父母健在且均已年满 60 岁。请计算其当年应纳个人所得税税额。

案例评析：首先,全年应纳税所得额 $=200\,000+10\,000\times(1-20\%)+10\,000\times70\%\times(1-20\%)-60\,000-12\,000\times2-24\,000=105\,600$（元）

其次,应纳税额 $=105\,600\times10\%-2\,520=8\,040$（元）

本章思考

税法的构成要素是什么？

思考解答

答：税法的构成要素一般包括：

纳税人：纳税人是纳税义务人的简称,是税法规定的直接负有纳税义务的自然人和法人,法律术语称为课税主体。纳税人是税收制度构成的最基本要素之一,任何税种均有纳税人。

征税对象：征税对象又称课税对象,是税法规定的征税的目的物,即对什么征税。每一种税种都必须明确规定征税的对象,征税对象关系着各种税法的基本界限,是征税的直接依据和税法的最基本要素。

税目：税目是课税对象的具体项目。税目是征税对象的具体化，它是一个税种在税法中具体规定应当纳税的项目，反映了具体的征税范围。

税率：税率是纳税额与征税对象之间的比例，是计算税额的尺度，是税法结构中的核心部分。我国现行的税率主要有：(1) 比例税率，(2) 定额税率，(3) 超额累进税率，(4) 超率累进税率。

纳税环节：是指商品流转过程中应当缴纳税款的环节，即在对商品流转额的征税中应征几道税的问题。

纳税期限：纳税期限是指负有纳税义务的纳税人向国家缴纳税款的期限。纳税期限可以分为两种：一是按期纳税，二是按次纳税。

纳税地点：纳税地点主要是指根据各个税种纳税对象的纳税环节和有利于对税款的源泉控制而规定的纳税人的具体申报缴纳税收的地点。

减免税：减税是对应纳税额少征一部分税款；免税是对应纳税额全部免征，减免税可分为固定减免税、定期减免税和临时减免税三种。

法律责任：法律责任是对有违反税法行为的纳税人采取的惩罚措施，包括加收滞纳金、处以罚款，追究刑事责任等。

第二章
会计法律制度

本章需要掌握的主要内容：
➢ 会计法的概念、会计法的准则和适用范围
➢ 会计核算和会计监督
➢ 会计人员和会计机构等

会计制度与市场经济联系十分密切，掌握一些会计方面的法律知识，是现代经济中的必然要求。

第一节 会计法概述

一、会计法的概念

会计是以货币为基本形式，采用专门方法，连续、完整、系统地反映和控制单位的经济行为，进而达到加强经济管理，提高经济效益目的的一种管理活动。会计的基本职能是进行会计核算，实行会计监督。

在市场经济条件下，会计工作不仅对单位或组织的内部经济管理、经济决策具有重大影响，而且对整个国民经济的秩序和其他组织个人的行为、决策都具有一定的影响力。会计工作提供的会计信息在证券市场日益发达的社会里，起着资源分配的重要作用，对社会公众的利益产生重大的影响，因此，会计成为备受公众关注和高度管制的领域。对会计工作有必要且必须制订相应的规范对其进行调整和约束，而且规范要随着外部环境的变化不断作出调整，使约束的对象——会计工作真实有效。

会计法是调整会计关系的法律规范的总称。会计法有广义和狭义之分，广义的会计法是国家颁布的有关会计方面的法律、法规和规章的总称，狭义的会计法是专指全国人民代表大会常务委员会通过的《中华人民共和国会计法》（以下简称《会计法》）。本书中的会计法是狭义上的会计法。

1985年1月21日第六届全国人民代表大会常务委员会第九次会议通过《中华人民共和国会计法》，后根据1993年12月29日第八届全国人民代表大会常务委员会第五次会议《关

于修改〈中华人民共和国会计法〉的决定》第一次修正;1999年10月31日第九届全国人民代表大会常务委员会第十二次会议修订,根据2017年11月4日第十二届全国人民代表大会常务委员会第三十次会议《关于修改〈中华人民共和国会计法〉等十一部法律的决定》第二次修正。此次修订对于完善我国会计法律制度,规范会计行为,提高会计信息质量意义重大。

二、《会计法》确定的会计准则

《会计法》确定的会计准则是指导会计活动的准则,是对会计核算、会计监督等活动的基本要求,它为我国会计制度的规范提供了法律依据。我国的《会计法》总则中确定了如下三个会计准则。

(一) 合法性原则

《会计法》第2条规定:"国家机关、社会团体、公司、企业、事业单位和其他组织(以下统称单位)必须依照本法办理会计事务。"《会计法》第5条规定:"会计机构、会计人员依照本法规定进行会计核算,实行会计监督。"这两项规定体现了会计工作的合法性原则。我国的会计工作既然是由国家颁布的法律、法规调整,就必须强调依法办理会计事务,从事会计工作。

(二) 统一领导、分级管理的原则

《会计法》第7条规定:"国务院财政部门主管全国的会计工作。县级以上地方各级人民政府财政部门管理本行政区域内的会计工作。"由于会计工作同国家财政收支关系非常密切,会计工作是财政工作的一项基础工作,所以它的管理体制必须同财政管理体制相适应,即实行统一领导、分级管理的原则。《会计法》颁布后,各级财政部门成立了专门的会计事务管理部门,加强了统一领导、分级管理的体制,同时还规定由各地方、各部门、各单位领导人直接领导会计机构、会计人员和其他人员执行《会计法》,以保证对会计工作的领导。

(三) 统一性原则

《会计法》第8条规定了会计制度的统一性。国家实行统一的会计制度。国家统一的会计制度由国务院财政部门根据《会计法》制定并公布。国务院有关部门可以依照《会计法》和国家统一的会计制度制定对会计核算和会计监督有特殊要求的行业实施国家统一的会计制度的具体办法或者补充规定,报国务院财政部门审核批准。中国人民解放军总后勤部可以依照《会计法》和国家统一的会计制度制定军队实施国家统一的会计制度的具体办法,报国务院财政部门备案。

三、会计法的适用范围

《会计法》第2条规定:"国家机关、社会团体、公司、企业、事业单位和其他组织(以下统称单位)必须依照本法办理会计事务。"可见我国《会计法》的适用范围包括以下两个方面:

(1) 办理会计事务的单位,包括国家机关、社会团体、公司、企业、事业单位和其他组织。这里的国家机关包括国家的权力机关、行政机关、审判机关、法律监督机关,也包括军事机关;社会团体是指依法设立的社会团体,包括群众团体、学术团体、慈善团体等;公司、企业,这是两个有交叉的概念,因为公司是企业的一种形式,企业可以包括公司,但是考虑到我国的企业改革,公司应当受到重视,所以单列公司一项,这样,在《会计法》中如果公司、企业并列时,则企业所指为公司形式以外的各种企业,包括不同经济成分、不同层次、不同组织形式的企业;事业单位是指依法设立的,具有事业性质的单位;其他组织则是指上述几类中都不能包括的一些依法存在的组织,比如农村和城市居民的自治组织等。

(2) 会计主管机关和其他机关,包括各级财政部门以及审计、税务、人民银行、证券监管、保险监管等部门。

第二节 会 计 核 算

会计核算,是指以货币为主要计量单位,通过专门的程序和方法,对生产经营活动或预算执行过程及其结果进行连续、系统和全面地记录、计算、分析,定期编制并提供财务会计报告和其他会计资料,为经营决策和宏观经济管理提供依据的一项会计活动。会计核算是会计的基本职能之一,是会计工作的核心和重点。会计核算的真实可靠是保证会计资料真实完整的基础。

一、会计核算的内容

《会计法》第10条规定:下列经济业务事项,应当办理会计手续,进行会计核算:(1) 款项和有价证券的收付;(2) 财物的收发、增减和使用;(3) 债权债务的发生和结算;(4) 资本、基金的增减;(5) 收入、支出、费用、成本的计算;(6) 财务成果的计算和处理;(7) 需要办理会计手续、进行会计核算的其他事项。

简言之,会计核算的内容即会计主体在生产经营或执行业务过程中发生的一切可以用货币计价反映的经济活动。

二、会计年度与记账本位币

会计核算应当划分会计期间。会计年度是指以年度为单位进行会计核算的时间区间,是反映单位财务状况、核算经营成果的时间界限。《会计法》第11条规定:"会计年度自公历1月1日起至12月31日止。"由此可见,我国是以公历年度为会计年度,每个会计年度还可以划分为半年度、季度、月度。

记账本位币是指日常登记账簿和编制财务会计报表用以计量的货币,也是单位进行会计核算业务时所使用的货币。《会计法》第12条规定:"会计核算以人民币为记账本位币。业务收支以人民币以外的货币为主的单位,可以选定其中一种货币作为记账本位币,但是编报的财务会计报告应当折算为人民币。"

人民币是我国的法定货币,在我国境内具有广泛的流通性,会计核算以人民币为记账本位币,具有广泛的适应性,便于会计信息口径的一致。

三、会计核算的基本要求

1. 依法建账

各单位必须依《会计法》和国家统一的会计制度设置会计账簿,进行会计核算。各单位发生的各项经济业务事项应当在依法设置的会计账簿上统一登记、核算,不得违反《会计法》和国家统一的会计制度的规定私设会计账簿登记、核算。

2. 保证会计资料的真实和完整

会计凭证、会计账簿、财务会计报告和其他会计资料,必须符合国家统一的会计制度的规定。任何单位和个人不得伪造、变造会计凭证、会计账簿及其他会计资料,不得提供虚假的财务会计报告。会计机构、会计人员必须按照国家统一的会计制度的规定对原始凭证进行审核,对不真实、不合法的原始凭证有权不予接受,并向单位负责人报告;对记载不准确、不完整的原始凭证予以退回,并要求按照国家统一的会计制度的规定更正、补充。原始凭证记载的各项内容均不得涂改;原始凭证有错误的,应当由出具单位重开或者更正,更正处应当加盖出具单位印章。原始凭证金额有错误的,应当由出具单位重开,不得在原始凭证上更正。

单位负责人对本单位的会计工作和会计资料的真实性、完整性负责。

3. 根据实际发生的业务进行会计核算

各单位必须根据实际发生的经济业务事项进行会计核算,填制会计凭证,登记会计账簿,编制财务会计报告。任何单位不得以虚假的经济业务事项或者资料进行会计核算。

4. 正确使用会计记录文字

会计记录的文字应当使用中文。在民族自治地方,会计记录可以同时使用当地通用的一种民族文字。在中华人民共和国境内的外商投资企业、外国企业和其他外国组织的会计记录可以同时使用一种外国文字。

5. 使用电子计算机须符合法律规定

使用电子计算机进行会计核算的,其软件及其生成的会计凭证、会计账簿、财务会计报告和其他会计资料,也必须符合国家统一的会计制度的规定。

四、会计核算的程序

办理法定会计事项,必须由经办人员填制或取得原始凭证,并及时送交会计机构。这是会计核算最基本的规范。会计机构必须按照国家统一的会计制度的规定对原始凭证进行审核,并根据经过审核的原始凭证及有关资料编制记账凭证。

会计机构根据经过审核的会计凭证,按照有关法律、行政法规和国家统一的会计制度的规定登记会计账簿。会计账簿包括总账、明细账、日记账和其他辅助性账簿。

各单位按照国家统一的会计制度的规定,根据会计账簿记录和有关资料编制财务会计报告。财务会计报告要由单位负责人和主管会计工作的负责人、会计机构负责人(会计主管人员)签名并盖章。设置总会计师的单位还须由总会计师签名并盖章。

第三节 会计监督

会计监督是指运用会计方法,对经济业务事项中资金运用的合理性、合法性和有效性进行事前、事中和事后的监督,它是会计的基本职能之一。会计监督可以分为单位内部会计监督和外部监督两类,外部监督又包括政府监督和社会监督。

一、内部监督

内部监督就是由各单位的会计机构和会计人员对本单位实行的会计监督,简称内部监督。这些单位的会计机构和会计人员就是内部监督的机构和人员。

《会计法》规定,各单位应当建立、健全本单位内部会计监督制度。

单位内部会计监督制度应当符合下列要求:(1)记账人员与经济业务事项和会计事项的审批人员、经办人员、财物保管人员的职责权限应当明确,并相互分离、相互制约;(2)重大对外投资、资产处置、资金调度和其他重要经济业务事项的决策和执行的相互监督、相互制约程序应当明确;(3)财产清查的范围、期限和组织程序应当明确;(4)对会计资料定期进行内部审计的办法和程序应当明确。

单位负责人应当保证会计机构、会计人员依法履行职责,不得授意、指使、强令会计机构、会计人员违法办理会计事项。会计机构、会计人员对违反《会计法》和国家统一的会计制度规定的会计事项,有权拒绝办理或者按照职权予以纠正。

会计机构、会计人员发现会计账簿记录与实物、款项及有关资料不相符的,按照国家统一的会计制度的规定有权自行处理的,应当及时处理;无权处理的,应当立即向单位负责人报告,请求查明原因,作出处理。

任何单位和个人对违反《会计法》和国家统一的会计制度规定的行为,有权检举。收到检举的部门有权处理的,应当依法按照职责分工及时处理;无权处理的,应当及时移送有权处理的部门处理。收到检举的部门、负责处理的部门应当为检举人保密,不得将检举人姓名和检举材料转给被检举单位和被检举个人。

二、政府监督

政府监督主要指财政部门代表国家对各单位和单位相关人员的会计行为实施的监督检查。

根据《会计法》的规定,财政部门对各单位的下列情况实施监督:(1)是否依法设置会计账簿;(2)会计凭证、会计账簿、财务会计报告和其他会计资料是否真实、完整;(3)会计核算是否符合本法和国家统一的会计制度的规定;(4)从事会计工作的人员是否具备专业能力、遵守职业道德。

在监督中,如有发现重大违法嫌疑时,国务院财政部门及其派出机构可以向与被监督单位有经济业务往来的单位和被监督单位开立账户的金融机构查询有关情况,有关单位和金融机构应当给予支持。

此外,财政、审计、税务、人民银行、证券监管、保险监管等部门应当依照有关法律、行政法规规定的职责,对有关单位的会计资料实施监督检查。各单位必须依照有关法律、行政法规的规定,接受有关监督检查部门依法实施的监督检查,如实提供会计凭证、会计账簿、财务会计报告和其他会计资料以及有关情况,不得拒绝、隐匿、谎报。

三、社会监督

社会监督主要是指由注册会计师及其所在的会计师事务所等中介机构接受委托,依法对单位的经济活动进行审计,出具审计报告,发表审计意见的一种监督制度。

有关法律、行政法规规定,须经注册会计师进行审计的单位,应当向受委托的会计师事务所如实提供会计凭证、会计账簿、财务会计报告和其他会计资料以及有关情况。任何单位或者个人不得以任何方式要求或者示意注册会计师及其所在的会计师事务所出具不实或者不当的审计报告。

财政部门有权对会计师事务所出具审计报告的程序和内容进行监督。

第四节　会计机构和会计人员

一、会计机构

会计机构是指各单位办理会计事务的职能部门。

根据《会计法》的规定,各单位应当根据会计业务的需要,设置会计机构,或者在有关机构中设置会计人员并指定会计主管人员;不具备设置条件的,应当委托经批准设立从事会计代理记账业务的中介机构代理记账。

国有的和国有资产占控股地位或者主导地位的大、中型企业必须设置总会计师。总会计师的任职资格、任免程序、职责权限由国务院规定。

会计机构内部应当建立稽核制度。

出纳人员不得兼任稽核、会计档案保管和收入、支出、费用、债权债务账目的登记工作。

二、会计人员

会计人员是指根据《会计法》的规定,在单位从事会计核算、实行会计监督等会计工作的人员。

会计人员从事会计工作,应当符合以下要求:(1) 遵守《会计法》和国家统一的会计制度等法律法规;(2) 具备良好的职业道德;(3) 具备从事会计工作所需要的专业能力;(4) 按国家有关规定,参加会计继续教育和培训。

从事会计工作的人员,必须取得会计从业资格证书,担任单位会计机构负责人(会计主管人员)的,应当具备会计师以上专业技术职务资格或者从事会计工作3年以上经历。

因有提供虚假财务会计报告,做假账、隐匿或者故意销毁会计凭证、会计账簿、财务会计报告,贪污、挪用公款,职务侵占等与会计职务有关的违法行为被依法追究刑事责任的人员,不得再从事会计工作。

会计人员调动工作或者离职,必须与接管人员办清交接手续。

一般会计人员办理交接手续,由会计机构负责人(会计主管人员)监交;会计机构负责人(会计主管人员)办理交接手续,由单位负责人监交,必要时主管单位可以派人会同监交。

第五节　违反《会计法》的法律责任

违反会计法律制度应当承担法律责任,《会计法》对会计违法行为予以明确列示并规定了明确的法律责任。

一、违反会计制度规定而应承担的法律责任

《会计法》规定,有下列行为之一的,由县级以上人民政府财政部门责令限期改正,可以对单位并处3 000元以上5万元以下的罚款;对其直接负责的主管人员和其他直接责任人

员,可以处 2 000 元以上 2 万元以下的罚款;属于国家工作人员的,还应当由其所在单位或者有关单位依法给予行政处分;构成犯罪的,依法追究刑事责任:(1)不依法设置会计账簿的;(2)私设会计账簿的;(3)未按照规定填制、取得原始凭证或者填制、取得的原始凭证不符合规定的;(4)以未经审核的会计凭证为依据登记会计账簿或者登记会计账簿不符合规定的;(5)随意变更会计处理方法的;(6)向不同的会计资料使用者提供的财务会计报告编制依据不一致的;(7)未按照规定使用会计记录文字或者记账本位币的;(8)未按照规定保管会计资料,致使会计资料毁损、灭失的;(9)未按照规定建立并实施单位内部会计监督制度或者拒绝依法实施的监督或者不如实提供有关会计资料及有关情况的;(10)任用会计人员不符合本法规定的。

会计人员有前述所列行为之一,情节严重的,5 年内不得从事会计工作。

有关法律对前述所列行为的处罚另有规定的,依照有关法律的规定办理。

二、伪造、变造会计凭证、会计账簿,编制虚假财务会计报告应承担的法律责任

《会计法》规定,伪造、变造会计凭证、会计账簿,编制虚假财务会计报告,构成犯罪的,依法追究刑事责任。尚不构成犯罪的,由县级以上人民政府财政部门予以通报,可以对单位并处 5 000 元以上 10 万元以下的罚款;对其直接负责的主管人员和其他直接责任人员,可以处 3 000 元以上 5 万元以下的罚款;属于国家工作人员的,还应当由其所在单位或者有关单位依法给予撤职直至开除的行政处分;其中的会计人员,5 年内不得从事会计工作。

三、隐匿或者故意销毁依法应当保存的会计凭证、会计账簿、财务会计报告应承担的法律责任

《会计法》规定,隐匿或者故意销毁依法应当保存的会计凭证、会计账簿、财务会计报告,构成犯罪的,依法追究刑事责任。尚不构成犯罪的,由县级以上人民政府财政部门予以通报,可以对单位并处 5 000 元以上 10 万元以下的罚款;对其直接负责的主管人员和其他直接责任人员,可以处 3 000 元以上 5 万元以下的罚款;属于国家工作人员的,还应当由其所在单位或者有关单位依法给予撤职直至开除的行政处分;其中的会计人员,5 年内不得从事会计工作。

四、授意、指使、强令会计机构、会计人员及其他人员伪造、变造会计凭证、会计账簿,编制虚假财务会计报告或者隐匿、故意销毁依法应当保存的会计凭证、会计账簿、财务会计报告而应承担的法律责任

《会计法》规定,授意、指使、强令会计机构、会计人员及其他人员伪造、变造会计凭证、会计账簿,编制虚假财务会计报告或者隐匿、故意销毁依法应当保存的会计凭证、会计账簿、财务会计报告,构成犯罪的,依法追究刑事责任;尚不构成犯罪的,可以处 5 000 元以上 5 万元以下的罚款;属于国家工作人员的,还应当由其所在单位或者有关单位依法给予降级、撤职、开除的行政处分。

五、单位负责人对会计人员的依法履行职责的行为打击报复而应承担的法律责任

《会计法》规定,单位负责人对依法履行职责、抵制违反本法规定行为的会计人员以降级、撤职、调离工作岗位、解聘或者开除等方式实行打击报复,构成犯罪的,依法追究刑事责

任;尚不构成犯罪的,由其所在单位或者有关单位依法给予行政处分。对受打击报复的会计人员,应当恢复其名誉和原有职务、级别。

六、国家财政部门和有关行政部门的工作人员违法履行职责而应承担的法律责任

国家财政部门和有关行政部门是实施会计国家监督的管理部门。《会计法》规定,财政部门及有关行政部门的工作人员在实施监督管理中滥用职权、玩忽职守、徇私舞弊或者泄露国家秘密、商业秘密,构成犯罪的,依法追究刑事责任;尚不构成犯罪的,依法给予行政处分。

本章小结

会计法是调整会计关系的法律规范的总称。在市场经济条件下,会计工作不仅对单位或组织的内部经济管理、经济决策具有重大影响,而且对整个国民经济的秩序和其他组织、个人的行为、决策都具有一定的影响力。会计工作提供的会计信息在证券市场日益发达的社会里,起着资源分配的重要作用,对社会公众的利益产生重大的影响,因此,会计成为备受公众关注和高度管制的领域。会计法成为国家维护市场秩序、实现资源优化配置的重要手段。本章是关于会计和会计法的内容;介绍了对会计核算,以及会计监督、会计机构和会计人员的有关法律规定;并在最后阐述了违反《会计法》的相关法律责任。

案例与点评

2019年12月,甲某在会计师事务所工作期间,接受一客户委托出具年审验资报告。甲某在出具该报告时在审核栏中冒用了他人的签名,为该公司出具了5 000万元的虚假验资报告,收取了验资费10万元,后来,虚假的证明文件被查出。2021年3月,甲某被检察机关起诉。

请简要分析甲某的法律责任。

案例评析: 甲某身为承担验资证明的中介组织的专业从业人员,违反规定故意提供虚假证明文件,已经构成了提供虚假证明文件罪。根据《会计法》的规定,伪造、变造、隐匿或故意毁损会计资料应当承担相应的刑事责任和行政责任。因此应当对甲追究相应的法律责任。

本章思考

1. 《会计法》确定的会计准则有哪些?
2. 会计核算的基本要求有哪些?

思考解答

1. 答:《会计法》确定的会计准则是指导会计活动的准则,是对会计核算、会计监督等活动的基本要求,它为我国会计制度的规范提供了法律依据。我国的《会计法》在总则中确定了如下的会计准则:

(1) 合法性原则

《会计法》第 2 条规定："国家机关、社会团体、公司、企业、事业单位和其他组织（以下统称单位）必须依照本法办理会计事务。"《会计法》第 5 条规定："会计机构、会计人员依照本法规定进行会计核算，实行会计监督。"这两项规定体现了会计工作的合法性原则。我国的会计工作既然是由国家颁布的法律、法规调整，就必须强调依法办理会计事务，从事会计工作。

(2) 统一领导、分级管理的原则

《会计法》第 7 条规定："国务院财政部门主管全国的会计工作。县级以上地方各级人民政府财政部门管理本行政区域内的会计工作。"由于会计工作同国家财政收支关系非常密切，会计工作是财政工作的一项基础工作，所以它的管理体制必须同财政管理体制相适应，即实行统一领导、分级管理的原则。《会计法》颁布后，各级财政部门成立了专门的会计事务管理部门，加强了统一领导、分级管理的体制，同时还规定由各地方、各部门、各单位领导人直接领导会计机构、会计人员和其他人员执行《会计法》，以保证对会计工作的领导。

(3) 统一性原则

《会计法》第 8 条规定了会计制度的统一性。国家实行统一的会计制度。国家统一的会计制度由国务院财政部门根据《会计法》制定并公布。国务院有关部门可以依照《会计法》和国家统一的会计制度制定对会计核算和会计监督有特殊要求的行业实施国家统一的会计制度的具体办法或者补充规定，报国务院财政部门审核批准。中国人民解放军总后勤部可以依照《会计法》和国家统一的会计制度制定军队实施国家统一的会计制度的具体办法，报国务院财政部门备案。

2. 答：会计核算的基本要求有：

(1) 依法建账

各单位必须依《会计法》和国家统一的会计制度设置会计账簿，进行会计核算。各单位发生的各项经济业务事项应当在依法设置的会计账簿上统一登记、核算，不得违反《会计法》和国家统一的会计制度的规定私设会计账簿登记、核算。

(2) 保证会计资料的真实和完整

会计凭证、会计账簿、财务会计报告和其他会计资料，必须符合国家统一的会计制度的规定。任何单位和个人不得伪造、变造会计凭证、会计账簿及其他会计资料，不得提供虚假的财务会计报告。会计机构、会计人员必须按照国家统一的会计制度的规定对原始凭证进行审核，对不真实、不合法的原始凭证有权不予接受，并向单位负责人报告；对记载不准确、不完整的原始凭证予以退回，并要求按照国家统一的会计制度的规定更正、补充。原始凭证记载的各项内容均不得涂改；原始凭证有错误的，应当由出具单位重开或者更正，更正处应当加盖出具单位印章。原始凭证金额有错误的，应当由出具单位重开，不得在原始凭证上更正。单位负责人对本单位的会计工作和会计资料的真实性、完整性负责。

(3) 根据实际发生的业务进行会计核算

各单位必须根据实际发生的经济业务事项进行会计核算，填制会计凭证，登记会计账簿，编制财务会计报告。任何单位不得以虚假的经济业务事项或者资料进行会计核算。

(4) 正确使用会计记录文字

会计记录的文字应当使用中文。在民族自治地方，会计记录可以同时使用当地通用的一种民族文字。在中华人民共和国境内的外商投资企业、外国企业和其他外国组织的会计记录可以同时使用一种外国文字。

(5) 使用电子计算机须符合法律规定

使用电子计算机进行会计核算的,其软件及其生成的会计凭证、会计账簿、财务会计报告和其他会计资料,也必须符合国家统一的会计制度的规定。

第三章
审计法律制度

本章需要掌握的内容：
➢ 审计法、审计人员和审计机关的概念
➢ 违反《审计法》应当承担的法律责任

同会计制度一样，审计制度也是现代经济社会中重要的财务制度，而关于审计方面有哪些法律法规呢？审计机关按照何种方式进行审计呢？

第一节 审计法概述

一、审计的概念

审计的原意是详细审查会计账目。审计现已成为各国管理监督国民经济活动的重要手段。在我国，审计是指专职审计机关和专业人员依法独立检查被审计单位的会计凭证、会计账簿、会计报表以及其他与财政收支、财务收支有关的资料和资产，监督财政收支、财务收支真实、合法和效益的行为。

审计的特征有：（1）审计既是经济监督的一种形式，又是经济监督的一种方法；（2）审计必须是由会计人员以外的第三者依法站在公正的立场上进行的审查、评价；（3）审计对各单位的经济活动的监督是间接的，必须通过对会计活动所提供的一切会计资料的审查来进行；（4）审计的目的是为了严肃财经法纪，提高经济效益，加强宏观控制和管理。

二、审计法的概念

审计法是调整审计关系的法律规范的总称。审计关系是从事审计工作的专职机构和专业人员在审计过程中以及国家在管理审计工作过程中发生的经济关系。在我国，狭义的审计法，即指1994年8月31日第八届全国人民代表大会常务委员会第九次会议通过，根据2006年2月28日第十届全国人民代表大会常务委员会第二十次会议《关于修改〈中华人民共和国审计法〉的决定》第一次修正,根据 2021 年 10 月 23 日第十三届全国人民代表大会常务委员会第三十一次会议《关于修改〈中华人民共和国审计法〉的决定》第二次修正的《中华人民共和国审计法》(以下简称《审计法》),它是当前审计机构开展审计监督工作的主要依据。广义的审计法是指包括狭义的《审计法》在内的所有调整审计关系的法律规范的总称。

三、审计监督的对象

根据《审计法》的规定,国务院各部门和地方各级人民政府及其各部门的财政收支,国有的金融机构和企业事业组织的财务收支,以及其他依照本法规定应当接受审计的财政收支、财务收支,依照本法的规定接受审计监督。

第二节 审计机关和审计人员

一、审计机关

审计机关是代表国家行使审计监督权的国家机关。

(一)审计机关的设置

《审计法》的规定,国务院设立审计署,在国务院总理领导下,主管全国的审计工作。审计长是审计署的行政首长。省、自治区、直辖市、设区的市、自治州、县、自治县、不设区的市、市辖区的人民政府的审计机关,分别在省长、自治区主席、市长、州长、县长、区长和上一级审计机关的领导下,负责本行政区域内的审计工作。

地方各级审计机关对本级人民政府和上一级审计机关负责并报告工作,审计业务以上级审计机关领导为主。审计机关根据工作需要,经本级人民政府批准,可以在其审计管辖范围内设立派出机构。派出机构根据审计机关的授权,依法进行审计工作。

(二)审计机关的职责

根据《审计法》的规定,审计机关有如下职责:

(1)审计机关对本级各部门(含直属单位)和下级政府预算的执行情况和决算以及其他财政收支情况,进行审计监督。

审计署在国务院总理领导下,对中央预算执行情况、决算草案以及其他财政收支情况进行审计监督,向国务院总理提出审计结果报告。地方各级审计机关分别在省长、自治区主席、市长、州长、县长、区长和上一级审计机关的领导下,对本级预算执行情况、决算草案以及其他财政收支情况进行审计监督,向本级人民政府和上一级审计机关提出审计结果报告。

(2)审计署对中央银行的财务收支,进行审计监督。

(3)审计机关对国家的事业组织和使用财政资金的其他事业组织的财务收支,进行审计监督。

(4)审计机关对国有企业、国有金融机构和国有资本占控股地位或者主导地位的企业、金融机构的资产、负债、损益以及其他财务收支情况,进行审计监督。

遇有涉及国家财政金融重大利益情形,为维护国家经济安全,经国务院批准,审计署可以对其他的金融机构进行专项审计调查或者审计。

(5) 审计机关对政府投资和以政府投资为主的建设项目的预算执行情况和决算,对其他关系国家利益和公共利益的重大公共工程项目的资金管理使用和建设运营情况,进行审计监督。

(6) 审计机关对国有资源、国有资产,进行审计监督。

审计机关对政府部门管理的和其他单位受政府委托管理的社会保险基金、全国社会保障基金、社会捐赠资金以及其他公共资金的财务收支,进行审计监督。

(7) 审计机关对国际组织和外国政府援助、贷款项目的财务收支,进行审计监督。

(8) 根据经批准的审计项目计划安排,审计机关可以对被审计单位贯彻落实国家重大经济社会政策措施情况进行审计监督。

(9) 审计机关对其他法律、行政法规规定应当由审计机关进行审计的事项,依照本法和有关法律、行政法规的规定进行审计监督。

审计机关可以对被审计单位依法应当接受审计的事项进行全面审计,也可以对其中的特定事项进行专项审计。

(三) 审计机关的权限

根据《审计法》的规定,审计机关有如下权限:

(1) 审计机关有权要求被审计单位按照审计机关的规定提供财务、会计资料以及与财政收支、财务收支有关的业务、管理等资料,包括电子数据和有关文档。被审计单位不得拒绝、拖延、谎报。

被审计单位负责人应当对本单位提供资料的及时性、真实性和完整性负责。

审计机关对取得的电子数据等资料进行综合分析,需要向被审计单位核实有关情况的,被审计单位应当予以配合。

(2) 国家政务信息系统和数据共享平台应当按照规定向审计机关开放。

审计机关通过政务信息系统和数据共享平台取得的电子数据等资料能够满足需要的,不得要求被审计单位重复提供。

(3) 审计机关进行审计时,有权检查被审计单位的财务、会计资料以及与财政收支、财务收支有关的业务、管理等资料和资产,有权检查被审计单位信息系统的安全性、可靠性、经济性,被审计单位不得拒绝。

(4) 审计机关进行审计时,有权就审计事项的有关问题向有关单位和个人进行调查,并取得有关证明材料。有关单位和个人应当支持、协助审计机关工作,如实向审计机关反映情况,提供有关证明材料。

审计机关经县级以上人民政府审计机关负责人批准,有权查询被审计单位在金融机构的账户。

审计机关有证据证明被审计单位违反国家规定将公款转入其他单位、个人在金融机构账户的,经县级以上人民政府审计机关主要负责人批准,有权查询有关单位、个人在金融机构与审计事项相关的存款。

(5) 审计机关进行审计时,被审计单位不得转移、隐匿、篡改、毁弃财务、会计资料以及与财政收支、财务收支有关的业务、管理等资料,不得转移、隐匿、故意毁损所持有的违反国家规定取得的资产。

审计机关对被审计单位违反上述规定的行为,有权予以制止;必要时,经县级以上人民政府审计机关负责人批准,有权封存有关资料和违反国家规定取得的资产;对其中在金融机构的有关存款需要予以冻结的,应当向人民法院提出申请。

审计机关对被审计单位正在进行的违反国家规定的财政收支、财务收支行为,有权予以制止;制止无效的,经县级以上人民政府审计机关负责人批准,通知财政部门和有关主管机关、单位暂停拨付与违反国家规定的财政收支、财务收支行为直接有关的款项,已经拨付的,暂停使用。

审计机关采取以上规定的措施不得影响被审计单位合法的业务活动和生产经营活动。

(6) 审计机关认为被审计单位所执行的上级主管机关、单位有关财政收支、财务收支的规定与法律、行政法规相抵触的,应当建议有关主管机关、单位纠正;有关主管机关、单位不予纠正的,审计机关应当提请有权处理的机关、单位依法处理。

(7) 审计机关可以向政府有关部门通报或者向社会公布审计结果。

审计机关通报或者公布审计结果,应当保守国家秘密、工作秘密、商业秘密、个人隐私和个人信息,遵守法律、行政法规和国务院的有关规定。

(8) 审计机关履行审计监督职责,可以提请公安、财政、自然资源、生态环境、海关、税务、市场监督管理等机关予以协助。有关机关应当依法予以配合。

(四) 审计机关的工作程序

审计机关进行审计应当遵照下列程序。

1. 组成审计组,送达审计通知书

审计机关根据经批准的审计项目计划确定的审计事项组成审计组,并应当在实施审计3日前,向被审计单位送达审计通知书;遇有特殊情况,经县级以上人民政府审计机关负责人批准,可以直接持审计通知书实施审计。被审计单位应当配合审计机关的工作,并提供必要的工作条件。

2. 进行审计,并取得证明材料

审计人员通过审查财务、会计资料,查阅与审计事项有关的文件、资料,检查现金、实物、有价证券和信息系统,向有关单位和个人调查等方式进行审计,并取得证明材料。向有关单位和个人进行调查时,审计人员应当不少于二人,并出示其工作证件和审计通知书副本。

3. 提出审计报告

审计组对审计事项实施审计后,应当向审计机关提出审计组的审计报告。审计组的审计报告报送审计机关前,应当征求被审计单位的意见。被审计单位应当自接到审计组的审计报告之日起10日内,将其书面意见送交审计组。审计组应当将被审计单位的书面意见一并报送审计机关。

4. 审定审计报告,出具审计意见书

审计机关按照审计署规定的程序对审计组的审计报告进行审议,并对被审计单位对审计组的审计报告提出的意见一并研究后,出具审计机关的审计报告。对违反国家规定的财政收支、财务收支行为,依法应当给予处理、处罚的,审计机关在法定职权范围内作出审计决定;需要移送有关主管机关、单位处理、处罚的,审计机关应当依法移送。

审计机关应当将审计机关的审计报告和审计决定送达被审计单位和有关主管机关、单位,并报上一级审计机关。审计决定自送达之日起生效。

二、审计人员

审计人员属于国家工作人员,应当具备与其从事的审计工作相适应的专业知识和业务能力。审计机关根据工作需要,可以聘请具有与审计事项相关专业知识的人员参加审计工作。审计机关应当建设信念坚定、为民服务、业务精通、作风务实、敢于担当、清正廉洁的高素质专业化审计队伍,加强对审计人员遵守法律和执行职务情况的监督,督促审计人员依法履职尽责。

审计人员依法执行职务,受法律保护。任何组织和个人不得拒绝、阻碍审计人员依法执行职务,不得打击报复审计人员。审计人员办理审计事项,应当客观公正,实事求是,廉洁奉公,保守秘密。

审计人员不得参加可能影响其依法独立履行审计监督职责的活动,不得干预、插手被审计单位及其相关单位的正常生产经营和管理活动。审计机关和审计人员对在执行职务中知悉的国家秘密、工作秘密、商业秘密、个人隐私和个人信息,应当予以保密,不得泄露或者向他人非法提供。审计人员办理审计事项时,与被审计单位或者审计事项有利害关系的人员,应当回避。

审计机关负责人依照法定程序任免。审计机关负责人没有违法失职或者其他不符合任职条件的情况的,不得随意撤换。地方各级审计机关负责人的任免,应当事先征求上一级审计机关的意见。

第三节 违反《审计法》的法律责任

《审计法》对被审计单位负有直接责任的主管人员、直接责任人员以及其他有关人员根据不同情况给予不同处分,同时《审计法》还对审计人员的违法行为规定了法律责任,具体规定如下:

(1) 被审计单位违反《审计法》规定,拒绝、拖延提供与审计事项有关的资料的,或者提供的资料不真实、不完整的,或者拒绝、阻碍检查、调查、核实有关情况的,由审计机关责令改正,可以通报批评,给予警告;拒不改正的,依法追究法律责任。

(2) 被审计单位违反《审计法》规定,转移、隐匿、篡改、毁弃财务、会计资料以及与财政收支、财务收支有关的业务、管理等资料,或者转移、隐匿、故意毁损所持有的违反国家规定取得的资产,审计机关认为对直接负责的主管人员和其他直接责任人员依法应当给予处分的,应当向被审计单位提出处理建议,或者移送监察机关和有关主管机关、单位处理,有关机关、单位应当将处理结果书面告知审计机关;构成犯罪的,依法追究刑事责任。

(3) 对本级各部门(含直属单位)和下级政府违反预算的行为或者其他违反国家规定的财政收支行为,审计机关、人民政府或者有关主管机关、单位在法定职权范围内,依照法律、行政法规的规定,区别情况采取下列处理措施:① 责令限期缴纳应当上缴的款项;② 责令限期退还被侵占的国有资产;③ 责令限期退还违法所得;④ 责令按照国家统一的财务、会计制度的有关规定进行处理;⑤ 其他处理措施。

(4) 对被审计单位违反国家规定的财务收支行为,审计机关、人民政府或者有关主管机关、单位在法定职权范围内,依照法律、行政法规的规定,区别情况采取处理措施,并可以依法给予处罚。

(5) 审计机关依法责令被审计单位缴纳应当上缴的款项,被审计单位拒不执行的,审计机关应当通报有关主管机关、单位,有关主管机关、单位应当依照有关法律、行政法规的规定予以扣缴或者采取其他处理措施,并将处理结果书面告知审计机关。

(6) 被审计单位的财政收支、财务收支违反国家规定,审计机关认为对直接负责的主管人员和其他直接责任人员依法应当给予处分的,应当向被审计单位提出处理建议,或者移送监察机关和有关主管机关、单位处理,有关机关、单位应当将处理结果书面告知审计机关。

(7) 被审计单位的财政收支、财务收支违反法律、行政法规的规定,构成犯罪的,依法追究刑事责任。

(8) 报复陷害审计人员的,依法给予处分;构成犯罪的,依法追究刑事责任。

(9) 审计人员滥用职权、徇私舞弊、玩忽职守或者泄露、向他人非法提供所知悉的国家秘密、工作秘密、商业秘密、个人隐私和个人信息的,依法给予处分;构成犯罪的,依法追究刑事责任。

本章小结

本章主要阐述审计在国家经济生活的重要作用,审计法律制度是经济监督法的一个重要内容,是现代国家经济管理的一个重要内容,是实现经济管理重要职能的法律制度。它对于加强宏观调控和改善微观经营,对于提高国民经济管理水平和企事业单位的经营素质,提高经济效益和社会效益,保证贯彻实施有关经济法律法规都是很重要的。审计监督是指审计机构和审计人员检查会计账目等,对财政、财务收支的真实、合法、效益进行的经济监督。经济监督的内容很多、范围很广,本章着重介绍审计方面的法律规定,介绍了审计人员,审计机关的性质、设置、职能和工作程序,以及违反《审计法》应当承担的法律责任。

案例与点评

某市审计局 4 月 20 日开会决定对该县国有企业 A 进行审计,22 日该审计局的一名审计人员先期到达 A 企业进行审计,审计过程中发现 A 企业与该市的另一家企业 B 之间一笔购销木材合同存在疑点,就决定到 B 企业进行调查。4 月 29 日,该审计局的两名审计人员来到 B 企业,并向 B 企业的负责人口头说明了自己的身份,要求其提供与 A 企业木材购销合同的相关情况。

问:该审计局的上述审计活动中,哪些不符合审计程序的法律规定?

案例评析:上述活动中不符合审计程序的内容有:

1. 实施审计前未组成审计组
2. 实施审计 3 日前未向被审计单位送达审计的通知书
3. 审计人员进行调查时,未出示审计人员的工作证件和审计通知书副本。

审计机关进行审计应当遵照下列程序:

(1) 组成审计组,送达审计通知书。审计机关根据经批准的审计项目计划确定的审计事项组成审计组,并应当在实施审计 3 日前,向被审计单位送达审计通知书;遇有特殊情况,经县级以上人民政府审计机关负责人批准,可以直接持审计通知书实施审计。被审计单位应当配合审计机关的工作,并提供必要的工作条件。

(2) 进行审计,并取得证明材料。审计人员通过审查财务、会计资料,查阅与审计事项有关的文件、资料,检查现金、实物、有价证券和信息系统,向有关单位和个人调查等方式进行审计,并取得证明材料。向有关单位和个人进行调查时,审计人员应当不少于 2 人,并出示其工作证件和审计通知书副本。

(3) 提出审计报告。审计组对审计事项实施审计后,应当向审计机关提出审计组的审计报告。审计组的审计报告报送审计机关前,应当征求被审计单位的意见。被审计单位应当自接到审计组的审计报告之日起 10 日内,将其书面意见送交审计组。审计组应当将被审计单位的书面意见一并报送审计机关。

(4) 审定审计报告,出具审计意见书。审计机关按照审计署规定的程序对审计组的审计报告进行审议,并对被审计单位对审计组的审计报告提出的意见一并研究后,出具审计机关的审计报告。对违反国家规定的财政收支、财务收支行为,依法应当给予处理、处罚的,审计机关在法定职权范围内作出审计决定;需要移送有关主管机关、单位处理、处罚的,审计机关应当依法移送。

审计机关应当将审计机关的审计报告和审计决定送达被审计单位和有关主管机关、单位,并报上一级审计机关。审计决定自送达之日起生效。

本章思考

审计机关的权限有哪些?

思考解答

答:根据《审计法》的规定,审计机关有如下权限:

(1) 审计机关有权要求被审计单位按照审计机关的规定提供财务、会计资料以及与财政收支、财务收支有关的业务、管理等资料,包括电子数据和有关文档。被审计单位不得拒绝、拖延、谎报。

被审计单位负责人应当对本单位提供资料的及时性、真实性和完整性负责。

审计机关对取得的电子数据等资料进行综合分析,需要向被审计单位核实有关情况的,被审计单位应当予以配合。

(2) 国家政务信息系统和数据共享平台应当按照规定向审计机关开放。

审计机关通过政务信息系统和数据共享平台取得的电子数据等资料能够满足需要的,不得要求被审计单位重复提供。

(3) 审计机关进行审计时,有权检查被审计单位的财务、会计资料以及与财政收支、财务收支有关的业务、管理等资料和资产,有权检查被审计单位信息系统的安全性、可靠性、经济性,被审计单位不得拒绝。

(4) 审计机关进行审计时,有权就审计事项的有关问题向有关单位和个人进行调查,并取得有关证明材料。有关单位和个人应当支持、协助审计机关工作,如实向审计机关反映情况,提供有关证明材料。

审计机关经县级以上人民政府审计机关负责人批准,有权查询被审计单位在金融机构的账户。

审计机关有证据证明被审计单位违反国家规定将公款转入其他单位、个人在金融机构账户的,经县级以上人民政府审计机关主要负责人批准,有权查询有关单位、个人在金融机构与审计事项相关的存款。

(5) 审计机关进行审计时,被审计单位不得转移、隐匿、篡改、毁弃财务、会计资料以及与财政收支、财务收支有关的业务、管理等资料,不得转移、隐匿、故意毁损所持有的违反国家规定取得的资产。

审计机关对被审计单位违反上述规定的行为,有权予以制止;必要时,经县级以上人民政府审计机关负责人批准,有权封存有关资料和违反国家规定取得的资产;对其中在金融机构的有关存款需要予以冻结的,应当向人民法院提出申请。

审计机关对被审计单位正在进行的违反国家规定的财政收支、财务收支行为,有权予以制止;制止无效的,经县级以上人民政府审计机关负责人批准,通知财政部门和有关主管机关、单位暂停拨付与违反国家规定的财政收支、财务收支行为直接有关的款项,已经拨付的,暂停使用。

审计机关采取以上规定的措施不得影响被审计单位合法的业务活动和生产经营活动。

(6) 审计机关认为被审计单位所执行的上级主管机关、单位有关财政收支、财务收支的规定与法律、行政法规相抵触的,应当建议有关主管机关、单位纠正;有关主管机关、单位不予纠正的,审计机关应当提请有权处理的机关、单位依法处理。

(7) 审计机关可以向政府有关部门通报或者向社会公布审计结果。

审计机关通报或者公布审计结果,应当保守国家秘密、工作秘密、商业秘密、个人隐私和个人信息,遵守法律、行政法规和国务院的有关规定。

(8) 审计机关履行审计监督职责,可以提请公安、财政、自然资源、生态环境、海关、税务、市场监督管理等机关予以协助。有关机关应当依法予以配合。

第四章
环境保护法律制度

本章需要掌握的主要内容：
- 环境保护法的概念
- 环境保护法的基本原则和基本制度
- 环境保护相关的信息公开和公众参与制度
- 环境法律责任

什么是环境保护法？我国环境保护法的基本原则有哪些？您了解环境法律责任有哪些吗？

第一节 环境保护法概述

一、环境和环境保护法的概念

环境是指影响人类生存和发展的各种天然的和经过人工改造的自然因素的总体，包括大气、水、海洋、土地、矿藏、森林、草原、湿地、野生生物、自然遗迹、人文遗迹、自然保护区、风景名胜区、城市和乡村等。

环境保护法是指为实现人类与自然的和谐和经济社会的可持续发展，调整人们在开发、利用、保护和改善环境的活动中所产生的各种社会关系的法律规范的总称。

二、环境保护法的基本原则

（一）协调发展原则

保护环境是国家的基本国策。国家采取有利于节约和循环利用资源、保护和改善环境、促进人与自然和谐的经济、技术政策和措施，使经济社会发展与环境保护相协调。

（二）预防原则

预防原则是"保护优先、预防为主、综合治理、公众参与、损害担责"的简称，指采取各种手段，首先实施环境保护，对环境问题防患于未然；对已产生的污染积极进行治理；在治理环境问题时，要正确处理防与治、单项治理与区域治理的关系，综合运用各种防治手段治理污染,保护和改善环境。

(三) 污染者负担原则

污染者负担原则是确定造成环境污染和环境破坏的危害后果和不利影响的责任归属的基本原则。该原则内容包括:污染者付费、利用者补偿、开发者保护、破坏者恢复,即排污者承担污染环境造成的损失及治理污染的费用,开发利用资源者承担经济补偿的责任,开发利用环境资源者有保护环境资源的义务,造成环境资源破坏的单位和个人负有恢复整治环境资源的责任。

环境保护法规定:"产生污染和其他公害的单位,必须把环境保护工作纳入计划,建立环境保护责任制度,采取有效措施防治在生产建设或者其他活动中产生的废气、废水、废渣、粉尘、恶臭气体、放射性物质以及噪声、振动、电磁波辐射等对环境的污染和危害。"

(四) 公众参与原则

公众参与原则是明确广大公众参与环境保护管理的权利并保障公众行使这种权利的基本原则。《环境保护法》第12条规定,每年6月5日为环境日。一切单位和个人都有保护环境的义务,对保护和改善环境有显著成绩的单位和个人,由人民政府给予奖励。

第二节 我国环境保护法的主要内容

一、环境规划制度

环境规划是指为使环境与社会、经济协调发展,国家依据各地区的自然条件、资源状况和经济发展需要,对其发展变化趋势进行研究而对人类自身活动所作的时间和空间的合理安排。

(一) 规划主体

根据《环境保护法》的规定,县级以上人民政府应当将环境保护工作纳入国民经济和社会发展规划。国务院环境保护主管部门会同有关部门,根据国民经济和社会发展规划编制国家环境保护规划,报国务院批准并公布实施。

县级以上地方人民政府环境保护主管部门会同有关部门,根据国家环境保护规划的要求,编制本行政区域的环境保护规划,报同级人民政府批准并公布实施。环境保护规划的内容应当包括生态保护和污染防治的目标、任务、保障措施等,并与主体功能区规划、土地利用总体规划和城乡规划等相衔接。

(二) 国家环境质量标准的制定和实施

根据《环境保护法》的规定,国务院环境保护主管部门制定国家环境质量标准。国务院环境保护主管部门根据国家环境质量标准和国家经济、技术条件,制定国家污染物排放标准。省、自治区、直辖市人民政府对国家环境质量标准中未作规定的项目,可以制定地方环境质量标准;对国家环境质量标准中已作规定的项目,可以制定严于国家环境质量标准的地方环境质量标准。地方环境质量标准应当报国务院环境保护主管部门备案。

二、环境监测和环境影响评价制度

(一) 环境监测

根据《环境保护法》的规定,国家建立、健全环境监测制度。国务院环境保护主管部门制定监测规范,会同有关部门组织监测网络,统一规划国家环境质量监测站(点)的设置,建立监测数据共享机制,加强对环境监测的管理。

有关行业、专业等各类环境质量监测站(点)的设置应当符合法律法规规定和监测规范的要求。监测机构应当使用符合国家标准的监测设备,遵守监测规范。监测机构及其负责人对监测数据的真实性和准确性负责。

省级以上人民政府应当组织有关部门或者委托专业机构,对环境状况进行调查、评价,建立环境资源承载能力监测预警机制。

（二）环境影响评价

环境影响评价,是指在一定区域内进行开发建设活动,事先对拟建项目可能对周围环境造成的影响进行调查、预测和评定,并提出防治对策和措施,为项目决策提供科学依据。环境影响评价制度是从环境保护的角度决定开发建设活动能否进行和如何进行的具有强制性的法律制度。

根据《环境保护法》的规定,编制有关开发利用规划,建设对环境有影响的项目,应当依法进行环境影响评价。未依法进行环境影响评价的开发利用规划,不得组织实施;未依法进行环境影响评价的建设项目,不得开工建设。

三、环境检查监督和考核评价制度

（一）现场检查和监督

根据《环境保护法》的规定,县级以上人民政府环境保护主管部门及其委托的环境监察机构和其他负有环境保护监督管理职责的部门,有权对排放污染物的企业事业单位和其他生产经营者进行现场检查。被检查者应当如实反映情况,提供必要的资料。实施现场检查的部门、机构及其工作人员应当为被检查者保守商业秘密。

（二）环境保护目标责任制和考核评价

根据《环境保护法》的规定,县级以上人民政府应当将环境保护目标完成情况纳入对本级人民政府负有环境保护监督管理职责的部门及其负责人和下级人民政府及其负责人的考核内容,作为对其考核评价的重要依据。考核结果应当向社会公开。环境保护目标责任制和考核评价制度的实施,有效提高了检测机能,有利于重大环境事件的及时上报和监督。

四、保护和改善环境制度

根据《环境保护法》的规定,地方各级人民政府应当根据环境保护目标和治理任务,采取有效措施,改善环境质量。未达到国家环境质量标准的重点区域、流域的有关地方人民政府,应当制定限期达标规划,并采取措施按期达标。

（一）确立生态保护红线

生态保护红线,是指依法在重点生态功能区、生态环境敏感区和脆弱区等区域划定的严格管控边界,是国家和区域生态安全的底线。生态保护红线所包围的区域为生态保护红线区,对于维护生态安全格局、保障生态系统功能、支撑经济社会可持续发展具有重要作用。

根据《环境保护法》的规定,国家在重点生态功能区、生态环境敏感区和脆弱区等区域划定生态保护红线,实行严格保护。各级人民政府对具有代表性的各种类型的自然生态系统区域,珍稀、濒危的野生动植物自然分布区域,重要的水源涵养区域,具有重大科学文化价值的地质构造、著名溶洞和化石分布区、冰川、火山、温泉等自然遗迹,以及人文遗迹、古树名木,应当采取措施予以保护,严禁破坏。

开发利用自然资源,应当合理开发,保护生物多样性,保障生态安全,依法制定有关生态保护和恢复治理方案并予以实施。引进外来物种以及研究、开发和利用生物技术,应当采取措施,防止对生物多样性的破坏。

(二) 生态保护补偿

生态补偿制度是以保护生态环境、促进人与自然和谐发展为目的,根据生态系统服务价值、生态保护成本、发展机会成本,运用政府和市场手段,调节生态保护利益相关者之间利益关系的公共制度。《环境保护法》第31条规定,国家建立、健全生态保护补偿制度。国家加大对生态保护地区的财政转移支付力度。有关地方人民政府应当落实生态保护补偿资金,确保其用于生态保护补偿。国家指导受益地区和生态保护地区人民政府通过协商或者按照市场规则进行生态保护补偿。

(三) 不同领域的环境保护措施

《环境保护法》第32条至第39条规定了不同领域的环境保护措施,包括以下内容:

(1) 大气、水和土壤保护。国家加强对大气、水、土壤等的保护,建立和完善相应的调查、监测、评估和修复制度。

(2) 农业环境保护。各级人民政府应当加强对农业环境的保护,促进农业环境保护新技术的使用,加强对农业污染源的监测预警,统筹有关部门采取措施,防治土壤污染和土地沙化、盐渍化、贫瘠化、石漠化、地面沉降以及防治植被破坏、水土流失、水体富营养化、水源枯竭、种源灭绝等生态失调现象,推广植物病虫害的综合防治。县级、乡级人民政府应当提高农村环境保护公共服务水平,推动农村环境综合整治。

(3) 海洋环境的保护。国务院和沿海地方各级人民政府应当加强对海洋环境的保护。向海洋排放污染物、倾倒废弃物,进行海岸工程和海洋工程建设,应当符合法律法规规定和有关标准,防止和减少对海洋环境的污染损害。

(4) 城乡建设中的环境保护。城乡建设应当结合当地自然环境的特点,保护植被、水域和自然景观,加强城市园林、绿地和风景名胜区的建设与管理。

(5) 节能、循环利用等环保措施。国家鼓励和引导公民、法人和其他组织使用有利于保护环境的产品和再生产品,减少废弃物的产生。国家机关和使用财政资金的其他组织应当优先采购和使用节能、节水、节材等有利于保护环境的产品、设备和设施。

地方各级人民政府应当采取措施,组织对生活废弃物的分类处置、回收利用。公民应当遵守环境保护法律法规,配合实施环境保护措施,按照规定对生活废弃物进行分类放置,减少日常生活对环境造成的损害。

五、污染和其他公害防治制度

(一) 防治、减少污染物制度

(1) 国家促进清洁生产和资源循环利用。国务院有关部门和地方各级人民政府应当采取措施,推广清洁能源的生产和使用。企业应当优先使用清洁能源,采用资源利用率高、污染物排放量少的工艺、设备以及废弃物综合利用技术和污染物无害化处理技术,减少污染物的产生。

(2) 建设项目应遵循三个"同时"原则。建设项目中防治污染的设施，应当与主体工程同时设计、同时施工、同时投产使用。防治污染的设施应当符合经批准的环境影响评价文件的要求，不得擅自拆除或者闲置。

(3) 排污企业的防治公害责任。排放污染物的企业事业单位和其他生产经营者，应当采取措施，防治在生产建设或者其他活动中产生的废气、废水、废渣、医疗废物、粉尘、恶臭气体、放射性物质以及噪声、振动、光辐射、电磁辐射等对环境的污染和危害。

排放污染物的企业事业单位，应当建立环境保护责任制度，明确单位负责人和相关人员的责任。重点排污单位应当按照国家有关规定和监测规范安装使用监测设备，保证监测设备正常运行，保存原始监测记录。

(4) 重点污染物排放总量控制制度。国家实行重点污染物排放总量控制制度。重点污染物排放总量控制指标由国务院下达，省、自治区、直辖市人民政府分解落实。企业事业单位在执行国家和地方污染物排放标准的同时，应当遵守分解落实到本单位的重点污染物排放总量控制指标。对超过国家重点污染物排放总量控制指标或者未完成国家确定的环境质量目标的地区，省级以上人民政府环境保护主管部门应当暂停审批其新增重点污染物排放总量的建设项目环境影响评价文件。

(5) 化学物品和含有放射性物质的污染防治。生产、储存、运输、销售、使用、处置化学物品和含有放射性物质的物品，应当遵守国家有关规定，防止污染环境。

(6) 农业生产经营中的污染防治。各级人民政府及其农业等有关部门和机构应当指导农业生产经营者科学种植和养殖，科学合理施用农药、化肥等农业投入品，科学处置农用薄膜、农作物秸秆等农业废弃物，防止农业面源污染。禁止将不符合农用标准和环境保护标准的固体废物、废水施入农田。施用农药、化肥等农业投入品及进行灌溉，应当采取措施，防止重金属和其他有毒有害物质污染环境。畜禽养殖场、养殖小区、定点屠宰企业等的选址、建设和管理应当符合有关法律法规规定。从事畜禽养殖和屠宰的单位和个人应当采取措施，对畜禽粪便、尸体和污水等废弃物进行科学处置，防止污染环境。县级人民政府负责组织农村生活废弃物的处置工作。各级人民政府应当在财政预算中安排资金，支持农村饮用水水源地保护、生活污水和其他废弃物处理、畜禽养殖和屠宰污染防治、土壤污染防治和农村工矿污染治理等环境保护工作。

(二) 排污许可及排污费的征收和免除

(1) 排污许可制度。国家依照法律规定实行排污许可管理制度。实行排污许可管理的企业事业单位和其他生产经营者应当按照排污许可证的要求排放污染物；未取得排污许可证的，不得排放污染物。

(2) 排污费的征收和免除。排放污染物的企业事业单位和其他生产经营者，应当按照国家有关规定缴纳排污费。排污费应当全部专项用于环境污染防治，任何单位和个人不得截留、挤占或者挪作他用。依照法律规定征收环境保护税的，不再征收排污费。

(三) 环境应急处置

各级人民政府及其有关部门和企业事业单位，应当依照《中华人民共和国突发事件应对法》的规定，做好突发环境事件的风险控制、应急准备、应急处置和事后恢复等工作。县级以上人民政府应当建立环境污染公共监测预警机制，组织制定预警方案；环境受到污染，可能影响公众健康和环境安全时，依法及时公布预警信息，启动应急措施。

企业事业单位应当按照国家有关规定制定突发环境事件应急预案，报环境保护主管部门和有关部门备案。在发生或者可能发生突发环境事件时，企业事业单位应当立即采取措施处理，及时通报可能受到危害的单位和居民，并向环境保护主管部门和有关部门报告。

突发环境事件应急处置工作结束后，有关人民政府应当立即组织评估事件造成的环境影响和损失，并及时将评估结果向社会公布。

六、信息公开和公众参与制度

(一) 获取环境信息权利

公民、法人和其他组织依法享有获取环境信息、参与和监督环境保护的权利。各级人民政府环境保护主管部门和其他负有环境保护监督管理职责的部门，应当依法公开环境信息、完善公众参与程序，为公民、法人和其他组织参与和监督环境保护提供便利。

(二) 政府的环境信息公开

国务院环境保护主管部门统一发布国家环境质量、重点污染源监测信息及其他重大环境信息。省级以上人民政府环境保护主管部门定期发布环境状况公报。县级以上人民政府环境保护主管部门和其他负有环境保护监督管理职责的部门，应当依法公开环境质量、环境监测、突发环境事件以及环境行政许可、行政处罚、排污费的征收和使用情况等信息。县级以上地方人民政府环境保护主管部门和其他负有环境保护监督管理职责的部门，应当将企业事业单位和其他生产经营者的环境违法信息记入社会诚信档案，及时向社会公布违法者名单。

对依法应当编制环境影响报告书的建设项目，建设单位应当在编制时向可能受影响的公众说明情况，充分征求意见。负责审批建设项目环境影响评价文件的部门在收到建设项目环境影响报告书后，除涉及国家秘密和商业秘密的事项外，应当全文公开；发现建设项目未充分征求公众意见的，应当责成建设单位征求公众意见。

(三) 排污单位的信息公开

重点排污单位应当如实向社会公开其主要污染物的名称、排放方式、排放浓度和总量、超标排放情况，以及防治污染设施的建设和运行情况，接受社会监督。

七、环境法律责任

(一) 违法排放污染物的法律责任

企业事业单位和其他生产经营者违法排放污染物，受到罚款处罚，被责令改正，拒不改正的，依法作出处罚决定的行政机关可以自责令改正之日的次日起，按照原处罚数额按日连续处罚。其中，罚款处罚则依照有关法律法规按照防治污染设施的运行成本、违法行为造成的直接损失或者违法所得等因素而确定。

企业事业单位和其他生产经营者超过污染物排放标准或者超过重点污染物排放总量控制指标排放污染物的，县级以上人民政府环境保护主管部门可以责令其采取限制生产、停产整治等措施；情节严重的，报经有批准权的人民政府批准，责令停业、关闭。

(二) 违反环境评价制度的法律责任

建设单位未依法提交建设项目环境影响评价文件或者环境影响评价文件未经批准，擅自开工建设的，由负有环境保护监督管理职责的部门责令停止建设，处以罚款，并可以责令恢复原状。

（三）违反信息公开制度的法律责任

重点排污单位不公开或者不如实公开环境信息的，由县级以上地方人民政府环境保护主管部门责令公开，处以罚款，并予以公告。

（四）企业事业单位和其他生产经营者的法律责任

企业事业单位和其他生产经营者有下列行为之一，尚不构成犯罪的，除依照有关法律法规规定予以处罚外，由县级以上人民政府环境保护主管部门或者其他有关部门将案件移送公安机关，对其直接负责的主管人员和其他直接责任人员，处 10 日以上 15 日以下拘留；情节较轻的，处 5 日以上 10 日以下拘留：(1) 建设项目未依法进行环境影响评价，被责令停止建设，拒不执行的；(2) 违反法律规定，未取得排污许可证排放污染物，被责令停止排污，拒不执行的；(3) 通过暗管、渗井、渗坑、灌注或者篡改、伪造监测数据，或者不正常运行防治污染设施等逃避监管的方式违法排放污染物的；(4) 生产、使用国家明令禁止生产、使用的农药，被责令改正，拒不改正的。

（五）环境影响评价机构等第三方机构的法律责任

环境影响评价机构、环境监测机构以及从事环境监测设备和防治污染设施维护、运营的机构，在有关环境服务活动中弄虚作假，对造成的环境污染和生态破坏负有责任的，除依照有关法律法规规定予以处罚外，还应当与造成环境污染和生态破坏的其他责任者承担连带责任。

（六）环境损害赔偿的诉讼时效

提起环境损害赔偿诉讼的时效期间为 3 年，从当事人知道或者应当知道其受到损害时起计算。

本 章 小 结

环境保护法是指为实现人类与自然的和谐和经济社会的可持续发展，调整人们在开发、利用、保护和改善环境的活动中所产生的各种社会关系的法律规范的总称。我国的环境保护法律体系主要由宪法、法律、行政法规和部门规章构成。《宪法》第 26 条规定，国家保护和改善生活环境和生态环境，防治污染和其他公害。除此之外，由于环境问题的广泛性以及环境保护的公共利益等属性，使得环境法涉及社会关系的各个领域。

环境保护法的基本原则有协调发展原则、预防原则、污染者负担原则和公众参与原则。环境保护法的基本制度有环境规划制度、环境监测和环境影响评价制度、环境检查监督和考核评价制度、保护和改善环境制度、污染和其他公害防治制度以及信息公开和公众参与制度等。环境法律责任涉及排污主体、第三方主体等的法律责任。提起环境损害赔偿诉讼的时效期间为 3 年，从当事人知道或者应当知道其受到损害时起计算。

案例与点评

案例

王某住在二楼，一楼是一家餐厅。该餐厅每天排放大量的油烟，致使王某家在炎热的夏天也无法开窗通风。更为严重的是，王某安装在二楼外墙的空调散热机，由于长期被油烟熏,已无法正常使用。王某多次找餐厅协商,都没有结果,于是向环保局投诉,请求其进行处理。环保局检测发现,该餐厅油烟排放未超过国家标准。经王某请求,环保局对餐厅造成王某空调无法正常使用一事进行调解。餐厅认为其排放的油烟未超过国家标准,不存在违法行为,不应承担王某的经济损失。调解不成,环保局作出餐厅赔偿王某3 000元经济损失的处理决定。餐厅不服,认为环保局处理不当,于是以环保局为被告向法院提起行政诉讼,要求撤销环保局的处理决定。

请问:(1)餐厅不予赔偿的理由是否成立?
(2)法院应如何处理?

案例评析:(1)餐厅不予赔偿的理由不成立。按照我国法律的有关规定,环境污染损害赔偿责任实行无过错责任,不以违法为前提。也就是说,即使排放污染物未超过规定的标准,只要造成损害事实,也应承担民事赔偿责任。本案中,餐厅实施了排放油烟污染环境的行为,并造成了王某的空调机无法正常使用的损害事实,且在排污行为与损害事实之间存在因果关系,构成了无过错责任的条件。因此,餐厅应承担王某的经济损失。

(2)法院应驳回餐厅的起诉。因为在环境民事纠纷案件中,环保局应当事人的请求,对当事人之间因一方污染环境的行为而造成另一方财产损失或人身损害的赔偿纠纷进行处理时,其处于调解人地位,并不代表国家履行行政管理的职责。其作出的处理决定,也不具有强制力。

按照我国法律的有关规定,环境污染损害赔偿责任实行无过错责任,不以违法为前提,只要造成损害事实,也应承担民事赔偿责任。

本章思考

1. 国家生态补偿机制中的"谁受益、谁补偿"是什么原则的体现?
2. "污染者负担原则"和"损害担责原则"的区别是什么?
3. 环境影响评价制度是以下哪项原则的具体体现?
   A. 预防为主原则　　　　　　　B. 防治结合原则
   C. 公众参与原则　　　　　　　D. 环境经济责任原则

思考解答
1. "谁受益、谁补偿"是国家生态补偿机制中的"权责统一、合理补偿"原则的体现。
2. "污染者负担原则"是环境污染者承担环境污染治理费用的原则,但并不能解决无法确定污染者时的治理费用承担问题。而"损害担责"原则不仅包括污染者负担原则,也涵盖受益者补偿、破坏者恢复、开发者养护的系统治理环境污染的责任制度。
3. B

第五章
自然资源保护法律制度

本章需要掌握的主要内容:
➢ 土地管理法的法律规定
➢ 矿产资源法的法律规定
➢ 森林法的法律规定
➢ 渔业法的法律规定
➢ 水法的法律规定

> 自然资源保护法律体系涵盖那些单项法律规定?土地资源保护法、水资源保护法、矿产资源保护法……具体规定了什么内容?

第一节 自然资源保护法律制度概述

一、自然资源和自然资源法的概念

自然资源,是指在一定经济和技术条件下,自然界中对人类有用的一切物质和能量,如土地、水、草原、森林、野生动植物等。自然资源法是调整人们在自然资源的开发、利用、保护和管理过程中所发生的各种社会关系的法律规范的总称。

自然资源法旨在规范人们开发利用自然资源的行为,促使人们保护和合理利用自然资源,以阻止人类与自然资源的关系恶化,维护人类社会与自然资源之间的和谐发展,改善与增强人类赖以生存和发展的自然环境和物质基础。

二、自然资源法的法律体系

我国一直十分重视自然资源的保护,制定了一系列相关的法律、法规。我国《宪法》第9条明确规定,矿藏、水流、森林、山岭、草原、荒地、滩涂等自然资源,都属于国家所有,即全民所有;由法律规定属于集体所有的森林和山岭、草原、荒地、滩涂除外。国家保障自然资源的合理利用,保护珍贵的动物和植物。禁止任何组织或者个人用任何手段侵占或者破坏自然资源。

我国没有一部统一的自然资源法,由自然资源相关单项法律、行政法规和部门规章构成自然资源保护法律体系。这包括:《中华人民共和国土地管理法》《中华人民共和国矿产资源法》《中华人民共和国野生动物保护法》《中华人民共和国森林法》《中华人民共和国草原法》《中华人民共和国渔业法》《中华人民共和国水法》等单项法律,《地下水管理条例》《自然保护区条例》《陆生野生动物保护实施条例》等行政法规,以及其他若干部门规章。

第二节 土地管理法律制度

一、土地保护是一项基本国策

根据《中华人民共和国土地管理法》的规定,十分珍惜、合理利用土地和切实保护耕地是我国的基本国策。该法规定:"各级人民政府应当采取措施,全面规划,严格管理,保护、开发土地资源,制止非法占用土地的行为。"这是继环境保护之后,我国公开宣布的又一项基本国策,说明了我国对保护土地工作的重视程度。

二、土地权属制度

(一) 土地所有权

我国实行土地的社会主义公有制,即全民所有制和劳动群众集体所有制。城市市区的土地属于国家所有。农村和城市郊区的土地(包括宅基地、自留地、自留山)除由法律规定属于国家所有的以外,属于农民集体所有。坚持土地公有原则,是由我国社会主义性质决定的。土地作为最基本的生产生活资料,由国家或者集体所有可保障社会公平、保持社会稳定,有利于实现社会公共利益。

全民所有,即国家所有土地的所有权由国务院代表国家行使。任何单位和个人不得侵占、买卖或者以其他形式非法转让土地。土地使用权可以依法转让。国家为了公共利益的需要,可以依法对土地实行征收或者征用并给予补偿。国家依法实行国有土地有偿使用制度。但是,国家在法律规定的范围内划拨国有土地使用权的除外。任何单位和个人都有遵守土地管理法律、法规的义务,并有权对违反土地管理法律、法规的行为提出检举和控告。

(二) 土地使用权

国有土地和农民集体所有的土地,可以依法确定给单位或者个人使用。使用土地的单位和个人,有保护、管理和合理利用土地的义务。农民集体所有的土地依法属于村农民集体所有的,由村集体经济组织或者村民委员会经营、管理;已经分别属于村内两个以上农村集体经济组织的农民集体所有的,由村内各该农村集体经济组织或者村民小组经营、管理;已经属于乡(镇)农民集体所有的,由乡(镇)农村集体经济组织经营、管理。农民集体所有的土地,由县级人民政府登记造册,核发证书,确认所有权。农民集体所有的土地依法用于非农业建设的,由县级人民政府登记造册,核发证书,确认建设用地使用权。单位和个人依法使用的国有土地,由县级以上人民政府登记造册,核发证书,确认使用权;其中,中央国家机关使用的国有土地的具体登记发证机关,由国务院确定。依法登记的土地的所有权和使用权受法律保护,任何单位和个人不得侵犯。

(三) 农村承包经营土地

农民集体所有和国家所有依法由农民集体使用的耕地、林地、草地,以及其他依法用于农业的土地,采取农村集体经济组织内部的家庭承包方式承包,不宜采取家庭承包方式的荒山、荒沟、荒丘、荒滩等,可以采取招标、拍卖、公开协商等方式承包,从事种植业、林业、畜牧业、渔业生产。家庭承包的耕地的承包期为30年,草地的承包期为30年至50年,林地的承包期为30年至70年;耕地承包期届满后再延长30年,草地、林地承包期届满后依法相应延长。

国家所有依法用于农业的土地可以由单位或者个人承包经营,从事种植业、林业、畜牧业、渔业生产。发包方和承包方应当订立承包合同,约定双方的权利和义务。土地承包经营的期限由承包合同约定。承包经营土地的单位和个人,有保护和按照承包合同约定的用途合理利用土地的义务。

三、土地规划、调查和统计制度

(一) 土地利用总体规划

各级人民政府应当依据国民经济和社会发展规划、国土整治和资源环境保护的要求、土地供给能力以及各项建设对土地的需求,组织编制土地利用总体规划。

各级人民政府在土地利用总体规划时,按照落实国土空间开发保护要求,严格土地用途管制;严格保护基本农田,控制非农业建设占用农用地;提高土地节约集约利用水平;统筹安排城乡生产、生活、生态用地,满足乡村产业和基础设施用地合理需求,促进城乡融合发展;保护和改善生态环境,保障土地的可持续利用;占用耕地与开发复垦耕地相平衡、质量相当等原则进行编制。

下级土地利用总体规划应当依据上一级土地利用总体规划编制。地方各级人民政府编制的土地利用总体规划中的建设用地总量不得超过上一级土地利用总体规划确定的控制指标,耕地保有量不得低于上一级土地利用总体规划确定的控制指标。省、自治区、直辖市人民政府编制的土地利用总体规划,应当确保本行政区域内耕地总量不减少。

(二) 国土利用空间规划

国家建立国土空间规划体系。编制国土空间规划应当坚持生态优先,绿色、可持续发展,科学有序统筹安排生态、农业、城镇等功能空间,优化国土空间结构和布局,提升国土空间开发、保护的质量和效率。

县级土地利用总体规划应当划分土地利用区,明确土地用途。乡(镇)土地利用总体规划应当划分土地利用区,根据土地使用条件,确定每一块土地的用途,并予以公告。

城市建设用地规模应当符合国家规定的标准,充分利用现有建设用地,不占或者少占农用地。城市总体规划、村庄和集镇规划,应当与土地利用总体规划相衔接,城市总体规划、村庄和集镇规划中建设用地规模不得超过土地利用总体规划确定的城市和村庄、集镇建设用地规模。在城市规划区内、村庄和集镇规划区内,城市和村庄、集镇建设用地应当符合城市规划、村庄和集镇规划。

江河、湖泊综合治理和开发利用规划,应当与土地利用总体规划相衔接。在江河、湖泊、水库的管理和保护范围以及蓄洪滞洪区内,土地利用应当符合江河、湖泊综合治理和开发利用规划,符合河道、湖泊行洪、蓄洪和输水的要求。

各级人民政府应当加强土地利用计划管理,实行建设用地总量控制。

经批准的土地利用总体规划的修改,须经原批准机关批准;未经批准,不得改变土地利用总体规划确定的土地用途。经国务院批准的大型能源、交通、水利等基础设施建设用地,需要改变土地利用总体规划的,根据国务院的批准文件修改土地利用总体规划。经省、自治区、直辖市人民政府批准的能源、交通、水利等基础设施建设用地,需要改变土地利用总体规划的,属于省级人民政府土地利用总体规划批准权限内的,根据省级人民政府的批准文件修改土地利用总体规划。

(三) 土地调查和统计制度

1. 土地调查制度

县级以上人民政府自然资源主管部门会同同级有关部门进行土地调查。土地所有者或者使用者应当配合调查,并提供有关资料。县级以上人民政府自然资源主管部门会同同级有关部门根据土地调查成果、规划土地用途和国家制定的统一标准,评定土地等级。

2. 土地统计制度。

县级以上人民政府统计机构和自然资源主管部门依法进行土地统计调查,定期发布土地统计资料。土地所有者或者使用者应当提供有关资料,不得拒报、迟报,不得提供不真实、不完整的资料。统计机构和自然资源主管部门共同发布的土地面积统计资料是各级人民政府编制土地利用总体规划的依据。

四、耕地保护制度

根据国家标准《土地利用现状分类》(GB/T 21010-2017),耕地是指种植农作物的土地,包括熟地、新开发复垦整理地、休闲地、轮歇地、草田轮作地;以种植农作物为主,间有零星果树、桑树或其他树木的土地;平均每年能保证收获一季的已垦滩地和海涂。耕地中还包括南方宽<1.0米,北方宽<2.0米的沟、渠、路和田埂。包括灌溉水田、望天田、水浇地、旱地、菜地。

耕地是人类赖以生存和发展的基础,是实现粮食安全的关键要素。因此,国家将保护耕地作为土地管理的首要任务,实施严格的耕地保护制度和节约用地制度,坚持耕地保护优先,全面强化规划统筹、用途管制、用地节约和执法监管,严守耕地红线,确保耕地实有面积基本稳定、质量不下降。

(一) 占用耕地补偿制度

国家保护耕地,严格控制耕地转为非耕地。国家实行占用耕地补偿制度。非农业建设经批准占用耕地的,按照"占多少,垦多少"的原则,由占用耕地的单位负责开垦与所占用耕地的数量和质量相当的耕地;没有条件开垦或者开垦的耕地不符合要求的,应当按照省、自治区、直辖市的规定缴纳耕地开垦费,专款用于开垦新的耕地。省、自治区、直辖市人民政府应当制定开垦耕地计划,监督占用耕地的单位按照计划开垦耕地或者按照计划组织开垦耕地,并进行验收。

县级以上地方人民政府可以要求占用耕地的单位将所占用耕地耕作层的土壤用于新开垦耕地、劣质地或者其他耕地的土壤改良。省、自治区、直辖市人民政府应当严格执行土地利用总体规划和土地利用年度计划,采取措施,确保本行政区域内耕地总量不减少、质量不降低。耕地总量减少的,由国务院责令在规定期限内组织开垦与所减少耕地的数量与质量相当的耕地;耕地质量降低的,由国务院责令在规定期限内组织整治。新开垦和整治的耕地由国务院自然资源主管部门会同农业农村主管部门验收。个别省、直辖市确因土地后备资源匮乏,新增建设用地后,新开垦耕地的数量不足以补偿所占用耕地的数量的,必须报经国务院批准减免本行政区域内开垦耕地的数量,易地开垦数量和质量相当的耕地。

（二）永久基本农田保护制度

国家实行永久基本农田保护制度。根据《土地管理法》的规定,划入永久基本农田的包括：经国务院有关主管部门或者县级以上地方人民政府批准确定的粮、棉、油、糖等重要农产品生产基地内的耕地；有良好的水利与水土保持设施的耕地,正在实施改造计划以及可以改造的中、低产田和已建成的高标准农田；蔬菜生产基地；农业科研、教学试验田；国务院规定应当划入永久基本农田的其他耕地。

各级人民政府应当采取措施,引导因地制宜轮作休耕,改良土壤,提高地力,维护排灌工程设施,防止土地荒漠化、盐渍化、水土流失和土壤污染。

非农业建设必须节约使用土地,可以利用荒地的,不得占用耕地；可以利用劣地的,不得占用好地。禁止占用耕地建窑、建坟或者擅自在耕地上建房、挖砂、采石、采矿、取土等。禁止占用永久基本农田发展林果业和挖塘养鱼。

（三）禁止闲置、荒芜耕地

国家禁止任何单位和个人闲置、荒芜耕地。已经办理审批手续的非农业建设占用耕地,一年内不用而又可以耕种并收获的,应当由原耕种该幅耕地的集体或者个人恢复耕种,也可以由用地单位组织耕种；一年以上未动工建设的,应当按照省、自治区、直辖市的规定缴纳闲置费；连续二年未使用的,经原批准机关批准,由县级以上人民政府无偿收回用地单位的土地使用权；该幅土地原为农民集体所有的,应当交由原农村集体经济组织恢复耕种。

（四）鼓励开发、开垦、改造土地

国家鼓励单位和个人按照土地利用总体规划,在保护和改善生态环境、防止水土流失和土地荒漠化的前提下,开发未利用的土地；适宜开发为农用地的,应当优先开发成农用地。国家依法保护开发者的合法权益。

开垦未利用的土地,必须经过科学论证和评估,在土地利用总体规划划定的可开垦的区域内,经依法批准后进行。禁止毁坏森林、草原开垦耕地,禁止围湖造田和侵占江河滩地。

根据土地利用总体规划,对破坏生态环境开垦、围垦的土地,有计划有步骤地退耕还林、还牧、还湖。

开发未确定使用权的国有荒山、荒地、荒滩从事种植业、林业、畜牧业、渔业生产的,经县级以上人民政府依法批准,可以确定给开发单位或者个人长期使用。

县、乡（镇）人民政府应当组织农村集体经济组织,按照土地利用总体规划,对田、水、路、林、村综合整治,提高耕地质量,增加有效耕地面积,改善农业生产条件和生态环境。地方各级人民政府应当采取措施,改造中、低产田,整治闲散地和废弃地。

因挖损、塌陷、压占等造成土地破坏,用地单位和个人应当按照国家有关规定负责复垦；没有条件复垦或者复垦不符合要求的,应当缴纳土地复垦费,专项用于土地复垦。复垦的土地应当优先用于农业。

五、建设用地管理制度

（一）农用地转为建设用地

建设占用土地,涉及农用地转为建设用地的,应当办理农用地转用审批手续。永久基本农田转为建设用地的,由国务院批准。在土地利用总体规划确定的城市和村庄、集镇建设用地规模范围内,为实施该规划而将永久基本农田以外的农用地转为建设用地的,按土地利用年度计划分批次按照国务院规定由原批准土地利用总体规划的机关或者其授权的机关批准。在已批准的农用地转用范围内,具体建设项目用地可以由市、县人民政府批准。

1. 土地征收

为了公共利益的需要,有下列情形之一,确需征收农民集体所有的土地的,可以依法实施征收:军事和外交需要用地的;由政府组织实施的能源、交通、水利、通信、邮政等基础设施建设需要用地的;由政府组织实施的科技、教育、文化、卫生、体育、生态环境和资源保护、防灾减灾、文物保护、社区综合服务、社会福利、市政公用、优抚安置、英烈保护等公共事业需要用地的;由政府组织实施的扶贫搬迁、保障性安居工程建设需要用地的;在土地利用总体规划确定的城镇建设用地范围内,经省级以上人民政府批准由县级以上地方人民政府组织实施的成片开发建设需要用地的;法律规定为公共利益需要可以征收农民集体所有的土地的其他情形。

征收农用地的,应当先行办理农用地转用审批。其中,经国务院批准农用地转用的,如永久基本农田、永久基本农田以外的耕地超过 35 公顷的,以及其他土地超过 70 公顷的,则同时办理征地审批手续,不再另行办理征地审批;经省、自治区、直辖市人民政府在征地批准权限内批准农用地转用的,同时办理征地审批手续,不再另行办理征地审批,超过征地批准权限的,应当依照有关规定另行办理征地审批。

2. 土地征收补偿

征收土地应当给予公平、合理的补偿,保障被征地农民原有生活水平不降低、长远生计有保障。征收土地应当依法及时足额支付土地补偿费、安置补助费以及农村村民住宅、其他地上附着物和青苗等的补偿费用,并安排被征地农民的社会保障费用。被征地的农村集体经济组织应当将征收土地的补偿费用的收支状况向本集体经济组织的成员公布,接受监督。禁止侵占、挪用被征收土地单位的征地补偿费用和其他有关费用。

(二) 国有土地的使用

经批准的建设项目需要使用国有建设用地的,建设单位应当持法律、行政法规规定的有关文件,向有批准权的县级以上人民政府自然资源主管部门提出建设用地申请,经自然资源主管部门审查,报本级人民政府批准。

1. 出让取得建设用地

建设单位使用国有土地,应当以出让等有偿使用方式取得。以出让等有偿使用方式取得国有土地使用权的建设单位,按照国务院规定的标准和办法,缴纳土地使用权出让金等土地有偿使用费和其他费用后,方可使用土地。

2. 划拨取得建设用地

经县级以上人民政府依法批准,国家机关用地和军事用地;城市基础设施用地和公益事业用地;国家重点扶持的能源、交通、水利等基础设施用地;法律、行政法规规定的其他用地等,可以以划拨方式取得。

(三) 土地回收

建设单位使用国有土地的,应当按照土地使用权出让等有偿使用合同的约定或者土地使用权划拨批准文件的规定使用土地;确需改变该幅土地建设用途的,应当经有关人民政府自然资源主管部门同意,报原批准用地的人民政府批准。其中,在城市规划区内改变土地用途的,在报批前,应当先经有关城市规划行政主管部门同意。

有下列情形之一的,由有关人民政府自然资源主管部门报经原批准用地的人民政府或者有批准权的人民政府批准,可以收回国有土地使用权,土地收回时,对土地使用权人应当给予适当补偿:

(1)为实施城市规划进行旧城区改建以及其他公共利益需要,确需使用土地的;

(2)土地出让等有偿使用合同约定的使用期限届满,土地使用者未申请续期或者申请续期未获批准的;

(3)因单位撤销、迁移等原因,停止使用原划拨的国有土地的;

(4)公路、铁路、机场、矿场等经核准报废的。

第三节 矿产资源法律制度

矿产资源法是调整人们在勘查、开发利用、保护和管理矿产资源过程中所发生的各种社会关系的法律规范的总称,主要包括矿产权,矿产资源勘查的登记和开采审批制度、矿产资源的勘查和开采的管理制度、集体矿山企业和个体采矿的管理制度、违反矿产资源法的法律责任等内容。

一、矿产资源所有权和开发利用原则

(一)矿产资源的所有权

矿产资源属于国家所有,由国务院行使国家对矿产资源的所有权。地表或者地下的矿产资源的国家所有权,不因其所依附的土地的所有权或者使用权的不同而改变。

(二)矿产资源开发利用原则

1. 合理开发利用原则

国家保障矿产资源的合理开发利用。禁止任何组织或者个人用任何手段侵占或者破坏矿产资源。各级人民政府必须加强矿产资源的保护工作。

2. 依申请获得批准原则

勘查、开采矿产资源,必须依法分别申请,经批准取得探矿权、采矿权,并办理登记。但是,已经依法申请取得采矿权的矿山企业在划定的矿区范围内为本企业的生产而进行的勘查除外。

3. 探矿权和采矿权不受侵犯原则

国家保护探矿权和采矿权不受侵犯,保障矿区和勘查作业区的生产秩序、工作秩序不受影响和破坏。从事矿产资源勘查和开采的,必须符合规定的资质条件。

国家保障依法设立的矿山企业开采矿产资源的合法权益。国有矿山企业是开采矿产资源的主体。国家保障国有矿业经济的巩固和发展。

4. 照顾民族自治地方利益原则

国家在民族自治地方开采矿产资源,应当照顾民族自治地方的利益,作出有利于民族自治地方经济建设的安排,照顾当地少数民族群众的生产和生活。民族自治地方的自治机关根据法律规定和国家的统一规划,对可以由本地方开发的矿产资源,优先合理开发利用。

5. 矿产资源的统一规划原则

国家对矿产资源的勘查、开发实行统一规划、合理布局、综合勘查、合理开采和综合利用的方针。国家鼓励矿产资源勘查、开发的科学技术研究，推广先进技术，提高矿产资源勘查、开发的科学技术水平。

二、矿产资源勘查制度

(一) 矿产资源的勘查登记

国家对矿产资源勘查实行统一的区块登记管理制度。矿产资源勘查登记工作，由国务院地质矿产主管部门负责；特定矿种的矿产资源勘查登记工作，可以由国务院授权有关主管部门负责。

(二) 矿产资源的勘查

矿床勘探必须对矿区内具有工业价值的共生和伴生矿产进行综合评价，并计算其储量。未作综合评价的勘探报告不予批准。

普查、勘探易损坏的特种非金属矿产、流体矿产、易燃易爆易溶矿产和含有放射性元素的矿产，必须采用省级以上人民政府有关主管部门规定的普查、勘探方法，并有必要的技术装备和安全措施。

矿产资源勘查的原始地质编录和图件，岩矿心、测试样品和其他实物标本资料，各种勘查标志，应当按照有关规定保护和保存。

三、矿产资源的开采制度

(一) 矿产资源的开采审批

开采下列矿产资源的，由国务院地质矿产主管部门审批，并颁发采矿许可证：(1) 国家规划矿区和对国民经济具有重要价值的矿区内的矿产资源；(2) 前项规定区域以外可供开采的矿产储量规模在大型以上的矿产资源；(3) 国家规定实行保护性开采的特定矿种；(4) 领海及中国管辖的其他海域的矿产资源；(5) 国务院规定的其他矿产资源。开采石油、天然气、放射性矿产等特定矿种的，可以由国务院授权的有关主管部门审批，并颁发采矿许可证。

非经国务院授权的有关主管部门同意，不得在下列地区开采矿产资源：(1) 港口、机场、国防工程设施圈定地区以内；(2) 重要工业区、大型水利工程设施、城镇市政工程设施附近一定距离以内；(3) 铁路、重要公路两侧一定距离以内；(4) 重要河流、堤坝两侧一定距离以内；(5) 国家划定的自然保护区、重要风景区，国家重点保护的不能移动的历史文物和名胜古迹所在地；(6) 国家规定不得开采矿产资源的其他地区。

(二) 矿产资源的开采

开采矿产资源，必须采取合理的开采顺序、开采方法和选矿工艺。矿山企业的开采回采率、采矿贫化率和选矿回收率应当达到设计要求。

在开采主要矿产的同时，对具有工业价值的共生和伴生矿产应当统一规划，综合开采，综合利用，防止浪费；对暂时不能综合开采或者必须同时采出而暂时还不能综合利用的矿产以及含有有用组分的尾矿，应当采取有效的保护措施，防止损失破坏。

开采矿产资源，必须遵守国家劳动安全卫生规定，具备保障安全生产的必要条件；必须遵守有关环境保护的法律规定，防止污染环境；应当节约用地，耕地、草原、林地因采矿受到破坏的,矿山企业应当因地制宜地采取复垦利用、植树种草或者其他利用措施。

开采矿产资源给他人生产、生活造成损失的,应当负责赔偿,并采取必要的补救措施。

四、集体矿山企业和个体采矿的管理制度

国家对集体矿山企业和个体采矿实行积极扶持、合理规划、正确引导、加强管理的方针,鼓励集体矿山企业开采国家指定范围内的矿产资源,允许个人采挖零星分散资源和只能用作普通建筑材料的砂、石、黏土以及为生活自用采挖少量矿产。

矿产储量规模适宜由矿山企业开采的矿产资源、国家规定实行保护性开采的特定矿种和国家规定禁止个人开采的其他矿产资源,个人不得开采。

集体矿山企业和个体采矿应当提高技术水平,提高矿产资源回收率。禁止乱挖滥采,破坏矿产资源。

设立矿山企业,必须符合国家规定的资质条件,并依照法律和国家有关规定,由审批机关对其矿区范围、矿山设计或者开采方案、生产技术条件、安全措施和环境保护措施等进行审查;审查合格的,方予批准。

第四节 森林资源保护法律制度

森林法是调整人们在森林保护及森林的合理利用活动中所发生的各种社会关系的法律规范的总称,一般包括林权、森林保护、森林采伐的禁止与限制及违反森林法的法律责任等内容。

一、森林法的宗旨及基本制度

(一) 宗旨

践行绿水青山就是金山银山理念,保护、培育和合理利用森林资源,加快国土绿化,保障森林生态安全,建设生态文明,实现人与自然和谐共生。

(二) 基本原则

保护、培育、利用森林资源应当尊重自然、顺应自然,坚持生态优先、保护优先、保育结合、可持续发展的原则。

(三) 基本制度

国家实行森林资源保护发展目标责任制和考核评价制度。上级人民政府对下级人民政府完成森林资源保护发展目标和森林防火、重大林业有害生物防治工作的情况进行考核,并公开考核结果。地方人民政府可以根据本行政区域森林资源保护发展的需要,建立林长制。

国家采取财政、税收、金融等方面的措施,支持森林资源的保护发展。各级人民政府应当保障森林生态保护修复的投入,促进林业发展。国家以培育稳定、健康、优质、高效的森林生态系统为目标,对公益林和商品林实行分类经营管理,突出主导功能,发挥多种功能,实现森林资源永续利用。国家建立森林生态效益补偿制度,加大公益林保护支持力度,完善重点生态功能区转移支付政策,指导受益地区和森林生态保护地区人民政府通过协商等方式进行生态效益补偿。

植树造林、保护森林,是公民应尽的义务。各级人民政府应当组织开展全民义务植树活动。

二、森林权属

(一)国家所有的森林资源

森林资源属于国家所有,由法律规定属于集体所有的除外。国家所有的森林资源的所有权由国务院代表国家行使。国务院可以授权国务院自然资源主管部门统一履行国有森林资源所有者职责。国家所有的林地和林地上的森林、林木可以依法确定给林业经营者使用。林业经营者依法取得的国有林地和林地上的森林、林木的使用权,经批准可以转让、出租、作价出资等。

林地和林地上的森林、林木的所有权、使用权,由不动产登记机构统一登记造册,核发证书。森林、林木、林地的所有者和使用者的合法权益受法律保护,任何组织和个人不得侵犯。

(二)林地承包经营权

集体所有和国家所有依法由农民集体使用的林地(以下简称集体林地)实行承包经营的,承包方享有林地承包经营权和承包林地上的林木所有权,合同另有约定的从其约定。承包方可以依法采取出租(转包)、入股、转让等方式流转林地经营权、林木所有权和使用权。未实行承包经营的集体林地以及林地上的林木,由农村集体经济组织统一经营。经本集体经济组织成员的村民会议2/3以上成员或者2/3以上村民代表同意并公示,可以通过招标、拍卖、公开协商等方式依法流转林地经营权、林木所有权和使用权。

集体林地经营权流转应当签订书面合同。林地经营权流转合同一般包括流转双方的权利义务、流转期限、流转价款及支付方式、流转期限届满林地上的林木和固定生产设施的处置、违约责任等内容。

(三)林木所有权或收益权

国有企业事业单位、机关、团体、部队营造的林木,由营造单位管护并按照国家规定支配林木收益。

农村居民在房前屋后、自留地、自留山种植的林木,归个人所有。城镇居民在自有房屋的庭院内种植的林木,归个人所有。

集体或者个人承包国家所有和集体所有的宜林荒山荒地荒滩营造的林木,归承包的集体或者个人所有;合同另有约定的从其约定。

其他组织或者个人营造的林木,依法由营造者所有并享有林木收益;合同另有约定的从其约定。

三、森林保护相关主要法律制度

(一)森林保护

国家加强森林资源保护,发挥森林蓄水保土、调节气候、改善环境、维护生物多样性和提供林产品等多种功能。国家支持重点林区的转型发展和森林资源保护修复,改善生产生活条件,促进所在地区经济社会发展。

国家在不同自然地带的典型森林生态地区、珍贵动物和植物生长繁殖的林区、天然热带雨林区和具有特殊保护价值的其他天然林区,建立以国家公园为主体的自然保护地体系,加强保护管理。国家支持生态脆弱地区森林资源的保护修复。

国家实行天然林全面保护制度,严格限制天然林采伐,加强天然林管护能力建设,保护和修复天然林资源,逐步提高天然林生态功能。

国家保护林地,严格控制林地转为非林地,实行占用林地总量控制,确保林地保有量不减少。各类建设项目占用林地不得超过本行政区域的占用林地总量控制指标。

矿藏勘查、开采以及其他各类工程建设,应当不占或者少占林地;确需占用林地的,应当经县级以上人民政府林业主管部门审核同意,依法办理建设用地审批手续。占用林地的单位应当缴纳森林植被恢复费。森林植被恢复费征收使用管理办法由国务院财政部门会同林业主管部门制定。

《森林法》禁止毁林开垦、采石、采砂、采土以及其他毁坏林木和林地的行为;禁止向林地排放重金属或者其他有毒有害物质含量超标的污水、污泥,以及可能造成林地污染的清淤底泥、尾矿、矿渣等;禁止在幼林地砍柴、毁苗、放牧,禁止擅自移动或者损坏森林保护标志。

此外,国家保护古树名木和珍贵树木。禁止破坏古树名木和珍贵树木及其生存的自然环境。

(二)护林防火防生物灾害

地方各级人民政府应当组织有关部门建立护林组织,负责护林工作;根据实际需要建设护林设施,加强森林资源保护;督促相关组织订立护林公约、组织群众护林、划定护林责任区、配备专职或者兼职护林员。

县级或者乡镇人民政府可以聘用护林员,其主要职责是巡护森林,发现火情、林业有害生物以及破坏森林资源的行为,应当及时处理并向当地林业等有关部门报告。地方各级人民政府负责本行政区域的森林防火工作,发挥群防作用;县级以上人民政府组织领导应急管理、林业、公安等部门按照职责分工密切配合做好森林火灾的科学预防、扑救和处置工作。

县级以上人民政府林业主管部门负责本行政区域的林业有害生物的监测、检疫和防治。省级以上人民政府林业主管部门负责确定林业植物及其产品的检疫性有害生物,划定疫区和保护区。重大林业有害生物灾害防治实行地方人民政府负责制。发生暴发性、危险性等重大林业有害生物灾害时,当地人民政府应当及时组织除治。

(三)造林绿化

国家统筹城乡造林绿化,开展大规模国土绿化行动,绿化美化城乡,推动森林城市建设,促进乡村振兴,建设美丽家园。

各级人民政府应当组织各行各业和城乡居民造林绿化。宜林荒山荒地荒滩,属于国家所有的,由县级以上人民政府林业主管部门和其他有关主管部门组织开展造林绿化;属于集体所有的,由集体经济组织来组织开展造林绿化。城市规划区内、铁路公路两侧、江河两侧、湖泊水库周围,由各有关主管部门按照有关规定因地制宜组织开展造林绿化;工矿区、工业园区、机关、学校用地,部队营区以及农场、牧场、渔场经营地区,由各该单位负责造林绿化。组织开展城市造林绿化的具体办法由国务院制定。国家所有和集体所有的宜林荒山荒地荒滩可以由单位或者个人承包造林绿化。

国家鼓励公民通过植树造林、抚育管护、认建认养等方式参与造林绿化。

(四)经营管理

国家根据生态保护的需要,将森林生态区位重要或者生态状况脆弱,以发挥生态效益为主要目的的林地和林地上的森林划定为公益林。未划定为公益林的林地和林地上的森林属于商品林。

1. 公益林

公益林由国务院和省、自治区、直辖市人民政府划定并公布。重要江河源头汇水区域、重要江河干流及支流两岸和饮用水水源地保护区、重要湿地和重要水库周围、森林和陆生野生动物类型的自然保护区、荒漠化和水土流失严重地区的防风固沙林基干林带、沿海防护林基干林带、未开发利用的原始林地区等区域的林地和林地上的森林,应当划定为公益林。

国家对公益林实施严格保护。县级以上人民政府林业主管部门应当有计划地组织公益林经营者对公益林中生态功能低下的疏林、残次林等低质低效林,采取林分改造、森林抚育等措施,提高公益林的质量和生态保护功能。

2. 商品林

国家鼓励发展以生产木材、果品、油料、饮料、调料、工业原料和药材、燃料和其他生物质能源,以及其他以发挥经济效益为主要目的的商品林。在保障生态安全的前提下,国家鼓励建设速生丰产、珍贵树种和大径级用材林,增加林木储备,保障木材供给安全。

商品林由林业经营者依法自主经营。在不破坏生态的前提下,可以采取集约化经营措施,合理利用森林、林木、林地,提高商品林经济效益。

(五) 森林采伐

国家严格控制森林年采伐量。省、自治区、直辖市人民政府林业主管部门根据消耗量低于生长量和森林分类经营管理的原则,编制本行政区域的年采伐限额,经征求国务院林业主管部门意见,报本级人民政府批准后公布实施,并报国务院备案。重点林区的年采伐限额,由国务院林业主管部门编制,报国务院批准后公布实施。

采伐森林、林木应当遵守下列规定:

(1) 公益林只能进行抚育、更新和低质低效林改造性质的采伐。但是,因科研或者实验、防治林业有害生物、建设护林防火设施、营造生物防火隔离带、遭受自然灾害等需要采伐的除外。

(2) 商品林应当根据不同情况,采取不同采伐方式,严格控制皆伐面积,伐育同步规划实施。

(3) 自然保护区的林木,禁止采伐。但是,因防治林业有害生物、森林防火、维护主要保护对象生存环境、遭受自然灾害等特殊情况必须采伐的和实验区的竹林除外。

采伐林地上的林木应当申请采伐许可证,并按照采伐许可证的规定进行采伐;采伐自然保护区以外的竹林,不需要申请采伐许可证,但应当符合林木采伐技术规程。农村居民采伐自留地和房前屋后个人所有的零星林木,不需要申请采伐许可证。禁止伪造、变造、买卖、租借采伐许可证。

第五节 渔业资源法律制度

渔业资源法是为了加强渔业资源的保护、增殖、开发和合理利用,发展人工养殖,保障渔业生产者的合法权益,促进渔业生产的发展,适应社会主义建设和人民生活的需要而制定的法律规范的总称,一般包括养殖业、捕捞业、渔业资源增值和保护、违反渔业法的法律责任等内容。

一、主要方针

在中国的内水、滩涂、领海以及中华人民共和国管辖的一切其他海域从事养殖和捕捞水生动物、水生植物等渔业生产活动,都必须遵守《中华人民共和国渔业法》(以下简称《渔业法》)。外国人、外国渔业船舶进入中华人民共和国管辖水域,从事渔业生产或者渔业资源调查活动,必须经国务院有关主管部门批准,并遵守《渔业法》和其他有关法律、法规的规定;同中华人民共和国订有条约、协定的,按照条约、协定办理。

国家对渔业的监督管理,实行统一领导、分级管理。海洋渔业,除国务院划定由国务院渔业行政主管部门及其所属的渔政监督管理机构监督管理的海域和特定渔业资源渔场外,由毗邻海域的省、自治区、直辖市人民政府渔业行政主管部门监督管理。江河、湖泊等水域的渔业,按照行政区划由有关县级以上人民政府渔业行政主管部门监督管理;跨行政区域的,由有关县级以上地方人民政府协商制定管理办法,或者由上一级人民政府渔业行政主管部门及其所属的渔政监督管理机构监督管理。国家渔政渔港监督管理机构对外行使渔政渔港监督管理权。

二、主要法律制度

(一) 养殖业相关制度

1. 养殖区域

国家鼓励全民所有制单位、集体所有制单位和个人充分利用适于养殖的水面、滩涂,发展养殖业。

国家对水域利用进行统一规划,确定可以用于养殖业的全民所有的水面、滩涂。单位和个人使用国家规划确定用于养殖业的全民所有的水域、滩涂的,使用者应当向县级以上地方人民政府渔业行政主管部门提出申请,由本级人民政府核发养殖证,许可其使用该水域、滩涂从事养殖生产。集体所有的或者全民所有由农业集体经济组织使用的水域、滩涂,可以由个人或者集体承包,从事养殖生产。

使用全民所有的水面、滩涂从事养殖生产,无正当理由使水面、滩涂荒芜满一年的,由发放养殖使用证的机关责令限期开发利用;逾期未开发利用的,吊销养殖使用证,可以并处一万元以下的罚款。

2. 养殖许可证

县级以上地方人民政府在核发养殖证时,应当优先安排当地的渔业生产者。未依法取得养殖证擅自在全民所有的水域从事养殖生产的,责令改正,补办养殖证或者限期拆除养殖设施。未依法取得养殖证或者超越养殖证许可范围在全民所有的水域从事养殖生产,妨碍航运、行洪的,责令限期拆除养殖设施,可以并处一万元以下的罚款。

3. 水产苗种的管理

国家鼓励和支持水产优良品种的选育、培育和推广。水产新品种必须经全国水产原种和良种审定委员会审定,由国务院渔业行政主管部门公告后推广。水产苗种的进口、出口由国务院渔业行政主管部门或者省、自治区、直辖市人民政府渔业行政主管部门审批。水产苗种的生产由县级以上地方人民政府渔业行政主管部门审批。但是,渔业生产者自育、自用水产苗种的除外。

(二) 捕捞业相关法律规定

国家在财政、信贷和税收等方面采取措施,鼓励、扶持远洋捕捞业的发展,并根据渔业资源的可捕捞量,安排内水和近海捕捞力量。

1. 捕捞限额制度

国家根据捕捞量低于渔业资源增长量的原则,确定渔业资源的总可捕捞量,实行捕捞限额制度。

国务院渔业行政主管部门负责组织渔业资源的调查和评估,为实行捕捞限额制度提供科学依据。中华人民共和国内海、领海、专属经济区和其他管辖海域的捕捞限额总量由国务院渔业行政主管部门确定,报国务院批准后逐级分解下达;国家确定的重要江河、湖泊的捕捞限额总量由有关省、自治区、直辖市人民政府确定或者协商确定,逐级分解下达。

捕捞限额总量的分配应当体现公平、公正的原则,分配办法和分配结果必须向社会公开,并接受监督。

国务院渔业行政主管部门和省、自治区、直辖市人民政府渔业行政主管部门应当加强对捕捞限额制度实施情况的监督检查,对超过上级下达的捕捞限额指标的,应当在其次年捕捞限额指标中予以核减。

2. 捕捞许可证制度

国家对捕捞业实行捕捞许可证制度。

海洋大型拖网、围网作业以及到中华人民共和国与有关国家缔结的协定确定的共同管理的渔区或者公海从事捕捞作业的捕捞许可证,由国务院渔业行政主管部门批准发放。其他作业的捕捞许可证,由县级以上地方人民政府渔业行政主管部门批准发放;但是,批准发放海洋作业的捕捞许可证不得超过国家下达的船网工具控制指标,具体办法由省、自治区、直辖市人民政府规定。

捕捞许可证不得买卖、出租和以其他形式转让,不得涂改、伪造、变造。具备下列条件的,方可发给捕捞许可证:(1) 有渔业船舶检验证书;(2) 有渔业船舶登记证书;(3) 符合国务院渔业行政主管部门规定的其他条件。

县级以上地方人民政府渔业行政主管部门批准发放的捕捞许可证,应当与上级人民政府渔业行政主管部门下达的捕捞限额指标相适应。从事捕捞作业的单位和个人,必须按照捕捞许可证关于作业类型、场所、时限、渔具数量和捕捞限额的规定进行作业,并遵守国家有关保护渔业资源的规定,大中型渔船应当填写渔业日志。制造、更新改造、购置、进口的从事捕捞作业的船舶必须经渔业船舶检验部门检验合格后,方可下水作业。

未依法取得捕捞许可证擅自进行捕捞的,没收渔获物和违法所得,并处10万元以下的罚款;情节严重的,并可以没收渔具和渔船。违反捕捞许可证关于作业类型、场所、时限和渔具数量的规定进行捕捞的,没收渔获物和违法所得,可以并处5万元以下的罚款;情节严重的,并可以没收渔具,吊销捕捞许可证。

三、渔业资源的增殖和保护制度

(一) 基本制度

县级以上人民政府渔业行政主管部门应当对其管理的渔业水域统一规划,采取措施,增殖渔业资源。县级以上人民政府渔业行政主管部门可以向受益的单位和个人征收渔业资源增殖保护费,专门用于增殖和保护渔业资源。

国家保护水产种质资源及其生存环境,并在具有较高经济价值和遗传育种价值的水产种质资源的主要生长繁育区域建立水产种质资源保护区。未经国务院渔业行政主管部门批准,任何单位或者个人不得在水产种质资源保护区内从事捕捞活动。

(二) 禁止规定

1. 禁止的捕捞方法

国家禁止炸鱼、毒鱼、电鱼等破坏渔业资源的方法进行捕捞。禁止制造、销售、使用禁用的渔具。禁止在禁渔区、禁渔期进行捕捞。禁止使用小于最小网目尺寸的网具进行捕捞。捕捞的渔获物中幼鱼不得超过规定的比例。在禁渔区或者禁渔期内禁止销售非法捕捞的渔获物。

2. 禁止捕捞的渔业资源

国家禁止捕捞有重要经济价值的水生动物苗种。因养殖或者其他特殊需要,捕捞有重要经济价值的苗种或者禁捕的怀卵亲体的,必须经国务院渔业行政主管部门或者省、自治区、直辖市人民政府渔业行政主管部门批准,在指定的区域和时间内,按照限额捕捞。在水生动物苗种重点产区引水用水时,应当采取措施,保护苗种。

国家对白鳍豚等珍贵、濒危水生野生动物实行重点保护,防止其灭绝。禁止捕杀、伤害国家重点保护的水生野生动物。因科学研究、驯养繁殖、展览或者其他特殊情况,需要捕捞国家重点保护的水生野生动物的,依照《中华人民共和国野生动物保护法》的规定执行。

3. 对渔业资源有严重影响的措施

在鱼、虾、蟹洄游通道建闸、筑坝,对渔业资源有严重影响的,建设单位应当建造过鱼设施或者采取其他补救措施。用于渔业并兼有调蓄、灌溉等功能的水体,有关主管部门应当确定渔业生产所需的最低水位线。

禁止围湖造田。沿海滩涂未经县级以上人民政府批准,不得围垦;重要的苗种基地和养殖场所不得围垦。

进行水下爆破、勘探、施工作业,对渔业资源有严重影响的,作业单位应当事先同有关县级以上人民政府渔业行政主管部门协商,采取措施,防止或者减少对渔业资源的损害;造成渔业资源损失的,由有关县级以上人民政府责令赔偿。

第六节 水资源保护法律制度

水是人类生存的生命线,是经济发展和社会进步的生命线,是实现可持续发展的重要物质基础。水法是调整人们在开发、利用、保护和管理水资源过程中所发生的各种社会关系的法律规范的总称,主要包括水资源所有权、管理权和使用权,水资源保护,违反水法的法律责任等内容。

一、水资源保护基本原则

(一) 水资源的所有权

水资源属于国家所有。水资源包括地表水和地下水。水资源的所有权由国务院代表国家行使。农村集体经济组织的水塘和由农村集体经济组织修建管理的水库中的水,归各该农村集体经济组织使用。

(二) 水资源保护相关原则

1. 总体原则

开发、利用、节约、保护水资源和防治水害，应当全面规划、统筹兼顾、标本兼治、综合利用、讲求效益，发挥水资源的多种功能，协调好生活、生产经营和生态环境用水。

县级以上人民政府应当加强水利基础设施建设，并将其纳入本级国民经济和社会发展计划。

国家鼓励单位和个人依法开发、利用水资源，并保护其合法权益。开发、利用水资源的单位和个人有依法保护水资源的义务。

2. 取水许可和有偿使用原则

国家对水资源依法实行取水许可制度和有偿使用制度。但是，农村集体经济组织及其成员使用本集体经济组织的水塘、水库中的水的情况除外。国务院水行政主管部门负责全国取水许可制度和水资源有偿使用制度的组织实施。

3. 节约用水原则

国家厉行节约用水，大力推行节约用水措施，推广节约用水新技术、新工艺，发展节水型工业、农业和服务业，建立节水型社会。单位和个人有节约用水的义务。

4. 防治水污染原则

国家保护水资源，采取有效措施，保护植被，植树种草，涵养水源，防治水土流失和水体污染，改善生态环境。国家鼓励和支持开发、利用、节约、保护、管理水资源和防治水害的先进科学技术的研究、推广和应用。在开发、利用、节约、保护、管理水资源和防治水害等方面成绩显著的单位和个人，由人民政府给予奖励。

二、水资源相关法律制度

(一) 水资源规划制度

1. 全国水资源战略规划

国家制定全国水资源战略规划。开发、利用、节约、保护水资源和防治水害，应当按照流域、区域统一制定规划。规划分为流域规划和区域规划。流域规划包括流域综合规划和流域专业规划；区域规划包括区域综合规划和区域专业规划。

流域综合规划，是指根据经济社会发展需要和水资源开发利用现状编制的开发、利用、节约、保护水资源和防治水害的总体部署；流域专业规划，是指防洪、治涝、灌溉、航运、供水、水力发电、竹木流放、渔业、水资源保护、水土保持、防沙治沙、节约用水等规划。

流域范围内的区域规划应当服从流域规划，专业规划应当服从综合规划。流域综合规划和区域综合规划以及与土地利用关系密切的专业规划，应当与国民经济和社会发展规划以及土地利用总体规划、城市总体规划和环境保护规划相协调，兼顾各地区、各行业的需要。

2. 水资源综合科学考察和调查评价制度

制定水资源规划必须进行水资源综合科学考察和调查评价。水资源综合科学考察和调查评价，由县级以上人民政府水行政主管部门会同同级有关部门组织进行。县级以上人民政府应当加强水文、水资源信息系统建设。县级以上人民政府水行政主管部门和流域管理机构应当加强对水资源的动态监测。基本水文资料应当按照国家有关规定予以公开。

3. 重要江河、湖泊的流域综合规划

国家确定的重要江河、湖泊的流域综合规划，由国务院水行政主管部门会同国务院有关部门和有关省、自治区、直辖市人民政府编制，报国务院批准。跨省、自治区、直辖市的其他江河、湖泊的流域综合规划和区域综合规划，由有关流域管理机构会同江河、湖泊所在地的省、自治区、直辖市人民政府水行政主管部门和有关部门编制，分别经有关省、自治区、直辖市人民政府审查提出意见后，报国务院水行政主管部门审核；国务院水行政主管部门征求国务院有关部门意见后，报国务院或者其授权的部门批准。

其他江河、湖泊的流域综合规划和区域综合规划，由县级以上地方人民政府水行政主管部门会同同级有关部门和有关地方人民政府编制，报本级人民政府或者其授权的部门批准，并报上一级水行政主管部门备案。

专业规划由县级以上人民政府有关部门编制，征求同级其他有关部门意见后，报本级人民政府批准。其中，防洪规划、水土保持规划的编制、批准，依照防洪法、水土保持法的有关规定执行。规划一经批准，必须严格执行。经批准的规划需要修改时，必须按照规划编制程序经原批准机关批准。

4. 水工程建设规划

建设水工程必须符合流域综合规划。在国家确定的重要江河、湖泊和跨省、自治区、直辖市的江河、湖泊上建设水工程，其工程可行性研究报告报请批准前，有关流域管理机构应当对水工程的建设是否符合流域综合规划进行审查并签署意见；在其他江河、湖泊上建设水工程，其工程可行性研究报告报请批准前，县级以上地方人民政府水行政主管部门应当按照管理权限对水工程的建设是否符合流域综合规划进行审查并签署意见。水工程建设涉及防洪的，依照防洪法的有关规定执行；涉及其他地区和行业的，建设单位应当事先征求有关地区和部门的意见。

(二) 水资源开发利用制度

1. 总体原则

开发、利用水资源应当坚持兴利与除害相结合，兼顾上下游、左右岸和有关地区之间的利益，充分发挥水资源的综合效益，并服从防洪的总体安排；应当首先满足城乡居民生活用水，并兼顾农业、工业、生态环境用水以及航运等需要；在干旱和半干旱地区，应当充分考虑生态环境用水需要。

2. 综合利用水资源制度

跨流域调水，应当进行全面规划和科学论证，统筹兼顾调出和调入流域的用水需要，防止对生态环境造成破坏。

地方各级人民政府应当结合本地区水资源的实际情况，按照地表水与地下水统一调度开发、开源与节流相结合、节流优先和污水处理再利用的原则，合理组织开发、综合利用水资源。

地方各级人民政府应当加强对灌溉、排涝、水土保持工作的领导，促进农业生产发展；在容易发生盐碱化和渍害的地区，应当采取措施，控制和降低地下水的水位。农村集体经济组织或者其成员依法在本集体经济组织所有的集体土地或者承包土地上投资兴建水工程设施的，按照谁投资建设谁管理和谁受益的原则，对水工程设施及其蓄水进行管理和合理使用。

3. 水能水运资源的开发和利用制度

国家鼓励开发、利用水能资源。在水能丰富的河流，应当有计划地进行多目标梯级开发。建设水力发电站,应当保护生态环境,兼顾防洪、供水、灌溉、航运、竹木流放和渔业等方面的需要。

国家鼓励开发、利用水运资源。在水生生物洄游通道、通航或者竹木流放的河流上修建永久性拦河闸坝,建设单位应当同时修建过鱼、过船、过木设施,或者经国务院授权的部门批准采取其他补救措施,并妥善安排施工和蓄水期间的水生生物保护、航运和竹木流放,所需费用由建设单位承担。在不通航的河流或者人工水道上修建闸坝后可以通航的,闸坝建设单位应当同时修建过船设施或者预留过船设施位置。

任何单位和个人引水、截(蓄)水、排水,不得损害公共利益和他人的合法权益。

(三) 水资源、水域和水工程的保护制度

1. 水资源保护制度

县级以上人民政府水行政主管部门、流域管理机构以及其他有关部门在制定水资源开发、利用规划和调度水资源时,应当注意维持江河的合理流量和湖泊、水库以及地下水的合理水位,维护水体的自然净化能力。

从事水资源开发、利用、节约、保护和防治水害等水事活动,应当遵守经批准的规划;因违反规划造成江河和湖泊水域使用功能降低、地下水超采、地面沉降、水体污染的,应当承担治理责任。开采矿藏或者建设地下工程,因疏干排水导致地下水水位下降、水源枯竭或者地面塌陷,采矿单位或者建设单位应当采取补救措施;对他人生活和生产造成损失的,依法给予补偿。

2. 水域保护制度

国务院水行政主管部门会同国务院环境保护行政主管部门、有关部门和有关省、自治区、直辖市人民政府,按照流域综合规划、水资源保护规划和经济社会发展要求,拟定国家确定的重要江河、湖泊的水功能区划,报国务院批准。跨省、自治区、直辖市的其他江河、湖泊的水功能区划,由有关流域管理机构会同江河、湖泊所在地的省、自治区、直辖市人民政府水行政主管部门、环境保护行政主管部门和其他有关部门拟定,分别经有关省、自治区、直辖市人民政府审查提出意见后,由国务院水行政主管部门会同国务院环境保护行政主管部门审核,报国务院或者其授权的部门批准。

上述水域以外的其他江河、湖泊的水功能区划,由县级以上地方人民政府水行政主管部门会同同级人民政府环境保护行政主管部门和有关部门拟定,报同级人民政府或者其授权的部门批准,并报上一级水行政主管部门和环境保护行政主管部门备案。

县级以上人民政府水行政主管部门或者流域管理机构应当按照水功能区对水质的要求和水体的自然净化能力,核定该水域的纳污能力,向环境保护行政主管部门提出该水域的限制排污总量意见。

县级以上地方人民政府水行政主管部门和流域管理机构应当对水功能区的水质状况进行监测,发现重点污染物排放总量超过控制指标的,或者水功能区的水质未达到水域使用功能对水质的要求的,应当及时报告有关人民政府采取治理措施,并向环境保护行政主管部门通报。

国家建立饮用水水源保护区制度。省、自治区、直辖市人民政府应当划定饮用水水源保护区,并采取措施,防止水源枯竭和水体污染,保证城乡居民饮用水安全。

3. 水工程的保护制度

在江河、湖泊新建、改建或者扩大排污口,应当经过有管辖权的水行政主管部门或者流域管理机构同意,由环境保护行政主管部门负责对该建设项目的环境影响报告书进行审批。

从事工程建设,占用农业灌溉水源、灌排工程设施,或者对原有灌溉用水、供水水源有不利影响的,建设单位应当采取相应的补救措施;造成损失的,依法给予补偿。

在地下水超采地区,县级以上地方人民政府应当采取措施,严格控制开采地下水。在地下水严重超采地区,经省、自治区、直辖市人民政府批准,可以划定地下水禁止开采或者限制开采区。在沿海地区开采地下水,应当经过科学论证,并采取措施,防止地面沉降和海水入侵。

禁止在江河、湖泊、水库、运河、渠道内弃置、堆放阻碍行洪的物体和种植阻碍行洪的林木及高秆作物。禁止在河道管理范围内建设妨碍行洪的建筑物、构筑物以及从事影响河势稳定、危害河岸堤防安全和其他妨碍河道行洪的活动。

在河道管理范围内建设桥梁、码头和其他拦河、跨河、临河建筑物、构筑物,铺设跨河管道、电缆,应当符合国家规定的防洪标准和其他有关的技术要求,工程建设方案应当依照防洪法的有关规定报经有关水行政主管部门审查同意。

国家实行河道采砂许可制度。在河道管理范围内采砂,影响河势稳定或者危及堤防安全的,有关县级以上人民政府水行政主管部门应当划定禁采区和规定禁采期,并予以公告。

禁止围湖造地。已经围垦的,应当按照国家规定的防洪标准有计划地退地还湖。禁止围垦河道。确需围垦的,应当经过科学论证,经省、自治区、直辖市人民政府水行政主管部门或者国务院水行政主管部门同意后,报本级人民政府批准。

单位和个人有保护水工程的义务,不得侵占、毁坏堤防、护岸、防汛、水文监测、水文地质监测等工程设施。县级以上地方人民政府应当采取措施,保障本行政区域内水工程,特别是水坝和堤防的安全,限期消除险情。水行政主管部门应当加强对水工程安全的监督管理。

国家对水工程实施保护。国家所有的水工程应当按照国务院的规定划定工程管理和保护范围。国务院水行政主管部门或者流域管理机构管理的水工程,由主管部门或者流域管理机构相商有关省、自治区、直辖市人民政府划定工程管理和保护范围。在水工程保护范围内,禁止从事影响水工程运行和危害水工程安全的爆破、打井、采石、取土等活动。

(四) 水资源配置和节约使用

1. 水资源的宏观调配制度

国务院发展计划主管部门和国务院水行政主管部门负责全国水资源的宏观调配。全国的和跨省、自治区、直辖市的水中长期供求规划,由国务院水行政主管部门会同有关部门制订,经国务院发展计划主管部门审查批准后执行。地方的水中长期供求规划,由县级以上地方人民政府水行政主管部门会同同级有关部门依据上一级水中长期供求规划和本地区的实际情况制订,经本级人民政府发展计划主管部门审查批准后执行。

国家对用水实行总量控制和定额管理相结合的制度。省、自治区、直辖市人民政府有关行业主管部门应当制订本行政区域内行业用水定额,报同级水行政主管部门和质量监督检验行政主管部门审核同意后,由省、自治区、直辖市人民政府公布,并报国务院水行政主管部门和国务院质量监督检验行政主管部门备案。县级以上地方人民政府发展计划主管部门会同同级水行政主管部门,根据用水定额、经济技术条件以及水量分配方案确定的可供本行政区域使用的水量,制定年度用水计划,对本行政区域内的年度用水实行总量控制。

2. 水资源的有偿使用制度

直接从江河、湖泊或者地下取用水资源的单位和个人,应当按照国家取水许可制度和水资源有偿使用制度的规定,向水行政主管部门或者流域管理机构申请领取取水许可证,并缴纳水资源费,取得取水权。但是,家庭生活和零星散养、圈养畜禽饮用等少量取水的除外。

用水应当计量,并按照批准的用水计划用水。用水实行计量收费和超定额累进加价制度。

3. 水资源的节约使用制度

各级人民政府应当推行节水灌溉方式和节水技术,对农业蓄水、输水工程采取必要的防渗漏措施,提高农业用水效率。工业用水应当采用先进技术、工艺和设备,增加循环用水次数,提高水的重复利用率。

城市人民政府应当因地制宜采取有效措施,推广节水型生活用水器具,降低城市供水管网漏失率,提高生活用水效率;加强城市污水集中处理,鼓励使用再生水,提高污水再生利用率。

本章小结

自然资源法是调整人们在自然资源的开发、利用、保护和管理过程中所发生的各种社会关系的法律规范的总称。

我国没有一部统一的自然资源法,由自然资源相关单项法律、行政法规和部门规章构成自然资源保护法律体系。它包括:《中华人民共和国土地管理法》《中华人民共和国矿产资源法》《中华人民共和国野生动物保护法》《中华人民共和国森林法》《中华人民共和国草原法》《中华人民共和国渔业法》《中华人民共和国水法》等单项法律,和《地下水管理条例》《自然保护区条例》《陆生野生动物保护实施条例》等行政法规,以及其他若干部门规章。

其中,《土地管理法》主要调整土地资源的规划、管理、保护和开发等行为,珍惜、合理利用土地和切实保护耕地是我国的基本国策;《矿产资源法》主要调整人们在勘查、开发利用、保护和管理矿产资源过程中所发生的各种社会关系,主要包括矿产权,矿产资源勘查的登记和开采审批制度、矿产资源的勘查和开采的管理制度,集体矿山企业和个体采矿的管理制度、违反矿产资源法的法律责任等内容;《森林法》主要调整人们在森林保护及森林的合理利用活动中所发生的各种社会关系,一般包括林权、森林保护、森林采伐的禁止与限制及违反森林法的法律责任等内容;《渔业资源法》主要调整渔业资源的保护、增殖、开发和合理利用中所发生的社会关系,一般包括养殖业、捕捞业、渔业资源增值和保护、违反渔业法的法律责任等内容;《水法》主要调整人们在开发、利用、保护和管理水资源过程中所发生的各种社会关系,一般包括水资源所有权、管理权和使用权、水资源保护、违反水法的法律责任等内容。

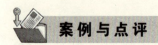

案例与点评

案例一 土地所有权和使用权

红石村的土地被国家征用后,因使用单位违法用地,被土地管理部门依法收回土地使用权。县政府决定将这块土地确定给红石村农民耕种。县政府李科长在向红石村村民宣布了若干政策。

请问:以下说法中哪些符合法律的规定?

A."这块土地由你们耕种,但所有权仍然属于国家。"

B."耕种期间,不能在这块土地上建房或采矿、采石。"
C."国家需要使用这块土地时,应当随时交还。"
D."村民需要交还时,土地上的青苗不给补偿。"

案例评析:本案例主要考查国家土地使用权的收回,涉及《土地管理法》第2条、第37条、第47条、第65条和第66条的规定。正确答案应为 ABC。

我国实施土地的所有权和使用权分离制度,土地所有权分为全民所有制和集体所有制所有权。国家依法实行国有土地有偿使用制度,土地使用权可以依法转让。使用土地的单位和个人必须严格按照土地利用总体规划确定的用途使用土地。

案例二 土壤生态环境的保护责任

2021年8月5日,南通市生态环境综合行政执法局对原南通长江镍矿精选有限公司的地块现场检查发现,如皋长盛码头有限公司于2017年7月取得该地块使用权,场地环境初步调查结果表明该地块存在污染情况,需要进行土壤修复。经查,如皋长盛码头有限公司于2018年11月对该地块进行了详细调查和风险评估,编制了《场地环境详细调查与风险评估报告》。2019年12月23日,该地块被纳入《江苏省建设用地土壤污染风险管控和修复名录(第一批)》。2020年6月,如皋长盛码头有限公司在该地块修复未通过省级评审的情况下,将该地块租赁给第三方单位开展水泥集装箱拆箱换装罐车项目建设。

因如皋长盛码头有限公司的行为违反了《中华人民共和国土壤污染防治法》(以下简称《土壤污染防治法》)第66条第3款的规定,南通市生态环境局依据《土壤污染防治法》第91条第4项的规定,对该公司处以14.4万元罚款,同时对主要负责人处以0.8万元罚款。

请问:土壤生态环境保护的责任主体是谁?

案例评析:《土壤污染防治法》对土壤生态环境违法行为实行双罚,督促土壤污染治理修复单位、土地使用权人和土壤污染责任人切实落实污染防治责任。

《土地管理法》第36条规定,各级人民政府应当采取措施防治土壤污染,但未明确防治责任的主体。但《土壤污染防治法》第4条则明确规定:"任何组织和个人都有保护土壤、防止土壤污染的义务。土地使用权人从事土地开发利用活动,企业事业单位和其他生产经营者从事生产经营活动,应当采取有效措施,防止、减少土壤污染,对所造成的土壤污染依法承担责任。"即,土壤污染责任人负有实施土壤污染风险管控和修复的义务,是第一责任主体;若土壤污染责任人无法认定的,法律规定土地使用权人应当承担土壤污染风险管控和修复的义务。

本章思考

1. 土地所有权分为全民所有制土地和集体所有制土地,那么集体所有制土地上的煤炭资源是否属于该集体组织?
2. 中华人民共和国领海、专属经济区等海域的捕捞限额总量是由哪个部门确定?
3. 下面关于林木所有权的论述中正确的是(   )。
A. 农村居民在房前屋后、自留地、自留山种植的林木,归个人所有。

B. 城镇居民在居住小区内种植的林木,归个人所有。
C. 农村居民个人承包国家所有的荒地营造的林木,归个人所有。
D. 其他组织依法营造的林木,由营造者所有,合同另有约定则从其约定。

思考解答

1. 答:否。根据《矿产资源法》第3条的规定,矿产资源属于国家所有,由国务院行使国家对矿产资源的所有权。地表或者地下的矿产资源的国家所有权,不因其所依附的土地的所有权或者使用权的不同而改变。

2. 答:根据《渔业法》第22条的规定,国家根据捕捞量低于渔业资源增长量的原则,确定渔业资源的总可捕捞量,实行捕捞限额制度。中华人民共和国内海、领海、专属经济区和其他管辖海域的捕捞限额总量由国务院渔业行政主管部门确定,报国务院批准后逐级分解下达;国家确定的重要江河、湖泊的捕捞限额总量由有关省、自治区、直辖市人民政府确定或者协商确定,逐级分解下达。

3. 答:ACD

第五编

社会保障法律制度

第一章 概述

本章主要掌握的内容：
➢ 社会保障法的含义和特征
➢ 社会保障法的理念
➢ 社会保障法的基本原则

什么是社会保障法？哪些社会关系属于社会保障法调整？社会保障法产生的理论基础是什么？社会保障法的表现形式有哪些？

第一节 社会保障法的含义和特征

一、社会保障与社会保障法

(一) 社会保障

社会保障的英文为"social security"，它也可以译为"社会安全"，是指当公民面临年老、疾病、伤残、死亡、失业以及遭遇其他社会风险时有从国家获得物质帮助的权利的制度。社会保障通过立法和行政手段，实现国民收入的再分配以保障公民最基本的生活需要。社会保障在维护社会安定和社会公平、扩大内需、调解投融资、保护劳动力以及社会服务等方面发挥了重要的作用。因此，社会保障又被称为社会运行的"减震器"和"安全阀"。

(二) 社会保障法

社会保障法是指调整和规范各种社会保障关系和社会保障行为规则的具有典型社会法属性的法律规范的总称。社会保障法又有广义和狭义之分。调整社会保障关系的规范性法律文件都属于广义的社会保障法；而在形式上冠以与社会保障内容有关的规范性法律文件则属于狭义的社会保障法。

(三) 社会保障与社会保障法的关系

社会保障法与社会保障之间是相互依存的关系。社会保障法的存在以社会保障的存在为前提，没有社会保障就没有社会保障法。反之，世界各国通过制定社会保障法律制度来确保社会保障措施本身的规范性以及实施过程中的规范性，没有社会保障法就没有规范意义上的社会保障体系。

社会保障的发展史，也是社会保障的立法发展史。社会保障的发展经历了传统社会保障时期和现代社会保障时期。传统的社会保障时期经历了萌芽阶段、慈善阶段和济贫阶段三个历史阶段。现代社会保障时期分成三个阶段，即从最低保障——社会救助、基本保障——社会保险，发展到最高保障——社会福利，直至形成完整的社会保障体系。

1601年，英国伊丽莎白女王颁布了世界历史上有名的《济贫法》，俗称"旧济贫法"。《济贫法》是人类历史上第一部对社会保障相关事项作明确强制规定的法律，它体现了国家救济贫民的责任与义务，也对后来世界社会保障法制史的发展有着重要的意义。旧济贫法并不是一部完善的法律，在实施过程中暴露出了各种各样的问题。为此，英国在1834年颁布了《济贫法修正案》，史称"新济贫法"。新济贫法克服了旧济贫法中的一些流弊，如滥施救济、管理不善等。新济贫法标志着现代社会保障制度的萌芽。19世纪80年代，社会保障制度进入质的飞跃阶段，标志是作为社会保障制度的基本项目——社会保险事业出台。德国是世界上第一个实行社会保险制度的国家。英国于1911年通过了《失业保险法》和《国民健康保险法》，前者是世界上第一个全国性的强制性的失业保险法。《失业保险法》规定，保险费由雇主、工人和国家三方共同负担。1935年，美国国会通过了《社会保障法》。该法也成为世界上最早的社会保障立法。我国在《国民经济和社会发展第七个五年计划》中阐述了建立中国特色社会主义社会保障制度的构想。

二、社会保障法的特征

社会保障法作为现代法律制度体系的组成部分之一，既有一般部门法的特征，又具有自身的独特性。

（一）广泛的社会性

社会保障法属于典型的社会法，社会性是社会保障法最为主要的特征。社会保障法的社会性主要体现在三个方面：(1) 目的的社会性。通过社会保障满足社会成员最基本的生活需要以便能够达到社会稳定的目的，是社会保障法律制定的目标之一。(2) 享受主体的广泛性。根据社会保障法律制度的规定，只要符合享受社会保障的条件，就可以根据相关的法律规定，享受社会保障的各项待遇，可见社会保障的享受对象是全体社会成员。(3) 义务的社会化。从目前世界各国的社会保障法律规定来看，社会保障的义务是由国家、用人单位和个人三方共同负担的。将义务在整个社会分散，可以确保资金来源的多样性，从而实现社会保障制度的健康运行。

（二）严格的法定性

明显的国家干预性是社会保障法的特征之一。社会保障法作为社会法的组成部分之一，自然而然地呈现出国家干预的特点。社会保障法通过在社会宏观层面对社会产品进行再分配，最大限度地分散了社会风险，在一定程度上维护了社会的安定，同时促进了社会公平的实现。从现行的社会保障法律的内容来看，无论是社会保障的对象、社会保障资金的筹集、发放、运营以及社会保障责任的承担都由法律严格规定，任何组织和个人都必须遵守，如违反法律的规定就必须承担相应的法律责任。

（三）实体法和程序法的统一性

社会保障法调整的社会关系的复杂性决定了社会保障法既非单一的实体法，也非单一的程序法。在社会保障法中，权利义务的规定和维持程序正常运转的程序性规定同时具备的现象屡见不鲜。例如,我国各城市最低生活保障条例的规定中既有主体享受权利义务的实体性规定,又有如何申请最低生活保障的程序性规定。由此可见,实体法和程序法的统一性是社会保障法的重要特征。

(四) 较高的立法技术性

一定的立法主体在立法的过程中所采取的如何使所立的法臻于完善的技术性规则,或者说制定和变动规范性法文件活动中的操作技巧和方法就是立法技术。不同的法律在制定时体现出不同的立法技术性。以数理计算为基础是社会保障运营的特点。在社会保障的立法中,"平均数法则"和"大数法则"等技术术语经常被用到。统计技术也被广泛运用于保障项目费率与范围的确定中。由此可见,社会保障法在制定时体现出了较高的立法技术性。

第二节 社会保障法的调整对象

社会保障法的调整对象,就是社会保障主体之间所形成的社会保障关系以及与之相关的其他社会关系,是以国家、社会组织与全体社会成员为主体,为保证社会保障目的实现而发生的各类社会关系的总称[1]。

一、社会保障法律关系的主体

社会保障法律关系的主体是指在社会保障活动中,享有权利和承担义务的当事人。社会保障法律关系的主体资格是由社会保障法授予的。其主体包括:

(一) 国家或政府

社会保障是国家和政府对公民生存风险防范的手段。因此,社会保障的责任主体是国家或政府。国家通过给予财政支持的方式参与到社会救助、社会保险、社会福利以及其他社会保障活动中来,因而成为社会保障关系的主体。

地方政府是社会保障制度的组织者、参与者和最终责任的承担者。地方政府统一集中管理地方的社会保障事务。属于地方政府参与的社会保障事务包括人力资源管理、社会保障行政管理、社会保障服务管理、社会保障财务管理以及社会保障对象管理等。地方政府的职能部门还委托或鼓励企事业单位、社会团体以及社区积极参与社会保障事业并充分发挥各自的作用。

(二) 用人单位

社会保险是社会保障的重要组成部分。用人单位参与社会保险既是一项权利也是其应尽的义务。用人单位既要接受社会保障实施机构的管理和监督,又承担着执行社会保障法律法规,依法为职工缴纳社会保险费的职责和义务。因此,用人单位是社会保障法律关系的主体之一。

(三) 社会保障实施机构

社会保障实施机构是指承担社会保障项目运作义务和直接承担各种社会保障事务责任的组织。具体包括政府职能部门、工会组织、社会保障经办机构、社会保障资金保管和运营

---

[1] 郑尚元:《社会保障法》,高等教育出版社 2019 年版,第 31 页。

机构、社区机构以及慈善机构和公益性社会团体等。因而,社会保障实施机构是社会保障法律关系的主体之一。

(四) 社会成员或劳动者

社会保障的对象是所有的社会成员。社会成员或劳动者享有参与社会保障法律制度所规定的权利,同时也承担着参加劳动和缴纳社会保险费的义务。因此,社会成员或劳动者也是社会保障法律关系的主体之一。

二、社会保障法的调整对象

(一) 国家和社会成员之间的关系

国家和社会成员之间的关系是指中央政府和地方各级政府与全体社会成员之间的关系。确切地说,中央政府和地方各级政府在社会保障中承担何种责任、全体社会成员享有哪些社会保障权益都是通过社会保障法予以规定的。

(二) 国家或政府与社会保障机构之间的关系

国家或政府与社会保障机构之间的关系是指社会保障体系中管理和被管理的关系以及各种财政关系等。社会保障机构的性质、任务、地位及其权利和义务是通过社会保障法予以规定的。

(三) 社会保障机构与企业、社会团体单位之间的关系

社会保障机构是社会保障资金的征集方,企业和社会团体则是社会保障资金的提供方。社会保障机构根据社会保障法的规定向企业和社会团体征集社保基金,企业和社会团体则根据社会保障法的规定,按时按比例提供社会保障资金。社会保障机构还负有监督资金提供方按时提供资金的义务。

(四) 社会保障机构与社会成员之间的关系

社会保障机构是资金的筹集方、供应方以及社会保障待遇的提供方。社会成员是资金的提供方同时也是社会保障待遇的享有者。社会保障法明确规定了社会保障机构和社会成员的权利与义务。

(五) 社会保障运行过程中的关系

社会保障管理机构的设置及其与其他部门之间的关系就是社会保障运行过程中的关系。社会保障管理部门、政府部门以及社会保障管理部门内部机构需要分工、协调和配合完成社会保障的各项任务。这些机关、部门之间的相互关系是由社会保障法规定和调整的。

(六) 用人单位与劳动者之间的社会保障关系

保护劳动者的社会保障权益是社会保障法的重要任务。社会保障法中的《劳动法》和《劳动合同法》规定了用人单位的社会保障义务并明确了劳动者享有的各项社会保障待遇。

第三节 社会保障法的理念和基本原则

一、社会保障法的理念

现代法律既关注个人权利的保护又注重社会整体利益的实现。它在鼓励社会成员进行

正当竞争的同时并不排斥其追求个人利益。与此同时,现代法律也对社会弱势群体给予关怀。法律理念的进步和发展为社会保障法的产生奠定了理论基础。社会保障法的理念体现为以下方面。

(一) 体现了社会保障法对社会成员人权的切实关怀

生存权是人权中最基本的权利。人权思想始终与社会保障法的产生之间有着密切的关系。人权思想是社会保障法产生和发展的理论支撑,社会保障的实践对人权内涵的丰富和发展起到了促进作用。只有保障人们获得最基本的生存条件和人格尊严,人们才能在社会上生存下来。社会保障法以保障社会成员的生存权为出发点,体现了人权关怀的人文精神。社会保障法通过制定社会救助、社会保险以及社会福利等法律,使得社会成员在年老、疾病、失业、工伤、生育或面临一系列自然风险和自然灾害时,都可以从国家或社会那里获得最基本的物质生活资料,以实现"老有所终、壮有所用、幼有所长,鳏寡孤独废疾者皆有所养"。

社会保障法实现了对弱势群体生存权全面和有效的保障。社会保障法中的社会保险可以有效解除劳动者的后顾之忧,使得弱势群体分享社会经济的发展成果。而社会保障法中的社会福利则为弱势群体提供了享有更多福利的机会。关注保障民生,为人类谋福祉是社会保障法的核心理念。与传统的社会保障对弱势群体的恩赐与施舍不同,现代社会保障则强调为社会成员提供保障是国家和社会应尽的法律责任。

(二) 体现了社会保障法对社会公平和实质正义的维护

社会保障制度通过财富的再分配,使得财富从富人向穷人转移,可以缩小贫富差距,对不平衡的利益进行修正从而实现个体的平等。公平正义是中国特色社会主义的本质属性,是中国特色社会主义的内在要求,而平等是社会主义追求的理想目标,是社会主义法律的基本属性。[①] 社会保障法强调对民生的关注以及公共利益的维护,其目标是实现社会公平并促进社会的全面发展。社会保障法的宗旨是反对歧视并向弱者倾斜,满足弱势群体的生存和发展需要。

正义是人类社会的崇高理想,正如罗尔斯所说,正义是社会制度的首要价值。罗尔斯把正义分为实质正义、形式正义和程序正义三类。所谓实质正义是关于社会的实体目标和个人的实体性权利与义务的正义。社会保障法作为经济法的组成部分,同样把追求实质正义作为自身的价值追求。社会保障在资金的筹集上采取高收入人群缴费多,低收入人群缴费少的原则;而在待遇享受的机会上则是高收入者机会少、低收入者反而机会多。由此可见,社会保障法通过国家干预的形式克服了市场分配造成机会的不均等和收入的不平等现象,社会保障法侧重于追求实质正义。

(三) 体现了社会保障法对社会稳定与安全的保障

经济的发展和社会的进步依赖于社会的稳定。人类的生存和发展离不开安全的社会环境。安全与正义都是法律追求的价值目标。社会保障法也毫不例外地把保障社会成员的生活安全作为自身的价值追求。当社会上弱势群体的生存权受到威胁时,社会秩序和社会的稳定就会受到影响,进而引发社会的安全问题。社会保障法通过救助遭遇不幸或失去工作能力的贫困者,保障他们最基本的生活需要以化解社会矛盾,消除不安全因素,最终达到维

---

① 雷咸胜:《中国特色社会保障法的基础理论探析》,载《宁夏党校学报》2015年第3期。

护社会稳定的目的。社会安全具有经济性、政治性和社会性。经济、政治和社会三者相互联系，相互影响。经济不安全就会引发政治以及社会动乱，政治不安全也会引发经济危机和社会动乱。社会是由具体的个人组成的，个人安全与社会安全密不可分，个人安全是社会安全的前提和基础。保障个人安全，可以维护整个社会的安全。社会保障法通过保障个人生活安全以实现保障整个社会安全的目的。

二、社会保障法的基本原则

社会保障法的基本原则是指贯穿社会保障法律的始终，对社会保障法律规范起主导作用的集中反映社会保障法本质的根本准则。社会保障法的基本原则是根据社会保障的目的与宗旨并综合考虑国家经济发展情况以及社会各阶层的利益确立的。社会保障法的基本原则是构建社会保障法律体系的基础。社会保障的基本原则对社会保障立法、执法以及司法活动具有指导、调节和补充作用。

（一）保障基本生活需要原则

早在资产阶级民主革命时期，资产阶级倡导"天赋人权""人生而自由平等"，随后通过法律的形式将生存权通过法律的形式确定下来并予以保护。人类社会的发展，时时刻刻都会面临自然的风险和社会的风险。风险的存在总是导致一部分人遭遇不幸，使他们面临生存危机。保障社会成员的生存权成为国家和社会应尽的义务，这标志着现代意义的社会保障法的产生。当社会成员面临生存危机时，国家和社会对其进行物质帮助是社会保障法的宗旨。社会保障的水平与经济发展的水平密切相关，经济发展水平高的国家，社会保障的待遇也相对较高。但社会保障待遇过高也会引发"懒汉病"等其他社会问题。目前，世界上大部分国家的社会保障法规定：社会保障待遇的水准应当与满足社会成员最基本的生活需要相匹配。

（二）普遍性与差异性相结合原则

英国威廉·贝弗里奇爵士在《社会保险及相关服务》中第一次提出了普遍性与差异性原则。普遍性原则是指所有社会成员都属于社会保障的范围，因此，社会保障的共同权利应该为所有社会成员所享有，社会保障法制定的标准是普遍适用于所有社会成员的。保障人权的国际条约以及我国的《宪法》中都有社会保障的普遍性原则的具体体现。例如，《经济、社会以及文化权利的国际公约》第9条规定：本公约缔约各国承认人人有权享有社会保障，包括社会保险。再如，我国《宪法》第45条规定：中华人民共和国公民在年老、疾病或者丧失劳动能力的情况下，有从国家和社会获得物质帮助的权利。国家发展为公民享受这些权利所需要的社会保险、社会救济和医疗卫生事业。国家和社会保障残废军人的生活，抚恤烈士家属，优待军人家属。国家和社会帮助安排盲、聋、哑和其他有残疾的公民的劳动、生活和教育。社会成员普遍享有社会保障的权利，也是社会保障法追求公平正义价值的体现。差异性原则是指在坚持普遍性原则的基础上，根据不同地区的物质条件和不同社会成员的不同要求，在社会保障的制度上体现出一定的差异性。普遍性和差异性相结合是尊重客观现实的体现。随着社会的发展，经济发展水平的提高，差异会逐渐缩小。

（三）公平优先兼顾效率原则

如前所述，公平是社会保障法追求的目标。社会保障法的价值在公平原则的指导下才会得到更好的体现。由于经济发展水平的不平衡以及个人禀赋的差异，社会上总有一些人生活在贫困线以下以及贫困线的边缘，这部分人靠社会初次分配，无法保障其基本的社会经济安全和人格尊严。通过社会保障法对社会财富进行二次分配来满足贫困人口的基本生活需要刻不容缓。维护社会相对公平是社会保障法的价值追求,也是立法的基本要求。社会保障法中的公平原则既可以维护现代社会的稳定,又可以促进未来的经济社会发展。

公平优先是社会保障立法的应有之义,是实现效率的内在追求。当社会成员面临年老、疾病或者丧失劳动能力等困境时,可以通过行使宪法规定的社会保障的权利来满足自己的基本生活需要。在实践中,坚持社会保障法的公平原则可以使得各种社会矛盾得到调和,从而激发劳动者的工作动力,提高劳动效率。坚持公平优先,不仅提高了社会成员对社会保障法的认可度,还促进了社会公平环境的形成,社会公平环境的形成又促进了社会效率的提高。

公平优先兼顾效率的原则在市场经济背景下已经得到了社会的普遍认可。西方国家的"效率危机"表明,过分强调公平,忽视效率,滋生了慵懒以及"搭便车"心理,不仅违背了社会保障立法的本意,还挫伤了创造财富的劳动者的劳动积极性。兼顾效率可以为实现公平提供物质支持。通过社会保障制度的设计,调节经济并激励社会成员,从而提高经济效率,才能实现社会保障更高意义上的公平。

(四) 国家与社会共担责任原则

国家与社会共担责任原则是指社会保障事业的发展,除了依靠国家出资、管理监督之外,还需要广大社会力量参与其中。从社会保障发展的进程来看,社会保障的发展经历了政府是社会保障责任的主要义务人、政府是社会保障资金的主要承担人以及国家和社会共同承担社会保障责任三个发展阶段。社会保障责任承担主体的变化体现了社会保障制度由初创、发展、成熟、反思到平稳发展的演进史。事实证明,由政府和社会共同承担社会保障的开支比单独由政府承担更具科学性和合理性。这样可以避免在经济发展状况不佳的情况下单独由政府财政收入负担社会保障开支的风险。经济发展的状况直接决定财政收入的多寡。财政收入不足,国家就无力承担庞大的社会保障开支。社会保障资金的筹集渠道应该是多元化的,既包括国家的出资,又包括企事业单位、其他社会组织、家庭以及个体的出资,以及社会各界的捐赠等。此外,社会保障的管理和监督等工作都需要国家和社会共同承担。

本章小结

社会保障是指当公民面临年老、疾病、伤残、死亡、失业以及遭遇其他社会风险时有从国家获得物质帮助的权利的制度。

社会保障的发展史,也是社会保障的立法发展史。社会保障法是指调整和规范各种社会保障关系和社会保障行为规则的具有典型社会法属性的法律规范的总称。

社会保障法之所以能成为独立的法律部门,是因为其具有独立的调整对象。社会保障法的调整对象,就是社会保障主体之间所形成的社会保障关系以及与之相关的其他社会关系,是以国家、社会组织与全体社会成员为主体,为保证社会保障目的实现而发生的各类社会关系的总称。

本章思考

1. 社会保障法的社会性表现在哪几个方面?

2. 社会保障法律关系的主体有哪些?
3. 社会保障法对社会成员的人权的关怀体现在哪里?
4. 如何理解社会保障的普遍性与差异性相结合原则?

思考解答

1. 答:社会保障法属于典型的社会法,社会性是社会保障法最为主要的特征。社会保障法的社会性主要体现在以下三个方面:一是目的的社会性。通过社会保障满足社会成员最基本的生活需要以便能够达到社会稳定的目的,是社会保障法律制定的目标之一。二是享受主体的广泛性。根据社会保障法律制度的规定,只要符合享受社会保障的条件,就可以根据相关的法律规定,享受社会保障的各项待遇,可见社会保障的享受对象是全体社会成员。三是义务的社会化。从目前世界各国的社会保障法律规定来看,社会保障的义务是由国家、用人单位和个人三方共同负担的。将义务在整个社会分散,可以确保资金来源的多样性,从而实现社会保障制度的健康运行。

2. 答:社会保障法律关系的主体有:

(1) 国家或政府。社会保障是国家和政府对公民生存风险防范的手段。因此,社会保障的责任主体是国家或政府。

(2) 用人单位。社会保险是社会保障的重要组成部分。用人单位参与社会保险既是一项权利也是其应尽的义务。用人单位既要接受社会保障实施机构的管理和监督,又承担着执行社会保障法律法规,依法为职工缴纳社会保险费的职责和义务。因此,用人单位是社会保障法律关系的主体之一。

(3) 社会保障实施机构。社会保障实施机构是指承担社会保障项目运作义务和直接承担各种社会保障事务责任的组织。

(4) 社会成员或劳动者。社会成员或劳动者享有参与社会保障法律制度所规定的权利,同时也承担着参加劳动和缴纳社会保险费的义务。因此,社会成员或劳动者也是社会保障法律关系的主体之一。

3. 答:生存权是人权中最基本的权利。人权思想始终与社会保障法的产生之间有着密切的关系。人权思想是社会保障法产生和发展的理论支撑,社会保障的实践对人权内涵的丰富和发展起到了促进作用。只有保障人们获得最基本的生存条件和人格尊严,人们才能在社会上生存下来。社会保障法以保障社会成员的生存权为出发点,体现了人权关怀的人文精神。社会保障法通过制定社会救助、社会保险以及社会福利等法律,使得社会成员在年老、疾病、失业、工伤、生育或面临一系列自然风险和自然灾害时,都可以从国家或社会那里获得最基本的物质生活资料,以实现"老有所终、壮有所用、幼有所长、鳏寡孤独废疾者皆有所养"。

社会保障法实现了对弱势群体生存权全面和有效的保障。社会保障法中的社会保险可以有效解除劳动者的后顾之忧,使得弱势群体分享社会经济的发展成果。而社会保障法中的社会福利则为弱势群体提供了享有更多福利的机会。关注保障民生,为人类谋福祉是社会保障法的核心理念。与传统的社会保障对弱势群体的恩赐与施舍不同,现代社会保障则强调为社会成员提供保障是国家和社会应尽的法律责任。

4. 答:英国威廉·贝弗里奇爵士在《社会保险及相关服务》中第一次提出了普遍性与差异性原则。普遍性原则是指所有社会成员都属于社会保障的范围,因此,社会保障的共同权利应该为所有社会成员所享有,社会保障法制定的标准是普遍适用于所有社会成员的。保障人权的国际条约以及我国的《宪法》中都有社会保障的普遍性原则的具体体现。例如,《经济、社会以及文化权利的国际公约》第 9 条规定:本公约缔约各国承认人人有权享有社会保障,包括社会保险。再如,我国《宪法》第 45 条规定:中华人民共和国公民在年老、疾病或者丧失劳动能力的情况下,有从国家和社会获得物质帮助的权利。国家发展为公民享受这些权利所需要的社会保险、社会救济和医疗卫生事业。国家和社会保障残废军人的生活,抚恤烈士家属,优待军人家属。国家和社会帮助安排盲、聋、哑和其他有残疾的公民的劳动、生活和教育。社会成员普遍享有社会保障的权利,也是社会保障法追求公平正义价值的体现。差异性原则是指在坚持普遍性原则的基础上,根据不同地区的物质条件和不同社会成员的不同要求,在社会保障的制度上体现出一定的差异性。普遍性和差异性相结合是尊重客观现实的体现。随着社会的发展,经济发展水平的提高,差异会逐渐缩小。

第二章
社会保险法律制度

本章主要掌握的内容：
- 社会保险与商业保险的关系
- 我国的养老保险制度
- 我国的医疗保险制度
- 我国的工伤保险制度
- 我国的失业保险制度
- 我国的生育保险制度

什么是社会保险法？社会保险在社会保障制度中的地位如何？我国社会保险法规定了哪些社会保险项目？我国各类社会保险项目的具体法律规定如何？

第一节 社会保险法概述

一、社会保险的概念和特征

（一）社会保险的概念

社会保险是指当参加社会保险的劳动者或参加城乡居民社会保险的居民发生年老、疾病、失业、生育等风险而暂时或永久丧失劳动能力，丧失生活来源或收入减少时，由国家给予必要的补偿，以确保其基本生活需要的一项社会保障制度。社会保险包含养老保险、医疗保险、工伤保险、失业保险和生育保险等内容。

对与用人单位建立了劳动关系并根据社会保险法的相关规定缴纳了社会保险费并符合享受社会保险条件的劳动者或者根据城乡居民社会保险法的规定缴纳了社会保险费并符合享受社会保险待遇的城乡居民都属于享受社会保险待遇的对象。社会保险主要是通过筹集社会保险基金，并在一定范围内对社会保险基金实行统筹调剂至劳动者或城乡居民遭遇风险时给予必要的帮助。社会保险是社会保障制度中的核心内容。

（二）社会保险的特征

1. 普遍性

社会保险的普遍性也称为社会性，是指社会保险在实施的范围上具有广泛性。按社会保险的普遍性要求,社会保险是在全社会普遍实施的。社会保险的普遍性主要表现在实施的对象上。根据《社会保险法》《城镇职工保险条例》和《城乡居民养老保险条例》的规定,只要是与用人单位建立劳动关系的劳动者或缴纳了城乡社会保险费的居民都可以享受社会保险待遇。由此可见,社会保险的对象非常广泛。

2. 互助共济性

"守望相助""同舟共济"是中华民族的传统美德。社会保险是人类社会发展进步的产物。与"保险"一词对应的是风险,有风险才需要有保险;没有风险,则保险无从谈起。社会保险作为国家关于风险管理的一项基础性制度安排,要充分重视风险管理的方法,尤其是要坚持互助共济性。所谓互助共济是指利用参加社会保险成员的合力,满足某一个遇到风险的人的生活急需,以帮助其渡过难关,化解危机,如健康者与病痛者之间的互助共济;长寿者与短寿者之间的互助共济;失能者与健全者之间的互助共济;在业者与失业者之间的互助共济;雇主雇员之间的互助共济等。互助共济是社会保险的重要特征之一。

3. 强制性

社会保险的强制性是指由国家立法限定,强制用人单位和职工参加。社会保险的强制性主要体现在:社会保险法是国家法律、法规规定的强制性的法律规范。用人单位和职工个人都必须严格遵守;社会保险管理机构的行为具有法定强制力;任何单位和个人都应在社会保险法律法规规定的范围内承担自身应尽的义务,否则,将承担相应的法律责任;人力资源社会保障行政部门对违反社会保险法律法规的单位和个人有权进行行政处罚。

4. 非营利性

社会保险是一种政府行为,不以营利为目的。社会保险与商业保险不同,商业保险具有营利的性质,但社会保险则以执行公共政策为目的。社会保险的费用由国家、用人单位和个人负担,而由非营利性机构进行管理,并负责社会保险基金的保值增值。

二、社会保险与商业保险的关系

社会保险和商业保险的运营是通过两个不同的风险经营体系进行,它们之间必然存在一定的关联,但同时又具有明显的区别。

(一) 社会保险与商业保险的联系

1. 二者都具有保险的一般特征

风险的射幸特征决定了互助共济能够在风险处理中发挥作用。社会保险和商业保险的共同之处在于都能够利用参加社会保险成员的合力,满足某一个遇到风险的人的生活急需,以帮助其渡过难关,化解危机。即社会保险与商业保险都具有互助共济的特点。

2. 保险基金的保值增值

无论是社会保险基金还是商业保险基金,保值增值都具有重要的意义。社会保险基金的保值增值有利于加快积累社会保险基金;有利于支援国家经济建设;有利于维护劳动者的合法权益;有利于资金市场的竞争。商业保险基金的保值增值既可以确保保险人最大限度地获取利润,又确保投保人能够获取最大的经济福利。因此,保险基金管理者总是希望保险基金能够保值增值。

3. 二者具有互补性

社会保险和商业保险的互补性表现在三个方面:(1) 在实施方式上的互补性。社会保险具有强制性,而商业保险具有自愿性。社会保险突出的是国家干预的特点;商业保险突出市场色彩。强制性和自愿性之间的有效互补,既满足了社会成员的选择权,又使得他们在享受社会保险待遇的同时又享受商业保险的待遇。(2)服务对象上的互补性。我国社会保障的覆盖面尽管在逐年扩大,但并没有覆盖到每一个公民;商业保险作为一种完全自由的商业活动,对投保对象没有任何限制。商业保险的存在弥补了社会保险对象不全面的欠缺。(3)两者发挥作用上的互补性。社会保险在实质上是一种国民收入的再分配,为劳动者提供生存保障。而商业保险则主要是为了投保人在遭受一定的损失时来进行资金补助弥补。这种补偿作用是一种投保方和保险方的金融活动,而不是为投保人提供保障基本生活的公共服务。

(二)社会保险与商业保险的区别

1. 目的和性质不同

社会保险的目的在于为劳动者提供基本生活保障,以达到维护社会稳定的目标,具有非营利性;而商业保险是由商业保险公司开展的以营利为目的的金融活动。社会保险具有强制性;而商业保险具有自愿性。

2. 费用负担和待遇标准不同

社会保险费用是由政府、用人单位和个人三个方面共同承担的;而商业保险的费用是由投保人承担的。社会保险的待遇标准是社会保险法规定的;商业保险的待遇是在投保人投保时根据投保费用的多少和投保的时间长短决定的。

3. 保险关系的当事人不同

(1)保险人的性质不同。社会保险关系中的保险人是法定的社会保险经办机构,属于事业法人机构;商业保险的保险人是保险公司,属于企业法人。(2)投保人不同。社会保险是由国家、用人单位和劳动者共同承担保费的,三者都是投保人。商业保险的投保人是与保险人订立保险合同负有支付保险费义务的人。(3)受益人不同。社会保险关系中的受益人是依法有权获得社会保险给付的人,即生存的被保险人和其死后有权领取津贴的法定亲属;商业保险的受益人是在人身保险合同中由被保险人或者投保人指定的享有保险金请求权的人。

第二节 养老保险制度

一、养老保险的概念和特征

(一)养老保险的概念

养老保险是指为解决劳动者在达到国家规定的解除劳动义务的劳动年龄界限,或因年老丧失劳动能力退出劳动岗位后的基本生活而建立的一种社会保险制度。养老保险是世界各国普遍实行的社会保障制度,是社会保险的重要组成部分。

(二)养老保险的特征

1. 强制性

养老保险属于强制性社会保险。国家通过制定养老保险法律,强制所有的用人单位和劳动者依法缴纳养老保险费,当劳动者达到法定退休年龄时,依法享受基本养老保险待遇以便能够保障其退出劳动后的基本生活。无论用人单位和劳动者是否愿意,都必须参加养老保险,履行法律规定的义务。

2. 互济性

养老保险的费用一般由国家、用人单位和个人三方或单位和个人双方共同负担,并实现广泛的社会互济。作为社会保险最为重要的制度之一,养老保险的资金是根据大数法则统一筹集,在全社会范围内统一使用,并依靠全社会的力量分担风险。养老保险同其他社会保险以及商业保险一样,都具有互济性的特点。

3. 社会性

在社会保险的五个险种中,养老保险所涉及的范围最广、享受的对象最多、时间较长,而且支出的费用非常庞大,是社会影响力最大的保险项目。因此,必须在全社会统一立法,设置专门机构,实行现代化、专业化、社会化的统一规划和管理。

二、我国的养老保险制度

(一) 基本养老保险制度

1. 覆盖范围

1991年,《国务院关于企业职工养老保险制度改革的决定》揭开了我国城镇企业养老保险制度改革和发展的序幕。之后我国颁布了一系列城镇企业养老保险制度的政策法规。2005年《国务院关于完善企业职工基本养老保险制度的决定》指出：城镇各类企业职工、个体工商户和灵活就业人员都要参加企业职工基本养老保险。2010年颁布的《中华人民共和国社会保险法》(以下简称《社会保险法》)(2018年修订)规定：无雇工的个体工商户、未在用人单位参加基本养老保险的非全日制从业人员以及其他灵活就业人员可以参加基本养老保险,由个人缴纳基本养老保险费;国家建立和完善新型农村社会养老保险制度。2014年颁布的《国务院关于建立统一的城乡居民基本养老保险制度的意见》指出,年满16周岁(不含在校学生),非国家机关和事业单位工作人员及不属于职工基本养老保险制度覆盖范围的城乡居民,可以在户籍地参加城乡居民养老保险。这些政策和法律规定表明,我国的基本养老保险制度覆盖了我国城乡全体居民。

2. 筹资方式

(1) 城镇职工基本养老保险的筹资方式

《社会保险法》规定,职工应当参加基本养老保险,由用人单位和职工共同缴纳基本养老保险费。用人单位应当按照国家规定的本单位职工工资总额的比例缴纳基本养老保险费,记入基本养老保险统筹基金。职工应当按照国家规定的本人工资的比例缴纳基本养老保险费,记入个人账户。用人单位的缴费比例从2016年起呈逐渐下降趋势。从全国各地的情况来看,用人单位的缴费比例从本单位职工工资总额的20%降至16%。降低用人单位的缴费比例其目的在于切实减轻企业的缴费负担,增强企业活力,也有利于形成企业发展与社保体系建设的良性循环,增强社保制度的可持续性。职工个人缴纳基本养老保险的比例为本人工资的8%。

(2) 无雇工的个体工商户、未在用人单位参加基本养老保险的非全日制从业人员以及其他灵活就业人员的筹资方式

《社会保险法》规定,无雇工的个体工商户、未在用人单位参加基本养老保险的非全日制从业人员以及其他灵活就业人员参加基本养老保险的,应当按照国家规定缴纳基本养老保险费,分别记入基本养老保险统筹基金和个人账户。缴纳基本养老保险费的比例为上年职

工平均工资的20%,全部由个人缴纳,个人账户计账比例为8%。

(3) 城乡居民养老保险的筹资方式

根据国务院《关于建立统一的城乡居民基本养老保险制度的意见》规定,城乡居民养老保险基金由个人缴费、集体补助、政府补贴构成。

参加城乡居民养老保险的人员应当按规定缴纳养老保险费。缴费标准目前设为每年100元、200元、300元、400元、500元、600元、700元、800元、900元、1 000元、1 500元、2 000元12个档次,省(区、市)人民政府可以根据实际情况增设缴费档次,最高缴费档次标准原则上不超过当地灵活就业人员参加职工基本养老保险的年缴费额,并报人力资源社会保障部备案。人力资源社会保障部会同财政部依据城乡居民收入增长等情况适时调整缴费档次标准。参保人自主选择档次缴费,多缴多得。

有条件的村集体经济组织应当对参保人缴费给予补助,补助标准由村民委员会召开村民会议民主确定,鼓励有条件的社区将集体补助纳入社区公益事业资金筹集范围。鼓励其他社会经济组织、公益慈善组织、个人为参保人缴费提供资助。补助、资助金额不超过当地设定的最高缴费档次标准。

政府对符合领取城乡居民养老保险待遇条件的参保人全额支付基础养老金,其中,中央财政对中西部地区按中央确定的基础养老金标准给予全额补助,对东部地区给予50%的补助。

地方人民政府应当对参保人缴费给予补贴,对选择最低档次标准缴费的,补贴标准不低于每人每年30元;对选择较高档次标准缴费的,适当增加补贴金额;对选择500元及以上档次标准缴费的,补贴标准不低于每人每年60元,具体标准和办法由省(区、市)人民政府确定。对重度残疾人等缴费困难群体,地方人民政府为其代缴部分或全部最低标准的养老保险费。

3. 给付待遇

(1) 城镇职工养老保险的给付待遇

《社会保险法》规定,参加基本养老保险的个人,达到法定退休年龄时累计缴费满15年的,按月领取基本养老金。参加基本养老保险的个人,达到法定退休年龄时累计缴费不足15年的,可以缴费至满15年,按月领取基本养老金;也可以转入新型农村社会养老保险或者城镇居民社会养老保险,按照国务院规定享受相应的养老保险待遇。参加基本养老保险的个人,因病或者非因工死亡的,其遗属可以领取丧葬补助金和抚恤金;在未达到法定退休年龄时因病或者非因工致残完全丧失劳动能力的,可以领取病残津贴。所需资金从基本养老保险基金中支付。

《社会保险法》规定,国家建立基本养老金正常调整机制。根据职工平均工资增长、物价上涨情况,适时提高基本养老保险待遇水平。

(2) 城乡居民养老保险的给付待遇

国务院《关于建立统一的城乡居民基本养老保险制度的意见》规定,城乡居民养老保险待遇由基础养老金和个人账户养老金构成,支付终身。

中央确定基础养老金最低标准,建立基础养老金最低标准正常调整机制,根据经济发展和物价变动等情况,适时调整全国基础养老金最低标准。地方人民政府可以根据实际情况适当提高基础养老金标准;对长期缴费的,可适当加发基础养老金,提高和加发部分的资金由地方人民政府支出,具体办法由省(区、市)人民政府规定,并报人力资源社会保障部备案。

个人账户养老金的月计发标准,目前为个人账户全部储存额除以139(与现行职工基本养老保险个人账户养老金计发系数相同）。参保人死亡，个人账户资金余额可以依法继承。

参加城乡居民养老保险的个人，年满 60 周岁、累计缴费满 15 年，且未领取国家规定的基本养老保障待遇的，可以按月领取城乡居民养老保险待遇。

新农保或城居保制度实施时已年满 60 周岁，在《关于建立统一的城乡居民基本养老保险制度的意见》印发之日前未领取国家规定的基本养老保障待遇的，不用缴费，自本意见实施之月起，可以按月领取城乡居民养老保险基础养老金；距规定领取年龄不足 15 年的，应逐年缴费，也允许补缴，累计缴费不超过 15 年；距规定领取年龄超过 15 年的，应按年缴费，累计缴费不少于 15 年。

城乡居民养老保险待遇领取人员死亡的，从次月起停止支付其养老金。有条件的地方人民政府可以结合本地实际探索建立丧葬补助金制度。社会保险经办机构应每年对城乡居民养老保险待遇领取人员进行核对；村（居）民委员会要协助社会保险经办机构开展工作，在行政村（社区）范围内对参保人待遇领取资格进行公示，并与职工基本养老保险待遇等领取记录进行比对，确保不重、不漏、不错。

4. 基本养老保险关系的转移

《社会保险法》规定，个人跨统筹地区就业的，其基本养老保险关系随本人转移，缴费年限累计计算。个人达到法定退休年龄时，基本养老金分段计算、统一支付。具体办法由国务院规定。

国务院《关于建立统一的城乡居民基本养老保险制度的意见》规定，参加城乡居民养老保险的人员，在缴费期间户籍迁移、需要跨地区转移城乡居民养老保险关系的，可在迁入地申请转移养老保险关系，一次性转移个人账户全部储存额，并按迁入地规定继续参保缴费，缴费年限累计计算；已经按规定领取城乡居民养老保险待遇的，无论户籍是否迁移，其养老保险关系不转移。

（二）企业年金

企业年金是指企业及其职工在依法参加基本养老保险的基础上，自主建立的补充养老保险制度。

1. 建立条件

当企业依法参加基本养老保险并履行缴费义务并具有相应的经济负担能力时，可以和职工协商确立企业年金制度。

2. 建立程序

（1）形成建立企业年金的决定

建立企业年金，首先要有代表企业的一方和代表职工的一方的工会或职工代表进行集体协商，达成建立企业年金的一致意见。企业年金方案应当提交职工代表大会或者全体职工讨论通过。

（2）确定企业年金方案的具体内容

企业年金方案应当包括参加人员；资金筹集与分配的比例和办法；账户管理；权益归属；基金管理；待遇计发和支付方式；方案的变更和终止；组织管理和监督方式；双方约定的其他事项等内容。

（3）报送企业年金方案备案

企业应当将企业年金方案报送所在地县级以上人民政府人力资源社会保障行政部门；

中央所属企业的企业年金方案报送人力资源社会保障部;跨省企业的企业年金方案报送其总部所在地省级人民政府人力资源社会保障行政部门;省内跨地区企业的企业年金方案报送其总部所在地设区的市级以上人民政府人力资源社会保障行政部门。

人力资源社会保障行政部门自收到企业年金方案文本之日起15日内未提出异议的,企业年金方案即行生效。

3. 企业年金的基金筹集

企业年金基金由企业缴费、职工个人缴费以及企业年金基金投资运营收益三部分组成。

企业缴费每年不超过本企业职工工资总额的8%。企业和职工个人缴费合计不超过本企业职工工资总额的12%。具体所需费用,由企业和职工一方协商确定。职工个人缴费由企业从职工个人工资中代扣代缴。

实行企业年金后,企业如遇到经营亏损、重组并购等当期不能继续缴费的情况,经与职工一方协商,可以中止缴费。不能继续缴费的情况消失后,企业和职工恢复缴费,并可以根据本企业实际情况,按照中止缴费时的企业年金方案予以补缴。补缴的年限和金额不得超过实际中止缴费的年限和金额。

4. 企业年金账户管理

企业缴费应当按照企业年金方案确定的比例和办法计入职工企业年金个人账户,职工个人缴费计入本人企业年金个人账户。

企业应当合理确定本单位当期缴费计入职工企业年金个人账户的最高额与平均额的差距。企业当期缴费计入职工企业年金个人账户的最高额与平均额不得超过5倍。

职工企业年金个人账户中个人缴费及其投资收益自始归属于职工个人。

职工企业年金个人账户中企业缴费及其投资收益,企业可以与职工一方约定其自始归属于职工个人,也可以约定随着职工在本企业工作年限的增加逐步归属于职工个人,完全归属于职工个人的期限最长不超过8年。

5. 企业年金待遇

符合下列条件之一的,可以领取企业年金:

(1) 职工在达到国家规定的退休年龄或者完全丧失劳动能力时,可以从本人企业年金个人账户中按月、分次或者一次性领取企业年金,也可以将本人企业年金个人账户资金全部或者部分购买商业养老保险产品,依据保险合同领取待遇并享受相应的继承权;

(2) 出国(境)定居人员的企业年金个人账户资金,可以根据本人要求一次性支付给本人;

(3) 职工或者退休人员死亡后,其企业年金个人账户余额可以继承。

未达到上述企业年金领取条件之一的,不得从企业年金个人账户中提前提取资金。

第三节 医疗保险

一、医疗保险的概念和特征

(一) 医疗保险的概念

医疗保险是指国家通过立法规范并运用强制手段,向缴纳了医疗保险费的劳动者和社会成员提供医疗服务和经济补充的保险制度。

(二) 医疗保险的特征

1. 保险待遇的差异性

参加医疗保险的对象在患病时,可以享受医疗保险待遇。因为病情的不同,患者所获得的补偿待遇也不同。这种待遇是非定额的,待遇的多少与患者所花费的医疗费有关,而跟患者之前缴纳的医疗保险费的数额无关。保险待遇的差异性完全是由病情状况以及患病的频率大小决定的。

2. 保险对象受益的长期性

疾病的发生具有不可预测的特点,因而医疗补偿也具有不确定性。尽管每次疾病的期限一般不会太长,补偿的期限也比较短,但疾病在人的一生中会不可避免地发生,医疗保险也就会伴随参加了医疗保险的参保人员的一生,所以医疗保险是受益时间最长的社会保险项目。

3. 涉及各方关系的复杂性

医疗保险涉及政府、社会保险机构、医疗机构、医药机构、用人单位和患者等多方之间的权利义务关系。涉及的各方数量多导致关系错综复杂。例如,医疗消费服务中医疗机构与患者之间存在着诸多矛盾;患者在治病过程中存在着浪费现象,不主动控制医疗费用的支出也会给政府及社会造成经济负担。

4. 医疗保险的福利性

不以营利为目的是社会医疗保险与商业医疗保险的重要区别之一。参加社会医疗保险的对象缴纳了医疗保险费之后才可以享受医疗保险待遇,但参保对象在生病时需要花费的医疗费往往比缴付的医疗保险费多,很显然所得大于所费,这正是医疗保险的福利性的体现。

二、我国的基本医疗保险制度

(一) 职工基本医疗保险制度

1. 覆盖范围

1998年《国务院关于建立城镇职工基本医疗保险制度的决定》中规定,城镇所有用人单位,包括企业(国有企业、集体企业、外商投资企业、私营企业等)、机关、事业单位、社会团体、民办非企业单位及其职工,都要参加基本医疗保险。乡镇企业及其职工、城镇个体经济组织业主及其从业人员是否参加基本医疗保险,由各省、自治区、直辖市人民政府决定。

2010年通过、2018年修订的《社会保险法》规定,无雇工的个体工商户、未在用人单位参加职工基本医疗保险的非全日制从业人员以及其他灵活就业人员可以参加职工基本医疗保险,由个人按照国家规定缴纳基本医疗保险费。

由此可见,职工基本医疗保险的覆盖范围包括在中国境内就业的全部自然人。

2. 基金筹集

基本医疗保险费由用人单位和职工共同缴纳。1998年《国务院关于建立城镇职工基本医疗保险制度的决定》中规定,用人单位缴费率应控制在职工工资总额的6%左右,职工缴费率一般为本人工资收入的2%。随着经济的发展,用人单位和职工缴费率可作相应调整。从全国的情况来看,职工的缴费率为本人工资的2%,但用人单位的缴费比例不尽相同,2021年大部分地区的用人单位缴费比例为7.5%,北京用人单位缴费比例为9.8%;上海用人单位的缴费比例为9.5%。

《社会保险法》规定,参加职工基本医疗保险的个人,达到法定退休年龄时累计缴费达到国家规定年限的,退休后不再缴纳基本医疗保险费,按照国家规定享受基本医疗保险待遇;未达到国家规定年限的,可以缴费至国家规定年限。

3. 医疗保险待遇

城镇职工医疗保险建立基本医疗保险统筹基金和个人账户。基本医疗保险基金由统筹基金和个人账户构成。职工个人缴纳的基本医疗保险费,全部计入个人账户。用人单位缴纳的基本医疗保险费分为两部分,一部分用于建立统筹基金,一部分划入个人账户。划入个人账户的比例一般为用人单位缴费的30%左右,具体比例由统筹地区根据个人账户的支付范围和职工年龄等因素确定。

4. 基本医疗保险基金的管理和监督

基本医疗保险基金纳入财政专户管理,专款专用,不得挤占挪用。社会保险经办机构负责基本医疗保险基金的筹集、管理和支付,并要建立健全预决算制度、财务会计制度和内部审计制度。社会保险经办机构的事业经费不得从基金中提取,由各级财政预算解决。

基本医疗保险基金的银行计息办法:当年筹集的部分,按活期存款利率计息;上年结转的基金本息,按3个月期整存整取银行存款利率计息;存入社会保障财政专户的沉淀资金,比照3年期零存整取储蓄存款利率计息,并不低于该档次利率水平。个人账户的本金和利息归个人所有,可以结转使用和继承。

各级劳动保障和财政部门,要加强对基本医疗保险基金的监督管理。审计部门要定期对社会保险经办机构的基金收支情况和管理情况进行审计。统筹地区应设立由政府有关部门代表、用人单位代表、医疗机构代表、工会代表和有关专家参加的医疗保险基金监督组织,加强对基本医疗保险基金的社会监督。

(二) 城乡居民基本医疗保险制度

1. 覆盖范围

2016年国务院《关于整合城乡居民基本医疗保险制度的意见》规定,城乡居民医保制度覆盖范围包括现有城镇居民医保和新农合所有应参保(合)人员,即覆盖除职工基本医疗保险应参保人员以外的其他所有城乡居民。农民工和灵活就业人员依法参加职工基本医疗保险,有困难的可按照当地规定参加城乡居民医保。各地要完善参保方式,促进应保尽保,避免重复参保。

2. 筹资方式

国务院《关于整合城乡居民基本医疗保险制度的意见》规定,坚持多渠道筹资,继续实行个人缴费与政府补助相结合为主的筹资方式,鼓励集体、单位或其他社会经济组织给予扶持或资助。各地要统筹考虑城乡居民医保与大病保险保障需求,按照基金收支平衡的原则,合理确定城乡统一的筹资标准,完善筹资动态调整机制。在精算平衡的基础上,逐步建立与经济社会发展水平、各方承受能力相适应的稳定筹资机制。逐步建立个人缴费标准与城乡居民人均可支配收入相衔接的机制。合理划分政府与个人的筹资责任,在提高政府补助标准的同时,适当提高个人缴费比重。

3. 给付待遇

国务院《关于整合城乡居民基本医疗保险制度的意见》规定,遵循保障适度、收支平衡的原则,均衡城乡保障待遇,逐步统一保障范围和支付标准,为参保人员提供公平的基本医疗保障。妥善处理整合前的特殊保障政策,做好过渡与衔接。城乡居民医保基金主要用于支付参保人员发生的住院和门诊医药费用。稳定住院保障水平,政策范围内住院费用支付比例保持在75%左右。进一步完善门诊统筹,逐步提高门诊保障水平。逐步缩小政策范围内支付比例与实际支付比例间的差距。

4. 基金管理

国务院《关于整合城乡居民基本医疗保险制度的意见》规定,城乡居民医保执行国家统一的基金财务制度、会计制度和基金预决算管理制度。城乡居民医保基金纳入财政专户,实行"收支两条线"管理。基金独立核算、专户管理,任何单位和个人不得挤占挪用。结合基金预算管理全面推进付费总额控制。基金使用遵循以收定支、收支平衡、略有结余的原则,确保应支付费用及时足额拨付,合理控制基金当年结余率和累计结余率。建立健全基金运行风险预警机制,防范基金风险,提高使用效率。强化基金内部审计和外部监督,坚持基金收支运行情况信息公开和参保人员就医结算信息公示制度,加强社会监督、民主监督和舆论监督。

第四节 工 伤 保 险

一、工伤保险概述

(一) 工伤保险的概念

工伤保险是指劳动者患职业病或在生产和工作过程中遭遇意外伤害后,造成暂时或永久丧失劳动能力时,劳动者本人或其遗属从国家或用人单位获得物质补偿的一项社会保险制度。

(二) 工伤保险的原则

1. 强制性原则

国家通过立法,强制雇主对劳动者的职业病或工伤事故负责。遭遇工伤事故或职业病的劳动者向雇主提出补偿要求是劳动者享有的一项基本权利,而承担补偿责任则是雇主的义务。

2. 无过错补偿原则

发生工伤后,在确定不是劳动者故意所为的情况下,无论用人单位是否有过错,也不管劳动者是否有过错,劳动者都可以向用人单位请求获得补偿,用人单位则应该根据法律规定的标准对劳动者进行经济补偿。

3. 劳动者个人不缴费原则

工伤保险与养老保险、医疗保险和失业保险的区别之一在于劳动者个人不需要缴费。工伤保险费全部由用人单位或雇主缴纳。

4. 工伤补偿与工伤预防、工伤康复相结合的原则

工伤补偿是工伤保险的首要任务,但工伤保险也强调工伤预防和工伤康复。工伤补偿、工伤预防和工伤康复三者密切相关。工伤保险致力于采取各种措施,减少或预防工伤事故的发生,这就是工伤预防。工伤事故发生后,对劳动者进行经济补偿,给予伤者或其家属在生活上的保障则属于工伤保险的基本功能。与此同时,对伤者进行康复治疗,使其尽快恢复劳动能力则属于工伤康复的内容。现代工伤保险制度呈现出"补偿、预防和康复"三位一体的特点。

二、我国的工伤保险制度

(一) 工伤保险的范围

2010年修订后的《工伤保险条例》规定,中华人民共和国境内的企业、事业单位、社会团体、民办非企业单位、基金会、律师事务所、会计师事务所等组织和有雇工的个体工商户(以下称用人单位)应当依照本条例规定参加工伤保险,为本单位全部职工或者雇工(以下称职工)缴纳工伤保险费。

中华人民共和国境内的企业、事业单位、社会团体、民办非企业单位、基金会、律师事务所、会计师事务所等组织的职工和个体工商户的雇工,均有依照该条例的规定享受工伤保险待遇的权利。

(二) 工伤认定

《工伤保险条例》规定了7种认定工伤的情形和3种视同工伤的情形;《社会保险法》规定了4种不能认定为工伤的情形。

1. 认定为工伤的情形

(1) 在工作时间和工作场所内,因工作原因受到事故伤害的;

(2) 工作时间前后在工作场所内,从事与工作有关的预备性或者收尾性工作受到事故伤害的;

(3) 在工作时间和工作场所内,因履行工作职责受到暴力等意外伤害的;

(4) 患职业病的;

(5) 因工外出期间,由于工作原因受到伤害或者发生事故下落不明的;

(6) 在上下班途中,受到非本人主要责任的交通事故或者城市轨道交通、客运轮渡、火车事故伤害的;

(7) 法律、行政法规规定应当认定为工伤的其他情形。

2. 视同工伤的情形

(1) 在工作时间和工作岗位,突发疾病死亡或者在48小时之内经抢救无效死亡的;

(2) 在抢险救灾等维护国家利益、公共利益活动中受到伤害的;

(3) 职工原在军队服役,因战、因公负伤致残,已取得革命伤残军人证,到用人单位后旧伤复发的。

3. 不能认定工伤的情形

职工因下列情形之一导致本人在工作中伤亡的,不认定为工伤:

(1) 故意犯罪;

(2) 醉酒或者吸毒;

(3) 自残或者自杀;

(4) 法律、行政法规规定的其他情形。

(三) 工伤保险基金的筹集

工伤保险基金由用人单位缴纳的工伤保险费、工伤保险基金的利息和依法纳入工伤保险基金的其他资金构成。

工伤保险费根据以支定收、收支平衡的原则,确定费率。国家根据不同行业的工伤风险程度确定行业的差别费率,并根据使用工伤保险基金、工伤发生率等情况在每个行业内确定费率档次。行业差别费率和行业内费率档次由国务院社会保险行政部门制定，报国务院批准后公布施行。

社会保险经办机构根据用人单位使用工伤保险基金、工伤发生率和所属行业费率档次等情况，确定用人单位缴费费率。

(四) 工伤保险的待遇给付

1. 医疗待遇

职工因工作遭受事故伤害或者患职业病进行治疗，享受工伤医疗待遇。

职工治疗工伤应当在签订服务协议的医疗机构就医，情况紧急时可以先到就近的医疗机构急救。治疗工伤所需费用符合工伤保险诊疗项目目录、工伤保险药品目录、工伤保险住院服务标准的，从工伤保险基金支付。工伤保险诊疗项目目录、工伤保险药品目录、工伤保险住院服务标准，由国务院社会保险行政部门会同国务院卫生行政部门、食品药品监督管理部门等部门规定。职工住院治疗工伤的伙食补助费，以及经医疗机构出具证明，报经办机构同意，工伤职工到统筹地区以外就医所需的交通、食宿费用从工伤保险基金支付，基金支付的具体标准由统筹地区人民政府规定。工伤职工治疗非工伤引发的疾病，不享受工伤医疗待遇，按照基本医疗保险办法处理。工伤职工到签订服务协议的医疗机构进行工伤康复的费用，符合规定的，从工伤保险基金支付。社会保险行政部门作出认定为工伤的决定后发生行政复议、行政诉讼的，行政复议和行政诉讼期间不停止支付工伤职工治疗工伤的医疗费用。

2. 康复待遇和使用辅助器具待遇

工伤职工因日常生活或者就业需要，经劳动能力鉴定委员会确认，可以安装假肢、矫形器、假眼、假牙和配置轮椅等辅助器具，所需费用按照国家规定的标准从工伤保险基金支付。

3. 停工留薪期待遇

职工因工作遭受事故伤害或者患职业病需要暂停工作接受工伤医疗的，在停工留薪期内，原工资福利待遇不变，由所在单位按月支付。

停工留薪期一般不超过12个月。伤情严重或者情况特殊，经设区的市级劳动能力鉴定委员会确认，可以适当延长，但延长不得超过12个月。工伤职工评定伤残等级后，停发原待遇，按照有关规定享受伤残待遇。工伤职工在停工留薪期满后仍需治疗的，继续享受工伤医疗待遇。

生活不能自理的工伤职工在停工留薪期需要护理的，由所在单位负责。

4. 生活护理待遇

工伤职工已经评定伤残等级并经劳动能力鉴定委员会确认需要生活护理的，从工伤保险基金按月支付生活护理费。

生活护理费按照生活完全不能自理、生活大部分不能自理或者生活部分不能自理3个不同等级支付，其标准分别为统筹地区上年度职工月平均工资的50%、40%或者30%。

5. 伤残待遇

(1) 职工因工致残被鉴定为一级至四级伤残的，保留劳动关系，退出工作岗位，享受以下待遇：从工伤保险基金按伤残等级支付一次性伤残补助金，标准为：一级伤残为27个月的本人工资，二级伤残为25个月的本人工资，三级伤残为23个月的本人工资，四级伤残为21个月的本人工资；从工伤保险基金按月支付伤残津贴，标准为：一级伤残为本人工资的90%，二级伤残为本人工资的85%，三级伤残为本人工资的80%，四级伤残为本人工资的

75%。伤残津贴实际金额低于当地最低工资标准的,由工伤保险基金补足差额;工伤职工达到退休年龄并办理退休手续后,停发伤残津贴,按照国家有关规定享受基本养老保险待遇。基本养老保险待遇低于伤残津贴的,由工伤保险基金补足差额。

职工因工致残被鉴定为一级至四级伤残的,由用人单位和职工个人以伤残津贴为基数,缴纳基本医疗保险费。

(2) 职工因工致残被鉴定为五级、六级伤残的,享受以下待遇:从工伤保险基金按伤残等级支付一次性伤残补助金,标准为:五级伤残为18个月的本人工资,六级伤残为16个月的本人工资;保留与用人单位的劳动关系,由用人单位安排适当工作。难以安排工作的,由用人单位按月发给伤残津贴,标准为:五级伤残为本人工资的70%,六级伤残为本人工资的60%,并由用人单位按照规定为其缴纳应缴纳的各项社会保险费。伤残津贴实际金额低于当地最低工资标准的,由用人单位补足差额。

经工伤职工本人提出,该职工可以与用人单位解除或者终止劳动关系,由工伤保险基金支付一次性工伤医疗补助金,由用人单位支付一次性伤残就业补助金。一次性工伤医疗补助金和一次性伤残就业补助金的具体标准由省、自治区、直辖市人民政府规定。

(3) 职工因工致残被鉴定为七级至十级伤残的,享受以下待遇:从工伤保险基金按伤残等级支付一次性伤残补助金,标准为:七级伤残为13个月的本人工资,八级伤残为11个月的本人工资,九级伤残为9个月的本人工资,十级伤残为7个月的本人工资;劳动、聘用合同期满终止,或者职工本人提出解除劳动、聘用合同的,由工伤保险基金支付一次性工伤医疗补助金,由用人单位支付一次性伤残就业补助金。一次性工伤医疗补助金和一次性伤残就业补助金的具体标准由省、自治区、直辖市人民政府规定。

6. 死亡待遇

职工因工死亡,其近亲属按照下列规定从工伤保险基金领取丧葬补助金、供养亲属抚恤金和一次性工亡补助金:丧葬补助金为6个月的统筹地区上年度职工月平均工资;供养亲属抚恤金按照职工本人工资的一定比例发给由因工死亡职工生前提供主要生活来源、无劳动能力的亲属。标准为:配偶每月40%,其他亲属每人每月30%,孤寡老人或者孤儿每人每月在上述标准的基础上增加10%。核定的各供养亲属的抚恤金之和不应高于因工死亡职工生前的工资。供养亲属的具体范围由国务院社会保险行政部门规定;一次性工亡补助金标准为上一年度全国城镇居民人均可支配收入的20倍。

伤残职工在停工留薪期内因工伤导致死亡的,其近亲属享受丧葬补助金待遇。

一级至四级伤残职工在停工留薪期满后死亡的,其近亲属可以享受丧葬补助金、供养亲属抚恤金待遇。

第五节 失 业 保 险

一、失业保险概述

(一) 失业保险的概念

失业保险是国家通过立法对非因本人意愿中断就业而失去工资收入的劳动者提供一定

时期的资金帮助及再就业服务的制度。

(二)失业保险的特征

1. 保障对象的特定性

失业保险的保障对象是达到就业年龄、具有就业能力并有就业愿望的非自愿性失业者。自愿失业的人不能享受失业保险的待遇。

2. 保障前提的非劳动性

享受失业保险待遇的前提是劳动者失业之后,劳动者仍然有就业愿望并且没有丧失劳动能力。当劳动者再次找到工作时,就不能再享受失业保险待遇,与此同时,失业保险期间重新开始计算。

3. 失业给付的期限性

失业保险的给付需要具备一定的条件,同时有一定的时间限制。劳动者超过法律规定的时间仍然没有实现再就业的,就不能再享受失业保险待遇。

二、我国的失业保险制度

(一)失业保险的覆盖范围

1999年的《失业保险条例》规定,城镇企业事业单位、城镇企业事业单位职工依照本条例的规定,缴纳失业保险费。城镇企业事业单位失业人员依照本条例的规定,享受失业保险待遇。城镇企业,是指国有企业、城镇集体企业、外商投资企业、城镇私营企业以及其他城镇企业。

我国人力资源和社会保障部于2017年发布了《失业保险条例》修订草案征求意见稿,征求意见稿相比于现行条例,扩大了覆盖范围,在地域上,打破城乡壁垒,将原来的"城镇"拓展为"城乡";在主体上,将社会团体、民办非企业单位、基金会、律师事务所、会计师事务所等组织及其职工纳入保障范围,基本覆盖与单位建立劳动关系的职业人群。

2018年修订后的《社会保险法》规定,职工应当参加失业保险,由用人单位和职工按照国家规定共同缴纳失业保险费。

(二)失业保险基金

1. 失业保险基金的构成

失业保险基金由下列各项构成:城镇企业事业单位缴纳的失业保险费;职工缴纳的失业保险费;失业保险基金的利息;财政补贴;依法纳入失业保险基金的其他资金。

2. 失业保险费的征缴

企业事业单位按照本单位工资总额的2%缴纳失业保险费。城镇企业事业单位职工按照本人工资的1%缴纳失业保险费。企业事业单位招用的农民合同制工人本人不缴纳失业保险费。

3. 失业保险基金统筹与调剂

失业保险基金在直辖市和设区的市实行全市统筹;其他地区的统筹层次由省、自治区人民政府规定。省、自治区可以建立失业保险调剂金。失业保险调剂金以统筹地区依法应当征收的失业保险费为基数,按照省、自治区人民政府规定的比例筹集。统筹地区的失业保险基金不敷使用时,由失业保险调剂金调剂、地方财政补贴。

失业保险调剂金的筹集、调剂使用以及地方财政补贴的具体办法,由省、自治区人民政府规定。省、自治区、直辖市人民政府根据本行政区域失业人员数量和失业保险基金数额,报经国务院批准,可以适当调整本行政区域失业保险费的费率。

4. 失业保险基金的管理

失业保险基金必须存入财政部门在国有商业银行开设的社会保障基金财政专户，实行收支两条线管理，由财政部门依法进行监督。存入银行和按照国家规定购买国债的失业保险基金，分别按照城乡居民同期存款利率和国债利息计息。失业保险基金的利息并入失业保险基金。失业保险基金专款专用，不得挪作他用，不得用于平衡财政收支。

5. 失业保险基金的使用范围

根据《失业保险条例》的规定，失业保险基金用于如下几个方面的开支：失业保险金；领取失业保险金期间的医疗补助金；领取失业保险金期间死亡的失业人员的丧葬补助金和其供养的配偶、直系亲属的抚恤金；领取失业保险金期间接受职业培训、职业介绍的补贴，补贴的办法和标准由省、自治区、直辖市人民政府规定；国务院规定或者批准的与失业保险有关的其他费用。

(三) 领取失业保险金的条件

《社会保险法》和《失业保险条例》规定，失业人员符合下列条件的，从失业保险基金中领取失业保险金：失业前用人单位和本人已经缴纳失业保险费满1年的；非因本人意愿中断就业的；已经进行失业登记，并有求职要求的。失业人员在领取失业保险金期间，按照规定同时享受其他失业保险待遇。

(四) 失业保险的待遇标准

失业保险待遇包括失业保险金、医疗补助金、失业保险金期间死亡的失业人员的丧葬补助金和其供养的配偶、直系亲属的抚恤金，失业保险金期间接受职业培训、职业介绍的补贴，国务院规定或者批准的与失业保险有关的其他费用。失业保险金的标准，由省、自治区、直辖市人民政府确定，不得低于城市居民最低生活保障标准。

(五) 失业职工领取失业保险金的期限

失业人员失业前用人单位和本人累计缴费满1年不足5年的，领取失业保险金的期限最长为12个月；累计缴费满5年不足10年的，领取失业保险金的期限最长为18个月；累计缴费10年以上的，领取失业保险金的期限最长为24个月。重新就业后，再次失业的，缴费时间重新计算，领取失业保险金的期限与前次失业应当领取而尚未领取的失业保险金的期限合并计算，最长不超过24个月。

(六) 失业保险待遇的丧失

失业人员在领取失业保险金期间有下列情形之一的，停止领取失业保险金，并同时停止享受其他失业保险待遇：重新就业的；应征服兵役的；移居境外的；享受基本养老保险待遇的；被判刑收监执行或者被劳动教养的；无正当理由，拒不接受当地人民政府指定部门或者机构介绍的适当工作或者提供的培训的。

第六节 生育保险

一、生育保险概述

(一) 生育保险的概念

生育保险是国家通过社会保险立法，对因怀孕、分娩和哺乳而暂时中止劳动的女职工给予物质帮助的一项社会保险制度。

(二) 生育保险的特征

1. 生育保险对象主要是女职工

享受生育保险的对象主要是参加了生育保险且符合国家法律法规规定和国家政策规定的女职工。同时,法律规定,对于不符合生育政策和法律法规的生育行为,不享受生育保险待遇。

2. 待遇支付的全过程性

生育保险实行"产前和产后都应享受"的原则。妇女怀孕后,在分娩前的一段时间内以及分娩后的一段时间内,都不宜工作需要休息,在哺乳期也不能完全参加劳动,因此产假包括产前和产后两个阶段。生育妇女产假期间享受生育保险待遇。

3. 待遇的可预见性

生育保险是一种短期补偿行为,无论是支付的期限还是支付的频率都是可以预见的。我国的法律对产假的期限、生育医疗费用报销的项目和数额、生育津贴的数额都有明确的规定,可以准确计算可以获得物质待遇的数额。因此,生育保险基金的支出数额也是可以预见的。

二、我国的生育保险制度

1. 参保主体

1994年《企业职工生育保险试行办法》规定,城镇企业及其职工是生育保险的参加主体。《社会保险法》规定,职工应当参加生育保险,由用人单位按照国家规定缴纳生育保险费,职工不缴纳生育保险费。用人单位已经缴纳生育保险费的,其职工享受生育保险待遇;职工未就业配偶按照国家规定享受生育医疗费用待遇,所需资金从生育保险基金中支付。2012年《女职工劳动保护特别规定》将国家机关和事业单位的女职工纳入了生育保险的保障范围。从这些法律法规的规定来看,国家机关、企事业单位、个人经济组织以及其他社会组织等用人单位及其职工都是生育保险的参保范围。

2. 资金筹集

1994年《企业职工生育保险试行办法》规定,生育保险根据"以支定收,收支基本平衡"的原则筹集资金,由企业按照其工资总额的一定比例向社会保险经办机构缴纳生育保险费,建立生育保险基金。生育保险费的提取比例由当地人民政府根据计划内生育人数和生育津贴、生育医疗费等项费用确定,并可根据费用支出情况适时调整,但最高不得超过工资总额的1%。企业缴纳的生育保险费作为期间费用处理,列入企业管理费用。职工个人不缴纳生育保险费。

3. 生育保险待遇

根据《社会保险法》的规定,生育保险待遇包括生育医疗费用和生育津贴。

(1) 生育医疗费

生育医疗费用包括下列各项:生育的医疗费用;计划生育的医疗费用;法律、法规规定的其他项目费用。

(2) 生育津贴

职工有下列情形之一的,可以按照国家规定享受生育津贴:女职工生育享受产假;享受计划生育手术休假;法律、法规规定的其他情形。

生育津贴按照职工所在用人单位上年度职工月平均工资计发。

职工未就业配偶按照国家规定享受生育医疗费用待遇,所需资金从生育保险基金中支付。

本章小结

社会保险是指当参加社会保险的劳动者或参加城乡居民社会保险的居民发生年老、疾病、失业、生育等风险而暂时或永久丧失劳动能力,丧失生活来源或收入减少时,由国家给予必要的补偿,以确保其基本生活需要的一项社会保障制度。

我国《社会保险法》规定的社会保险内容包括养老保险、医疗保险、工伤保险、失业保险以及生育保险。养老保险是指为解决劳动者在达到国家规定的解除劳动义务的劳动年龄界限,或因年老丧失劳动能力退出劳动岗位后的基本生活而建立的一种社会保险制度。医疗保险是指国家通过立法规范并运用强制手段,向缴纳了医疗保险费的劳动者和社会成员提供医疗服务和经济补充的保险制度。工伤保险是指劳动者患职业病或在生产和工作过程中遭遇意外伤害后,造成暂时或永久丧失劳动能力时,劳动者本人或其遗属从国家或用人单位获得物质补偿的一项社会保险制度。失业保险是国家通过立法对非因本人意愿中断就业而失去工资收入的劳动者提供一定时期的资金帮助及再就业服务的制度。生育保险是国家通过社会保险立法,对因怀孕、分娩和哺乳而暂时中止劳动的女职工给予物质帮助的一项社会保险制度。

社会保险主要是通过筹集社会保险基金,并在一定范围内对社会保险基金实行统筹调剂至劳动者或城乡居民遭遇风险时给予必要的帮助。社会保险是社会保障制度中的核心内容。

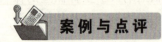
案例与点评

案例一

姜锋是某电器厂的总务主管,负责该厂的人事、保安、维修等部门的工作。2016年4月13日8时左右,姜锋在电器厂全体保安员会议上,因保安员李某出言顶撞而进行训斥,遂引起李某报复之心。次日中午12时02分,姜锋打卡下班后去食堂的就餐途中,头部遭到李某持铁管猛击,因抢救无效而死亡。

事发后,姜锋的母亲张某向社保部门申请工伤认定,该局受理后经调查于同年7月3日做出工伤认定书,认定姜锋死亡事故属于工伤。电器厂不服向某行政复议部门提起行政复议。认为姜锋当天12时02分已经打卡下班离开了工作岗位,其遭受暴力伤害时不属于工作时间,不在工作场所内,也不属于因履行工作职责(事实上是去吃饭)受到暴力伤害的情形,故社保部门认定姜锋被李某殴打致死属于工伤,显然是认定事实不清,适用法律不当,要求撤销工伤认定决定。行政复议部门认为电器厂的申请有理,遂作出撤销工伤认定书的决定,并责令社保部门在收到该决定书之日起60日内重新作出决定。张某随后提起行政诉讼。

请问:姜锋的死亡是否应认定为工伤?为什么?

案例评析:姜锋的死亡应当认定为工伤。《工伤保险条例》的立法原则和精神是保障无恶意劳动者因工作或与工作相关活动中遭受伤亡后能够获得救济。李某因工作原因对姜锋怀恨在心,而后对姜锋实施报复致姜锋死亡,显见姜锋对此无任何责任,姜锋的死亡属于因履行工作职责受到暴力等意外伤害的情形。《工伤保险条例》规定的工作时间并没有排除员工的临时休息时间,工作场所也没有明确不包括员工工作期间的临时休息区域。依《工伤保险条例》第1条"为了保障因工作遭受事故伤害或者患职业病的职工获得医疗救治和经济补偿"的立法原则和精神,认为姜锋在工作期间的临时休息区域因履行工作职责受到暴力伤害,符合《工伤保险条例》规定的应当认定为工伤的情形。

案例二

黄某在某互联网公司上班,2017年4月,黄某驾车上班途中因闯红灯发生车祸,造成身上多处骨折及软组织挫伤。交警部门认定黄某负此次事故的主要责任。事后,黄某向当地人力资源社会保障局提出工伤认定申请,认为自己属于上下班途中的交通事故,应该认定为工伤。

请问:黄某这种情况属于工伤吗?

案例评析:黄某这种情况不属于工伤。《工伤保险条例》第14条规定:职工在上下班途中,受到非本人主要责任的交通事故或者城市轨道交通、客运轮渡、火车事故伤害的,应当认定为工伤。需要注意本条认定为工伤的条件为"非本人主要责任的交通事故"。同时《最高人民法院关于审理工伤保险行政案件若干问题的规定》第1条规定:认定是否存在《工伤保险条例》第14条第(六)项"本人主要责任",应当以有权机构出具的事故责任认定书、结论性意见和人民法院生效裁判等法律文书为依据。

本案中,交警部门已经认定黄某负此次事故的主要责任。所以黄某的情况不属于"非本人主要责任的交通事故",因此不能认定为工伤。

案例三

吴某系某公司的员工,签有无固定期限劳动合同,并缴纳各项社会保险。2013年8月,吴某在工作中不慎将手臂割伤,被认定为工伤。2013年12月,吴某被鉴定为十级伤残。2014年3月,公司向吴某支付了一次性伤残补助金。此后,公司安排吴某从事库管工作。2014年10月,公司发现吴某私自将仓库物品卖与他人,并将所得收为己用。公司于2014年11月1日以吴某违反公司规章制度、严重违纪为由,向吴某送达了《解除劳动合同通知书》。

事后,吴某要求公司支付一次性伤残就业补助金和一次性工伤医疗补助金。公司则认为吴某是因严重违纪被解除劳动合同,不需要向其支付一次性伤残就业补助金和一次性工伤医疗补助金。

请问:这种情况,公司需要向吴某支付一次性伤残就业补助金和一次性工伤医疗补助金吗?

案例评析:公司需要向吴某支付一次性伤残就业补助金和一次性工伤医疗补助金。根据《工伤保险条例》第37条的规定,职工因工致残被鉴定为七级至十级伤残的,劳动、聘用合同期满终止,或者职工本人提出解除劳动、聘用合同的,由工伤保险基金支付一次性工伤医疗补助金,由用人单位支付一次性伤残就业补助金。本案中,吴某违反用人单位的规章制度,用人单位有权与之解除劳动合同,但解除劳动关系并不能改变职工发生工伤的事实,即已认定工伤,就不能因此而免除工伤职工应享受的工伤待遇。

本章思考

1. 企业年金的建立程序是什么?
2. 《工伤保险条例》规定的认定为工伤的情形有哪些?
3. 《工伤保险条例》规定的视同工伤的情形有哪些?
4. 《工伤保险条例》规定的不能认定为工伤的情形有哪些?

思考解答

1. 答:企业年金的建立程序为:

(1) 形成建立企业年金的决定

建立企业年金,首先要有代表企业的一方和代表职工的一方的工会或职工代表进行集体协商,达成建立企业年金的一致意见。企业年金方案应当提交职工代表大会或者全体职工讨论通过。

(2) 确定企业年金方案的具体内容

企业年金方案应当包括参加人员、资金筹集与分配的比例和办法、账户管理、权益归属、基金管理、待遇计发和支付方式、方案的变更和终止、组织管理和监督方式、双方约定的其他事项等内容。

(3) 报送企业年金方案备案

企业应当将企业年金方案报送所在地县级以上人民政府人力资源社会保障行政部门;中央所属企业的企业年金方案报送人力资源社会保障部;跨省企业的企业年金方案报送其总部所在地省级人民政府人力资源社会保障行政部门;省内跨地区企业的企业年金方案报送其总部所在地设区的市级以上人民政府人力资源社会保障行政部门。

人力资源社会保障行政部门自收到企业年金方案文本之日起15日内未提出异议的,企业年金方案即行生效。

2. 答:《工伤保险条例》规定的认定为工伤的情形有:

(1) 在工作时间和工作场所内,因工作原因受到事故伤害的;
(2) 工作时间前后在工作场所内,从事与工作有关的预备性或者收尾性工作受到事故伤害的;
(3) 在工作时间和工作场所内,因履行工作职责受到暴力等意外伤害的;
(4) 患职业病的;
(5) 因工外出期间,由于工作原因受到伤害或者发生事故下落不明的;
(6) 在上下班途中,受到非本人主要责任的交通事故或者城市轨道交通、客运轮渡、火车事故伤害的;
(7) 法律、行政法规规定应当认定为工伤的其他情形。

3. 答:《工伤保险条例》规定的视同工伤的情形有:

(1) 在工作时间和工作岗位,突发疾病死亡或者在48小时之内经抢救无效死亡的;
(2) 在抢险救灾等维护国家利益、公共利益活动中受到伤害的;
(3) 职工原在军队服役,因战、因公负伤致残,已取得革命伤残军人证,到用人单位后旧伤复发的。

4.《社会保险法》规定：职工因下列情形之一导致本人在工作中伤亡的，不认定为工伤：

(1) 故意犯罪；

(2) 醉酒或者吸毒；

(3) 自残或者自杀；

(4) 法律、行政法规规定的其他情形。

第三章
社会福利制度

本章主要掌握的内容:
➢ 社会福利的种类
➢ 我国职业福利的内容
➢ 特殊群体福利及其相关规定

什么是社会福利?社会福利在社会保障体系中的地位如何?我国公民享有哪些社会福利?社会福利的类型和具体内容有哪些?

第一节 社会福利概述

一、社会福利的概念和特征

(一) 社会福利的概念

社会福利的概念有广义和狭义之分。广义的社会福利是指政府和社会提供的提高人们生活质量的措施的总和。广义的福利可以同时满足人们的物质需求和精神需求。狭义的社会福利是指国家和社会为改善社会成员的生活状况而举办的各种福利事业和采取的各种福利措施的总称。我国对社会福利所持的是狭义的概念。在我国,社会福利是社会保障体系的组成部分之一。

(二) 社会福利的特征

1. 享受对象的普遍性

社会福利所服务的对象是全体社会成员,因此社会福利具有普遍性。改善和提高全体社会成员的生活质量是建立社会福利制度的目的所在。全面性的社会福利是全体社会成员都可以享有的。例如,我国的九年制义务教育是所有符合义务教育年龄段的少年儿童都可以享有的。

2. 权利义务的单向性

社会保险的一个突出特点是权利和义务的一致性,也就是说参加社会保险的主体在享受权利的同时应该履行相应的义务。而社会福利与社会保险不同,其资金全部来自国家和社会,全体社会成员无需履行义务就可以享受国家或社会免费提供的社会福利待遇。因此,权利义务的单向性是社会福利的特点之一。

3. 关注人们的精神生活需求

社会福利较社会保险而言是较高层次的社会保障制度,它是在国家财力允许的范围内,在既定的生活水平的基础上,尽力提高被服务对象的生活质量。社会福利中的教育福利、公益性福利以及老年人福利等,在满足社会成员精神生活需求方面起着非常重要的作用,在提高社会成员的道德素质和文明程度等方面的作用也不容忽视。因此,从社会福利的目的上看,社会福利具有关注人们的精神生活需求的特征。

二、我国社会福利制度的发展

(一) 传统社会福利制度

我国1951年发布了《关于城市救济福利工作报告》,报告由政府民政部门负责组织实施,保障对象主要是无依无靠的城镇孤寡老人、孤儿或弃婴、残疾人等。民政部门通过设立福利机构为这些孤老残幼人员提供保障。福利机构分为社会福利事业和社会福利企业两类。我国的社会福利是由民政福利、企业职工福利和国家机关、事业单位职工福利三部分组成。

从20世纪50年代初建立社会福利制度起,在整个计划经济时期,城镇居民能够享受到的福利待遇在不断增加。民政福利制度的实施使得那些社会上最脆弱群体的生存有了保障。

(二) 现代社会福利制度

20世纪80年代开始的经济体制改革带来了社会结构的巨大变化,传统福利制度日益暴露出一系列不适应新社会环境的弊端,改革传统的福利制度势在必行。1993年4月,民政部发布了《国家级福利院评定标准》,同年8月,民政部又发布了《社会福利企业规划》。1997年4月,民政部与国家计委联合发布《民政事业发展'九五'计划和2010年远景目标纲要》,指出,残疾人可以由过去单一的在福利企业就业改变为在福利企业就业或分散就业。1999年12月,民政部颁布了《社会福利机构管理暂行办法》。从这些法规可以看出,民政部门作为我国福利事业的主管机构将把我国的社会福利事业从官方举办逐步引向社会举办,并按福利需求设立福利项目。随着国有企业改革的不断深入,国有企业及其职工的数量有了较大的减少,加之国有企业和国家机关、事业单位职工的福利事业逐步走向社会化,事业单位和企业对于社会福利事业的投入大大减少,负担也得到了大幅度地减轻。与此同时,国家和社会举办的福利事业在迅速发展,能够不断满足不同社会成员对于福利项目的需求。我国社会福利事业正在朝着社会化、规范化的方向发展。

第二节 公共福利制度

公共福利是国家和社会兴办的各种公益性设施和提供的各种公益性服务。我国的公共福利主要包括住房福利、教育福利、卫生福利等。

一、住房福利

住房福利是政府提升国民住房质量而采取的措施和手段,其目的在于解决国民的住房问题。在我国,住房福利政策和制度在不同的时期,内容有很大的区别。目前,我国城镇住房福利制度的内容主要包括经济适用房、公共租赁房和住房公积金三个方面。在农村住房福利制度主要是在宅基地范围内实行的"一户一宅"制度。

（一）经济适用房制度

建立经济适用房制度的目的在于解决我国低收入家庭的住房问题。1991年国务院《关于继续积极稳妥地进行城镇住房制度改革的通知》规定，住房建设应推行国家、集体、个人三方共同投资体制，积极组织集资建房和合作建房，大力发展经济实用的商品住房，优先解决无房户和住房困难户的住房问题。该通知第一次提出了经济适用房的概念。1994年《国务院关于深化城镇住房制度改革的决定》规定，各地人民政府要十分重视经济适用住房的开发建设，加快解决中低收入家庭的住房问题。经济适用住房建设用地，经批准原则上采取行政划拨方式供应。对经济适用住房建设项目，要在计划、规划、拆迁、税费等方面予以政策扶持。各级建设行政主管部门要切实组织好经济适用住房建设的实施工作。金融单位在信贷等方面应予以支持。房地产开发公司每年的建房总量中，经济适用住房要占20%以上。《国务院关于深化城镇住房制度改革的决定》的出台，使得经济适用房建设的环节的规定更加明确。在构建中高收入家庭商品房体系的同时兼顾低收入家庭经济适用房体系的建构。2006年《关于调整住房供应结构稳定住房价格的意见》规定，各地要继续抓好经济适用住房建设，进一步完善经济适用住房制度，解决建设和销售中存在的问题，真正解决低收入家庭的住房需要。严格执行经济适用住房管理的各项政策，加大监管力度，制止违规购买、谋取不正当利益的行为。严格规范集资合作建房，制止部分单位利用职权以集资合作建房名义，变相进行住房实物福利分配的违规行为。2007年《关于解决低收入家庭住房困难若干意见》规范经济适用住房供应对象、合理确定经济适用住房标准、严格经济适用住房上市交易管理以及加强单位集资合作建房管理。随着政策和法律体系的不断完善，经济适用房制度愈加趋于合理化。

（二）公共租赁房制度

2005年开始，公共租赁住房在厦门、深圳、青岛等城市进行自发性的试验。这些城市的积极尝试为建构公共租赁房制度提供了可借鉴的经验。2009年《国务院政府工作报告》明确提出了积极发展公共租赁住房。2010年住建部、发改委等七个部门联合发布的《关于加快发展公共租赁住房的指导意见》，标志着我国公共租赁住房制度的正式启动。2012年《公共租赁住房管理办法》的出台使得公共租赁住房制度更加完善。从中央层面推行公共租赁房政策以来，受惠的困难群众逐年增加。

（三）住房公积金制度

住房公积金，是指国家机关和事业单位、国有企业、城镇集体企业、外商投资企业、城镇私营企业及其他城镇企业和事业单位、民办非企业单位、社会团体及其在职职工，对等缴存的长期住房储蓄。我国的住房公积金制度经历了试点、推广、确立和完善四个阶段。住房公积金制度建立的意义在于为职工较快、较好地解决住房问题提供了保障；为无房职工提供了帮助，体现了职工住房公积金的互助性。每一个城镇在职职工自参加工作之日起至退休或者终止劳动关系的这一段时间内，都必须缴纳个人住房公积金；职工所在单位也应按规定为职工补助缴存住房公积金。

二、教育福利

教育福利是指以免费或者低费方式向国民提供教育机会和教育条件的社会福利事业。

教育福利政策的宗旨在于维护和保障公民的受教育权利,促进教育公平进而深刻影响社会生活的其他领域,推动社会协调全面发展。我国的教育福利包括九年制义务教育、减免学杂费、设立助学金等内容。

(一) 九年制义务教育

《中华人民共和国义务教育法》规定,国家实行九年义务教育制度。义务教育是国家统一实施的所有适龄儿童、少年必须接受的教育,是国家必须予以保障的公益性事业。实施义务教育,不收学费、杂费。国家建立义务教育经费保障机制,保证义务教育制度实施。凡具有中华人民共和国国籍的适龄儿童、少年,不分性别、民族、种族、家庭财产状况、宗教信仰等,依法享有平等接受义务教育的权利,并履行接受义务教育的义务。各级人民政府及其有关部门应当履行本法规定的各项职责,保障适龄儿童、少年接受义务教育的权利。适龄儿童、少年的父母或者其他法定监护人应当依法保证其按时入学接受并完成义务教育。依法实施义务教育的学校应当按照规定标准完成教育教学任务,保证教育教学质量。社会组织和个人应当为适龄儿童、少年接受义务教育创造良好的环境。

(二) 助学金制度

2005年财政部、教育部出台的《国家助学奖学金管理办法》规定,国家助学金用于资助高校全日制本专科(含高职、第二学士学位)在校生中的家庭经济困难学生。中央高校国家助学金的资助名额由财政部商有关部门确定。地方高校国家助学金的资助名额由各省(自治区、直辖市)根据财政部、教育部确定的总人数,以及高校数量、类别、办学层次、办学质量、在校本专科生人数和生源结构等因素确定。在分配国家助学金名额时,对民族院校、以农林水地矿油核等国家需要的特殊学科专业为主的高校予以适当倾斜。国家助学金由中央和地方政府共同出资设立。中央部门所属高校国家助学金所需资金由中央财政负担。地方所属高校国家助学金所需资金根据各地财力及生源状况由中央与地方财政按比例分担。国家鼓励各省(自治区、直辖市)加大家庭经济困难学生资助力度,超出中央核定总额部分的国家助学金所需资金由中央财政给予适当补助。

(三) 奖学金制度

2002年《国家奖学金管理办法》规定,为帮助家庭经济困难的普通高等学校学生顺利完成学业,激励家庭经济困难的普通高等学校学生勤奋学习、努力进取,促进学生在德、智、体、美等方面得到全面发展,特设立国家奖学金。国家奖学金是中央政府对家庭经济困难、品学兼优的全国普通高等学校全日制在校本专科生提供的无偿资助。

(四) 贫困助学工程

为了帮助贫困学生解决困难问题,我国动员社会力量参加各类助学工程,例如,团中央、中国青少年发展基金会于1989年发起的以救助贫困地区失学少年儿童为目的的希望工程。希望工程的宗旨是建设希望小学,资助贫困地区失学儿童重返校园,改善农村办学条件。它唤起了全社会的重教意识,促进了基础教育的发展;弘扬了扶贫济困、助人为乐的优良传统,推动了社会主义精神文明建设。

三、卫生福利

卫生福利是指国家和社会以保障公民身体健康为目的所提供的以医疗和保健为内容的公共福利。社会成员需要从国家和社会获得健康服务来满足自身的需要,这就需要公共卫生和医疗服务政策的支持。

《宪法》规定,国家发展医疗卫生事业,发展现代医药和我国传统医药,鼓励和支持农村集体经济组织、国家企业事业组织和街道组织举办各种医疗卫生设施,开展群众性的卫生活动,保护人民健康。1985年卫生部印发《国务院批转卫生部关于卫生工作改革若干政策问题的报告的通知》,将市场机制引入卫生与健康领域,中国的卫生与健康事业又有了一定程度的发展。2015年党的十八大提出了"健康中国"战略;十九大报告提出了构建全面一体化的新时代卫生与健康政策体系。我国目前已经形成了中央、省、市、县四级卫生监督和疾病预防体系。

第三节 职业福利制度

一、职业福利的概念和特点

(一) 职业福利的概念

职业福利是职工所在单位向职工及其家属提供的补贴、设施和服务。用人单位的职业福利越好,就越能够吸引到更多的优秀人才。

(二) 职业福利的特点

1. 自主性

职业福利是用人单位的一项员工激励措施,用人单位可以自主决定福利项目的内容和福利项目的多少。形式多样的福利不仅可以弥补法定福利的不足,还可以更好地保障员工的生活,进一步激发他们的工作积极性,提高员工和整个单位的工作绩效,进而提高用人单位的市场竞争力。

2. 普遍性

同一个用人单位的员工可以享受相同的福利待遇,所有的职工享受福利待遇的机会是均等的。福利的普遍性也是公平性的一个重要体现,当员工在公平的环境中工作时,他们会有一种受尊重的感觉,从而愿意更加主动地做好自己的本职工作。

3. 差异性

不同行业的企业因为经营理念以及企业绩效的差异,员工的职业福利不尽相同。即使是同一行业的企业之间,因为自身各方面因素的不同,职工福利也不相同。选择哪些福利是企业根据自身的发展状况以及员工各方面的特点决定的。

二、我国职业福利的内容

职业福利作为社会福利的重要组成部分,在满足职工的获得感、幸福感和安全感方面具有重要的作用。从国内外优秀企业管理实践经验来看,多元化高水平的职业福利是吸引和留住优秀人才的重要手段。企业要提高整体绩效、提高员工工作满意度,就要注重职工福利的完善。我国的企业职工福利包括以下几个方面。

(一) 福利津贴

福利津贴一般以现金形式提供,是职工工资收入以外的收入。从全国各地的情况来看,企业提供的福利津贴包括餐补、节日补贴、通讯补助、提供礼金(如结婚等)、交通补贴、住房补贴等。现行的福利津贴改善和提高了职工的生活水平。

(二) 福利设施

福利设施是用人单位为满足职工的物质和精神生活需要而提供的生活和文化福利措施。从全国各地的情况来看,企业提供的福利设施包括职工食堂、职工宿舍、文化室、俱乐部、职工图书馆、健身房、泳池、运动场等。福利设施为员工提供了休息和娱乐条件,使得员工在紧张的工作之余身心得到放松。

(三) 福利服务

我国职工福利服务内容相当广泛,包括与福利设施相关的各项服务,也包括诸如健康检查、员工入职技能培训、外部培训以及国外交流学习、免费茶水饮食、员工心理辅导等特别服务。

第四节 弱势群体社会福利

弱势群体是相对于强势群体而言的一个概念。相对于强势群体而言,弱势群体由于年龄、智力、身体以及性别等方面的原因,导致他们在生活、工作和学习方面处于弱势地位。因此,有必要对弱势群体给予更多的关注和保护。本节所指的弱势群体社会福利包括未成年人福利、老年人福利、妇女福利和残疾人福利。

一、未成年人福利

未成年人福利是国家和社会为保护未成年人的特殊利益、满足未成年人的特殊需要而设立的特殊福利和提供的服务。我国《宪法》规定,国家培养青年、少年、儿童在品德、智力、体质等方面全面发展。儿童受国家的保护,禁止虐待儿童。除了《宪法》外,《义务教育法》《幼儿园管理条例》《禁止使用童工的规定》《未成年人保护法》《教育法》等一系列的法律构成了较为完备的儿童福利法律体系。未成年人的福利主要表现在以下几个方面。

(一) 对未成年人用工的特殊法律保护

首先,法律禁止使用童工。《劳动法》规定,禁止用人单位招用未满16周岁的未成年人。文艺、体育和特种工艺单位招用未满16周岁的未成年人,必须依照国家有关规定,履行审批手续,并保障其接受义务教育的权利。其次,对于已满16周岁不满18周岁的未成年工予以特殊保护。《劳动法》规定,不得安排未成年工从事矿山井下,有毒有害、国家规定的第四级体力劳动强度的劳动和其他禁忌从事的劳动。用人单位应当对未成年工定期进行健康检查。

(二) 未成年人的教育福利

《义务教育法》规定,国家实行九年义务教育制度。凡具有中华人民共和国国籍的适龄儿童、少年,不分性别、民族、种族、家庭财产状况、宗教信仰等,依法享有平等接受义务教育的权利,并履行接受义务教育的义务。

(三) 卫生保健福利

我国《传染病防治法》明确规定,我国对儿童实行预防接种证制度。预防接种证是儿童预防接种记录的证明,儿童入托(园)、上学、出国等必须提供该证明。国家免疫规划项目的预防接种实行免费。医疗机构、疾病预防控制机构与儿童的监护人应当相互配合,保证儿童及时接受预防接种。儿童出生后1个月内,其监护人应当到儿童居住地承担预防接种工作的接种单位为其办理预防接种证。接种单位对儿童实施接种时,应当查验预防接种证,并作好记录。儿童离开原居住地期间,由现居住地承担预防接种工作的接种单位负责对其实施接种。此外,国家还积极兴办了儿童医院、妇幼保健医院以及综合医院的儿科等,定期为儿童进行健康检查,帮助儿童健康成长。

二、妇女福利

妇女福利是指国家和社会为妇女提供的特殊照顾和服务。根据《宪法》的规定,妇女与男子平等享有政治、经济、文化以及家庭生活等方面的权利。但在现实中并未真正实现男女平等,所以我国制定了《妇女权益保障法》《女职工禁忌劳动范围规定》《母婴保健法》《企业职工生育保险试行办法》等法律对妇女进行特别保护。从这些法律法规以及政策的规定来看,妇女的福利主要包括如下方面。

(一)劳保福利

根据《女职工劳动保护特别规定》的规定,用人单位应当加强对女职工的劳动保护,采取措施改善女职工劳动安全卫生条件,对女职工进行劳动安全卫生知识培训。用人单位不得因女职工怀孕、生育、哺乳而降低其工资、予以辞退、与其解除劳动或者聘用合同。女职工在孕期不能适应原劳动的,用人单位应根据医疗机构的证明,予以减轻劳动量或者安排其他能够适应的劳动。对怀孕7个月以上的女职工,用人单位不得延长劳动时间或者安排夜班劳动,并应当在劳动时间内安排一定的休息时间。怀孕女职工在劳动时间内进行产前检查,所需时间计入劳动时间。怀孕女职工因保胎需要休息的,由医生开具证明,应按照病假处理,按照病假发放工资。怀孕7个月以上一般可请产前假两个半月。工资一般按照员工以往每月基本工资标准的80%发放。

(二)生育福利

妇女在产假期间享受生育津贴,女职工怀孕未满4个月流产的,享受15天产假;怀孕满4个月流产的,享受42天产假,领生育津贴。女职工生育后一般可请哺乳假6个半月,工资按员工以往每月基本工资标准的80%发放,再延长则按70%发放。

(三)保健福利

《母婴保健法》规定,各级人民政府领导母婴保健工作。母婴保健事业应当纳入国民经济和社会发展计划。国务院卫生行政部门主管全国母婴保健工作,根据不同地区情况提出分级分类指导原则,并对全国母婴保健工作实施监督管理。国务院其他有关部门在各自职责范围内,配合卫生行政部门做好母婴保健工作。各级人民政府应当采取措施,加强母婴保健工作,提高医疗保健服务水平,积极防治由环境因素所致严重危害母亲和婴儿健康的地方性高发性疾病,促进母婴保健事业的发展。县级以上地方人民政府卫生行政部门管理本行政区域内的母婴保健工作。省、自治区、直辖市人民政府卫生行政部门指定的医疗保健机构负责本行政区域内的母婴保健监测和技术指导。医疗保健机构应当为公民提供婚前保健服务、为育龄妇女和孕产妇提供孕产期保健服务、为产妇提供科学育儿、合理营养和母乳喂养的指导。除此之外,女职工多的单位根据国家的相关规定,逐步建立妇女休息室、哺乳室等,满足女职工的特殊需要。

三、老年人福利

老年人福利是以老年人为特殊对象的社会福利项目。为了保障老年人的合法权益，发展老年事业，弘扬中华民族敬老、养老的美德，我国1996年通过了《老年人权益保障法》。这部法律是老年人权益保护和福利增进的基本法。自1996年以来，以《老年人权益保障法》为主体的老年人福利制度得以确立并得到了发展，老有所养、老有所医、老有所学、老有所乐的老年人福利事业的目标也初步得到了实现。我国老年人福利的内容包括以下几项。

（一）生活福利

我国建立了养老保险制度，保障老年人的基本生活。老年人依法享有的养老金和其他待遇依法受到保障。农村的老年人养老主要依靠家庭，与此同时农村也根据自身的实际情况建立养老保险制度。城市无劳动能力、无生活来源、无赡养人和扶养人或其赡养人无赡养能力或者扶养能力的老年人，由老年人所在地的政府给予救助。农村无劳动能力、无生活来源、无赡养人和扶养人或其赡养人无赡养能力或者扶养人无扶养能力的老年人，则由农村集体经济组织给予五保供养。

（二）医疗福利

为了保障老年人基本的医疗需求得到实现，我国建立了多种形式的医疗保险制度。根据我国的城镇职工医疗保险制度，离退休职工免交医疗保险费。患病的老年人本人和其赡养人无力支付医疗费用的，当地政府可以根据情况给予社会救助。70周岁以上的老年人到医疗机构就医，予以优先。另外，各地面向全社会的老年人提供老年人康复中心、老年医院等设施。

（三）教育文体福利

国家积极发展老年教育，鼓励社会兴办各类老年学校。我国各地不仅兴办了专门面向老年人的老年大学，老年人还可以参加普通高等学习的统一考试，成绩达标的，可以在普通高等学校接受教育。老年人通过学习，丰富了生活，增长了知识，陶冶了情操。

国家鼓励、扶持社会组织和个人兴办老年福利院、敬老院和老年文体活动场所等设施，开展适合老年人的文化、体育以及娱乐活动，丰富老年人的精神文化生活，以便实现老有所乐的福利目标。

（四）其他福利

国家保护老年人依法享有的合法权益。老年人因合法权益受到侵害而起诉时，可以优先受理；对于缴纳诉讼费有困难的，可以申请缓交或减免；对于需要聘请律师，但无法支付律师费的，可以申请法律援助。各地政府还根据自身的经济条件，对老年人乘坐公共交通工具、参观和旅游等方面给予照顾和优待。另外，积极发展社区服务，建立老年人生活服务、疾病护理与康复等设施和网点，为老年人提供全方位的服务，以便满足老年人的服务需求。

四、残疾人福利

残疾人福利是指国家和社会为残疾人在生活、工作、教育、医疗和康复等各方面所提供的设施、条件和服务。我国1990年通过了《残疾人保障法》，保障残疾人的合法权益，给予残疾人尽可能多的福利和照顾，使他们能够共享由于劳动和社会发展所带来的物质文化成果。

之后我国又制定和颁布了一系列关于残疾人福利的法律法规和政策。2021年《国务院关于印发"十四五"残疾人保障和发展规划的通知》要求全国各地认真贯彻执行《"十四五"残疾人保障和发展规划》。根据这一发展规划，我国残疾人的福利具体包括以下内容。

(一) 生活福利

为符合条件的残疾人和残疾人家庭提供特困人员救助供养或最低生活保障。加强对生活无着流浪乞讨残疾人的救助安置和寻亲服务。做好对符合条件残疾人的医疗救助，强化医疗救助与基本医疗保险、大病保险的互补衔接，减轻困难残疾人医疗费用负担。加强临时救助，在重大疫情等突发公共事件中做好对困难残疾人的急难救助。积极发展服务类社会救助，推动开展残疾人长期照护服务。着力增强县级特困人员救助供养服务机构对残疾人特困对象的照护服务能力。鼓励通过政府购买服务对社会救助家庭中生活不能自理的残疾人提供必要的访视、照护服务。

(二) 就业福利

多渠道、多形式促进残疾人就业创业。开展残疾人就业促进专项行动。对正式招录(聘)残疾人的用人单位按规定给予岗位补贴、社会保险补贴、职业培训补贴、设施设备购置改造补贴、职业技能鉴定补贴等扶持，对超比例安排残疾人就业的用人单位给予奖励。规范残疾人按比例就业年审并实现全国联网认证。落实残疾人集中就业单位税费优惠、政府优先采购等扶持政策，稳定残疾人集中就业。支持非营利性残疾人集中就业机构持续发展。在经营场地、设施设备、社会保险补贴、金融信贷等方面扶持残疾人自主创业、灵活就业，鼓励残疾人通过新就业形态实现就业。

(三) 康复服务

加强残疾人健康服务。全面推进残疾人家庭医生签约服务，支持保障签约医生为残疾人提供基本医疗、公共卫生和健康管理等个性化服务。加强和改善残疾人医疗服务，为残疾人提供就医便利，维护残疾人平等就医权利。加强残疾人心理健康服务。关注残疾妇女健康，开展生殖健康服务。将残疾人健康状况、卫生服务需求等纳入国家卫生服务调查，加强残疾人健康状况评估。完善残疾人基本康复服务目录，继续实施精准康复服务行动，提升康复服务质量，满足残疾人基本康复服务需求。落实残疾儿童康复救助制度，合理确定康复救助标准，增加康复服务供给，确保残疾儿童得到及时有效的康复服务。加强精神卫生综合管理服务，广泛开展精神障碍社区康复。

(四) 教育福利

坚持立德树人，促进残疾儿童、少年德智体美劳全面发展。制定实施《第三期特殊教育提升计划(2021—2025年)》。巩固提高残疾儿童、少年义务教育水平，加快发展非义务教育阶段特殊教育。健全普通学校随班就读支持保障体系，发挥残疾人教育专家委员会作用，实现适龄残疾儿童、少年"一人一案"科学教育安置。着力发展以职业教育为重点的残疾人高中阶段教育，使完成义务教育且有意愿的残疾青少年都能接受适宜的中等职业教育。稳步推进残疾人高等教育，支持有条件的高校面向残疾考生开展单考单招，为残疾人接受高等教育提供支持服务。支持高校开展残疾人融合教育。落实从学前到研究生教育全覆盖的学生资助政策，对家庭经济困难的残疾学生(幼儿)予以资助。为残疾学生提供辅助器具、特殊学习用品、康复训练和无障碍等支持服务，为残疾学生参加国家教育考试和部分职业考试提供合理便利。

本章小结

社会福利的概念有广义和狭义之分。广义的社会福利是指政府和社会提供的提高人们生活质量的措施的总和。狭义的社会福利是指国家和社会为改善社会成员的生活状况而举办的各种福利事业和采取的各种福利措施的总称。我国对社会福利所持的是狭义的概念。在我国,社会福利是社会保障体系的组成部分之一。

本章介绍了我国公共福利、职业福利和弱势群体社会福利的主要内容。公共福利是国家和社会兴办的各种公益性设施和提供的各种公益性服务。我国的公共福利主要包括住房福利、教育福利、卫生福利等。职业福利是职工所在单位向职工及其家属提供的补贴、设施和服务。弱势群体由于年龄、智力、身体以及性别等方面的原因,导致他们在生活、工作和学习方面处于弱势地位。我国通过法律法规、政策提供未成年人、老年人、妇女以及残疾人等弱势群体不同层次和类型的社会福利,以进一步提高他们的生活质量。

案例与点评

案例一

某日,某市中心医院心脏病专家愿意为某社会福利院的幼儿免费施行心脏病手术。党开红、党艺、党冬星、党中敏这4个小女孩是不幸的,她们经初诊为患有先天性心脏病。她们还在襁褓中的时候就被4个家庭抛弃了,社会福利院成了她们的家。在临床中,先天性心脏病患儿,1岁以内做手术,有70%的成活率;5岁做手术治疗,成活率只有30%。早一些进行手术治疗,她们获得新生的机会就会大一些。但是,对于这4个幼小的生命来说,高昂的检查费和治疗费是一个很大的障碍。某市中心医院得知这个消息后,决定对她们施行爱心救助,免费为患儿进行诊治。来自俄罗斯的2位小儿心脏病专家为孩子们进行了诊断。其中,3个孩子患有先天性心脏室间隔缺损或房间隔缺损,另一个孩子被排除了患有心脏病的可能性。心脏病专家呼吁,不要丢弃患有先天性心脏病的孩子,通过手术治疗,孩子是可以康复的。

请问:社会福利院的3个女孩可以获得免费救助吗?

案例评析:目前,我国医疗费用过高的现状让老百姓望而却步。一个家庭,如果摊上孩子患有先天性疾病,就有可能无力支付庞大的医疗费用,可能承担沉重的债务负担。在此情况下,有的老百姓会遗弃有病的孩子,这不仅造成了国家的负担,而且也不利于孩子身心健康的发展。基于以上考虑,国家可以建立、完善医疗救助机制,救助患有重大疾病的孩子及其家庭,给予患儿适当的医疗救助,体现社会的人文关怀。被家庭遗弃的孩子的归宿是社会福利院。然而,社会福利院是否能够拿出足够的钱来为孩子看病呢?在国家财政对福利院投入明显不足的情况下,社会福利院面对病弱的孩子,可能是无能为力的。本案中,这几个孩子是幸运的,因为他们可以获得医疗机构的免费救助,获得重生的机会。让社会福利院里患病的孩子得到及时的救治,是非常必要的。资金短缺一直是困扰我国福利事业发展的问题之一,采取多元化的筹资策略,扩充福利资金的来源,应当成为发展社会福利事业的方向。

具体措施包括：(1) 增加政府财政投入。政府可以每年拿出一部分资金，实行奖励制度，该部分资金可以是现金，也可以采用提供免费培训、赞助福利院提出的改进项目等方法投资福利院的建设。(2) 利用民间资财。可以扶持民办福利事业，充分利用民间资本来发展社会福利。(3) 收费补贴。除无依无靠、无生活来源、无抚养关系人的极少数社会成员外，绝大多数社会成员在享受社会福利时均应承担一定的缴费义务。如养老院在保证孤寡老年人得到照顾的同时，积极创造条件对社会开放，并对有经济承受能力的入住对象收取相应的费用，以弥补经费之不足。

案例二

2008年3月25日，某市残联、市残疾人就业服务指导中心联合在万象城举办春季残疾人专场招聘会，11家用人单位为残疾人提供近150个用工岗位，200多位残疾人参加现场招聘，其中近100人与企业达成用工意向。记者在现场看到，一电子公司的招聘海报上写明，招聘普工30名，要求是聋哑人，有社保、医保。"这是公司第3次招聘残疾人。"该公司负责招聘的人事主管告诉记者，残疾人工作不挑剔，做事踏实，他们这次要招聘的残疾人数量占公司总人数的1/4。某市残疾人就业服务指导中心相关负责人说，国家出台了《残疾人就业条例》等相关政策后，有关残疾人就业税收优惠政策大大促进了企业招收残疾人的热情，不仅用人单位增加了，而且招聘的数量和岗位的也增加了不少。据介绍，参加招聘的11家企业中，福利企业仅4家，改变了以往福利企业在招聘会中唱主角的情况。记者发现，企业提供的残疾人福利待遇有明显改观，月工资待遇在800元至1000元之间，最高是鼓楼一婚介所给出的每月2500元，企业普遍提供社保和医保。

请问：根据我国法律规定，残疾人可以享受哪些福利？

案例评析：残疾人的福利包括：

(1) 生活福利

《"十四五"残疾人保障和发展规划》规定，为符合条件的残疾人和残疾人家庭提供特困人员救助供养或最低生活保障。加强对生活无着流浪乞讨残疾人的救助安置和寻亲服务。做好对符合条件残疾人的医疗救助，强化医疗救助与基本医疗保险、大病保险的互补衔接，减轻困难残疾人医疗费用负担。加强临时救助，在重大疫情等突发公共事件中做好对困难残疾人的急难救助。积极发展服务类社会救助，推动开展残疾人长期照护服务。着力增强县级特困人员救助供养服务机构对残疾人特困对象的照护服务能力。鼓励通过政府购买服务对社会救助家庭中生活不能自理的残疾人提供必要的访视、照护服务。

(2) 就业福利

《"十四五"残疾人保障和发展规划》规定，多渠道、多形式促进残疾人就业创业。开展残疾人就业促进专项行动。对正式招录(聘)残疾人的用人单位按规定给予岗位补贴、社会保险补贴、职业培训补贴、设施设备购置改造补贴、职业技能鉴定补贴等扶持，对超比例安排残疾人就业的用人单位给予奖励。规范残疾人按比例就业年审并实现全国联网认证。落实残疾人集中就业单位税费优惠、政府优先采购等扶持政策，稳定残疾人集中就业。支持非营利性残疾人集中就业机构持续发展。在经营场地、设施设备、社会保险补贴、金融信贷等方面扶持残疾人自主创业、灵活就业，鼓励残疾人通过新就业形态实现就业。

(3) 康复服务

《"十四五"残疾人保障和发展规划》规定,加强残疾人健康服务。全面推进残疾人家庭医生签约服务,支持保障签约医生为残疾人提供基本医疗、公共卫生和健康管理等个性化服务。加强和改善残疾人医疗服务,为残疾人提供就医便利,维护残疾人平等就医权利。加强残疾人心理健康服务。关注残疾妇女健康,开展生殖健康服务。将残疾人健康状况、卫生服务需求等纳入国家卫生服务调查,加强残疾人健康状况评估。完善残疾人基本康复服务目录,继续实施精准康复服务行动,提升康复服务质量,满足残疾人基本康复服务需求。落实残疾儿童康复救助制度,合理确定康复救助标准,增加康复服务供给,确保残疾儿童得到及时有效的康复服务。加强精神卫生综合管理服务,广泛开展精神障碍社区康复。

(4) 教育福利

《"十四五"残疾人保障和发展规划》规定,坚持立德树人,促进残疾儿童、少年德智体美劳全面发展。制定实施《第三期特殊教育提升计划(2021—2025年)》。巩固提高残疾儿童、少年义务教育水平,加快发展非义务教育阶段特殊教育。健全普通学校随班就读支持保障体系,发挥残疾人教育专家委员会作用,实现适龄残疾儿童、少年"一人一案"科学教育安置。着力发展以职业教育为重点的残疾人高中阶段教育,使完成义务教育且有意愿的残疾青少年都能接受适宜的中等职业教育。稳步推进残疾人高等教育,支持有条件的高校面向残疾考生开展单考单招,为残疾人接受高等教育提供支持服务。支持高校开展残疾人融合教育。落实从学前到研究生教育全覆盖的学生资助政策,对家庭经济困难的残疾学生(幼儿)予以资助。为残疾学生提供辅助器具、特殊学习用品、康复训练和无障碍等支持服务,为残疾学生参加国家教育考试和部分职业考试提供合理便利。

本章思考

1. 住房福利制度的内容有哪些?
2. 职业福利的特点有哪些?
3. 我国未成年人福利有哪些?

思考解答

1. 答:我国城镇住房福利制度的内容主要包括经济适用房、公共租赁房和住房公积金三个方面。

(1) 经济适用房制度

建立经济适用房制度的目的在于解决我国低收入家庭的住房问题。1991年国务院《关于继续积极稳妥地进行城镇住房制度改革的通知》规定,住房建设应推行国家、集体、个人三方共同投资体制,积极组织集资建房和合作建房,大力发展经济实用的商品住房,优先解决无房户和住房困难户的住房问题。该通知第一次提出了经济适用房的概念。1994年《国务院关于深化城镇住房制度改革的决定》规定,各地人民政府要十分重视经济适用住房的开发建设,加快解决中低收入家庭的住房问题。经济适用住房建设用地,经批准原则上采取行政划拨方式供应。对经济适用住房建设项目,要在计划、规划、拆迁、税费等方面予以政策扶持。各级建设行政主管部门要切实组织好经济适用住房建设的实施工作。金融单位在信贷等方面应予以支持。房地产开发公司每年的建房总量中,经济适用住房要占20%以上。《国务院关于深化城镇住房制度改革的决定》的出台,使得经济适用房建设的环节的规定更加明确。在构建中高收入家庭商品房体系的同时兼顾低收入家庭经济适用房体系的建构。2006年《关于调整住房供应结构稳定性住房价格的意见》规定,各地要继续抓好经济适用住房建设,进一步完善经济适用住房制度,解决建设和销售中存在的问题,真正解决低收入家庭的住房需要。严格执行经济适用住房管理的各项政策,加大监管力度,制止违规购买、谋取不正当利益的行为。严格规范集资合作建房,制止部分单位利用职权以集资合作建房名义,变相进行住房实物福利分配的违规行为。2007年《关于解决低收入家庭住房困难若干意见》规定规范经济适用住房供应对象、合理确定经济适用住房标准、严格经济适用住房上市交易管理以及加强单位集资合作建房管理。随着政策和法律体系的不断完善,经济适用房制度愈加趋于合理化。

(2) 公共租赁房制度

2005年开始,公共租赁住房在厦门、深圳、青岛等城市进行自发性的试验。这些城市的积极尝试为建构公共租赁房制度提供了可借鉴的经验。2009年《国务院政府工作报告》明确提出了积极发展公共租赁住房。2010年住建部、发改委等七个部门联合发布的《关于加快发展公共租赁住房的指导意见》标志着我国公共租赁住房制度的正式启动。2012年《公共租赁住房管理办法》的出台使得公共租赁住房制度更加完善。从中央层面的推行公共租赁房政策以来,受惠的困难群众逐年增加。

(3) 住房公积金制度

住房公积金,是指国家机关和事业单位、国有企业、城镇集体企业、外商投资企业、城镇私营企业及其他城镇企业和事业单位、民办非企业单位、社会团体及其在职职工,对等缴存的长期住房储蓄。我国的住房公积金制度经历了试点、推广、确立和完善四个阶段。住房公积金制度建立的意义在于为职工较快、较好地解决住房问题提供了保障;为无房职工提供了帮助,体现了职工住房公积金的互助性。每一个城镇在职职工自参加工作之日起至退休或者终止劳动关系的这一段时间内,都必须缴纳个人住房公积金;职工所在单位也应按规定为职工补助缴存住房公积金。

2. 答:职业福利的特点有:

(1) 自主性

职业福利作为用人单位的一项员工激励措施,用人单位可以自主决定福利项目的内容和福利项目的多少。形式多样的福利不仅可以弥补法定福利的不足,还可以更好地保障员工的生活,进一步激发他们的工作积极性,提高员工和整个单位的工作绩效,进而提高用人单位的市场竞争力。

(2) 普遍性

同一个用人单位的员工可以享受相同的福利待遇,所有的职工享受福利待遇的机会是均等的。福利的普遍性也是公平性的一个重要体现,当员工在公平的环境中工作时,他们会有一种受尊重的感觉,从而愿意更加主动地做好自己的本职工作。

(3) 差异性

不同行业的企业因为经营理念以及企业绩效的差异,员工的职业福利不尽相同。即使是同一行业的企业之间,因为自身各方面因素的不同,职工福利也不相同。选择哪些福利是企业根据自身的发展状况以及员工各方面的特点决定的。

3. 答：我国未成年人的福利主要包括以下几个方面：

(1) 对未成年人用工的特殊法律保护

首先，法律禁止使用童工。《劳动法》规定，禁止用人单位招用未满16周岁的未成年人。文艺、体育和特种工艺单位招用未满16周岁的未成年人，必须依照国家有关规定，履行审批手续，并保障其接受义务教育的权利。其次，对于已满16周岁不满18周岁的未成年工予以特殊保护。《劳动法》规定，不得安排未成年工从事矿山井下、有毒有害、国家规定的第四级体力劳动强度的劳动和其他禁忌从事的劳动。用人单位应当对未成年工定期进行健康检查。

(2) 未成年人的教育福利

《义务教育法》规定，国家实行九年义务教育制度。凡具有中华人民共和国国籍的适龄儿童、少年，不分性别、民族、种族、家庭财产状况、宗教信仰等，依法享有平等接受义务教育的权利，并履行接受义务教育的义务。

(3) 卫生保健福利

我国《传染病防治法》明确规定，我国对儿童实行预防接种证制度。预防接种证是儿童预防接种记录的证明，儿童入托(园)、上学、出国等必须提供该证明。国家免疫规划项目的预防接种实行免费。医疗机构、疾病预防控制机构与儿童的监护人应当相互配合，保证儿童及时接受预防接种。儿童出生后1个月内，其监护人应当到儿童居住地承担预防接种工作的接种单位为其办理预防接种证。接种单位对儿童实施接种时，应当查验预防接种证，并作好记录。儿童离开原居住地期间，由现居住地承担预防接种工作的接种单位负责对其实施接种。此外，国家还积极兴办了儿童医院、妇幼保健医院以及综合医院的儿科等，定期为儿童进行健康检查，帮助儿童健康成长。

第四章
劳动和劳动合同法律制度

本章主要掌握的内容：
- 劳动者的权利与义务
- 劳动合同的订立
- 劳动合同的效力
- 劳动合同的变更
- 劳动合同的解除

什么是劳动法？劳动法的作用和地位如何？我国《劳动法》核心内容有哪些？什么是《劳动合同法》？我国劳动合同法律制度的核心内容有哪些？

第一节 劳 动 法

一、劳动法的概念及调整对象

（一）概念

劳动法的概念有广义和狭义之分。广义的劳动法，是指调整劳动关系以及与劳动关系有密切关系的其他社会关系的法律规范的总称。广义的劳动法包括《劳动保险条例》《劳动保障监察条例》《劳动争议调解仲裁法》《女职工劳动保护特别规定》《劳动法》《劳动合同法》等一系列劳动法律法规，还包括相关的司法解释。狭义的劳动法，仅指《劳动法》。一般情况下，劳动法是从广义上理解和使用的。

（二）调整对象

1. 劳动关系

劳动关系有广义和狭义之分。广义的劳动关系既包括劳动者在集体劳动过程中与其他劳动者或者其他组织之间产生的关系；也包括劳动者在实现集体劳动过程中与所在用人单位之间发生的关系。劳动法所调整的劳动关系仅仅包括后者，即狭义的劳动关系。

2. 与劳动关系密切联系的其他社会关系

与劳动关系密切联系的其他社会关系又称为劳动附随关系。劳动附随关系一般来说有两方当事人，一方是用人单位或劳动者，另一方是与劳动关系运行有密切联系的主体，通常包括社会保险经办机构、劳动争议处理机构、职业介绍机构、职业培训机构、工会以及劳动人事行政部门等。例如：用人单位招录职工后，要为职工缴纳社会保险，因而劳动者、用人单位会与保险经办机构之间产生社会保险关系；劳动者入职后会因为薪酬、劳动合同的解除等问题与用人单位发生争议，为解决争议求助劳动争议处理机构，因而产生劳动争议处理关系等。这一系列的社会关系都可以称为与劳动关系有密切联系的其他社会关系。

二、劳动法的地位和作用

（一）劳动法的地位

劳动法是我国社会主义法律体系中的重要组成部分，是一个独立的法律部门。劳动法的独立性体现在：(1)劳动法具有特定的调整对象；(2)劳动法具有自身特有的基本原则；(3)劳动法形成完整独立的体系；(4)劳动法已经在司法实践中被确认为独立的法律部门。

（二）劳动法的作用

1. 保护劳动者的合法权益，维护社会安定团结

用人单位与劳动者订立劳动合同，建立劳动关系，是双方双向选择的结果，因此，在大部分情况下，二者之间在根本利益上是一致的。但是用人单位面对激烈的市场竞争，会考虑用最小的成本获取最大利润，就会对用人成本进行缩减。而用人成本的缩减又会导致劳动者薪酬的减少、劳动条件的降低，劳动者与用人单位之间的冲突和矛盾不可难免。因此，需要通过劳动法对劳动者的合法权益进行保护。我国《劳动法》第3条规定，劳动者享有平等就业和选择职业的权利、取得劳动报酬的权利、休息休假的权利、获得劳动安全卫生保护的权利、接受职业技能培训的权利、享受社会保险和福利的权利、提请劳动争议处理的权利以及法律规定的其他劳动权利。我国《劳动法》第4条规定，用人单位应当依法建立和完善规章制度，保障劳动者享有劳动权利和履行劳动义务。这些法律规定保障劳动者的合法权益能够依法实现，同时能够有效化解劳动者和用人单位之间的矛盾和冲突，使得劳动关系协调稳定，从而维护社会的安定团结。

2. 规范劳动力市场，促进社会经济发展

劳动力市场是市场经济的重要组成部分。当劳动力与生产资料的结合处于最佳状态时，劳动力市场才能创造出最高的劳动效益。然而，劳动力商品的特殊性决定了劳动力市场不同于其他生产力要素市场。因此，劳动力市场的运行既要遵循市场经济的一般原则，又要通过劳动法对劳动力市场进行规范。劳动法规定劳动者享有平等就业和选择职业的权利，明确劳动关系供求双方以及劳动中介机构的法律地位，使得劳动关系主体的行为能力和责任能力得到了保证；制定规范的劳动合同制度，为劳动关系供求双方相互选择、享受权利和履行义务提供法律条件；建立工时休假、薪酬保障、劳动安全卫生以及特殊劳动保护制度，保障市场中确立的劳动关系中劳动者的基本权利的实现；实行社会保险制度，保障劳动者的合理流动以及劳动力的再生产。规范的劳动力市场，调整了劳动关系，促进了社会经济的发展。

三、劳动者的权利与义务

（一）劳动者的权利

1. 工作平等权

我国《劳动法》第3条规定，劳动者享有平等就业和选择职业的权利。这一条文赋予了劳动者工作平等权,同时也是《宪法》中公民平等权在《劳动法》中的具体体现。工作平等权是指所有劳动者在就业、劳动过程中,都享有平等就业和平等待遇的权利。我国《劳动法》第12条规定,劳动者就业,不因民族、种族、性别、宗教信仰不同而受歧视。第13条规定,妇女享有与男子平等的就业权利。在录用职工时,除国家规定的不适合妇女的工种或者岗位外,不得以性别为由拒绝录用妇女或者提高对妇女的录用标准。

2. 劳动安全权

劳动安全权是指劳动者在劳动的过程中身体健康和生命安全受法律保护的权利。国家和用人单位有义务保障劳动者的劳动安全权。我国《劳动法》第52条规定,用人单位必须建立、健全劳动安全卫生制度,严格执行国家劳动安全卫生规程和标准,对劳动者进行劳动安全卫生教育,防止劳动过程中的事故,减少职业危害。第53条规定,劳动安全卫生设施必须符合国家规定的标准。新建、改建、扩建工程的劳动安全卫生设施必须与主体工程同时设计、同时施工、同时投入生产和使用。第54条规定,用人单位必须为劳动者提供符合国家规定的劳动安全卫生条件和必要的劳动防护用品,对从事有职业危害作业的劳动者应当定期进行健康检查。第57条规定,国家建立伤亡事故和职业病统计报告和处理制度。县级以上各级人民政府劳动行政部门、有关部门和用人单位应当依法对劳动者在劳动过程中发生的伤亡事故和劳动者的职业病状况,进行统计、报告和处理。此外,国家对女职工和未成年工实行特殊劳动保护。

3. 劳动报酬权

劳动报酬权是劳动者在劳动关系中因付出劳动而向用人单位领取一定数量货币的权利。劳动报酬是劳动者付出劳动后获得的合理对价,也是劳动者实现生存权的物质保障。《劳动法》第3条规定,劳动者享有取得劳动报酬的权利。《劳动法》第46条规定,工资分配应当遵循按劳分配原则,实行同工同酬。工资水平在经济发展的基础上逐步提高。国家对工资总量实行宏观调控。《劳动法》第48条规定,国家实行最低工资保障制度。最低工资的具体标准由省、自治区、直辖市人民政府规定,报国务院备案。用人单位支付劳动者的工资不得低于当地最低工资标准。

4. 休息权

劳动者的休息权是指劳动者所享有的休息和休养的权利。劳动者劳动之外的其他时间是属于自己可以自由进行支配的时间,用人单位不得非法占用。劳动者在工作日内、工作日间、公休假日以及法定节假日都享有休息权。《劳动法》第36条规定,国家实行劳动者每日工作时间不超过8小时、平均每周工作时间不超过44小时的工时制度。《劳动法》第38条规定,用人单位应当保证劳动者每周至少休息1日。《劳动法》第40条规定,用人单位在元旦、春节、国际劳动节、国庆节以及法律、法规规定的其他休假节日期间应当依法安排劳动者休假。《劳动法》第45条规定,国家实行带薪年休假制度。劳动者连续工作1年以上的,享受带薪年休假。具体办法由国务院规定。

5. 职业培训权

职业培训权是指劳动者有根据自己的择业和工作需要,通过接受职业培训提高职业能力的权利。《劳动法》第3条规定,劳动者有接受职业技能培训的权利。劳动者有权要求用人单位对其从事的岗位、业务技能进行培训;对劳动者进行职业技能培训是用人单位应尽的义务。职业培训对提高劳动者的素质和提高生产力发展都具有重要的意义。经过培训,劳动者可以掌握技术要领,认识操作程序的重要性,可以避免重特大事故的发生。国家和用人单位对职业培训的重视程度以及资金的投入也在不断提高。《劳动法》第 66 条规定,国家通过各种途径,采取各种措施,发展职业培训事业,开发劳动者的职业技能,提高劳动者素质,增强劳动者的就业能力和工作能力。《劳动法》第 67 条规定,各级人民政府应当把发展职业培训纳入社会经济发展的规划,鼓励和支持有条件的企业、事业组织、社会团体和个人进行各种形式的职业培训。《劳动法》第 68 条规定,用人单位应当建立职业培训制度,按照国家规定提取和使用职业培训经费,根据本单位实际,有计划地对劳动者进行职业培训。从事技术工种的劳动者,上岗前必须经过培训。

6. 社会保险和福利权

社会保险权是指劳动者因年老、疾病、失业、工伤、生育等原因暂时或永久丧失劳动能力时,依法从国家或社会获得物质帮助的权利。我国《劳动法》第 3 条规定,劳动者享有享受社会保险的权利。《劳动法》第 70 条规定,国家发展社会保险事业,建立社会保险制度,设立社会保险基金,使劳动者在年老、患病、工伤、失业、生育等情况下获得帮助和补偿。《劳动法》第 72 条规定,社会保险基金按照保险类型确定资金来源,逐步实行社会统筹。用人单位和劳动者必须依法参加社会保险,缴纳社会保险费。《劳动法》第 72 条规定,劳动者在退休、患病、负伤、因工伤残或者患职业病、失业、生育情形下,依法享受社会保险待遇。劳动者死亡后,其遗属依法享受遗属津贴。劳动者享受社会保险待遇的条件和标准由法律、法规规定。劳动者享受的社会保险金必须按时足额支付。

社会福利权是指劳动者依据国家制定的福利制度享受相应福利的权利。社会福利是社会保障制度中的最高层次。我国《劳动法》第 3 条规定,劳动者享有享受社会福利的权利。《劳动法》第 76 条规定,国家发展社会福利事业,兴建公共福利设施,为劳动者休息、休养和疗养提供条件。用人单位应当创造条件,改善集体福利,提高劳动者的福利待遇。

7. 提请劳动争议处理权

提请劳动争议处理权是指劳动者有权提请有关部门对劳动者与用人单位之间发生的争议进行处理的权利。我国《劳动法》第 3 条规定,劳动者享有提请劳动争议处理的权利。我国《劳动法》第 77 条规定,用人单位与劳动者发生劳动争议,当事人可以依法申请调解、仲裁、提起诉讼,也可以协商解决。调解原则适用于仲裁和诉讼程序。第 78 条规定,解决劳动争议,应当根据合法、公正、及时处理的原则,依法维护劳动争议当事人的合法权益。第 79 条规定,劳动争议发生后,当事人可以向本单位劳动争议调解委员会申请调解;调解不成,当事人一方要求仲裁的,可以向劳动争议仲裁委员会申请仲裁。当事人一方也可以直接向劳动争议仲裁委员会申请仲裁。对仲裁裁决不服的,可以向人民法院提起诉讼。

8. 其他权利

除上述权利之外,劳动者还有参加工会、参与民主管理以及与用人单位协商的权利。我国《劳动法》第 7 条规定,劳动者有权依法参加和组织工会。《劳动法》第 8 条规定,劳动者依照法律规定,通过职工大会、职工代表大会或者其他形式,参与民主管理或者就保护劳动者合法权益与用人单位进行平等协商。《劳动法》第 33 条规定,企业职工一方与企业可以就劳动报酬、工作时间、休息休假、劳动安全卫生、保险福利等事项,签订集体合同。集体合同草案应当提交职工代表大会或者全体职工讨论通过。集体合同由工会代表职工与企业签订;没有建立工会的企业,由职工推举的代表与企业签订。

(二) 劳动者的义务

1. 积极参与劳动任务

劳动者在享有劳动法规定的权利的同时,也应积极履行劳动法规定的义务。我国《劳动法》第3条规定,劳动者应当完成劳动任务。这一规定表明,劳动者必须按照劳动合同中劳动者与用人单位约定的劳动方式进行劳动;劳动者应亲自履行劳动义务;劳动者应按时完成劳动合同约定的劳动内容,并严格履行岗位职责。

2. 不断提高劳动技能

我国《劳动法》第3条规定,劳动者应当提高劳动技能。从事任何一项生产经营活动都需要劳动者具备相应的劳动技能。用人单位生产业务和经营范围的变化,都需要劳动者不断提高劳动技能以便能适应这一变化的需要。这就需要劳动者既要积极参与用人单位开展的劳动技能培训,又要在参与劳动的实践中以及利用业余时间提高自身的劳动技能。

3. 认真执行劳动安全卫生规程

我国《劳动法》第3条规定,劳动者应当执行劳动安全卫生规程。《劳动法》第56条规定,劳动者在劳动过程中必须严格遵守安全操作规程。国家为了防止和消除在生产过程中发生人员伤亡事故,出台了《矿山安全法》《工厂安全卫生规程》《关于假期防尘防毒工作的决定》《工业企业噪声标准》等法律法规。劳动者都必须严格按照这些法律法规的要求开展生产实践活动。

4. 严格遵守劳动纪律和职业道德

我国《劳动法》第3条规定,劳动者应当遵守劳动纪律和职业道德。这一规定表明,遵守劳动纪律和职业道德是劳动者应尽的义务。劳动纪律是劳动者在劳动过程中遵守的一定规则和秩序,是用人单位制定的工作制度。职业道德,是符合职业特点的道德准则与道德品质的总和。劳动者只有严格遵守劳动纪律和职业道德,才能够使得用人单位保持良好的工作秩序并形成诚信劳动的工作氛围。

5. 法律规定的其他义务

除了上述义务之外,劳动者还有保守商业秘密,缴纳社会保险费等义务。我国《劳动法》第22条规定,劳动合同当事人可以在劳动合同中约定保守用人单位商业秘密的有关事项。《劳动法》第72条规定,劳动者必须依法参加社会保险,缴纳社会保险费。

第二节 劳动合同法律制度

一、劳动合同的概念和特征

劳动合同是指劳动者与用人单位确立劳动关系、明确双方权利和义务的协议。建立劳动关系应当订立劳动合同。

劳动合同具有以下特征:

(1) 主体的特定性。劳动合同所确立的劳动关系中当事人一方是用人单位,另一方是劳动者。根据《劳动法》和《劳动合同法》的规定,用人单位包括法定用人单位和视同用人单位两种情形。其中法定用人单位包括中华人民共和国境内的企业、个体经济组织、民办非企业单位等组织。视同用人单位包括国家机关、事业单位和社会团体。劳动者则是指达到法定年龄,具有劳动能力,以从事某种社会劳动获得收入为主要生活来源,依据法律或合同的约定,在用人单位管理下从事劳动并获取劳动报酬的自然人。

(2) 主体之间的从属性。劳动者与用人单位签订劳动合同后,劳动者成为用人单位中的一员,需要根据用人单位的要求提供劳动并遵守用人单位的劳动规章制度,劳动者处于弱势地位。劳动者对用人单位既有人格上的从属性,又有经济上的从属性。

(3) 合同的条款具有较强的法定性。劳动合同的性质决定了劳动合同的内容以法定为主,以商定为辅,即劳动合同的许多内容必须遵守国家的法律规定,如工资、保险、保护、安全生产等,而当事人之间对合同内容的协商余地较小。

二、劳动合同的订立、内容与效力

(一) 劳动合同的订立

1. 劳动合同签订过程中的义务

(1) 用人单位的义务。我国《劳动合同法》第 8 条规定,用人单位招用劳动者时,应当如实告知劳动者工作内容、工作条件、工作地点、职业危害、安全生产状况、劳动报酬,以及劳动者要求了解的其他情况。《劳动合同法》第 9 条规定,用人单位招用劳动者,不得扣押劳动者的居民身份证和其他证件,不得要求劳动者提供担保或者以其他名义向劳动者收取财物。

(2) 劳动者的义务。我国《劳动合同法》第 8 条规定,用人单位有权了解劳动者与劳动合同直接相关的基本情况,劳动者应当如实说明。

2. 劳动合同的形式

我国《劳动合同法》第 10 条规定,建立劳动关系,应当订立书面劳动合同。已建立劳动关系,未同时订立书面劳动合同的,应当自用工之日起一个月内订立书面劳动合同。用人单位与劳动者在用工前订立劳动合同的,劳动关系自用工之日起建立。这一规定说明,在我国订立劳动合同,采取书面形式。

(二) 劳动合同的内容

1. 劳动合同条款的分类

(1) 必备性条款。必备性条款是指劳动合同必须具备的内容。我国《劳动合同法》第 17 条第 1 款规定,劳动合同应当具备的内容包括:用人单位的名称、住所和法定代表人或者主要负责人,劳动者的姓名、住址和居民身份证或者其他有效身份证件号码,劳动合同期限,工作内容和工作地点,工作时间和休息休假,劳动报酬,社会保险,劳动保护、劳动条件和职业危害防护,法律、法规规定应当纳入劳动合同的其他事项。

(2) 选择性条款。选择性条款是指当事人可以选择在劳动合同中约定的条款。我国《劳动合同法》第 17 条第 2 款规定,用人单位与劳动者可以约定试用期、培训、保守秘密、补充保险和福利待遇等其他事项。这些都属于当事人在签订劳动合同时可以选择约定的条款。

2. 试用期条款

试用期是用人单位和劳动者为了相互考察而设立的期间。我国《劳动合同法》为了限制用人单位滥用其在市场中的地位,对试用期内劳动者的待遇、试用期时间的长短以及劳动合同的解除等作出了限制。我国《劳动合同法》第 19 条规定,劳动合同期限 3 个月以上不满一年的,试用期不得超过 1 个月;劳动合同期限 1 年以上不满 3 年的,试用期不得超过 2 个月;3 年以上固定期限和无固定期限的劳动合同,试用期不得超过 6 个月。同一用人单位与同一劳动者只能约定一次试用期。以完成一定工作任务为期限的劳动合同或者劳动合同期限不满3个月的,不得约定试用期。试用期包含在劳动合同期限内。劳动合同仅约定试用期的,试用期不成立,该期限为劳动合同期限。《劳动合同法》第20条规定,劳动者在试用期的工资不得低于本单位相同岗位最低档工资或者劳动合同约定工资的80%,并不得低于用人单位所在地的最低工资标准。《劳动合同法》第21条规定,在试用期中,除劳动者有本法第39条和第40条第一项、第二项规定的情形外,用人单位不得解除劳动合同。用人单位在试用期解除劳动合同的,应当向劳动者说明理由。

3. 劳动合同期限条款

劳动合同根据期限可以分为固定期限劳动合同、无固定期限劳动合同和以完成一定工作任务为期限的劳动合同。固定期限的劳动合同是指用人单位与劳动者约定合同终止期限的劳动合同。无固定期限的劳动合同是指用人单位与劳动者约定的无确定终止时间的劳动合同。以完成一定工作任务为期限的劳动合同是指用人单位与劳动者约定以某项工作的完成为合同期限的劳动合同。

我国《劳动合同法》第13条规定,用人单位与劳动者协商一致,可以订立固定期限劳动合同。《劳动合同法》第14条规定,用人单位与劳动者协商一致,可以订立无固定期限劳动合同。有下列情形之一,劳动者提出或者同意续订、订立劳动合同的,除劳动者提出订立固定期限劳动合同外,应当订立无固定期限劳动合同:(1)劳动者在该用人单位连续工作满10年的;(2)用人单位初次实行劳动合同制度或者国有企业改制重新订立劳动合同时,劳动者在该用人单位连续工作满10年且距法定退休年龄不足10年的;(3)连续订立二次固定期限劳动合同,且劳动者没有本法第39条和第40条第一项、第二项规定的情形,续订劳动合同的。用人单位自用工之日起满一年不与劳动者订立书面劳动合同的,视为用人单位与劳动者已订立无固定期限劳动合同。《劳动合同法》第15条规定,用人单位与劳动者协商一致,可以订立以完成一定工作任务为期限的劳动合同。

4. 劳动报酬条款

劳动报酬是指劳动者从用人单位那里获得的劳动收入。劳动报酬的约定应该具体明确,如果约定不明确就容易引发争议。我国《劳动合同法》为解决劳动报酬约定不明确的问题提供了法律依据。《劳动合同法》第18条规定,劳动合同对劳动报酬和劳动条件等标准约定不明确,引发争议的,用人单位与劳动者可以重新协商;协商不成的,适用集体合同规定;没有集体合同或者集体合同未规定劳动报酬的,实行同工同酬;没有集体合同或者集体合同未规定劳动条件等标准的,适用国家有关规定。

5. 保守商业秘密和竞业限制条款

商业秘密是指不为公众所熟悉,能为用人单位带来经济利益,具有实用性,并经用人单位采取保密措施的技术信息和经营信息。保守商业秘密是劳动者的法定义务。知悉商业秘密的劳动者无论在用人单位工作期间还是离开用人单位以后都需要保守商业秘密。《劳动合同法》第23条第1款规定,用人单位与劳动者可以在劳动合同中约定保守用人单位的商业秘密和与知识产权相关的保密事项。

竞业限制条款通常是出于维护用人单位的利益而制定的,合同中类似条款往往直接或间接对劳动者的权利有所损害,因此法律要求用人单位与劳动者有竞业限制约定的,应当同时与劳动者约定在劳动合同终止或解除劳动合同时向劳动者支付竞业限制的经济补偿。

《劳动合同法》第23条第2款规定,对负有保密义务的劳动者,用人单位可以在劳动合同或者保密协议中与劳动者约定竞业限制条款,并约定在解除或者终止劳动合同后,在竞业限制期限内按月给予劳动者经济补偿。劳动者违反竞业限制约定的,应当按照约定向用人单位支付违约金。《劳动合同法》第24条规定,竞业限制的人员限于用人单位的高级管理人员、高级技术人员和其他负有保密义务的人员。竞业限制的范围、地域、期限由用人单位与劳动者约定,竞业限制的约定不得违反法律、法规的规定。在解除或者终止劳动合同后,前款规定的人员到与本单位生产或者经营同类产品、从事同类业务的有竞争关系的其他用人单位,或者自己开业生产或者经营同类产品、从事同类业务的竞业限制期限,不得超过2年。

6. 服务期与违约金条款

服务期是劳动合同当事人通过协商约定的因劳动者获得特殊的劳动条件,而必须为用人单位服务的期限,服务期的作用主要是为了避免员工在享受了特殊待遇后任意离职而给用人单位造成损失。

违约金是由于劳动者违反了劳动合同的约定给用人单位造成损失后给予用人单位的赔偿。《劳动合同法》第25条规定,除本法第22条和第23条规定的情形外,用人单位不得与劳动者约定由劳动者承担违约金。

《劳动合同法》第22条规定,用人单位为劳动者提供专项培训费用,对其进行专业技术培训的,可以与该劳动者订立协议,约定服务期。劳动者违反服务期约定的,应当按照约定向用人单位支付违约金。违约金的数额不得超过用人单位提供的培训费用。用人单位要求劳动者支付的违约金不得超过服务期尚未履行部分所应分摊的培训费用。用人单位与劳动者约定服务期的,不影响按照正常的工资调整机制提高劳动者在服务期期间的劳动报酬。

《劳动合同法》第23条规定,用人单位与劳动者可以在劳动合同中约定保守用人单位的商业秘密和与知识产权相关的保密事项。对负有保密义务的劳动者,用人单位可以在劳动合同或者保密协议中与劳动者约定竞业限制条款,并约定在解除或者终止劳动合同后,在竞业限制期限内按月给予劳动者经济补偿。劳动者违反竞业限制约定的,应当按照约定向用人单位支付违约金。

(三) 劳动合同的效力

1. 劳动合同关系的建立与劳动合同的签订

《劳动合同法》第7条规定,用人单位自用工之日起即与劳动者建立劳动关系。《劳动合同法》第10条规定,建立劳动关系,应当订立书面劳动合同。已建立劳动关系,未同时订立书面劳动合同的,应当自用工之日起1个月内订立书面劳动合同。用人单位与劳动者在用工前订立劳动合同的,劳动关系自用工之日起建立。由此可见,《劳动合同法》把劳动关系的建立和劳动合同的签订相分离。在实践中劳动合同的订立和劳动关系的建立可以有三种情况:(1) 先签订书面合同,后建立劳动关系;(2) 签订书面合同和建立劳动关系同时发生;(3) 先建立劳动关系,后签订书面合同。

2. 劳动合同的无效

劳动合同的无效是指劳动合同因欠缺法律规定的条件而不具备约束力。《劳动合同法》第26条规定,下列劳动合同无效或者部分无效:(1) 以欺诈、胁迫的手段或者乘人之危,使对方在违背真实意思的情况下订立或者变更劳动合同的;(2) 用人单位免除自己的法定责任、排除劳动者权利的;(3) 违反法律、行政法规强制性规定的。

对劳动合同的无效或者部分无效有争议的,由劳动争议仲裁机构或者人民法院确认。劳动合同部分无效,不影响其他部分效力的,其他部分仍然有效。劳动合同被确认无效,劳动者已付出劳动的,用人单位应当向劳动者支付劳动报酬。劳动报酬的数额,参照本单位相同或者相近岗位劳动者的劳动报酬确定。

三、劳动合同的变更

(一) 劳动合同变更的概念

劳动合同的变更是指用人单位和劳动者双方或单方依法或按照双方的意愿,修改或补充劳动合同条款的行为。

(二) 劳动合同变更的原因

劳动合同变更的原因有三个方面:(1) 劳动者自身的原因。例如,女性劳动者在怀孕期内不适应某些劳动;或者劳动者身体健康问题导致不适应原岗位的要求,就可以根据《劳动合同法》第 40 条第 2 项的要求变更工作岗位。(2) 用人单位的原因。用人单位调整生产任务或者转产等原因,会导致劳动者的劳动内容发生变化,因此引起劳动合同内容的变更。(3) 客观方面的原因。法律政策变化,发生不可抗力等也会引起用人单位或劳动者提出变更劳动合同的要求。

(三) 劳动合同变更的程序

《劳动合同法》第 35 条第 1 款规定,用人单位与劳动者协商一致,可以变更劳动合同约定的内容。变更劳动合同,应当采用书面形式。《劳动合同法》第 35 条第 2 款规定,变更后的劳动合同文本由用人单位和劳动者各执一份。

四、劳动合同的解除

(一) 劳动合同解除的概念和特征

劳动合同的解除,是指当事人双方提前终止劳动合同的法律效力,解除双方的权利义务关系。劳动合同的解除具有四个特征:(1) 劳动合同解除是劳动合同效力的提前终止;(2) 用人单位解除劳动合同受到严格限制;(3) 劳动者解除劳动合同的条件比较宽松;(4) 基于客观情况由劳动者和用人单位做出主观选择是劳动合同解除的法定条件。

(二) 劳动合同解除的类型

1. 用人单位和劳动者协议解除劳动合同

劳动合同基于协商而产生,也可以基于协商而解除。《劳动合同法》第 36 条规定,用人单位与劳动者协商一致,可以解除劳动合同。

2. 劳动者单方面解除合同

劳动者单方面解除劳动合同的情形包括两种。

第一种是劳动者对劳动合同的预告解除。所谓预告解除劳动合同是指劳动者提前通知用人单位,按照法定程序解除劳动合同的情形。《劳动合同法》第 37 条规定,劳动者提前 30 日以书面形式通知用人单位,可以解除劳动合同。劳动者在试用期内提前 3 日通知用人单位,可以解除劳动合同。

第二种是劳动者对劳动合同的即时解除。所谓即时解除劳动合同是指劳动者在法律规定的条件下,不提前通知用人单位就可以单方面解除劳动合同的情形。《劳动合同法》第 38

条第 1 款规定,用人单位有下列情形之一的,劳动者可以解除劳动合同:(1)未按照劳动合同约定提供劳动保护或者劳动条件的;(2)未及时足额支付劳动报酬的;(3)未依法为劳动者缴纳社会保险费的;(4)用人单位的规章制度违反法律、法规的规定,损害劳动者权益的;(5)因《劳动合同法》第 26 条第 1 款规定的情形致使劳动合同无效的;(6)法律、行政法规规定劳动者可以解除劳动合同的其他情形。《劳动合同法》第 38 条第 2 款规定,用人单位以暴力、威胁或者非法限制人身自由的手段强迫劳动者劳动的,或者用人单位违章指挥、强令冒险作业危及劳动者人身安全的,劳动者可以立即解除劳动合同,不需事先告知用人单位。

3. 用人单位单方面解除劳动合同

用人单位单方面解除合同的情形包括以下三种情况。

第一种情况,用人单位对劳动合同的即时解除。这种情况是指在劳动者有过错的情况下,用人单位不提前预告劳动者就可以解决劳动合同。《劳动合同法》第 39 条规定,劳动者有下列情形之一的,用人单位可以解除劳动合同:(1)在试用期间被证明不符合录用条件的;(2)严重违反用人单位的规章制度的;(3)严重失职,营私舞弊,给用人单位造成重大损害的;(4)劳动者同时与其他用人单位建立劳动关系,对完成本单位的工作任务造成严重影响,或者经用人单位提出,拒不改正的;(5)因《劳动合同法》第 26 条第 1 款第 1 项规定的情形致使劳动合同无效的;(6)被依法追究刑事责任的。

第二种情况,用人单位对劳动合同的预告解除。预告解除适用于劳动过程中劳动者劳动能力发生变化或者是合同订立时所依据的客观情况发生变化的情况下。《劳动合同法》第 40 条规定,有下列情形之一的,用人单位提前 30 日以书面形式通知劳动者本人或者额外支付劳动者 1 个月工资后,可以解除劳动合同:(1)劳动者患病或者非因工负伤,在规定的医疗期满后不能从事原工作,也不能从事由用人单位另行安排的工作的;(2)劳动者不能胜任工作,经过培训或者调整工作岗位,仍不能胜任工作的;(3)劳动合同订立时所依据的客观情况发生重大变化,致使劳动合同无法履行,经用人单位与劳动者协商,未能就变更劳动合同内容达成协议的。

第三种情况,用人单位经济性裁员。用人单位在经营过程中由于主客观原因的需要会调整用人方案。《劳动合同法》第 41 条第 1 款规定,有下列情形之一,需要裁减人员 20 人以上或者裁减不足 20 人但占企业职工总数 10% 以上的,用人单位提前 30 日向工会或者全体职工说明情况,听取工会或者职工的意见后,裁减人员方案经向劳动行政部门报告,可以裁减人员:(1)依照企业破产法规定进行重整的;(2)生产经营发生严重困难的;(3)企业转产、重大技术革新或者经营方式调整,经变更劳动合同后,仍需裁减人员的;(4)其他因劳动合同订立时所依据的客观经济情况发生重大变化,致使劳动合同无法履行的。

(三) 对用人单位劳动合同解除权的法定限制

1. 经济性裁员范围的限制

《劳动合同法》第 41 条第 2 款规定,裁减人员时,应当优先留用下列人员:(1)与本单位订立较长期限的固定期限劳动合同的;(2)与本单位订立无固定期限劳动合同的;(3)家庭无其他就业人员,有需要扶养的老人或者未成年人的。《劳动合同法》第 41 条第 3 款规定,用人单位依照本条第 1 款规定裁减人员,在 6 个月内重新招用人员的,应当通知被裁减的人员,并在同等条件下优先招用被裁减的人员。

2. 预告性裁员和经济性裁员的限制

《劳动合同法》第 42 条规定,劳动者有下列情形之一的,用人单位不得依照本法第 40

条、第41条的规定解除劳动合同：(1)从事接触职业病危害作业的劳动者未进行离岗前职业健康检查，或者疑似职业病病人在诊断或者医学观察期间的；(2)在本单位患职业病或者因工负伤并被确认丧失或者部分丧失劳动能力的；(3)患病或者非因工负伤，在规定的医疗期内的；(4)女职工在孕期、产期、哺乳期的；(5)在本单位连续工作满15年，且距法定退休年龄不足5年的；(6)法律、行政法规规定的其他情形。

(四) 用人单位解除劳动合同的程序

《劳动合同法》第42条规定，用人单位单方解除劳动合同，应当事先将理由通知工会。用人单位违反法律、行政法规规定或者劳动合同约定的，工会有权要求用人单位纠正。用人单位应当研究工会的意见，并将处理结果书面通知工会。

(五) 解除劳动合同的经济补偿和赔偿

1. 经济补偿的条件

《劳动合同法》第46条规定，有下列情形之一的，用人单位应当向劳动者支付经济补偿：(1)劳动者依照本法第38条规定解除劳动合同的；(2)用人单位依照本法第36条规定向劳动者提出解除劳动合同并与劳动者协商一致解除劳动合同的；(3)用人单位依照本法第40条规定解除劳动合同的；(4)用人单位依照本法第41条第1款规定解除劳动合同的；(5)除用人单位维持或者提高劳动合同约定条件续订劳动合同，劳动者不同意续订的情形外，依照本法第44条第一项规定终止固定期限劳动合同的；(6)依照本法第44条第四项、第五项规定终止劳动合同的；(7)法律、行政法规规定的其他情形。

2. 经济补偿的计算

《劳动合同法》第47条第1款规定，经济补偿按劳动者在本单位工作的年限，每满一年支付1个月工资的标准向劳动者支付。6个月以上不满1年的，按1年计算；不满6个月的，向劳动者支付半个月工资的经济补偿。《劳动合同法》第47条第2款规定，劳动者月工资高于用人单位所在直辖市、设区的市级人民政府公布的本地区上年度职工月平均工资3倍的，向其支付经济补偿的标准按职工月平均工资3倍的数额支付，向其支付经济补偿的年限最高不超过12年。《劳动合同法》第47条第3款规定，本条所称月工资是指劳动者在劳动合同解除或者终止前12个月的平均工资。

3. 解除劳动合同的赔偿

《劳动合同法》第48条规定，用人单位违反本法规定解除或者终止劳动合同，劳动者要求继续履行劳动合同的，用人单位应当继续履行；劳动者不要求继续履行劳动合同或者劳动合同已经不能继续履行的，用人单位应当依照本法第87条规定支付赔偿金。

五、劳动合同的终止

(一) 劳动合同的法定终止

劳动合同的终止是指劳动合同效力约束的丧失。《劳动合同法》第44条规定，有下列情形之一的，劳动合同终止：(1)劳动合同期满的；(2)劳动者开始依法享受基本养老保险待遇的；(3)劳动者死亡，或被人民法院宣告死亡或者宣告失踪的；(4)用人单位被依法宣告破产的；(5)用人单位被吊销营业执照、责令关闭、撤销或者用人单位决定提前解散的；(6)法律、行政法规规定的其他情形。《劳动合同法》第45条规定，劳动合同期满，有本法第42条规定情形之一的，劳动合同应当续延至相应的情形消失时终止。但是，本法第42条第二项规定丧失或者部分丧失劳动能力劳动者的劳动合同的终止,按照国家有关工伤保险的规定执行。

(二)劳动合同终止的经济补偿

《劳动合同法》第 46 条第 5 项规定,除用人单位维持或者提高劳动合同约定条件续订劳动合同,劳动者不同意续订的情形外,依照本法第 44 条第二项规定终止固定期限劳动合同的,用人单位应当向劳动者支付经济补偿。

广义的劳动法,是指调整劳动关系以及与劳动关系有密切关系的其他社会关系的法律规范的总称。劳动法是我国社会主义法律体系中的重要组成部分,是一个独立的法律部门。劳动法的作用体现为:一是保护劳动者的合法权益,维护社会安定团结;二是规范劳动力市场,促进社会经济发展。劳动者的权利和义务是我国《劳动法》的主要内容之一。

劳动合同是指劳动者与用人单位确立劳动关系、明确双方权利和义务的协议。劳动合同的订立、劳动合同的内容、劳动合同的效力、劳动合同的变更、劳动合同的解除以及劳动合同的终止等内容是我国《劳动合同法》的核心内容。

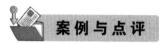

案例一

冯某于 2008 年 1 月 12 日进入某中学工作,担任后勤维修人员,双方签订无固定期限劳动合同。2013 年 1 月 14 日某中学以冯某违反《设备定期检修巡查制度》为由,依据其《学校奖惩制度》,作出《关于对冯某违纪问题的处分决定》。

同年 5 月 30 日,该中学向冯某送达《关于对冯某违纪问题的处分决定》《解除劳动合同通知书》,决定与冯某解除劳动合同。冯某认为某中学系违法解除劳动合同,遂提出仲裁请求,要求继续履行劳动合同。

仲裁委审理后认为,依照法律的相关规定,因用人单位作出开除、除名、辞退、解除劳动合同等决定发生的劳动争议,用人单位负举证责任,同时用人单位对其实行的规章制度是经民主程序产生及劳动者知晓该制度负有举证责任。尤其是,在解除劳动合同前需征求工会的意见。而本案中,用人单位并未征求工会意见。最终,结合本案情况对冯某的仲裁请求予以支持。

案例评析:因职工违纪而解约,须先征求工会意见。

本案中,某中学未证明《学校奖惩制度》经民主程序产生并依法进行公示,亦未证明冯某存在违纪行为,某中学与冯某解除劳动合同的行为,在实体和程序上均存在问题,已构成违法解除。鉴于劳动合同尚有条件继续履行,冯某又有此要求,所以仲裁委依法对冯某的仲裁请求予以支持。

因劳动者违纪而被解除劳动合同是用人单位对劳动者最为严厉的处罚,解除后用人单位无需支付劳动者经济补偿金。根据法律规定,涉及解除劳动合同的争议,由用人单位负举证责任,也就是所谓的举证责任倒置,用人单位需要提供的证据如下:(1)劳动者存在违纪的事实;(2)用人单位据以解除劳动合同的规章制度;(3)规章制度的产生系依据法律规定经过了民主程序;(4)规章制度产生后依法向劳动者明示;(5)在解除劳动合同前征求了工会的意见。

用人单位在仲裁时如果不能提供上述证据,就会被仲裁委确定为违法解除劳动合同,按照《劳动合同法》的规定,在这种情况下劳动者有权选择是继续履行劳动合同还是向用人单位主张违法解除劳动合同赔偿金。如果继续履行劳动合同的条件存在且劳动者有此要求,则双方继续履行原劳动合同;如果劳动者不要求继续履行劳动合同或者继续履行劳动合同的条件不存在了,用人单位需要向劳动者支付违法解除劳动合同赔偿金。赔偿金的计算方法是以劳动者解除劳动合同前12个月平均工资为基数,乘以劳动者在用人单位的工作年限再乘以2,可见法律对于用人单位违法解除劳动合同的处罚是相当严厉的,用人单位在解除劳动合同时应当慎重。

案例二

杨某于2008年3月进入某食品公司工作,工作岗位为操作工,双方签订《劳动合同书》。工作期间,食品公司没有为杨某缴纳社会保险费。2014年6月24日,杨某以食品公司未为其缴纳社会保险费为由提出解除劳动合同,并向食品公司邮寄了《解除劳动合同通知书》。

食品公司主张其未为杨某缴纳社会保险费的原因是杨某曾向单位写了自愿不缴纳社会保险费的保证书,所以未缴纳社会保险费的责任在于杨某本人,不同意支付解除劳动合同经济补偿金。

仲裁委审理后认为,根据《社会保险法》及相关规定,用人单位应自用工之日起30日内为劳动者办理社会保险费缴纳手续。

案例评析:缴纳社会保险费是强制义务,不依当事人意志改变。

杨某于2008年进入食品公司工作,虽然写了自愿不缴纳社会保险费的保证书,但是依法缴纳社会保险费是《社会保险法》和《劳动法》规定的劳动关系双方的义务。《劳动法》第72条规定,社会保险基金按照保险类型确定资金来源,逐步实行社会统筹。用人单位和劳动者必须依法参加社会保险,缴纳社会保险费。可见,依法缴纳社会保险费是法律规定的一项强制性义务,即便杨某写了自愿不缴纳保证书也是违法的,食品公司的主张不能够作为其未为杨某缴纳社会保险费的理由。根据《劳动合同法》第38条第1款第(3)项的规定,用人单位未依法缴纳社会保险费的,劳动者可以解除劳动合同,用人单位还需要支付解除劳动合同经济补偿金。

依法缴纳社会保险费虽然让用人单位承担一些费用,但可以规避可能发生的风险,如用人单位依法缴纳了工伤保险费,劳动者发生工伤意外时所引发的支付工伤待遇的主要义务由工伤保险基金支付,医疗、生育、失业、养老等也类似,但如果用人单位未依法缴纳社会保险费造成劳动者损失的,用人单位要承担赔偿责任。

案例三

刘某于2012年8月13日到某模型公司上班。双方签订三年期劳动合同,合同中未约定工作地点,实际履行地为北京市昌平区某村。2014年7月30日,模型公司厂房的租赁合同到期,未能继续签订租赁合同,也未在原址附近找到合适的办公场所,最终决定将厂址迁至河北。模型公司将上述情况提前告知刘某,并承诺提供班车住宿等条件,但刘某不同意到新地点继续履行劳动合同。于是模型公司解除了双方的劳动合同,并依法支付刘某解除劳动合同经济补偿金和未提前通知解除劳动合同的代通知金。

刘某对此仍然不满意,向仲裁委提出仲裁申请,请求模型公司支付违法解除劳动合同赔偿金。庭审中,模型公司主张,变更地址的背景是公司经营地址的租赁合同到期,并不是主观上故意迁址,且作为变更地址的补救措施,公司给员工提供了班车、住宿等条件,让员工继续履行合同实质上不存在障碍,但是刘某不同意变更劳动合同的履行地,公司不得已和他解除劳动合同,且已依法支付解除劳动合同经济补偿金和代通知金,不同意支付违法解除劳动合同赔偿金。

仲裁委审理后认为,模型公司因厂房租赁合同到期将办公地点从北京市昌平区迁至河北,与刘某解除劳动合同属于订立劳动合同时所依据的客观情况发生重大变化,致使劳动合同无法继续履行,经用人单位与劳动者协商,未能就变更劳动合同内容达成一致。模型公司已经支付刘某解除劳动合同经济补偿金和代通知金,刘某的仲裁请求没有事实依据,于是驳回了他的仲裁请求。

案例评析:客观情况重大改变,协商不成也可解约。

劳动合同订立以后并非不可变更,法律规定经双方协商一致劳动合同可以变更。此外用人单位在下列情况下有权变更劳动者的工作岗位:(1)劳动者不胜任工作岗位的要求;(2)订立劳动合同时所依据的客观情况发生重大变化,致使原劳动合同无法继续履行;(3)劳动者在医疗期满后不能从事原工作。值得注意的是相关法律还规定,如果劳动合同实际变更,即便没有采用书面形式,但是实际履行超过一个月,则这种变更是有效的。劳动者一定要注意,当发生用人单位实际变更劳动合同的情形时,如果有不同意见要及时提出,如与单位协商不成也可以及时寻求法律的帮助。

本章思考

1. 劳动合同签订过程中的用人单位和劳动者的义务有哪些?
2. 无效的劳动合同有哪些?
3. 劳动合同变更的原因有哪些?

思考解答

1. 答:劳动合同签订过程中的用人单位和劳动者的义务分别为:

(1)用人单位的义务

我国《劳动合同法》第8条规定,用人单位招用劳动者时,应当如实告知劳动者工作内容、工作条件、工作地点、职业危害、安全生产状况、劳动报酬,以及劳动者要求了解的其他情况。《劳动合同法》第9条规定,用人单位招用劳动者,不得扣押劳动者的居民身份证和其他证件,不得要求劳动者提供担保或者以其他名义向劳动者收取财物。

(2)劳动者的义务

我国《劳动合同法》第8条规定,用人单位有权了解劳动者与劳动合同直接相关的基本情况,劳动者应当如实说明。

2. 答:《劳动合同法》第 26 条规定,下列劳动合同无效或者部分无效:(1)以欺诈、胁迫的手段或者乘人之危,使对方在违背真实意思的情况下订立或者变更劳动合同的;(2)用人单位免除自己的法定责任、排除劳动者权利的;(3)违反法律、行政法规强制性规定的。

3. 答:劳动合同变更的原因有三个方面:一是劳动者自身的原因。例如,女性劳动者在怀孕期内不适应某些劳动;或者劳动者身体健康问题导致不适应原岗位的要求,就可以根据《劳动合同法》第 40 条第 2 项的要求变更工作岗位。二是用人单位的原因。用人单位调整生产任务或者转产等原因,会导致劳动者的劳动内容发生变化,因此引起劳动合同内容的变更。三是客观方面的原因。法律政策变化,发生不可抗力等也会引起用人单位或劳动者提出变更劳动合同的要求。

参考文献

1. 张文显:《法理学》(第五版),高等教育出版社2018年版。
2. 舒国滢:《法理学导论》(第三版),北京大学出版社2019年版。
3. 李昌麒:《经济法学》(第三版),法律出版社2016年版。
4. 王晓红、张秋华:《经济法概论》(第六版),中国人民大学出版社2021年版。
5. 魏俊、朱福娟:《经济法概论》(第三版),法律出版社2019年版。
6. 潘静成、刘文华:《经济法》(第三版),中国人民大学出版社2008年版。
7. 李艳芳:《经济法案例分析》(第二版),中国人民大学出版社2008年版。
8. 徐孟洲:《经济法学原理与案例教程》(第三版),中国人民大学出版社2016年版。
9. 马兆瑞:《经济法》(第三版),中国人民大学出版社2020年版。
10. 财政部会计资格评价中心:《经济法基础》,经济科学出版社2020年版。
11. 《民法学》编写组:《民法学》,高等教育出版社2019年版。
12. 魏振瀛:《民法》(第八版),北京大学出版社2021年版。
13. 王利明、杨立新、王轶、程啸:《民法学》(第六版),法律出版社2020年版。
14. 李永军:《民法学教程》,中国政法大学出版社2021年版。
15. 谭启平:《中国民法学》(第三版),法律出版社2021年版。
16. 梁慧星、陈华彬:《物权法》(第七版),法律出版社2020年版。
17. 杨立新:《物权法》(第八版),中国人民大学出版社2021年版。
18. 崔建远:《物权法》(第五版),中国人民大学出版社2021年版。
19. 范健、王建文:《公司法》(第五版),法律出版社2018年版。
20. 施天涛:《公司法论》(第四版),法律出版社2018年版。
21. 顾功耘:《公司法》,北京大学出版社2020年版。
22. 王东敏:《公司法审判实务与疑难问题案例解析》(第二版),人民法院出版社2021年版。
23. 云闯:《公司法司法实务与办案指引》(第三版),法律出版社2019年版。
24. 谢秋荣:《合伙企业实务全书》,中国法制出版社2019年版。
25. 朱少平、徐永前:《合伙企业法辞解》,企业管理出版社2008年版。
26. 王利明:《合同法》(第二版),中国人民大学出版社2021年版。
27. 崔建远:《合同法》(第七版),法律出版社2021年版。
28. 李少伟、张晓飞:《合同法》,法律出版社2021年版。
29. 杨立新:《合同法》,法律出版社2021年版。

30. 郭明瑞、房绍坤、张平华：《担保法》（第五版），中国人民大学出版社 2017 年版。
31. 高圣平：《担保法前沿问题与判解研究》（第一卷），人民法院出版社 2019 年版。
32. 史国政：《担保法理论与适用实务全书》，中国法制出版社 2018 年版。
33. 曾宪义、王利明、王欣新：《破产法》（第四版），中国人民大学出版社 2019 年版。
34. 张晨颖：《合伙企业破产法律问题研究》，法律出版社 2016 年版。
35. 徐根才：《破产法实践指南》（第二版），法律出版社 2018 年版。
36. 徐孟洲：《税法原理》，中国人民大学出版社 2008 年版。
37. 中国注册会计师协会：《税法》，中国财政经济出版社 2021 年版。
38. 王兴运：《消费者权益保护法》，北京大学出版社 2015 年版。
39. 孙才涛：《消费维权全知道：最新〈消费者权益保护法〉实用例解（案例应用版）》，中国政法大学出版社 2015 年版。
40. 杨馨德：《消费者权益保护法简明教程》，上海财经大学出版社 2020 年版。
41. 张羽君：《产品质量法和食品安全法判例与制度研究》，法律出版社 2015 年版。
42. 尹新天：《中国专利法详解（缩编版）》，知识产权出版社 2012 年版。
43. 国家知识产权局：《专利审查指南 2010（2019 年修订）》，知识产权出版社 2020 年版。
44. 《知识产权法学》编写组：《知识产权法学》，高等教育出版社 2019 年版。
45. 钟鸣：《专利裁判规则》，法律出版社 2020 年版。
46. 任虎：《韩国专利法研究》，华东理工大学出版社 2018 年版。
47. 王莲峰：《商标法学》（第三版），北京大学出版社 2019 年版。
48. ［德］路德维希·艾哈德：《来自竞争的繁荣》，祝世康、穆家骥译，商务印书馆 1983 年版。
49. 尚明：《〈中华人民共和国反垄断法〉理解与适用》，法律出版社 2007 年版。
50. 时建中：《反垄断法——法典释评与学理探源》，中国人民大学出版社 2008 年版。
51. 孟雁北：《反垄断法》（第二版），北京大学出版社 2017 年版。
52. 周昀：《中国反不正当竞争法律制度》，中国民主法制出版社 2019 年版。
53. 孔祥俊：《反不正当竞争法新原理·原论》，法律出版社 2019 年版。
54. 崔桂台：《中国对外贸易法律制度》，中国民主法制出版社 2020 年版。
55. 吕忠梅：《环境法学概要》，法律出版社 2016 年版。
56. 任谷龙、韩利杰、姚琦：《金融业务律师实务：操作指引与办理规范》，中国法制出版社 2016 年版。
57. 王勤伟：《劳动争议实务操作与案例精解》，中国法制出版社 2020 年版。
58. 郑尚元：《社会保障法》，高等教育出版社 2019 年版。

图书在版编目(CIP)数据

经济法概论/焦娇主编. —2版. —上海：复旦大学出版社，2022.9(2024.3重印)
ISBN 978-7-309-16359-9

Ⅰ.①经… Ⅱ.①焦… Ⅲ.①经济法-中国-高等学校-教材 Ⅳ.①D922.29

中国版本图书馆 CIP 数据核字(2022)第 147979 号

经济法概论
焦　娇　主编
责任编辑/张　炼

复旦大学出版社有限公司出版发行
上海市国权路 579 号　邮编：200433
网址：fupnet@fudanpress.com　http://www.fudanpress.com
门市零售：86-21-65102580　团体订购：86-21-65104505
出版部电话：86-21-65642845
常熟市华顺印刷有限公司

开本 787 毫米×1092 毫米　1/16　印张 25　字数 608 千字
2024 年 3 月第 2 版第 4 次印刷

ISBN 978-7-309-16359-9/D·1128
定价：59.00 元

如有印装质量问题，请向复旦大学出版社有限公司出版部调换。
版权所有　侵权必究